ANTROPOLOGIA JURÍDICA

Para Angelo Falzea

Rodolfo Sacco

ANTROPOLOGIA JURÍDICA

CONTRIBUIÇÃO PARA UMA MACRO-HISTÓRIA DO DIREITO

TRADUÇÃO DE CARLO ALBERTO DASTOLI
REVISÃO DA TRADUÇÃO DE SILVANA COBUCCI LEITE

Esta obra foi publicada originalmente em italiano com o título
ANTROPOLOGIA GIURIDICA
por Società Editrice Il Mulino, Bologna
Copyright © 2007 by Società Editrice Il Mulino, Bologna
Todos os direitos reservados. Este livro não pode ser reproduzido, no todo ou em parte, nem armazenado em sistemas eletrônicos recuperáveis nem transmitido por nenhuma forma ou meio eletrônico, mecânico ou outros, sem a prévia autorização por escrito do Editor.
Copyright © 2013, Editora WMF Martins Fontes Ltda.,
São Paulo, para a presente edição.

1ª edição 2013
2ª tiragem 2020

Tradução *Carlo Alberto Dastoli*

Revisão da tradução *Silvana Cobucci Leite*
Acompanhamento editorial *Márcia Leme*
Revisões *Ana Maria de O. M. Barbosa e Sandra Garcia Cortés*
Projeto gráfico *A + Comunicação*
Edição de arte *Katia Harumi Terasaka Aniya*
Produção gráfica *Geraldo Alves*
Paginação *Studio 3 Desenvolvimento Editorial*
Capa *Katia Harumi Terasaka Aniya*

Dados Internacionais de Catalogação na Publicação (CIP)
(Câmara Brasileira do Livro, SP, Brasil)

Sacco, Rodolfo
  Antropologia jurídica : contribuição para uma macro-história do direito / Rodolfo Sacco ; tradução de Carlo Alberto Dastoli. – São Paulo : Editora WMF Martins Fontes, 2013. II. Série.

  Título original: Antropologia giuridica.
  ISBN 978-85-7827-676-8

  1. Antropologia jurídica 2. Direito – História 3. Direito e antropologia 4. Etnologia jurídica I. Título. II. Série.

13-02336   CDU-340.12

Índices para catálogo sistemático:
1. Antropologia jurídica : Direito   340.12

Todos os direitos desta edição reservados à
Editora WMF Martins Fontes Ltda.
Rua Prof. Laerte Ramos de Carvalho, 133 01325.030 São Paulo SP Brasil
Tel. (11) 3293.8150 e-mail: info@wmfmartinsfontes.com.br
http://www.wmfmartinsfontes.com.br

SUMÁRIO

PRIMEIRA PARTE: A VARIABILIDADE DO DIREITO

CAPÍTULO I. A ANTROPOLOGIA, 3

1. A antropologia, 3
2. A antropologia física, 5
3. A periodização baseada na cultura material do homem, 8
4. O direito visto pela antropologia, 9
5. A tarefa da antropologia, 14
6. A opinião do antropólogo, 19
7. Uma ciência mestra, 21
8. Etnologia jurídica e antropologia, 22
9. A etologia, 27
10. Os estudiosos e seus instrumentos, 32

CAPÍTULO II. O SENTIDO DA PLURALIDADE DOS DIREITOS, 39

1. O tema, 39
2. A diversidade, 42
3. Duas variações perturbadoras, 45
4. A imitação e a uniformização, 46
5. Resistências implausíveis, 47
6. O preço da unidade, 51
7. Diversidade e progresso, 52
8. As formas da mutação: a evolução e a difusão, 55

CAPÍTULO III. A COEXISTÊNCIA DE MÚLTIPLAS CULTURAS, 61
1. Os múltiplos aspectos da diversidade, 61
2. Coexistência e conhecimento recíproco, 63
3. A identidade e a alteridade, 65
4. O sentimento da própria inferioridade. O ciúme, 67
5. O desejo de imitação, 68
6. O sentimento da superioridade da própria cultura, 73
7. A expansão cultural e seus motivos, 75
8. O conflito decorrente de uma inovação, 78
9. O último modelo, 80

CAPÍTULO IV. O PLURALISMO JURÍDICO, 83
1. Culturas hegemônicas e direito dos povos subalternos, 83
2. O direito estatal e legal na visão ocidental, 88
3. Uma visão mais realista, 89
4. A reação pluralista, 93
5. A defesa dos direitos étnicos, 96
6. O pluralismo e a política do direito, 97

SEGUNDA PARTE: O DIREITO NA DIACRONIA

CAPÍTULO V. AS GRANDES ÉPOCAS DO DIREITO, 103
1. O direito e o surgimento do legislador, 103
2. O direito e o surgimento do jurista, 110
3. A sociedade de poder difuso, 115
4. O nascimento do poder centralizado, 119
5. A Grande Sociedade de poder difuso, 126
6. Direito do Estado *versus* direito da sociedade de poder difuso (o processo de Ganelon de Mogúncia), 132
7. O direito e o surgimento do sobrenatural, 143
8. O direito e o nascimento da linguagem articulada, 144
9. Da diacronia à sincronia, 147

TERCEIRA PARTE: AS RAÍZES DO DIREITO

CAPÍTULO VI. A LEGITIMAÇÃO DO DIREITO E DO PODER, 153
1. O armado, o indefeso e o direito natural, 153
2. O caçador, a família, o personagem dominante, 156
3. O homem do sobrenatural, 158
4. O pastor e o agricultor, 159
5. O império, 161
6. O direito espontâneo, 166
7. A laicidade, 168
8. O partido, 169
9. A família ampliada, 172
10. O barão, 174
11. A liberdade, 176
12. A legimitação dos últimos impérios, 179
13. Um sobrenatural ciumento: o Islã, 181
14. A descontinuidade da legitimação, 183

CAPÍTULO VII. AS BASES DAS RELAÇÕES HUMANAS.
A SUBORDINAÇÃO E A FIDELIDADE, 185
1. A subordinação na sociedade de poder difuso, 185
2. A subordinação na sociedade de poder centralizado, 189
3. Subordinação política sem Estado, 193
4. Os contrapoderes ao poder do Estado, 194
5. O resultado do conflito entre os poderes, 197
6. Egoísmo e fidelidade, 198
7. A fidelidade, a hierarquia, a solidariedade dos interesses, 201

QUARTA PARTE: O FAZER, O SABER E AS FONTES DO DIREITO

CAPÍTULO VIII. O DIREITO, O PENSAMENTO, A PALAVRA, 209
1. O pensamento, a palavra e a realidade muda diante da relação jurídica, 209
2. As fontes mudas, 211
3. Como chamar a fonte muda, 214

4. O direito espontâneo em um ordenamento com base legal (o exemplo italiano), 215
5. As novas vestes do direito mudo, 218
6. O ato autônomo mudo, 219
7. A primeira fase do direito espontâneo. A conduta sem aditivos, 220
8. O longo caminho rumo ao conceito, 224
9. O antepassado começou a falar, 227
10. Pensamento e palavra, 229
11. O reino da palavra, 230
12. Falar direito, 232
13. Elogio da palavra, 233
14. A verbalização da regra, 234
15. A língua escrita, 240
16. O direito espontâneo e a escrita, 241
17. Significante, significado, referente no discurso jurídico, 243
18. O jurista falante diante do direito mudo, 248

CAPÍTULO IX. O SOBRENATURAL, O DIREITO, A VERDADE, 251

1. O homem, o sobrenatural e o direito, 251
2. O sobrenatural e a observância, 255
3. O sobrenatural e o conselho ao legislador, 263
4. O conhecimento dos fatos e das razões, 263
5. A comunidade de fiéis, 265
6. O direito da sociedade laica, voltado às comunidades dos fiéis e ao culto, 265
7. O sobrenatural e a categoria do jurídico, 268
8. A variedade do sobrenatural, 270
9. O sobrenatural e a qualidade do direito, 272
10. O sobrenatural e a verdade, 275
11. Sobrenatural e justiça, 280
12. O lugar da arte, 282

QUINTA PARTE: OS INSTITUTOS

CAPÍTULO X. AS SUBDIVISÕES DO DIREITO. DIREITO PRIVADO E DIREITO PÚBLICO, 287

1. A categoria direito privado: sua inutilidade, sua qualidade, sua necessidade, 287
2. Sociedades sem direito público, 289
3. O nascimento do direito público, 290
4. A China tradicional, 291
5. Os antigos romanos, 292
6. A Idade Média, 294
7. A sociedade liberal, 295

CAPÍTULO XI. OS GRUPOS E AS PESSOAS, 301

1. Os sujeitos, 301
2. A pessoa no grupo, 303
3. O parentesco, 305
4. O matrimônio, 310
5. A família, 315
6. A sucessão, 317

CAPÍTULO XII. OS BENS E OS SERVIÇOS, 321

1. O pertencimento do bem, 321
2. Propriedade coletiva, propriedade individual, 327
3. O acesso à propriedade, 331
4. Da posse à propriedade (uma digressão sobre o direito atual), 334
5. Em busca da origem da obrigação, 340
6. A figura do credor, 349
7. Obrigação de dar e propriedade dividida, 349
8. O contrato e a troca, 354
9. O ato, 362
10. A ocupação, 364
11. A sociedade de fato, 368

12. Para uma datação dos atos, 375
13. A instituição ancestral, 380

CAPÍTULO XIII. OS CONFLITOS, 383
1. O antidireito e o conflito, 383
2. A vingança, 388
3. A agressividade e a guerra, 391
4. O julgamento, 393
5. O antidireito e a Grande Sociedade de poder difuso, 397

Referências bibliográficas, 401

*O autor agradece a Raffaele Caterina,
Alberto Gianola, Andrea Ortolani e
Piercarlo Rossi pelos ensinamentos recebidos*

PRIMEIRA PARTE

A VARIABILIDADE DO DIREITO

CAPÍTULO I

A ANTROPOLOGIA

1. A antropologia

A antropologia tem por objeto o homem. Ela não se volta para o que aconteceu com cada homem ou povo (deixa essa tarefa para a história). Busca os dados capazes de ajudar a conhecer as características de um grupo de homens, ou dos homens em geral.

Os homens têm traços biológicos próprios e culturas próprias. Por isso há espaço para uma antropologia física e para uma antropologia cultural. No discurso antropológico, a cultura não é apenas o patrimônio de conhecimentos que cada indivíduo possui, mas é o conjunto de valores, tradições, costumes, crenças e hábitos mentais que caracterizam determinada comunidade social[1].

Da cultura do homem faz parte o direito, que ele pratica, conhece e expressa. Isso implica a possibilidade de uma antropologia jurídica.

Nem todos os setores da cultura possuem uma ciência antropológica especializada. Assim, por exemplo, fala-se pouco de uma antropologia linguística[2] e não se alude a uma antropologia

---

[1] Ferlito (2005).
[2] Todavia, observe-se que a obra de Whorf, *Language Thought and Reality* (1956), foi traduzida para o francês por Carme com o título *Linguistique et Anthropologie*.

artística (literária, arquitetônica etc.). Isso não nos surpreende. Os ramos do saber já consolidados quando se começou a falar de antropologia no sentido de "história natural do gênero humano" (em meados do século XIX) conservaram os nomes já adquiridos.

A antropologia tem por objeto o homem.

Nosso saber distingue o homem dos outros seres vivos. A história, a medicina, a filosofia, o direito, a teologia, a ciência política consideram possível distinguir e definir o homem. Os estudiosos das inúmeras disciplinas parecem acreditar que a distinção entre homem e não homem é nítida e óbvia e que por isso não é preciso defini-la. Por outro lado, a denotação do conceito "homem" merece atenção. O estudioso voltado essencialmente para o presente encontra o traço distintivo em elementos hoje evidentes; mas o estudioso voltado para o devir considera homens e tempos em que os traços que distinguiam o homem eram menos evidentes. No mundo contemporâneo é fácil contrapor o homem, que se comunica por meio da linguagem articulada, ao ser vivo não humano; mas, se nos situamos através de milhões de anos, temos de lidar com a presença de um ser vivo que não falava, mas que todos classificam como homem.

É homem quem pertence a um gênero zoológico (*Homo*), o único que fabrica instrumentos. Outros seres vivos utilizam instrumentos (bastões, pedras, gravetos), mas só o *Homo* fabrica os próprios instrumentos. Com esses instrumentos, ele satisfaz, com maior eficácia, necessidades que de outra forma deveria prover com as partes do próprio corpo: utiliza a clava em vez do punho, a pedra pontiaguda em vez dos dentes e das unhas, o tecido em acréscimo à própria pele etc.

2. A antropologia física

A antropologia física[3] e a periodização baseada na cultura material do homem são estranhas ao tema de que tratamos. Mas a leitura deste livro pressupõe o conhecimento de elementos mínimos de antropologia física e de periodização; por isso, este item e o seguinte oferecem ao leitor alguns dados de que ele pode precisar.

A antropologia, especialmente a antropologia física, estuda toda a humanidade, presente e passada, que conhecemos através da pré-história, da proto-história e da história. Fala-se convencionalmente de pré-história para o período que vai de 2,5 milhões de anos a.C. a 3500 a.C., quando o homem, que então não possuía uma escrita, não deixou mensagens; fala-se de proto-história para o período compreendido entre 3500 a.C. e 500 a.C.; fala-se de história para o último período.

Este livro fala de macro-história do homem para designar o devir humano em seu desenvolvimento como um todo.

No que diz respeito à humanidade remota no tempo, não ilustrada por descrições escritas nem por desenhos ou esculturas, a antropologia documenta-se com achados, que se reduzem preponderantemente a ossos. A antropologia data aquele osso e insere-o na árvore genealógica da humanidade.

Até aproximadamente a metade do século passado, o osso e o esqueleto eram datados com base no estrato geológico em que haviam sido encontrados. O risco de erro era grande, as medições eram genéricas. Mas desde 1946 os materiais orgânicos são data-

---

[3] Sem propor uma bibliografia, serão lembrados alguns nomes: até os anos 1960, Biasutti é exaustivo. O novo curso tem como autores principais Cavalli Sforza (italiano, desde a década de 1950 trabalhou em Stanford, nos Estados Unidos), Menozzi e Piazza. As obras, de leitura muito agradável, são em parte em inglês e em parte em italiano. Para as referências às línguas podem ser úteis Greenberg e Ruhlen.

dos a partir da degradação dos átomos, por exemplo, a partir da perda de elétrons pelos átomos de carbono.

Essa nova possibilidade levou a uma revisão das antigas datações. As datações proto-históricas (dos impérios faraônico e mesopotâmico em diante) foram abaladas, as datações pré-históricas, relativas às eras anteriores (da origem a 3500 a.C.) foram confirmadas. Esperava-se o contrário, porque a proto-história vale-se de referências escritas e datadas (por exemplo, as inscrições dos templos egípcios). Mas é preciso considerar que os estudiosos de proto-história provinham de estudos literários, e os cultores da pré-história provinham de estudos naturalísticos.

Desde 1980, a genética interveio nesses problemas. Ela descobriu e estabeleceu que as mutações do DNA transmitido de cada ser vivo a seu descendente ocorrem com um ritmo constante. Por isso, ao medir a diferença entre o DNA de dois seres vivos, mede-se ainda sua proximidade ou distância na árvore genealógica universal.

Também as línguas, em uma perspectiva macro-histórica, podem ser dispostas em uma árvore genealógica. *A priori*, não é possível prever se a árvore genealógica biológica e a árvore genealógica linguística são paralelas ou não, porque um grupo biológico pode começar a utilizar a língua de outro grupo (os celtas da Itália e da Gália, assim como os etruscos, adotaram o latim, os africanos da América falam línguas indo-europeias). Mas *ex post* pôde-se estabelecer que as duas genealogias – a biológica e a linguística – em grandes linhas coincidem.

Isso posto, o que foi, e o que é hoje, esse "homem", ou *Homo*?

Seus ancestrais próximos foram australopitecos, pertencentes a um gênero hoje desaparecido.

Os australopitecos *ramidus*, *anamensis*, *afarensis* (dentre os quais a célebre Lucy, que viveu há 3,2 milhões de anos) e *africanus* precederam o nascimento do *Homo habilis*. Os australopitecos (também denominados parantropos) *bosei, aethiopicus* e *robustus* estão mais distantes do ramo que conduziu ao homem. O ascendente direto do primeiro homem poderia ter sido o australopiteco africano.

Para remontar as datas: os australopitecos surgiram há 4,5 milhões de anos, os hominídeos existem há 10 milhões de anos, os primeiros antropoides há 35 milhões de anos, os primeiros primatas há 55 milhões de anos; o domínio dos mamíferos data de 65 milhões de anos, mas os primeiros mamíferos estão presentes há 230 milhões de anos, e os primeiros vertebrados têm mais que o dobro desse tempo.

O gênero *Homo* surge inicialmente com a espécie *Homo habilis* (de 2,5 milhões a 1,6 milhão de anos atrás); dela descendem, entre outras, a espécie *Homo erectus* e, mais tarde, a *sapiens*; desta última derivam, por sua vez, a *Homo neanderthalensis* (extinta há 30 mil anos) e *Homo sapiens sapiens*, a única espécie hoje existente (discute-se se em alguns lugares houve hibridação com descendentes de outros grupos em vias de extinção).

Os achados são raros, e isso torna árdua a reconstrução da genealogia. Felizmente, novas descobertas acontecem sem cessar. Cada uma delas pode aperfeiçoar a árvore, ou desarrumá-la.

Eis alguns exemplos: o *Homo habilis* pode ter tido um codescendente autônomo, o *Homo rudolfensis*; o *Homo sapiens* pode ter sido o descendente direto do *erectus*, por outro lado o *erectus* e o *sapiens* poderiam ser dois ramos paralelos derivados do *ergaster*, que teria descendido de *habilis*; o *Homo antecessor* poderia – juntamente com o *erectus*, extinto sem herdeiros – derivar do *ergaster*, e dele pode ter tido origem o *heidelbergensis*, ascendente comum do *neanderthalensis* e do *sapiens*.

O *Homo sapiens sapiens* hoje presente é a continuação de uma população que viveu na África há mais ou menos 100 mil anos, cuja cultura começou a mudar há aproximadamente 50 mil anos em ritmo acelerado, dando lugar a uma explosão de variantes numerosas e muito diversificadas.

3. A periodização baseada na cultura material do homem

A antropologia estuda as culturas do homem em suas variedades e convergências.

Ela costuma dividir essas culturas de acordo com o grau de domínio exercido pelo homem sobre a natureza, ou seja, antes de tudo, sobre a qualidade dos seus produtos e instrumentos (cultura material).

Em um primeiro longo período, o homem procura alimento por meio da coleta ou da pilhagem (caça ou captura a caça de outros animais). Esse período, chamado de Paleolítico ou Antiga Idade da Pedra, subdivide-se em Inferior, Médio e Superior.

Na primeira fase, o homem que trabalha a pedra tira-lhe fragmentos para utilizar o núcleo que sobra depois da separação (distinguem-se as culturas olduvaiense, de 600 mil anos atrás, obevilense, de 500 mil anos atrás, clactoniana, mesma época, acheulense, de 400 mil a 120 mil anos atrás).

As pedras utilizáveis eram apenas o sílex, o quartzo e a obsidiana, pois as demais são frágeis. Essas pedras não existem em qualquer lugar. Havia problemas de localização e transporte, que precisavam ser resolvidos.

No Paleolítico Médio, lascas marginais (obviamente numerosas e pontiagudas) eram retiradas do núcleo das pedras e utilizadas como cutelos, raspadores, lâminas de machado ou de machadinha; o homem domina o fogo e se ocupa do corpo dos defuntos (cultura musteriense, técnica lavelloisense).

A cultura do Paleolítico Superior começa a partir de 40 mil anos atrás. Os homens pintam e esculpem: grutas de Lascaux, dos Trois Frères, do Mas d'Azil, de Altamira etc.; na Itália, gruta de Fumane (Verona).

Produzem-se micrólitos, finos e pontiagudos.

As culturas da época – aurinhacense, solutrense, magdalenense – surgem na Ligúria (Balzi Rossi – entre Ventimiglia e a fronteira –, museus de Albenga e Monte Carlo).

Sucede-se um breve período mesolítico. Afirmam-se as culturas azilense e tardenoisense. O homem pratica a pesca e se familiariza com a água.

Desde aproximadamente 10 mil a.C., o homem começa a substituir a coleta pela agricultura e a caça pela criação de animais. Entramos na Era Neolítica ou Idade da Pedra Polida, no decorrer da qual surgirão a roda e a cerâmica[4].

Evidentemente, a agricultura e o pastoreio implicam a capacidade de se orientar entre as estações e os meses do ano. Essa capacidade havia sido adquirida por volta do final do Paleolítico, de modo que o homem pôde organizar racionalmente a caça e a coleta, adaptando-as às possibilidades que lhe eram oferecidas nos vários meses do ano e – fato muito importante – começando assim a conservar os alimentos para os períodos improdutivos.

Desde 3500 a.C. o homem conhece a metalurgia e fabrica o bronze (a metalurgia do ferro tem início desde 1000 a.C.). Nesse mesmo período, começa a dominar a escrita e a deixar mensagens para a posteridade. A pré-história cede lugar à proto-história.

4. O direito visto pela antropologia

A antropologia jurídica visa ocupar-se do direito.

O que significa "direito"?

---

[4] E por que essa passagem da caça ao pastoreio e da coleta à agricultura ocorreu em algumas regiões do planeta e não em todas? Uma explicação sugestiva é proposta por Jared Diamond (um biólogo, que não deve ser confundido com A. S. Diamond, antropólogo da escola evolucionista).

Aqui não se pretende encerrar a discussão sobre as denotações conceituais do direito fornecendo uma definição específica. Deve-se indicar em qual sentido a palavra pode ser usada e em qual sentido será usada na presente obra.

O antropólogo pode considerar direito também a regra imposta por uma pressão social genérica, e pode considerar antidireito também aquilo que suscita uma reação social negativa, desvinculada de remédios e de sanções.

Acrescentemos que o antropólogo pode também circunscrever o direito à sua maneira sem que isso invalide sua ciência.

O estudioso chama de jurídica também a norma cujos conteúdos não correspondem a suas preferências, ou que – em último caso – despertam sua rejeição. Chamam-se direito também a escravidão romana, os expurgos stalinistas, as leis de Nuremberg.

Não se aplicam, portanto, hipotecas baseadas em nossa cultura para predeterminar os conteúdos do direito. Deve-se, por outro lado, lembrar um dado relacionado com o continente.

Direito (*ius*, *droit*, *Recht*, *law*, *pravo*) é uma noção que não tem correspondente preciso em todas as culturas. A *sharia* islâmica, o *fa* da tradição chinesa, o *dharma* indiano não coincidem totalmente com o "direito". Devemos, portanto, saber da presença não universal da categoria ocidental "direito".

O que se pretende dizer, nas páginas que se seguem, quando se fala em "direito"?

Antes de mais nada, não se fala em direito a não ser considerando normal uma percepção, por parte dos sujeitos, daquilo que o direito dispõe (ordena, permite, proíbe) naquele caso concreto. Nesse sentido, não se poderá falar de um direito que tenha por referência uma árvore ou um cristal. Mas não interprete mal! A percepção daquilo que o direito ordena ou permite no caso particular nada tem a ver com um conhecimento abstrato e conceitual do conteúdo da norma.

Em segundo lugar, não se fala em direito nos casos em que os sujeitos não escolhem o próprio comportamento. Se os sujeitos estão totalmente dominados por instintos mais fortes que qualquer vontade, o comportamento deles não é regido pelo direito.

Por fim, não se fala em direito quando o desvio da regra por parte do sujeito não implica nenhuma reação no interior da comunidade.

De acordo com o que dissemos, pode-se falar em direito com referência a todas as sociedades humanas, e quem quiser (a escolha é subjetiva) pode fazê-lo com relação a muitas sociedades animais evoluídas. Contudo, não se fala de direito quando se vê uma andorinha cuidando de seus filhotes. A andorinha é dominada por um instinto a que não pode resistir: falta o direito porque falta a escolha comportamental e falta a possibilidade de um desvio.

Sobre o assunto, não faltam diferentes abordagens.

O estudioso define o direito de acordo com uma experiência própria, às vezes limitada no tempo e no espaço.

Com base nisso, ele pode achar que não há direito se não existe o patrocínio do Estado (essa concepção foi muito útil quando serviu para redimensionar a ideia jusnaturalista do século XVIII)[5]; ou ao menos pode achar que qualquer direito é garantido por uma autoridade superior[6].

Uma visão ainda mais restritiva pertence a quem reduz o direito à lei, sem suspeitar que até o direito europeu moderno está abarrotado de regras não autoritativas e não escritas[7].

As concepções mencionadas implicam que algumas sociedades não têm um "verdadeiro" direito. Um relativismo cultural

---

[5] Para a França, ver citações em Rouland (1992a); para a Itália, Sacco (2005a).
[6] Entre os antropólogos, Radcliffe-Brown (1933, 202); Pospisil (1956, 746; 1985, 23).
[7] Sobre o assunto, Sacco (1999a).

desse mesmo tipo permitiu achar que alguns povos não têm uma "verdadeira" língua (os helenos não colocavam em uma única categoria as línguas dos outros povos e a própria; uma possível etimologia da palavra que indica os alemães na língua russa é "aqueles que não entendem a língua"; no período nacional-socialista alguns começaram a dizer, na Alemanha, que a única língua verdadeira era o alemão).

As concepções examinadas carecem de uma categoria qualquer para qualificar as soluções dos conflitos e a aplicação das sanções nas sociedades sem Estado, sem poder central ou sem legislador. Acrescente-se que a noção de Estado é fluida e difícil de ser identificada[8].

Está em posição mais compatível quem relaciona genericamente o direito à previsão de sanções ou quem vê nele um sistema para a solução de conflitos. Antropólogos atentos consideraram estas últimas definições demasiado restritivas ou demasiado rígidas, ou expressas em termos condicionados pelo ambiente europeu, no interior do qual elas surgiram[9]. Recentemente, para estender até as fronteiras desejadas o âmbito da categoria, e subtrair essa última a qualquer etnocentrismo europeu, os maiores antropólogos da área francófona propõem confinar a expressão "direito" na área das disposições duráveis e estender a expressão "juridicidade" a todos os mecanismos de controle acionados por qualquer grupo social para vigiar o comportamento de seus

---

[8] Lapierre (1977, 75) constrói dez graus de diferenciação entre a pura sociedade sem Estado e o Estado propriamente dito.

[9] Le Roy (1994, 684) prefere a termos como "formulação das regras", "reconstrução dos conceitos com uma terminologia adequada", a formulação "tornar os dados compreensíveis respeitando as lógicas fundadoras e em uma linguagem assimilável por juristas e não juristas"; e (Ibid., 678) prefere ao termo "normas" as expressões "sistemas de disposições duráveis" e "*modèles de socialité*" (não traduzível em italiano). [Mas perfeitamente traduzível em português como "modelos de socialidade" (N. do T.).]

membros com o fim de restabelecer a harmonia social, caso ela esteja comprometida[10].

De modo geral, pode-se dizer que é útil ao antropólogo uma definição de direito capaz de abarcar também as normas operantes em sociedades tradicionais, desprovidas de Estado: aliás, a antropologia ajudou os juristas a adequar, neste sentido, a própria visão do direito!

O antropólogo encontra o direito. E o que significa "encontra o direito"? Encontra comportamentos? Encontra ideias? Encontra enunciados?

Há algum tempo observou-se, no âmbito do direito comparado, que o fenômeno "direito" pode ser decomposto e analisado em entidades heterogêneas: regras operacionais, aparatos conceituais preparados para conhecer as regras e transmitidos no ensino, decisões judiciais, regras enunciadas pelo juiz para justificar a decisão, frases ditadas pelo legislador e assim por diante. Esses diversos elementos chamam-se "formantes", e a distinção – aliás, a dissociação – dos formantes merece ser posta no centro dos instrumentos necessários para reconstruir a identidade do direito[11]. Por sua vez, o pensamento francês definiu três grandes compartimentos, onde se exerce a pesquisa do antropólogo: os discursos, as práticas, as representações[12].

A partir de determinado momento, desde quando o homem fala em direito e desde quando narra as próprias ideias, a realidade "direito" enriqueceu-se, não reside toda nas práticas, reside em parte nas palavras, e estas tornam conhecidas as ideias presentes

---

[10] Saíram a campo, entre outros, M. Alliot e J. Vanderlinden. O tema está no centro da atenção nas monografias reunidas em Eberhard e Vernicos (orgs.) (2006).
[11] Sacco (1964, 1974; 1992, 5. ed. e ed. anterior de 1980).
[12] Rouland (1992a, 158) fala de discursos, práticas e representações, depois fala de discursos, práticas ou maneiras de pensamento que os determinam (Ibid., 375).
Le Roy (1994, 682) fala de discursos, práticas e representações.

em seu espírito. A palavra pode ser destinada a configurar o direito (mais adiante, pp. 229 ss.), ou, ao contrário, a explicá-lo. Análises diversas, mas pertencentes à mesma lógica, podem ser realizadas com relação aos sistemas ocidentais do nosso milênio. E é fácil realizá-las, desde que não se vendem os olhos para não distinguir os formantes neles presentes.

5. A tarefa da antropologia

O direito é um conjunto de realidades. O conhecimento do direito é o conhecimento de dados reais[13].

O direito muda sem cessar. Para ter uma visão dinâmica do direito, o jurista precisa de instrumentos cognoscitivos adequados, e esses instrumentos são ensinados ao jurista pelo historiador.

O jurista tem, portanto, uma dívida com a história. Mas até onde chega a história? O "manual do estudante" de qualquer Faculdade de Direito (italiana) nos diz que até agora a história ali ensinada engloba a Idade Média e a Roma Antiga (a partir de que ano?). Na França, já há algum tempo, o ensino reserva poucas horas ao estudo da história, mas antecipa o início da história para o ano 3500 a.C. Antes daquela data, de resto, não existe a história, existe a pré-história, que se vale de achados, mas não de documentos escritos. E por enquanto a pré-história do direito não é ensinada de modo algum (e é estudada pouco, muito pouco)[14].

Uma divisão delimita a pré-história e a história (trata-se do muro divisório entre a não escrita e a escrita). Aquela divisão é inexistente para a antropologia jurídica.

---

[13] O legislador escreve, o intérprete lê, faz considerações, escreve, o juiz julga, o cidadão cumpre, o cidadão descumpre etc.

[14] Ver, por outro lado, Dauvillier (1959). Mais recentemente, surgiu G. Pugliese (1993), que faz uma sintética exposição da experiência jurídica a partir da Idade do Bronze.

A história não esgota a área do saber a que o jurista pode dirigir-se.

A ciência estende ao máximo a área daquilo que observa. Não estuda o antílope sem estudar todos os mamíferos, não estuda o animal sem estudar o fungo e o vegetal, não estuda a vida sem estudar a química. E assim, quando se volta para o direito, não conhece uma experiência isolada, mas quer saber tudo o que é possível sobre o maior número de experiências e compara as experiências, avaliando as respectivas distâncias e deduzindo dados a partir da maneira específica como essas distâncias se configuram. Quando o jurista trabalha dessa maneira, ele é chamado de comparatista. A ciência jurídica sofreu uma mudança de qualidade quando aprendeu a ser comparatista, e por isso tem uma dívida com a comparação.

Mas até onde vai a comparação?

Quando a sociedade é acéfala (não se refere ao Estado, não se refere a uma autoridade, não tem um legislador, não tem juristas), o comparatista não se sente à vontade. Ao limite – em sentido diacrônico – que pesa sobre o historiador corresponde o limite – em sentido sincrônico – que o comparatista se impõe.

A antropologia jurídica é um conhecimento do direito, e é um conhecimento comparado. Antropologia jurídica e comparação jurídica fazem parte da mesma forma do conhecimento comparado; diferem porque se interessam por áreas um pouco diferentes[15]. A comparação que temos sob os olhos tende a ignorar as sociedades "sem escrita" e sem estruturas de poder centralizado. Por sua vez, a antropologia deu seus frutos mais vistosos estudando culturas distantes das ocidentais. Aliás, em um primeiro mo-

---

[15] Griffiths (1983) prevê que um dia as duas disciplinas se confundirão. Em seus congressos quadrienais, a Academia Internacional de Direito Comparado discute pelo menos um tema antropológico.

mento, o antropólogo era por definição um estudioso de povos exóticos[16] (se tivesse se interessado pela Europa ocidental, teria sido chamado de sociólogo, e não de antropólogo)[17]. Recentemente, o encanto se quebrou, e a antropologia, incluindo seu componente orientado para o direito, volta-se para a cultura em que os antropólogos estão imersos. Diferentemente do comparatista, o antropólogo estuda o homem em sua diversidade para conhecê-lo em sua totalidade[18] (sobre esse tema ver, mais adiante, pp. 22 ss.).

O jurista tem muito que aprender com a antropologia. Um estudioso observou com razão que se o aprofundamento da linguística é a semiologia, ou ciência dos signos discursivos e não discursivos, o análogo prolongamento da comparação jurídica deve ser encontrado na antropologia do direito[19]. À primeira vista, as preocupações do antropólogo parecem menos coloridas e menos ricas que as do jurista. O jurista trabalha em torno de um sistema conceitual. O jurista é intérprete, e nessa função presta serviço à

---

[16] O grande Post proclamava-o claramente por volta do fim do século XIX. Rouland (1992a, 4) nota que só recentemente a antropologia se interessou pelas sociedades ocidentais, e que por isso a própria obra de Rouland refere-se principalmente às sociedades tradicionais.

[17] Os antropólogos não relembram a vida e a obra de Ehrlich, que semeou na área do Império Habsburgo uma consideração respeitosa pelo direito não escrito (e informal) das etnias menos expressivas – os ciganos, as comunidades da Bucovina e da Bósnia e assim por diante; não relembram os frutos de seu ensinamento, que levou à compilação do não muito conhecido Código Civil de Montenegro, redigido em 1888 por Bogišić.

[18] "Para forjar a própria identidade, o homem produz diferenças." "Quer por trás da variabilidade se encontre a unidade ou a pluralidade, a antropologia social tem, em todo o caso, uma vocação totalizante." Essas duas frases encontram-se em Rouland (1992a). Ver, também, id. (1991, 15-6, notas 21 e 22; 1992b, 146). Vanderlinden (1996, 8) vê na referência à globalidade do homem a conotação da antropologia. Mas, com uma de suas peculiares dúvidas críticas, pergunta se a antropologia pode globalizar, uma vez que, sendo pensada por um europeu, não representa uma visão universal.

[19] Le Roy (1994). Sobre as competências do antropólogo-jurista em relação à ciência jurídica, Motta (2006, 201 ss.).

sociedade propondo aplicações da norma socialmente fecundas e culturalmente válidas. O comparatista interroga o direito de várias nações para sugerir ao próprio país soluções avançadas e benéficas. O antropólogo não faz nenhuma dessas coisas. Não interpreta, não melhora o direito municipal. Nisso, sua competência encontra os mesmos limites que circunscrevem a tarefa do historiador. Mas isso não diminui o valor da antropologia como ciência. A ciência, para ser ciência, não necessita dar conselhos ao príncipe nem ao juiz. A antropologia é mestra em traçar quadros de correlação sistemáticos ou genéticos entre as diversas experiências do homem. Hoje, o jurista considera centrais os problemas de unificação do direito e de transposição das regras, e, em sentido inverso, os problemas do respeito pelas especificidades. O antropólogo soube realizar discursos gerais sobre a evolução e a difusão dos modelos, bem como sobre o valor dos modelos ameaçados, em uma época em que a ciência da diacronia só produzia, nas mãos do jurista, invocações da história, vista como corrente de acontecimentos humanos.

A antropologia tem um mérito maior. O antropólogo ensina o jurista a confrontar-se com modelos a que o jurista não prestou atenção até agora. O jurista está propenso a ver na norma jurídica uma regra verbalizada no próprio momento da sua criação (lei, criação doutoral, direito revelado), ou, no mínimo, uma regra cuja verbalização é realizada, com capacidade e competência, pela classe dos juristas da sociedade considerada: prudentes romanos, juízes ingleses. Só recentemente levantou-se a hipótese de que frações significativas do direito dos países cultos são constituídas por normas criptotípicas (praticadas, mas não conscientes): e essas normas desconhecidas desempenharão um papel na interpretação, determinando desvios do direito aplicado em relação à letra da norma escrita e em relação ao discurso doutrinário que reflete

– exatamente – a norma conhecida, o conhecimento que o jurista tem da situação normativa em curso[20].

Assim, a antropologia ensina ao jurista a existência, e a importância, do dado não verbalizado, presente no sistema[21]. A antropologia põe no centro de seu interesse povos que até agora praticaram um direito de tipo tradicional. O direito desses povos desenvolve-se hoje em um quadro onde é vigorosa a expansão do modelo europeu (introduzido com a colonização, ou imitado espontaneamente por escolha ou por necessidade), onde não desaparece a tradição, às vezes reconhecida de maneira oficial, às vezes informal, mas capaz de se afirmar na realidade social. Ali a aplicação do modelo culto europeu (o único que aparece nos códigos e no ensino universitário) é marcado por robustas reações do substrato, que se fazem ouvir não apenas quando subtraem a relação jurídica à norma oficial, mas ainda mais quando deixam passar na interpretação da norma de origem napoleônica ou preparada pelos britânicos para a Índia, depois difundida de novo na África, elementos de leitura até aquele momento estranhos à história do direito napoleônico ou anglo-indiano[22]. E com isso a antropologia ensina ao jurista que a dinâmica da norma procede incorporando elementos que são estranhos e distantes em relação à vontade do legislador que programa a inovação.

Não é só isso. A antropologia supre a (pouco cultivada) pré-história. A antropologia familiariza o jurista com a ideia de que nem sempre existiu um legislador, nem sempre existiu um jurista,

---

[20] Sacco (1999a, 43 ss.).
[21] Um nome significativo é o de MacDonald, canadense, autor de muitos ensaios. Na Itália, R. Motta trata atentamente do tema, com elaborações próprias e atualizando-nos sobre a doutrina que fala outras línguas.
[22] Sobre a importância da tradição na história do direito, Glenn (2004). Referências em Sacco [1995a, 168 s., 193 ss. (particularmente 196 s.)]. Ibid. bibliografia.

nem sempre houve um poder político centralizado, capaz de garantir o respeito pela norma jurídica.

O antropólogo ensina, portanto, o jurista a construir um sistema racional e verídico das fontes. De maneira inesperada, ensina-lhe também a construir uma doutrina do fato submetido ao juízo. O jurista europeu acredita que o caso concreto pode ser decomposto em inúmeros elementos bem determináveis, todos presentes no momento do fato gerador do conflito, e considera que o juízo examina esses elementos, e não outros. A antropologia pode colocar diante de nossos olhos um juízo cujo objetivo é fortalecer a coesão do grupo, restaurando a harmonia na comunidade, e essa finalidade será obtida levando em conta várias circunstâncias diferentes do caso concreto.

O jurista deve muito à antropologia. A comparação ascendeu a níveis de que se orgulha graças ao enriquecimento que obteve, nos planos heurístico e crítico, ocupando-se de sistemas extremamente diversificados, ou seja, transformando-se em etnologia (jurídica) e em antropologia (jurídica). O antropólogo pode ensinar o jurista a entender o homem, desde que, necessariamente, o jurista preste ouvidos ao antropólogo (mas, na Itália, muitos acreditam que um jurista possa ser considerado uma pessoa culta sem sequer conhecer as bases da antropologia).

Eis, portanto, o objeto da pesquisa e do saber do antropólogo. Ele conhece o direito em todas as suas variantes, embora distantes no tempo e na inspiração.

6. A opinião do antropólogo

As diversas culturas estão em contraste e em conflito.

O antropólogo analisa as diversidades e constata os conflitos.

Dificilmente deixará de se alegrar ao ver a realização de um ou outro princípio em que acredita: alegra-se ao ver o abandono da prática da escravidão e do racismo; alegra-se ao ver a preservação de uma cultura em risco de extinção.

Podemos, então, traçar um mapa dos valores do antropólogo? A resposta é negativa. O antropólogo, como qualquer outro cidadão, cultiva valores, tem uma ética própria (especialmente uma ética política), e tem amor pelo progresso do saber. Mas tem uma ética porque não é apenas um antropólogo. A bússola que lhe indica a direção a ser tomada pertence certamente à sua pessoa, à sua cultura. Ele não renuncia à própria cultura. Mas, quando abre o livro do saber na página da antropologia, está disposto a questionar a própria cultura, está disposto a considerá-la uma dentre muitas culturas possíveis. Ele constata, e não avalia.

O estado de direito e os direitos do homem pertencem à cultura ocidental. Querer transformá-los em valores universais significa, para o antropólogo mais cuidadoso e mais sensível, cair no totalitarismo da modernidade[23].

No passado, o antropólogo pode ter sido tentado pelo etnocentrismo europeu, pelo colonialismo e por alguma forma de racismo. Também hoje, abstratamente, concepções religiosas ou partidárias poderiam levá-lo para uma ou outra direção. Ele se nega a semelhante tentação. A antropologia, enquanto ciência, não avalia e não toma partido.

O antropólogo reúne os dados estatísticos, reconstrói as mudanças, busca suas causas. As relações recíprocas entre esses dados constituem a base e o sistema de toda explicação.

A antropologia não tem a função de condenar, de recriminar as culturas do mundo por suas carências. Reciprocamente não premia, não absolve, não distribui medalhas de mérito.

---

[23] A bibliografia é ampla. Mais recentemente, ver Poirier, in Eberhard e Vernicos (orgs.) (2006).

O antropólogo professa essa neutralidade em nome da igual dignidade de todas as culturas. Essa ideia da igual dignidade tem como corolário o horror à discriminação cultural, à imposição coercitiva de uma cultura, à desconfiança para com a cultura alheia. Por sua vez, esse horror pode sugerir ao antropólogo para pronunciar-se em favor do diálogo das culturas (que vai além da simples tolerância), e do interculturalismo (que vai além do multiculturalismo). Mas a essa altura o antropólogo liga-se a uma ideologia; e irá expressá-la dizendo que a antropologia, que até agora era comparação, tornou-se reivindicação; dirá que deve desenvolver-se uma antropologia aplicada; falará abertamente de uma antropologia política do direito[24].

7. Uma ciência mestra

A antropologia jurídica, província da antropologia cultural, tem seus próprios métodos, suas próprias preocupações, seus próprios objetivos. Isso não significa que não possa olhar ao seu redor, e pedir às ciências limítrofes o empréstimo de alguma arma e a oferta de algum exemplo. Uma delas merece atenção. A ciência humana (antropológico-cultural em sentido amplo) que reuniu dados e obteve resultados menos controversos é a linguística; ela pode fornecer às ciências irmãs algumas avaliações úteis ou alguns empréstimos.

Vejamos alguns exemplos.

A linguística pratica com sucesso o critério espacial; ele permite extrair elementos, em matéria de origem e difusão dos modelos, da sua atual situação geográfica[25]. Nada impede que essa abordagem possa servir ao antropólogo.

---

[24] Os exemplos mais recentes e mais significativos desse posicionamento encontram-se nos artigos reunidos em Eberhard e Vernicos (orgs.) (2006).
[25] Bartoli (1945).

A linguística não é tentada por nenhuma ideia segundo a qual a inovação linguística (por exemplo: a primeira alternância consonantal das línguas germânicas) pressuporia em sua origem uma necessidade extralinguística – um valor político, um ideal ético ou de justiça, uma observância religiosa, uma sugestão da razão. Isso a resguardou do perigo de ver, na sucessão das mudanças, o acúmulo de conquistas culturais procedentes em uma direção unívoca, de onde viria uma classificação de mérito entre as soluções que avançaram mais e aquelas que ficaram mais atrasadas, nessa linha de progresso.

De modo paralelo, a linguística não cai na tentação da ideologia.

É verdade que as estruturas linguísticas podem veicular de maneira subliminar elogio e censura[26]. Mas isso é obra da língua, e não da linguística.

8. Etnologia jurídica e antropologia

Desde a época das grandes descobertas geográficas, os europeus souberam de culturas diferentes da própria, distribuídas na Ásia, África e Austrália; alguns começaram a reunir dados a respeito e a organizá-los[27].

A perspectiva era eurocêntrica e insistia no atraso das culturas extraeuropeias. Distinguiam-se os povos selvagens (caçadores-coletores), bárbaros (agricultores-pastores), civilizados (donos da metalurgia e da escrita). Mais tarde, os povos que não escrevem foram chamados de "primitivos", ou "sem escrita". Hoje, fala-se de "culturas tradicionais".

O nome dado à ciência de que falamos é etnologia. O que essa ciência encontrou ao seu redor?

---

[26] Sobre problemas linguísticos desse tipo, ver Antoine (dir.) (2004).
[27] Sobre alguns aspectos do tema, Negri (1983).

Os juristas voltados para o *ius* comum não se interessaram por nenhum modelo jurídico diferente do próprio (não eram capazes de ter curiosidade em relação ao *common law* nem à *sharia* islâmica). Os adeptos do direito racional não podiam dar importância às soluções inconciliáveis com a sua filosofia.

Com o surgimento do Romantismo, a escola histórica (iniciada por Savigny) ensina a relacionar o direito à cultura específica de cada povo. Com ela, a diversidade – na sincronia e na diacronia – adquire direito de cidadania na visão do direito, assim como se torna central na linguística, que naquele momento começa a abarcar os idiomas do mundo em uma visão comparada. As premissas para legitimar a etnologia jurídica já estão estabelecidas. Podem surgir estudiosos como Morgan (que influenciou muito Engels), H. S. Maine, Bachofen, Kohler[28].

A nova ciência deve munir-se de um método.

Para desenvolver um discurso sobre o método, é útil partir de uma obra que, por meio século (1900-1950), constituiu o prestigioso repertório do jurista culto no âmbito do direito dos povos (como então se dizia) "primitivos": a referência é a *Ethnologische Jurisprudenz*, de Post[29]. Essa obra reduz todo o direito tradicional a instituições e normas, agrupa estas últimas segundo suas semelhanças, e sobre essas bases constrói uma poderosa estrutura sistemática, a que são reconduzidas todas as experiências concretas. Post, que se deixava guiar por esse método e por essas preocupações, não era um caso isolado. Na Europa (continental), o método voltado para a estrutura sistemática era de fato muito difundi-

---

[28] Maine (1861); Bachofen (1861); Morgan (1877) e outras obras; Kohler liga o seu nome à *Zeitschrift für vergleichende Rechtswissenschaft*, anos 1886 ss.

[29] Post (1906 e 1908). Seu tratado foi traduzido em italiano por Bonfante e Longo. O nome dos tradutores nos dá a dimensão do prestígio que cercou a obra; o maior romanista italiano daquela geração não considerou inferior à sua tarefa colocar a longa análise de Post à disposição do público italiano.

do no período entre os séculos XIX e XX, e na Itália teve como expoente Mazzarella, estudioso catanense especialista em direito indiano antigo[30].

Os estudos em questão foram criticados por seu formalismo. Eles formulavam a norma, mas não explicavam sua origem, a mentalidade que a acompanha ou as correlações com o contexto social. Quando as críticas se tornaram contundentes, alguém afirmou que Post formulava as regras do homem primitivo com a técnica com que foram redigidos os parágrafos do BGB. Também a época de que se fala, por outro lado, assistiu ao surgimento de estudiosos mais abertos a pesquisas que enquadram melhor o direito na ampla gama dos fenômenos humanos[31].

A propensão ao grande sistema tomou conta principalmente da área alemã ou inspirada no modelo científico alemão. As coisas eram diferentes com os franceses, de Durkheim até Mauss. Já os anglo-americanos preocupavam-se muito mais com a reconstrução dos fenômenos do que com os conceitos, a teoria e a epistemologia.

Com o tempo, o método formal e sistemático debilitou-se, e em seu lugar desenvolveu-se em toda a Europa uma ciência etnológico-jurídica voltada para a aplicação prática.

Britânicos, franceses, alemães, belgas, russos, espanhóis, portugueses, italianos estavam empenhados na gestão de terras e povos coloniais, e queriam conhecer a mentalidade, os usos, as concepções dos povos que eram chamados a administrar. Surgiram assim etnólogos que tinham objetivos operacionais concretos: como salvaguardar, ou como reformar, determinada cultura, de-

---

[30] Mazzarella (1903-1937). Trata-se de uma obra em 16 volumes.

[31] Para todos, sirva o exemplo do grande Kohler, e dos autores por ele reunidos ao redor da *Zeitschrift für die vergleichende Rechtswissenschaft* (de 1878 em diante). Entre esse círculo de estudiosos e Post não existiu muita comunicação.

terminado direito e determinada sociedade, como adaptar uma exigência política a uma realidade social diferente[32]. As administrações públicas saíram a campo, dando suporte à pesquisa jurídica: em particular, promoveram a coleta de dados e com essa finalidade levaram ao preenchimento cuidadoso de questionários. A ideia do questionário é antiga. Recorrera-se ao questionário, no interior da França, na época de Napoleão. Na história das colônias, questionários particulares foram redigidos por estudiosos extremamente preparados (Post, Meyer, Kohler, Poirier), e outros foram adotados pelos responsáveis pelas colônias (recordamos o programa de um *Coutumier général de l'Afrique Occidentale française*, que foi parcialmente publicado)[33].

Grandes estudiosos das culturas tradicionais originaram-se da função colonial. Podemos citar um italiano – Cerulli – e um francês – Berque[34].

O fim do colonialismo comprometeu o movimento em questão, mesmo que, aqui e ali, a África independente tenha continuado a utilizar os resultados dessas pesquisas para dar estrutura legal às normas consuetudinárias.

Posteriormente, a ciência pronunciou-se sobre os questionários, emitindo um voto de desconfiança. A dificuldade que se deve enfrentar para remontar à formulação correta da norma ancestral só pode ser superada por especialistas que dominem o saber jurí-

---

[32] O que está escrito no texto é verdade, ainda que – como observa Rouland (1922a, 30) – os etnólogos tenham colaborado pouco com as administrações coloniais. Pode haver interação mesmo sem colaboração orgânica. Em todo caso, exemplos como os de Berque e Cerulli (ver a esse respeito a nota 34) são significativos.

[33] São de especial interesse: Steinmetz (1903) (que traz o questionário redigido em 1893 por Post e Meyer); Poirier (1963); VV.AA., *Coutumiers juridiques de l'Afrique occidentale française*, Paris, I, 1939 (relativo ao Senegal); Schapera (1938). Sobre os *coutumiers*, ver Poirier (dir.) (1962).

[34] Cerulli (1959): a obra é uma coletânea de artigos publicados nos cinquenta anos precedentes; Berque (1978, 2. ed.). Ver também as obras de Colucci, Montagne etc.

dico e o saber etnológico. Mas tais especialistas não existem em número tão elevado, a ponto de permitir a construção das complexas obras que se pretendiam compor[35].

Entre o fim da Segunda Guerra Mundial e a descolonização, a etnologia jurídica pareceu à espera de novas inspirações.

Nesse meio-tempo, amadureceram dois acontecimentos de grande relevância.

De um lado, a descoberta e a difusão da obra de De Saussurre provocou um contragolpe não apenas na área da linguística, mas em todas as disciplinas sociais, e isso condicionou os desenvolvimentos da antropologia cultural (a obra de Lévi-Strauss não poderia ser imaginada fora desse quadro).

De outro lado, a antropologia cultural (que começou a absorver no seu interior a etnologia) focalizou a família, o conflito e sua solução, a destinação dos bens, e com isso atraiu obviamente o interesse do jurista. Dessa maneira, de uma costela da antropologia cultural nasceu uma antropologia jurídica.

Para o antropólogo (diversamente do etnólogo), a formulação da regra jurídica não é tudo. Ele não se contenta em dizer que o proprietário pode colher os frutos no pomar; interessa-lhe acrescentar que a árvore se vinga de quem lhe arranca os frutos, e que o xamã ensina ao proprietário a fórmula apotropaica para prevenir a reação vingativa da árvore. Ao antropólogo não basta cons-

---

[35] O veredicto da ciência é confirmado pelo abandono dos questionários. Pode-se constatar a desconfiança comparando as atas de dois congressos da Academia Internacional de Direito Comparado, realizados em 1958, em Bruxelas, e em 1962, em Hamburgo.
Em 1958, esteve na ordem do dia *O problema da redação dos direitos consuetudinários: interesses, dificuldades, métodos*, e em 1962 foi tratado *O recurso a categorias jurídicas em problemas concernentes à compilação de costumes e de codificações*. Os relatórios (encontrados nas coletâneas dos relatórios gerais e nas dos relatórios nacionais dos vários países) revelam, ainda em 1958, parcial entusiasmo, ao passo que em 1962 a atmosfera é crítica. Ver, a esse respeito, Negri (1983, 73).

tatar a existência de uma propriedade fundiária comunitária; interessa-lhe saber qual é a relação entre o terreno e o espírito dos mortos, e quais as preocupações dos vivos relacionadas aos poderes e às expectativas dos defuntos. Em paralelo, ele se apaixona pela correlação entre a ciência jurídica e a linguística (particularmente, a semântica), a economia, a etologia, a psicologia (aqui incluídas a etnopsiquiatria e a psicanálise), e a epistemologia jurídica. Sobretudo na França, a busca das explicações que podem oferecer as ciências ligadas ao direito chega a um florescimento admirável e se entrelaça com a reconstrução do dado.

A antropologia e a etnologia ocupam-se em parte do mesmo objeto; por outro lado, as preocupações de uma e de outra são diferentes, assim como o âmbito a que elas se estendem.

A etnologia reúne e descreve atos e comportamentos humanos (regras jurídicas, no caso do etnólogo jurista), e o antropólogo tenta explicar as qualidades, as fontes, as razões, as maneiras, o sentido e os problemas da diversidade que existem entre os humanos[36].

Se o etnólogo olha para aquilo que cada etnia tem de específico, o antropólogo é chamado a dizer o que é, como é o homem enquanto participante daquele fenômeno cultural e variável que é o direito: como é o homem, nas suas diversidades; como é o homem, na unidade do gênero a que pertence[37].

9. A etologia

O antropólogo acompanha o jurista até as áreas geográficas e históricas em que as estruturas do direito são mais simples, em que não existe o legislador, o jurista ou um poder político centralizado. Acompanha-o entre os ianomâmis do Alto Orinoco, entre

---

[36] Sobre o ponto, Le Roy (1994).
[37] Sobre o ponto, Rouland (1992a, 120 e 375); Vanderlincher (1996, 8).

os aborígenes da Austrália, compara-o com as experiências dos nossos antepassados da Idade da Pedra Antiga, com as experiências daquelas formas de humanidade que foram diferentes dos nossos ancestrais, e cujos descendentes, infelizmente, se extinguiram há muito tempo. Mas o operador capaz de observar e de comparar quer ir além, e dirige o pensamento para as sociedades animais, especialmente as sociedades dos animais que mais se assemelham ao homem em seu aspecto físico e comportamental. Não apenas o homem, mas também vários animais conhecem a ligação existente, no interior do casal, entre o macho e a fêmea adulta, e a ligação existente entre os pais e o filho, e conhecem a figura do personagem dominante, assim como conhecem a posse imobiliária, adquirida com a marcação do terreno, e garantida mediante a autotutela.

Certamente, nessas sociedades, a efetividade da regra não depende da força da autoridade; mas depende da capacidade de proteger a si mesmo daqueles que têm o direito em questão, e da inclinação dos membros da sociedade a prestar observância às normas. A autotutela funciona bem sobretudo se uma carga psicológica ou hormonal poderosa impõe ao sujeito o direito de lutar, e o encoraja, e ao contrário desestimula o autor do erro. Essas cargas psicológicas podem estar ligadas à cultura ou ser inatas. De qualquer modo, elas atuam nas sociedades animais.

Há poucas décadas, a etologia (que se apresenta como uma ciência biológica) dirige uma parte de seus programas para o comportamento social do ser vivo[38]. Os antecedentes imediatos do nascimento da etologia são conhecidos.

---

[38] A página atual da etologia animal nasce com Lorenz (desde 1935; em italiano ver Id. (1971; 1980)) e com Tinbergen [desde 1948; ver especialmente Id. (1951)]. A etologia humana tem seu representante mais conhecido e mais acessível em I. Eibl--Eibesfeldt [desde 1950; ver sobretudo Id. (1993)].

A escola do behaviorismo (exemplo: I. P. Pavlov) considerou todos os componentes do comportamento (especialmente: humano) adquiridos em virtude de influências ambientais. Com isso, a biologia (ou seja, a hereditariedade) era excluída da área da cultura. Essa tese foi acompanhada de reações, em que interveio também o estudo biológico do comportamento, ou seja, a etologia. A etologia oferece seu apoio à biologia e à genética na reavaliação dos elementos inatos.

Uma contraposição fundamental domina a pesquisa etológica[39]. Algumas características são hereditárias por estarem codificados no DNA de determinada linhagem. Outras características, por sua vez, são transmitidas no interior do grupo porque os recém-nascidos tomam exemplo dos adultos. O exemplo pode criar instintos irreversíveis, não menos do que aquilo que faz a hereditariedade. Não se entenda mal: traço hereditário não é sinônimo de traço comum a todos os homens; e, reciprocamente, nada impede que determinado traço cultural adquirido tenha se estendido a todos os grupos humanos.

Estudiosos, como Lorenz e Tinbergen, que forneceram bases sólidas à etologia animal, e deram valiosas contribuições para a divulgação desse ramo da ciência, são muito conhecidos. São menos conhecidos (e isso parece singular!) os especialistas de etologia humana.

É fácil imaginar o que o etólogo do comportamento humano tem para contar ao jurista. O etólogo do comportamento humano reúne os dados relativos aos comportamentos sociais do homem, os analisa, os compara, lhes dá um significado. A análise permite estabelecer como os fatores ambientais e os fatores propriamente genéticos interagem sobre esses comportamentos.

---

[39] Wilson, desde 1975; ver especialmente Id. (1979).

O etólogo não está sozinho. Tem a seu lado o geneticista, tem a seu lado o biólogo disposto a empreender pesquisas concretas sobre o DNA que os homens transmitem a seus descendentes a cada nova geração. No futuro próximo, teremos informações cada vez mais ricas sobre os dados concretos codificados por nosso DNA.

O recurso à etologia e à genética poderia influenciar algumas abordagens tradicionais do jurista. Chegou-se a pensar que determinada regra jurídica fosse sugerida por uma visão a que o homem chega em virtude do intelecto e da razão, e talvez se descubra que a regra existe por estar inscrita em nosso DNA.

Hoje, os quesitos examinados pela etologia são os seguintes: se o DNA transmite ao recém-nascido a propensão a se submeter a uma pessoa "dominante"; se o DNA predispõe o recém-nascido a determinada sintaxe da língua (as regras são certamente uma criação da cultura!).

Os dados transmitidos de pai para filho por DNA variam com o tempo, porque o DNA está sujeito a variações (mesmo mínimas) a cada nova geração.

Quando pensamos em tornar eterno um dado cultural remetendo-o à natureza humana, esquecemos que a "natureza" do homem evolui incessantemente (os primeiros homens não falavam), e que diferenças maiores ou menores podem ocorrer entre a "natureza" de um grupo humano e a "natureza" de outro.

Não existe um duplo registro que nos permita colocar, de um lado, os homens reais empiricamente reconstruídos na diacronia e na sincronia, e de outro uma natureza comum a todos os homens, invariante e invariável. Existe um registro único, o do homem real; a natureza dos homens em geral é uma abstração adicional, estatística ou conceitual, que não pode servir de base para a construção de regras deontológicas.

Se o jurista decidir dirigir-se, sistematicamente, ao etólogo e ao geneticista para que estes o iluminem, a jurisprudência terá pela primeira vez uma fronteira comum com a biologia. As faculdades de Direito poderiam oferecer aos estudantes cursos de etologia, ao lado dos cursos de antropologia.

Há sintomas de que o jurista está pronto para a necessária atitude cultural?

Na Itália, o decano dos civilistas é um precursor e considera que a informação antropológica e etológica poderia influenciar a formação do jurista[40].

Há alguns anos, a *Rivista di diritto civile* publica ensaios de jovens que se mantêm informados sobre o que o etólogo encontra na área de interesse do jurista[41].

Fora da Itália, o entusiasmo é maior. Parece-nos exemplar o caso do Gruter Institut for Law and Behavioral Research, que tem esse nome devido à sua fundadora e diretora, Margaret Gruter. O Instituto tem dimensões multinacionais (tem filiais em Portola Valley na Califórnia, em Berkeley, em Munique e em Pittsburg), e sobretudo interdisciplinares, voltando-se para as correlações existentes entre direito e economia de um lado, e biologia de outro. Desenvolve atividades desde 1981. Ali colaboram juristas como Susan Bloch, Kingsley Brown, Robert Cooter (bastante conhecido por nossos estudiosos de análise econômica do direito), Wolfgang Fikentscher, Mark Grady, Owen Jones, William Rodgers, Douglas Yarn, Oliver Goodenough, um cientista político como Roger Master, antropólogos como Helen Fisher, Lionel Tiger e Robert Trivers, um geneticista como Luigi Cavalli Sforza, um neurobiólogo como Gillian Einstein, um primatólogo como Frans de

---

[40] Falzea (1996, 6, n. 1) põe-se o problema da juridicidade das sociedades animais, remete à obra de Aller, Emerson, Park e Schmidt (1949), e extrai toda consideração apropriada dos dados oferecidos pela antropologia: ver as citações e o próprio autor em Falzea (1983).

[41] Gianola (1995; 1997); Caterina (2000).

Waal, um zoopsicopatologista como Michael McGuire. Para indicar algumas das pesquisas em desenvolvimento, mencionarei aquela sobre direito e desenvolvimento da neurologia e aquela sobre senso de justiça e formação jurídica.

10. Os estudiosos e seus instrumentos

Desde que a antropologia jurídica, ao se especializar em relação à antropologia cultural, ocupou os espaços até então reservados à etnologia jurídica, a nova ciência teve adeptos em número crescente, sobretudo na Europa ocidental, na Grã-Bretanha, na América do Norte. De qualquer modo, convém distinguir os europeus continentais, que podem ser subdivididos, por sua vez, segundo a nação e a língua, e os anglófonos, situados nos dois lados do Atlântico.

Entre os europeus continentais podem ser mencionados, antes de tudo, os de língua alemã, por terem sido os primeiros a se destacar. No âmbito da história do pensamento e do saber, é útil tornar permeável o diafragma que separa o etnólogo do antropólogo, e com essa premissa no cenário alemão-suíço da segunda metade do século XIX atuam Bachofen, Post, Kohler e o antropólogo-politólogo F. Engels[42].

No meio século que segue, os alemães se empenham em problemas de método, seja com Graebner, M. Schmidt e Trimborn, seja com Thurnwald[43].

---

[42] J. Bachofen, magistrado de Basileia, publica em 1851, em Stuttgart, a célebre obra sobre o parentesco, especialmente sobre o matriarcado (1861). Já falamos de A. E. Post mencionando sua obra mais famosa (1906 e 1908). A obra havia sido precedida por outro livro (1890). J. Kohler ligou seu nome à *Zeitschrift für vergleichende Rechtswissenschaft*, anos 1886 ss. F. Engels, cujo nome está ligado, na história das ideias, ao de K. Marx, publica na Alemanha um ensaio (1884) na esteira do pensamento de Morgan, sobre o qual falaremos adiante, ao examinar os autores americanos.

[43] Todos esses nomes estão ligados à visão "difusionista", de que falaremos a seguir. Ver Graebner, Schmidt e Trimborn (1928, 46 ss.); Thurnwald (1931; 1934).

Mais recentemente, eles se dedicaram a aspectos mais nitidamente teóricos (com Lampe e Henrÿ)[44].

Inicialmente ausentes do debate, os Países Baixos, favorecidos por suas inter-relações com o império colonial na Indonésia, ocuparam repentinamente o centro do cenário com sua Adat Law School, fundada por Van Vollenhoven na primeira metade do século XX, e continuada no meio século seguinte por Griffiths, Von Benda-Beckmann e outros[45]. Os holandeses ligaram seus nomes à ideia pluralista do direito (da qual falaremos adiante).

A pátria da antropologia jurídica por excelência é a França. Entre os séculos XIX e XX deixavam sua marca as obras de Durkheim e Mauss[46]. Na metade do século XX, a pré-história, e em particular a antropologia pré-histórica, davam o melhor de si naquele país. A antropologia cultural via o triunfo de Lévi-Strauss. A época colonial familiarizava os franceses com a realidade extraeuropeia, e um aprofundamento dos temas jurídicos africanistas estava em curso. Naquele clima desabrochou uma escola, e com ela um grupo, que multiplicou as possibilidades individuais. São publicadas as obras de Henri Lévy-Bruhl[47], de J. Poirier, M. Alliot, R. Verdier, N. Rouland e E. Le Roy[48]. Com os franceses, o equilíbrio entre o dado experimental, a verificação dos dados com meios interdisciplinares e a elaboração teórica alcançam o nível mais alto.

---

[44] Lampe (1970); Henrÿ (2004).
[45] Ver: Van Vollenhoven (1931-33); Griffiths (1983); Von Benda-Beckmann e Strijbosch (orgs.) (1986).
[46] Durkheim (1893); Mauss (1923, 1969).
[47] Henri Lévy-Bruhl (1956).
[48] J. Poirier (dir.) (1968-1991); Alliot (1983; 1971); Verdier (dir.) (1980-1984; 1991); Verdier (1985); Rouland (1992a) é autor da obra que recomendamos como primeira leitura na disciplina, bem como de outras obras; Le Roy (1982; 1986; 1991; 1999).

Nos confins do hexágono francês, a antropologia jurídica recebe a contribuição da cultura belga, cujo epônimo é J. Vanderlinden. A origem desse estudioso é a do historiador e do africanista, seu pensamento entrelaça-se com o dos franceses e dos anglo-americanos, um instinto não reprimido leva-o às mais ousadas análises conceituais[49].

Em determinado país da Europa, é confiada à antropologia (não apenas a ela) a coleta das memórias a serem utilizadas para a construção da identidade (histórica) da nação. Esse país é a Romênia. Na Romênia, a antropologia jurídica é difusamente cultivada (indicamos as obras de Vulcanescu e Georgesco)[50].

Outra pesquisa antropológica extremamente válida expressa-se em inglês. Ela nasce ao mesmo tempo na Grã-Bretanha e na Alemanha. Ela volta-se deliberadamente para uma visão funcionalista dos fenômenos que estuda. Na Inglaterra, o mérito da novidade pertence a H. S. Maine (às vezes citado como H. Sumner Maine)[51]. A ele se seguiram (sem ligações diretas de colaboração ou de escola) B. Malinowski[52], P. Bohannan[53], A. S. Diamond[54], M. Gluckman[55], M. Fortes, E. Evans-Pritchard[56], S. Moore[57], A. R. Radcliffe-Brown[58], temperamentos muito diferentes um do outro.

---

[49] Vanderlinden (1995).
[50] Vulcanescu (1970); Georgesco (1978). Os romenos estudam atentamente a vida de seus antepassados pré-romanos ou pós-romanos. Os romanos deixaram-lhes a língua, mas não o direito.
[51] Maine (1861), a respeito do qual, por último, Hamza (2005).
[52] Malinowski (1926; 1922).
[53] Bohannan (1957; 1963; 1967).
[54] Diamond (1935, depois 1971).
[55] Gluckman (1955; 1977; (org.) 1969).
[56] Fortes e Evans-Pritchard (1940); Evans-Pritchard (1940).
[57] Moore (1978).
[58] Radcliffe-Brown (1933; 1950).

Nos Estados Unidos, a pesquisa antropológica é frequentemente conduzida através do prisma dos pré-colombianos americanos. Deixaram ensinamentos fundamentais L. H. Morgan[59] (que influenciou muito Engels), E. A. Hoebel[60], F. Boas[61], K. N. Llewellyn[62], L. Pospisil[63], L. Nader[64], C. Geertz[65].

No vizinho Canadá atuam R. MacDonald e J. G. Belley[66].

Fora dos dois âmbitos, europeu e norte-americano, estão presentes na área alguns japoneses, dos quais o mais conhecido é M. Chiba[67].

A presença no campo dos italianos está ligada primeiramente, com Mazzarella, a um estilo sistemático alemão, depois, com Cerulli e Colucci[68], à experiência colonial, depois aos ensinamentos e aos modelos franceses e norte-americanos – é o caso de F. Remotti, G. Sertorio, R. Motta, A. Colajanni, A. Negri, E. Grande[69].

Os antropólogos não podem ser subdivididos em escolas nacionais. São, em todo caso, muito diferentes uns dos outros. São inúmeros os traços que nos levam a contrapô-los.

Uma divisão explícita contrapõe o antropólogo que organiza o próprio material com as categorias organizadoras familiares a

---

[59] Morgan (1871; 1877).
[60] Hoebel (1973).
[61] Boas (1911).
[62] Llewellyn (1931, depois 1950).
[63] Pospisil (1971; 1982; 1985).
[64] Nader (1990; 2003).
[65] Geertz (1987).
[66] MacDonald (1986), Belley (1977).
[67] Chiba (1986). Chiba está atento às correlações entre direito imposto e direito informal, entre modelo importado e modelo autóctone.
[68] Mazzarella (1903-1937); Cerulli (1959); Colucci (1924).
[69] Remotti (1982, depois 2006); e minha resenha em *Riv. dir. civ.*, 1982, I, p. 730; Sertorio (1966); Motta (1986; 1991; 1994; 2006); A. Colajanni, *Introdução a Hoebel* (1973); Negri (1983); Grande (1996).

ele no estudo do direito da sua área[70], e o estudioso que condena asperamente esse procedimento[71]; entre os dois, há quem adote uma posição intermediária[72].

Uma divergência fundamental diz respeito à maneira como se entende e se define o direito. Encontramos posições que privilegiam, na área do direito, o aspecto penal[73]; e encontramos quem se recusa a reconhecer a sanção[74] como característica do direito; encontramos construções diversas do antidireito (delito, culpa, ou perturbação da paz social)[75]; encontramos quem vê o direito a serviço da solução do conflito[76], e vemos mais largamente difundida uma visão processualista do fenômeno jurídico; ou melhor, esta última atitude foi habitual – mesmo que prestigiosamente contrastada por Malinowski[77] – na maneira de pensar do antropólogo de língua inglesa, até 1965, quando L. Nader levou as duas tradições – a continental europeia e a anglófona – a uma maior convergência. Encontramos alguns ligados a uma concepção funcionalista das coisas que estudam[78].

Uma diferença entre antropólogos de épocas diversas foi esta: os primeiros trabalhavam na escrivaninha, sobre os dados encontrados nos livros e nos relatos de viajantes; e os segundos fazem trabalho de campo (ou de área como se quiser denominar)[79].

---

[70] O epônimo dessa prática é Gluckman.
[71] O precursor é Van Vollenhaven, o lutador é Bohannan.
[72] Como, por exemplo, Poirier e Moore.
[73] O clássico é Durkheim.
[74] Tipicamente, Van Vollenhaven.
[75] Vanderlinden (1996, 109).
[76] É o caso de Bohannan.
[77] Malinowski pode ter pensado que nas sociedades tradicionais todo o direito é civil, e vive sem dar espaço para infrações, contestações e remédios.
[78] Especialmente Malinowski.
[79] Malinowski carregou dignamente a bandeira dos pesquisadores nesse campo.

Talvez umas diferenças sejam ainda mais profundas que outras. Há o estudioso que, ao voltar do trabalho de pesquisa dos dados, enxerga nesses últimos um elemento vivo e presente no momento determinado, e há quem veja os dados em uma perspectiva diacrônica. O estudioso pode desconfiar daquilo que não se reduz a uma experiência verificável, e cuidar da reconstrução pontual da solução dos problemas jurídicos, ou pode, ao contrário, propor-se a organizar os dados em sistema, visando à reconstrução de amplos modelos globais. A pesquisa antropológica não é tal se não observa os fatos, as palavras e as ideias, mas sem dúvida o pesquisador pode ser particularmente atraído pelas ideias (ou particularmente atraído pelas palavras).

A diacronia, o sistema, a comparação, a leitura do pensamento são as riquezas que o estudioso encontra, ou melhor, cria.

A diacronia dá à antropologia um valor todo especial.

Mas pode também trazer consigo alguma tentação.

Nasce na diacronia a chamada visão evolucionista, que interpreta cada fase de desenvolvimento do direito como produzida univocamente pelas situações e pelas necessidades próprias da fase precedente, de modo que a característica diferente de duas experiências jurídicas diferentes se reduziria ao grau diferente que elas ocupam na escala do progresso, e as experiências extraeuropeias seriam simplesmente as formas jurídicas atrasadas (sobre essa perspectiva e sobre a problemática que ela envolve, ver os três capítulos que se seguem, dedicados à diversidade no direito).

CAPÍTULO II

O SENTIDO DA PLURALIDADE DOS DIREITOS

1. O tema

A cultura humana; o direito. As culturas humanas; os direitos. A reflexão antropológica nos dirá em que medida acreditar na cultura humana (no singular) e em que medida reconhecer as culturas humanas (no plural).

Não é logicamente impossível constatar a multiplicidade das culturas no plano do fato e aspirar à unidade; ou avaliar quão marcante é a unidade das culturas do homem e desejar a variedade.

O estudioso trabalha sem simpatias predeterminadas (e, espera-se, sem preconceitos); ele quer avaliar o real; e, admitindo que consiga fazê-lo, quer explicá-lo.

Há setenta anos, a Conferência de Genebra elaborou um direito uniforme para a letra de câmbio. Recentemente, a Conferência de Viena elaborou um direito uniforme para a venda internacional de produtos.

Uncitral e Unidroit, órgãos da ONU, têm por objetivo a uniformização do direito. A Comunidade Europeia adota regras jurídicas, destinadas a ser uniformes em todos os países-membros. O Parlamento europeu pronunciou-se a favor da adoção de um código civil válido para a Europa[1]. Os manuais de introdução ao direito comparado, bem como as obras dedicadas aos grandes sistemas jurídicos – salvo raras exceções – enunciam, entre os objetivos da comparação, a unificação internacional do direito[2]. Se o século XIX e a primeira metade do XX exaltaram o caráter nacional do direito, a segunda metade do século XX mostrou-se consciente, de um lado, da unidade fundamental do direito[3], e, de outro, do valor da uniformidade das regras jurídicas. Importantes pesquisas comparatistas são dedicadas ao núcleo "comum" deste ou daquele setor do direito privado[4].

É fácil enumerar razões a favor da unificação e da uniformização. Os conflitos de regras jurídicas (entre ordenamentos nacionais) prejudicam as trocas. Direito uniforme significa unidade cultural, portanto eliminação das dificuldades e dos mal-entendidos entre as diversas civilizações que devem conviver[5].

A uniformidade evita que tal relação seja regulada de maneira contraditória, aquém e além dos Pirineus, do passo do grande ou do pequeno São Bernardo, do Canal da Mancha ou das montanhas dos Cárpatos. Evita, portanto, a injustiça decorrente da disparidade de tratamento, evita as incertezas e as complicações li-

---

[1] Em seguida a esse voto, os órgãos de governo holandês, em um período de sua presidência da CE, reuniram em Haia especialistas que se encontraram em 29 de fevereiro de 1997. As atas do colóquio estão publicadas em *Eur. Rev. Priv. Law*, 1997, 4, pp. 455 ss.

[2] Classicamente, David e Jauffret Spinosi (2002, 11. ed., 8).

[3] No interior – naturalmente – do âmbito da "*western legal tradition*": mas esse âmbito cresce sem trégua. Contra o entusiasmo acrítico professado por essa unidade ("*ius unum*"), Sacco (2001).

[4] O exemplo é oferecido por Schlesinger (org.) (1968). Hoje, uma pesquisa mais geral sobre o *common core* do direito privado é realizada em Trento e Turim sob a direção de U. Mattei e M. Bussani: ver Kötz (1997).

[5] Indica-se, entre os primeiros testemunhos nessa direção, um congresso concebido em 1978 por M. Cappelletti. As atas foram publicadas: Cappelletti (org.) (1978).

gadas aos conflitos de normas no espaço, que ocorrem quando se desenvolve uma relação jurídica transnacional.

Pelo menos no que diz respeito ao valor espacial da norma, caminha-se para a uniformização. Deseja-se a uniformização. Ela é considerada um bem. Reciprocamente, deveríamos considerar patológica a diversidade. É correta essa dedução?

Para responder, vamos considerar que o direito não é diferente, nem separado, dos demais fenômenos sociais e culturais. Ao lado do direito, a língua, o saber, as regras do viver, a qualidade dos produtos da atividade humana (objetos materiais e criações intelectuais) constituem, no seu conjunto, a cultura do homem.

Entre esses elementos, língua e direito têm uma característica especial. Se dois indivíduos dão formas diferentes às pedras das quais retiram lascas ou às casas que constroem, ou se se nutrem de alimentos diferentes, ou se recorrem a tratamentos diferentes para obter a cura de suas doenças, o pluralismo das soluções não cria maiores problemas à sociedade. Em contrapartida, os indivíduos, os membros de uma comunidade, não podem compreender-se reciprocamente se não usam a mesma língua. Analogamente, uma regra jurídica estabelecida para regular a relação entre credor e devedor, entre proprietário e terceiros, não pode deixar de ser idêntica para o titular do direito e para o sujeito do dever.

Na realidade, a comunidade dos humanos não fala uma só língua. Mas isso contradiz o objetivo da língua, que consiste na comunicação.

Os humanos não observam um só direito. Mas isso vai contra o objetivo do direito, que consiste em garantir um igual e previsível mecanismo de solução dos conflitos para os diferentes sujeitos. O caráter abstrato da regra implica a uniformidade. A uniformidade deixa de existir se as soluções previstas para duas hipóteses idênticas são múltiplas.

E, de fato, como já mencionei, vivemos numa época que vê com bons olhos a unificação das línguas e do direito, e a encoraja.

As línguas vernáculas definham, as línguas escritas se difundem. Não é só isso. Os humanos sempre sentiram a necessidade de uma língua veicular, que permita às diferentes etnias compreender-se reciprocamente: o babilônico, em seguida o aramaico, o grego, depois o latim, por fim, o francês propuseram-se essa tarefa. Hoje, a consciência da necessidade de uma língua internacional torna-se mais clara, e vemos a língua inglesa candidatar-se para essa função.

Quanto ao direito, em toda a extensão do mundo ocidental, as diversidades têm diminuído no campo do direito público e do direito privado.

2. A diversidade

Os direitos e as línguas diferem. Temos uma explicação para esse dado?

A explicação encontra-se na natureza das coisas. Tudo o que é real é dominado pela diversidade.

Isso vale para o real material e vale para o real cultural.

O cavalo é diferente do asno, o trigo é diferente da tília. O ar é diferente da água. O carbono é diferente do hidrogênio.

A diversidade é a propriedade do real.

A diversidade provém da variação, da mudança. A página mais espetacular dessa variação é aquela em que se vê a vida organizando a célula, a célula especializando-se, tornando-se célula animal ou vegetal, agregando-se com coespecíficos até formar um ser multicelular, e daí prosseguir o caminho que leva aos animais superiores e às plantas mais evoluídas.

Podemos lamentar essa diversidade, filha da variação?

A diversidade pode implicar a incompatibilidade e até o conflito, mesmo mortal. O leão mata a gazela. A gazela, herbívora, destrói determinada planta ou determinado fruto. Certa molécula é destruída por essa ou aquela macromolécula. A variação não criou um grupo de amigos. Ao contrário, ela levou o real a se autodestruir em parte, com as próprias forças e os próprios meios. Devemos acusar a variação, culpar a diversidade? Onde estaríamos sem a variação? Sem a variação, o *Homo habilis* nunca teria substituído o *australopithecus*. Sem mutações, o animal e o vegetal não teriam superado a fase do protozoário. Sem mutações, as moléculas não teriam atingido as estruturas complexas que prepararam a vida. O real jamais teria se afastado da configuração que possuía no momento do *Big Bang*.

É possível imaginar uma variação sem diversidade e em particular uma variação que não leve à contradição, ao conflito, à destruição?

A evolução biológica está centrada na diversidade dos percursos e dos resultados. A evolução linguística está centrada na diversidade dos percursos e dos resultados. Algumas gerações de antropólogos chegaram a pensar que os homens, para avançar no caminho da civilização, seguiram e ainda seguem sempre a mesma trilha. Para alguns etnólogos, "evolucionismo" significa que se duas culturas contemporâneas (a europeia e a africana) são diferentes, isso implica que uma das duas (a africana) é atrasada, porque ainda não percorreu todas as etapas que a outra já cumpriu de forma brilhante. A partir do momento em que essa visão da macro-história foi abandonada, essa concepção determinista da variação cultural é denominada "evolucionismo unilateral"[6].

Em suma, a variação produz a diversidade. Acima do motor que muda o real, nenhuma força, nenhuma vontade superior predispôs uma faixa única que o fenômeno em movimento deverá

---

[6] Sobre essa concepção, ver adiante pp. 55 ss.

percorrer. A variação avança em direções múltiplas e largamente imprevisíveis. Essa possibilidade de seguir mais de um caminho é a chave da riqueza e da qualidade do mundo real.

Nós deveríamos ter a ambição de conhecer o que é real não apenas redigindo o inventário do existente, mas definindo também o que poderia ter existido, o que poderia existir e o que poderia vir a ser.

Sem variações não teríamos nada daquilo que apreciamos como um progresso, porque o progresso é uma variação. E se aceitamos a variação, aceitamos a diversidade.

Se a língua não tivesse eclodido dando lugar a milhares de idiomas diferentes, ela teria permanecido o que devia ser no momento em que surgiu, ou seja, um conjunto de dez ou vintes vocábulos.

Se o direito não tivesse eclodido para dar lugar a uma infinidade de sistemas diferentes, ele teria permanecido o que era no momento da humanização do *Homo habilis*, com uma propriedade-posse garantida pela autotutela (quer dizer: pela força do possuidor), com os quase contratos originados da atividade (por exemplo: de caça) realizada em comum, com uma hierarquia social centrada na autoridade-força do pai e no prestígio de um personagem dominante.

A variação não pretende parar depois de ter alcançado determinada meta. O progresso não tem como alvo a obtenção de uma situação estática, produzida por um equilíbrio que pretenderia ser definitivo. Pelo contrário, cada novo equilíbrio gera novos desequilíbrios, ou seja, situações favoráveis a ulteriores inovações.

É preciso notar (com espanto) que mesmo visões de mundo que inserem o dinamismo e o devir nas grandes leis que dominam a natureza geraram a expectativa e a esperança de situações finais, escatológicas, definitivas (e, portanto, eternas?). Assim, partindo de Hegel, o pensamento humano chegou às predições, relativas a pontos de chegada definitivos, que os grandes partidos únicos do século XX haviam elevado a dogmas.

3. Duas variações perturbadoras

As variações a que assistimos nas últimas décadas são comparáveis, por importância, àquela que conduziu do australopiteco ao *Homo habilis*.

Em primeiro lugar, o *Homo habilis* diferenciou-se do australopiteco porque fabricou os utensílios capazes de tarefas até então realizadas por seus músculos, dentes, unhas, pele, membros. Mas não delegou a suas criaturas a atividade de seu cérebro. Há apenas 5.500 mil anos o homem começou a delegar a memorização à escrita. Pois bem, hoje a informática é o instrumento a que delegamos parte importante do que até então era realizado pelo cérebro, para que o desenvolva de modo mais poderoso do que o cérebro fez e pode fazer.

Em segundo lugar, o homem evoluiu por 2,5 milhões de anos: verificou-se uma evolução biológica; verificou-se uma evolução cultural. Até agora, a evolução biológica condicionou manifestamente a evolução cultural. A dimensão do cérebro aumentou, surgiram os esboços da linguagem articulada, aumentou o desenvolvimento cultural, nasceu a língua. Reciprocamente, a mutação cultural condicionou a evolução biológica: o homem, com suas escolhas culturais (a forma de preparar a casa e o alimento, a maneira de se proteger do calor e do frio, a seleção diretamente realizada com a escolha e com a rejeição do parceiro sexual), premiou e condenou continuamente determinados desenvolvimentos (ou determinadas situações estáticas) do próprio estatuto biológico. Mas hoje a cultura do homem permite-lhe intervir em uma medida nunca antes vista, e com procedimentos diretos, nas variações biológicas. Ainda não chegou a hora de tirar proveito disso. Mas é de esperar que no momento certo o homem se servirá do próprio saber, e, com uma inovação clamorosa, a mutação cultural condicionará radicalmente a mutação biológica, com objetivos determinados. Da evolução às revoluções.

4. A imitação e a uniformização

No mundo da biologia, a diferença é irreversível. Por mais que eu admire ou inveje os olhos de lince, o olfato do cão, os cabelos loiros do sueco, a admiração e a inveja não obtêm nada.

No mundo da cultura, ao contrário, a diferença pode ser eliminada através da imitação.

Se o dialeto lígure difere do dialeto toscano, a diferença entre as duas línguas foi reabsorvida (salvo algumas nuances) a partir do momento que os lígures abandonaram a própria língua em favor do toscano, que passou enfim a ser chamado de língua italiana.

A imitação é com frequência o motor de fenômenos, às vezes espetaculares, de unificação cultural.

A imitação inscreve-se em um quadro mais complexo. Também no mundo da biologia, podemos constatar que determinado modelo se propaga e outro desaparece, e isso em virtude de uma seleção natural ou de uma hibridação. Em certo sentido, a imitação e a seleção são processos homólogos, baseados no fato de que os múltiplos modelos entram em conflito, e um deles perde e desaparece, ao passo que o outro vence e se propaga por ser mais eficiente. Esses conflitos, com a inovação, são a mola de qualquer mutação.

Por outro lado, na biologia os modelos vencedores são inumeráveis, porque a natureza predispôs inúmeros nichos. Na dinâmica da cultura (restringimos aqui a ideia de cultura àquela do homem), os nichos são poucos e sua importância – em um mundo de alta tecnologia – é menos significativa.

Na dinâmica da cultura, a imitação tem um lugar de destaque.

Não é necessário distinguir aqui a imitação espontânea e a imitação imposta, que se tornou possível por uma conquista militar ou por uma dominação política; os dois processos levam a um mesmo resultado. Quantos povos assimilaram, por bem ou por mal, a língua latina! Quantos países passaram a adotar, por bem ou por mal, o *Code Napoléon*!

A unificação às vezes deriva de um ato consensual; outras, da decisão de uma autoridade. Na medida em que o poder dessa autoridade é aceito, a unificação pode alimentar o orgulho dos destinatários da operação. Os franceses e os alemães falam com orgulho da unificação de seu direito, particularmente de seu direito privado. Mais tarde, esse orgulho pode operar em sentido contrário e dificultar uma nova uniformização. As resistências que alguns franceses opuseram, hoje, à realização de um código europeu uniforme são visivelmente veiculadas por sentimentos de orgulho ligados à imagem do código nacional que eles trazem consigo.

5. Resistências implausíveis

Apresentam-se obstáculos à uniformização do direito; manifestam-se contestações e resistências.

O observador ingênuo dirá, antes de tudo, que a multiplicidade dos pontos de vista políticos impede a uniformização do direito. Não concordamos com muitos valores políticos, e essa situação não tem em si algo de patológico. Assim, é normal que, no momento de adotar determinada solução de um problema, se evidencie a contraposição entre os que defendem valores diferentes. A contraposição será mais explícita e mais formalizada se os diversos valores tiverem o apoio daqueles órgãos da mediação entre cidadão e legislador, os partidos políticos.

O observador atilado constatará, por outro lado, que, no interior de uma área cultural homogênea, o pluralismo político não prejudica a unidade do direito. No interior da cultura ocidental, foi precisamente no setor do direito privado que dá lugar aos mais gritantes contrastes políticos (ou seja, a área do direito de família) que a circulação dos modelos e, em menor parte, o direito convencional uniforme criaram uma uniformidade mais ampla, bem visível no fim do século passado. Talvez aqui pese o fato de que nesse setor as bases históricas do direito são canonísticas tanto nos países de *common law*, como a Inglaterra, quanto nos romanísticos, como a Espanha; mas, em todo caso, as soluções euro-americanas uniformes não são mais as soluções canonísticas.

Por volta da metade do século XX, chegou a termo um direito uniforme que aceita a dissolubilidade do matrimônio e que se orienta para o divórcio-remédio, onde quer que se proclame a igualdade dos direitos dos cônjuges, e certa promiscuidade entre as rendas de um e do outro cônjuge. Em todos os lugares em que o poder de parentesco deva ser exercido no interesse dos filhos. Em todos os lugares em que entre as três formas de filiação – a legal, a biológica e a eletiva (ou seja: adotiva) – a segunda tenda a prevalecer sobre a primeira, e a terceira prevaleça sobre as outras duas.

As grandes diferenças dos programas políticos não impediram a unicidade das soluções. Por sua vez, essa unidade, desde 1990 até agora, não impediu novas diversificações significativas: por exemplo, em relação ao casamento entre homossexuais e aos acordos de assistência.

Em contrapartida, não encontramos a mesma convergência em áreas nas quais o debate político está ausente. Podemos tomar como exemplo: a doutrina da transferência da propriedade, que pode fazer apelo ao consentimento justificado (modelo francês) ou ao ato exteriorizado ou solene (modelo alemão e, em parte, inglês); podemos tomar a doutrina do contrato, que na França responde à equação *pacta sunt servanda* e na Inglaterra postula, ao contrário, o requisito da *consideration* (obviamente, falo das doutrinas, e não das regras operacionais).

Em geral, tende-se a pensar que as peculiaridades sociológicas das várias nações pesem sobre a multiplicidade das soluções: o grau e a maneira do desenvolvimento econômico, a difusão de cada um dos valores (em alguns casos contrapostos), e assim por diante. Mas no interior da cultura ocidental – bem como na Ásia Oriental – essas peculiaridades deixaram de ser determinantes. Em toda aquela área, não existe uma correspondência biunívoca entre estrutura da sociedade e solução jurídica. Entre os Países Baixos e a Inglaterra, entre a Inglaterra e a Escócia, entre o Québec e o Ontário não operam contraposições sociológicas, ideológicas ou religiosas muito marcadas; no entanto, como mencionei, o direito, no que diz respeito à propriedade e aos contratos, é diferente. Por outro lado, o direito holandês tem traços comuns com o direito peruano.

Abandonemos, portanto, as propensões mentais estabelecidas *a priori* e sejamos realistas.

Resistências à unificação são feitas em nome das tradições nacionais, que nenhuma autoridade teria o direito de subverter; elas são feitas em nome da história, que consagrou os valores e as especificidades do direito local.

Com essas premissas, pretender-se-ia eternizar uma ou outra solução, em nome da história.

Mas a história, que implica de maneira evidente o devir, não pode criar nada de eterno e nada de invariável. As soluções do direito são múltiplas porque constituem o produto da variação. É ridículo defender sua multiplicidade em nome de uma suposta invariabilidade.

Certamente, é legítimo pronunciar-se em favor da diversidade: desde que isso, porém, não seja feito em nome da invariabilidade. Não é legítimo confundir o episódio histórico com a verdade eterna.

A resistência *a priori* ao modelo proveniente do exterior não tem um fundamento racional. Decerto, olhando-a de perto encontramos elementos que ajudam a explicá-la. Ela é tanto mais forte, quanto mais o dado ameaçado pela possível imitação é percebido como um marcador da identidade do grupo. A comunidade defende a própria língua escrita (para dizer que ela imitou afirma-se, com desprezo, que ela se barbarizou ou se abastardou), mais ainda a religião; defende-se, mas com zelo menor, o estilo da arte figurativa, a maneira de se vestir, a maneira de se divertir.

Não é racional desconfiar das soluções do próprio vizinho. O homem seria verdadeiramente pobre se nunca tivesse aproveitado as soluções oferecidas por seu vizinho. Qual seria a situação dos meios de transporte, da técnica de construção, da metalurgia, da ciência, das comunicações, da religião, do direito, da língua, se as tribos e as etnias não tivessem imitado outras tribos e outras etnias? A ideologia da autossuficiência cultural é apenas o nome que se deu à ideologia do atraso.

O direito não é estático. Suas soluções circulam, difundem-se, produzem imitações. A imitação é a primeira aliada da uniformização. No mundo ocidental, como vimos, o direito de família tornou-se praticamente uniforme, pelo menos durante algum tempo. Poderíamos dizer o mesmo sobre o direito constitucional, que deu lugar ao estado de direito, ao poder do Parlamento eleito e à independência do juiz. Livremente, todas as nações preferiram modelos às vezes desprovidos de história às soluções consagradas pela cultura nacional e pela tradição.

6. O preço da unidade

A unificação do direito tem um preço.

Suponha-se um mundo com mil criadores de normas locais. Mil poderes locais têm a faculdade de criar uma regra totalmente nova. A partir momento em que se cria uma nova regra, institui-se uma concorrência entre o novo modelo e os anteriores. A regra que surgiu por último pode desaparecer; em caso de necessidade, ela pode igualmente difundir-se por imitação nos mil países considerados. Suponha-se agora, ao contrário, um modelo com um único criador de normas. Com qual frequência e através de quais dificuldades pode nascer um novo modelo nesse sistema?

Se cem regras diversas estão em vigor em cem países, os novos modelos que nascerão continuamente poderão facilmente diferir um do outro, porque seus pontos de partida não são os mesmos. Se, ao contrário, os pontos de partida forem uniformes, até que ponto poderá estender-se a nova escolha de um legislador? Ele poderá inventar a igualdade dos cônjuges, se a capacidade jurídica da mulher estiver limitada?

Já constatamos que existe uniformidade e uniformidade. A uniformidade imposta (resultado de um tratado ou de um ato supralegislativo) introduz um obstáculo importante ao desenvolvimento. Esse obstáculo será ainda mais árduo se a uniformidade for o produto de um acordo multilateral, cujas cláusulas só poderão ser reformuladas, no futuro, com base em uma nova decisão unânime, tomada por todos os participantes (incluindo o mais insensível e o mais atrasado).

O perigo que a uniformização imposta traz consigo tornou-se mais grave devido à circunstância de que a fonte do direito uniforme imposto pode ser uma lei. Na medida em que a fonte do direito é a vontade dos interessados – usos comerciais, cláusulas sugeridas pelas Câmaras de Comércio –, a nova regra se apoia no consenso geral (o sujeito que não estiver de acordo pode, de qualquer modo, subtrair-se a ela); portanto, não existe ruptura traumática com o direito preexistente. Um código ou uma lei não têm a mesma flexibilidade. Se o código é nacional, ele reflete a opinião dos juristas do país, inspira-se na jurisprudência recente, fundamentada na prática local, dá espaço para soluções invocadas por demandas sociais conhecidas e difundidas no país; nele não há nada de agressivo nem de imprevisível. Mas o código redigido para criar a uniformidade deve sufocar uma ou outra regra, substituí-la por outras, mais ou menos desconhecidas no território considerado.

Podemos tirar de todas essas considerações três conclusões.

É preciso excluir do discurso qualquer ideia de invariabilidade do direito.

Se acreditamos na diversidade, isso não nos impede de acreditar ao mesmo tempo na uniformidade.

Se acreditamos na uniformidade, não devemos renunciar, em seu nome, à variação. E, desde que seja espontânea, a variação irá gerar a diversidade.

7. Diversidade e progresso

Há algumas páginas temos sob os olhos uma figura enigmática e talvez estranha à ciência: o progresso. Falei do progresso como algo de que o homem é levado a alegrar-se. Seria imperioso, a esta altura, defini-lo.

Vejamos, então, o que ele é[7].

---

[7] Sobre o tema, ver Cavalli Sforza (2005, 280-2 e 335-6); Arsuaga (2001, 130-6).

Recorre-se à palavra progresso para indicar uma mudança do estado das coisas, julgado de maneira favorável.

Aspira-se a um ponto de chegada ou celebra-se um ponto de chegada já alcançado: o progresso é a série de mudanças que conduz ao ponto de chegada.

A visão antropocêntrica pode chamar de progresso a mudança que levou ao átomo, à vida, à hominização.

A visão eurocêntrica chama de progresso a série de mudanças que conduziram à cultura ocidental no seu nível atual, ou aquelas que poderiam conduzir, no futuro, a um nível hoje desejado.

Alguns falam de progresso objetivando seu significado, elevando-o a conceito filosófico. A visão de um guia inteligente das coisas terrenas, oferecida pelo sobrenatural ou por uma lei suprema da natureza, poderia justificar esse conceito. Alternativamente: o devir é o resultado de seleções, que deram a vitória a um adversário. Se vitorioso significa melhor, a série de seleções implicou um progresso contínuo. A argumentação fundamenta-se no comportamento do modelo. Esse modelo sabe difundir-se (não serão consideradas as difusões impostas coercitivamente), até se tornar universal. Esse modelo é eficiente, ou seja, é eficaz para conseguir determinado objetivo. Esse modelo obedece a parâmetros inatos no homem.

Fora das visões finalísticas do existente, agora mencionadas, o problema do conceito do progresso poderia ser apresentado da forma a seguir.

O progresso é visto como uma série de mudanças vantajosas. A definição é objetivamente unívoca, se dispomos de um critério para medir essa vantagem. Mas com que critério se mede a vantagem, uma vez que os interesses e as preferências humanas são descontínuos e contraditórios?

Em primeiro lugar, podemos dizer que é um progresso saber o que não se sabia até agora, saber fazer o que não se sabia fazer até agora, ter acesso a bens que até agora eram inacessíveis. O saber se acumula sem trazer prejuízo, o saber fazer não traz prejuízo, a possibilidade de acesso a bens não traz prejuízo. Aquele que sabe e que sabe fazer não é obrigado a se valer das novas possibilidades que lhe são oferecidas. Sabe produzir o ferro, sabe produzir a eletricidade, sabe dirigir um avião; mas não é obrigado a produzir o ferro, a recorrer à eletricidade, a voar. Tem a escolha entre a nova aquisição e o *status quo ante*. Pode-se afirmar que quem tem a escolha entre duas ou dez soluções, e escolhe, está mais provido de quem dispõe de uma única solução.

O progresso poderia ser definido, portanto, como o aumento das escolhas permitidas ao sujeito.

Mas o discurso não é tão simples assim.

O não saber pode prevenir as decepções, as frustrações e o desgosto de quem até agora, por ignorância, não foi capaz de avaliar a pobreza da própria condição. Ignoro o quanto o outro é rico, saudável e longevo; se soubesse, talvez me atormentaria perguntando-me por que o outro tem comida, poder sobre a natureza, poder sobre as doenças. Ignoro que um transporte rápido para o hospital, de avião, salvaria minha vida; se soubesse, ficaria angustiado, porque não tenho acesso ao avião e ao hospital. Aqui, o não saber é apenas um escudo contra a constatação da falta de possibilidades concedidas ao sujeito. O drama do sujeito que sabe, e é infeliz porque sabe, desenvolve-se na psique do sujeito. Convém deixar esse drama à margem do discurso.

Ao contrário, devem ser evidenciados os prejuízos que o saber produz – especialmente o saber fazer – em duas direções diferentes.

Fulano sabe fazer e faz, isso gera vantagens para ele e externalidades negativas para os outros. Descobre novas armas, novos materiais de construção, novos fertilizantes, novas energias; não sabemos se aqueles materiais e aquelas energias propagarão externalidades negativas.

Fulano sabe fazer e faz, isso gera vantagens a seu favor e prejuízos para si. Sabe produzir o álcool, o tabaco e inúmeras drogas.

A vantagem de que se está falando liga-se a uma possibilidade de escolha. Mas essa possibilidade é abalada pelo fato de o humano que escolhe estar condicionado por limites cognitivos, ser facilmente manipulável, ter preferências cuja coerência e cuja ordem são duvidosas.

Apesar de todas essas objeções, existem metas (a defesa contra a doença, contra a fome etc.) que são largamente compartilhadas. É o suficiente para falar – empiricamente, sem implicações filosóficas – de um progresso.

Também no campo das regras da vivência e da convivência deseja-se invocar o progresso. Elimina-se a pena de morte para quem nasce de um parto gemelar, elimina-se a escravidão e (dando a palavra aos nossos desejos) substitui-se a guerra pelo arbitramento, nega-se o direito masculino, elimina-se a antropofagia. Aqui o progresso consiste na afirmação de um valor.

Não é proibido falar de progresso a esse respeito. A escolha da meta será feita em nome de uma crença, e não de uma ciência.

A crença jurídica avalia, aplaude, condena. A ciência – e a antropologia é apenas uma ciência, como a linguística – não julga, não avalia, não condena.

8. As formas da mutação: a evolução e a difusão

Os modelos culturais – e entre eles os modelos jurídicos – mudam.

Vimos que mudam por uma mudança endógena, ou mudam por imitação. Os antigos romanos inventam as servidões prediais (mudança endógena); os alemães imitam a solução romana.

Chegou o momento de apresentar alguma tipologia das maneiras da variação, entre elas o ensino, a evolução e as várias formas de difusão, ou seja, a imitação, a expansão, as inovações paralelas.

A mudança obedece a regras. Debruçaram-se sobre elas o geneticista[8] e o linguista (o antropólogo e o jurista não gostam de utilizar os instrumentos necessários). Eis alguns exemplos.

A teoria da evolução biológica pode ser utilmente estendida por analogia à evolução cultural. O equivalente do gene na cultura é a ideia.

A evolução cultural pode ser mais rápida do que a biológica, porque o operador transmite também os dados que adquiriu depois do próprio nascimento.

A rapidez da evolução cultural pode ser reduzida em virtude de dois fatores: de um lado, o homem recebe melhor os ensinamentos nos primeiros anos de vida; de outro, as instituições podem ligá-lo a dados culturais menos recentes.

Quando a variedade das espécies viventes foi finalmente explicada como resultado da evolução, a interpretação evolucionista apoderou-se também da etnologia. A ideia de evolução trouxe consigo algumas adições inadequadas.

Em primeiro lugar, a ideia de evolução suscitou a ideia de ascensão de um modelo "inferior" em direção a modelos gradativamente "superiores". Essa atitude é arbitrária. A tarefa das ciências antropológicas, como de qualquer ciência, consiste em verificar e explicar os dados. As avaliações dos modelos não podem ser relacionadas *a priori* com a posição que o modelo ocupa na cadeia evolutiva.

Em segundo lugar, a ideia de evolução trouxe consigo uma propensão a pensar que se a um modelo A sucedeu-se por evolu-

---

[8] Cavalli Sforza (2004, 60 e 73).

ção um modelo B, e a este sucedeu-se o C, quem está adotando o modelo A destina-se fatalmente a percorrer o mesmo itinerário evolutivo que leva para a solução B e C (esquema evolutivo unilinear). Por esse motivo, as culturas complexas foram consideradas manifestações de etapas evolutivas pregressas (e hoje superadas, atrasadas) das culturas atuais[9].

Os corolários agora indicados do evolucionismo não têm o consenso do estudioso. A evolução baseia-se precisamente na multiplicidade e na imprevisibilidade das mudanças. A evolução costuma conduzir da unicidade à multiplicidade (rever o item 2). Os erros cometidos por estudiosos empolgados com o método evolucionista e, ao mesmo tempo, vítimas desses equívocos levaram os antropólogos, por um momento, a rejeitar a referência à evolução.

Mas depois a importância da evolução, uma das chaves das transformações das culturas humanas, foi definitivamente reconhecida[10].

Por outro lado, a evolução não é a única fonte das mudanças em questão.

De fato, a cultura tem de lidar com fenômenos dinâmicos de importância fundamental, que a biologia desconhece.

Em sua época, à interpretação evolucionista se contrapôs, com muita teoria e força polêmica, a interpretação "difusionista"[11].

---

[9] Rouland (1992a, 49) define o evolucionismo como uma teoria segundo a qual todos os grupos humanos atravessam estágios idênticos no desenvolvimento de suas formas de organização econômica, social e jurídica. A crítica à concepção evolucionista é o fio condutor da obra de Rouland agora citada. Em sua época, foram evolucionistas H. S. Maine, Bachofen, Morgan. Mais tarde, foram antievolucionistas Boas, Lowie e Malinowski, além dos difusionistas de que falaremos adiante.
[10] Desde 1943, professaram essa posição Steward, Carneiro (1973, 89-110), Hoebel, e, entre os outros italianos, Motta.
[11] Ligam seu nome a essa posição cultural Graebner, M. Schmidt e Trimborn (1928), Thurnwald (1931; 1934). Na linguística, a oposição entre evolucionismo e difusio-

Teorias sofisticadas foram construídas para descrever as modalidades das difusões[12].

A primeira forma da difusão é a imitação[13]. Às vezes, a imitação é uma necessidade objetiva. Assim, por exemplo, se se constitui uma nova comunidade, formada por pessoas de várias línguas, de agora em diante essas pessoas, se quiserem se entender, terão de falar uma única língua (a língua do grupo que chegou primeiro?; do grupo culturalmente mais preparado?; do grupo que detém o poder?). Em muitos casos, por outro lado, a imitação se dá sem uma necessidade absoluta. Algum indivíduo, ou algum grupo, imita porque imagina que o modelo alheio possa ser útil. Normalmente, o portador de dado elemento cultural é gratificado pela difusão do próprio modelo e estimula a imitação dos outros. Por sua vez, o sujeito que imita é levado a isso por um cálculo de conveniência, ou pela pressão de um poder político, religioso ou social, ou por um particular fascínio (= prestígio) de que é dotado o modelo imitado, ou o sujeito portador do modelo imitado. Um friulano imita quando abandona o dialeto local para falar italiano; os italianos imitam quando adotam um código de processo penal de modelo americano; e assim por diante.

A imitação é estudada pelo jurista (historiador ou comparatista) sob o aspecto da "circulação dos modelos".

Estudos mais analíticos e mais capilares foram realizados pelos linguistas[14].

---

nismo está bem representada pelo contraste entre A. Schlesinger, darwinista, que formulou suas hipóteses em 1863, e seu discípulo direto J. Schmidt, difusionista.

[12] Basta pensar na formulação dos círculos culturais e da propagação de ondas, atribuída a J. Schmidt (ver a nota anterior).

[13] A imitação atrai a atenção do antropólogo, cf. Alliot (1968, 1180-236), Rouland (1992a, 324-32), em que uma seção é intitulada "Teoria geral da circulação do direito" e do comparatista, cf. Sacco (1992, 5. ed., 132-54 e ed. anterior desde 1980).

[14] Thomason e Kaufman (1988); Winford (2003).

Eles recorrem à expressão "contato linguístico" (*language contact*) para indicar os fenômenos relacionados à influência de uma língua sobre a outra. Na vida das línguas, esses contatos são a regra, e não a exceção[15]. A observação permite esclarecer as condições que tornam possível o contato. Não é preciso, de modo algum, que os falantes envolvidos dominem perfeitamente todas as línguas interessadas. Frequentemente, o contato é precedido por uma interação entre os grupos que falam línguas diferentes, devido a casamentos mistos, escravidão (ou em geral submissão), imigração. As causas do contato podem ser a pobreza de uma língua (em que falta a palavra para indicar aquela ideia), o prestígio, acima mencionado[16], a política linguística praticada pelo poder, o contato institucionalizado, a coabitação territorial das duas comunidades. Do contato pode nascer uma nova língua.

Uma subespécie da imitação é a aculturação, ou seja, a imitação imposta pela comunidade hegemônica à comunidade subalterna. A aculturação é o produto de relações particulares entre as duas culturas envolvidas. Falaremos disso mais adiante, pp. 73-78.

Uma forma particular de circulação, diferente da imitação espontânea e diferente da aculturação, é o ensino[17].

Evolução e difusão são procedimentos presentes simultaneamente no mundo da cultura. Os dois procedimentos se alternam. As discussões e as pesquisas realizadas para estabelecer a predominância de um ou outro fenômeno reduziram, com razão, a importância que se tentara atribuir à imitação.

Por exemplo, o avanço das várias culturas neolíticas na Europa era relacionado tradicionalmente à hipótese de difusão de modelos.

---

[15] Thomason e Kaufman (1988, 6).
[16] Winford (2003, 38).
[17] A esse respeito, ver Cavalli Sforza (2004, 73).

No âmbito de estudos da pré-história[18], propôs-se de maneira anticonformista a hipótese da migração de povos. Agora, a genética oferece o sufrágio dos próprios meios de prova a essa reconstrução[19], e pode-se considerar estabelecido, com uma base muito ampla de pesquisas e de testemunhos, que a maneira mais frequente da difusão é "dêmica" (ou seja, decorrente da migração do povo em questão), a segunda é a imitação (difusão cultural), a última é a inovação espontânea paralela por parte de várias populações que se encontram em situações similares[20]. Todavia, não devemos esquecer que há pelo menos três milênios a importância das transformações culturais está ligada a evidentes fenômenos de imitação em questão de língua, de religião e de direito.

Outra fonte de mudanças que envolve a variação cultural, e não a variação biológica, é a tendência, própria dos elementos presentes em determinada cultura, a se dispor de maneira ordenada e sistemática. Todos os substantivos ingleses têm um singular e um plural, e não têm o dual. Todos os verbos italianos têm o infinitivo em –re. Os linguistas estudam esse fenômeno chamando-o de "difusão lexical", ou seja, difusão de uma novidade de uma palavra à outra; ela é responsável pela uniformidade tendencial das regras que presidem à flexão dos verbos e dos substantivos. O jurista, sempre preguiçoso quando se trata de reconstruir as regras a que obedece a criação das normas, não parece interessado, por enquanto, em investigar se, como e quando a difusão em questão atua no interior do sistema jurídico.

---

[18] Childe (1958).
[19] Ammerman e Cavalli Sforza (1986).
[20] Cavalli Sforza (2004).

CAPÍTULO III

A COEXISTÊNCIA DE MÚLTIPLAS CULTURAS

1. Os múltiplos aspectos da diversidade

Várias culturas coexistem. Uma delas sabe da existência de uma outra. O que acontece? O que pode acontecer?

Qual será a reação de toda cultura na presença de qualquer outra cultura?

Naturalmente, poderá ocorrer que os operadores das duas comunidades comparem a própria cultura com a do outro, selecionem ordenadamente seus elementos constitutivos e identifiquem os tratamentos médicos mais profícuos, as instituições jurídicas mais funcionais, as tecnologias menos custosas e mais rentáveis; que, além disso, cada um enriqueça a própria cozinha dotando-a de elementos provenientes da outra etnia; que, gradualmente, uniformizem as duas línguas unificando as bases sintáticas e as flexões, mas preservando todo vocábulo que carece de uma tradução precisa na outra língua.

Mas nem sempre as coisas foram e são assim. Pelo contrário, nunca são dessa maneira.

Falando do sentido da diversidade, já constatamos, com desprazer, que a evolução não criou um grupo de amigos (ver acima, p. 43). O confronto entre duas realidades concorrentes e por isso rivais é apropriado para criar um conflito, uma competição. Está em jogo a afirmação, ou também a sobrevivência, de uma cultura, ou de cada um dos elementos culturais.

Isso dará lugar a reações. Seria ingênuo esperar que o operador explicitasse corretamente suas origens, seus motivos e sua natureza. Os motivos estão submersos no inconsciente profundo, a origem esconde-se por trás dos pretextos, a natureza escapa ao operador.

As diversidades de que falamos podem ter diferentes conotações.

a) As diversidades culturais que mais nos afetam são hereditárias, mas existem também diversidades não hereditárias, decorrentes da variedade das escolhas individuais – realizadas por cada um –, ou geracionais.

As diversidades de um tipo e de outro podem entrelaçar-se em diferentes maneiras. Por exemplo, a religião é transmitida de pais para filhos (são possíveis exceções, mas são raras), porém a intensidade da crença religiosa muda conforme os indivíduos. A culinária é transmitida, mas contribuem claros fenômenos de imitação e escolhas individuais (mais marcadas na área das bebidas: álcool, café, sucos).

Falaremos aqui das diversidades hereditárias, depois mencionaremos (ver adiante, pp. 78 ss.) as diversidades baseadas em fatores geracionais.

b) As diversidades podem ocorrer entre culturas desenvolvidas em áreas diferentes e distantes (os habitantes da Zâmbia falam línguas bemba, os habitantes dos Pirineus ocidentais falam basco), ou entre culturas misturadas em uma única área (na Bósnia convivem cristãos – ortodoxos ou católicos – e muçulmanos sunitas).

c) A cultura ou este ou aquele elemento da cultura podem ser ou não ser postos pelos indivíduos como base da identificação da própria coletividade de pertencimento. Por exemplo, os italianos identificam a própria coletividade de pertencimento levando em maior consideração a língua (italiana) que escrevem, e em menor consideração a língua (vernacular) que falam (frequentemente acontece que os pais falem um vernáculo e os filhos falem italiano, sem que essa variação seja acompanhada por uma perturbação do seu sistema de identificação), e ainda em menor consideração a culinária.

As diversidades a que me refiro dão lugar a reações. Essas reações podem ser muito variadas. Nos tópicos seguintes tentaremos identificá-las.

2. Coexistência e conhecimento recíproco

Duas culturas que coexistem misturadas conhecem-se reciprocamente. Pode acontecer que também duas culturas que vivem distantes se conheçam. A antropologia cultural é, ela mesma, uma abordagem das outras culturas.

O conhecimento a que me refiro pode ser crítico, cientificamente avaliado e cientificamente determinável. Essa penetração na identidade do outro tem aumentado desde que a febre do saber se apoderou de uma parte da humanidade.

O conhecimento de um dado relativo a outra cultura pode valer como fragmento de uma ciência, pode ser o prazer de um espetáculo (assisto a uma dança naquela comunidade africana), pode constituir a correta constatação ocasional de um dado, separado de qualquer explicação: o turinês descobre que o cuneense, se fala a língua local, substitui o *n* velar intervocálico do vernáculo por um *n* alveolar (*lüna* em vez de *lüṅa* para dizer *luna* = lua).

A descoberta de outra cultura pode ser acompanhada de espanto, bem como de grande curiosidade. Por que nas aldeias africanas as pessoas e, principalmente, as crianças não devem ser fotografadas, e por que, ao contrário, é bom fotografá-las dando-lhes uma gorjeta? A pessoa perspicaz julgará que, uma vez impressa a fotografia, o dano causado à imagem por imprudência ou de outra maneira pode repercutir sobre a pessoa (uma ideia semelhante preside a prática da feiticeira italiana que perfura com um alfinete a fotografia da pessoa a quem pretende causar desgraça). A gorjeta, por sua vez, é um presente, desencadeia assim uma corrente favorável, por isso a influência do fotógrafo sobre a fotografia e sobre o fotografado será positiva.

O contato com este ou aquele dado pode veicular reações irracionais, às vezes inofensivas.

Pode-se dizer institucionalizada a reação divertida em relação à língua, especialmente à pronúncia, do outro: determinado ator cômico sublinha intencionalmente certa pronúncia regional; Molière, nas *Fourberies de Scapin*, nos mostra o protagonista que, enquanto disfarça a própria identidade, duplica o efeito humorístico acrescentando uma simulação linguística de tipo vernacular.

Com frequência, um povo definirá o próprio vizinho com base naquilo que este come. Assim, o inuíte é, para o aleúte, um esquimó, ou seja, alguém que come carne crua; o italiano é, para o búlgaro, um *žabar*, ou seja, um comedor de rãs; e é, para um francês ou um balcânico, um *macaroni*, ou *makerondzi*, porque come macarrão.

Frequentemente, a identificação baseia-se num erro de fato. Durante a Primeira Guerra Mundial, ao longo das linhas do *front* nas quais naquele momento não se combatia, ocorriam curiosas trocas entre soldados do exército austríaco e soldados italianos. Os primeiros ofereciam cigarros e pediam pão. Se croatas, o pediam com a palavra *kruh*, pertencente à sua própria língua. Mas, para o soldado italiano, o vizinho da frente era um "alemão", e desde então, para os italianos, os alemães são "*crucchi*".

Eram comedores de rãs os oficiais franceses que ocupavam a Bulgária, país derrotado, no final da Primeira Guerra Mundial, e pagavam os garotinhos búlgaros para que apanhassem as rãs. Depois os búlgaros confundiram franceses com italianos.

O assombro diante da outra cultura estará frequentemente na base de sumárias classificações étnicas que implicam desconfiança ou coisa pior.

3. A identidade e a alteridade

A oposição {igual ≠ diferente} considera duas qualificações antitéticas. Os iguais têm uma identidade comum, um pertencimento a um círculo comum. E dotam aqueles que são diferentes, e por isso "outros", de uma classificação que os exclui desse pertencimento.

Essas autoidentificações, essas exclusões são conhecidas. São estudadas em profundidade. Delas se faz história. Os historiadores se ocupam delas, em particular os historiadores das religiões, os cientistas políticos, alguns juristas[1]. Destacam-se, entre os marcadores ou geradores de pertencimento, ou seja, entre os elementos de autoidentificação conscientes, a religião, a língua falada, a língua escrita, a descendência (verdadeira ou imaginária) de um único antepassado ou de antepassados ligados a determinada religião ou a determinada língua, o pertencimento a uma mesma unidade política ou a um mesmo território[2].

Quem é excluído da autoidentificação coletiva é "outro". O homem de ontem e, em larga medida, o de hoje, veem no outro

---

[1] Uma obra atribuída a um historiador, que trata o tema com muito conhecimento e critério, é Assmann (2002). Entre os juristas distingue-se Ferlito (2005).

[2] É esse o resultado de observações ao alcance de todos. De qualquer forma, para uma formulação análoga, Assmann (2002, 222 ss.).

o estranho, o estrangeiro[3]. A construção da identidade no interior do grupo é acompanhada pela construção da alteridade e da estraneidade dos excluídos[4].

Nas culturas antigas, que de alguma forma podem ser tomadas como sintoma de uma condição humana generalizada, o estrangeiro é visto *a priori* como animalesco, selvagem[5], impuro, doente[6], perigoso[7]. O nos diz que é inata, no homem, a hostilidade, ou seja, a disponibilidade para lutar contra o estranho, que, portanto, será "o inimigo"[8].

O cientista político nos diz que a hostilidade se alimenta não de conflitos de valores, mas de simples alteridade[9].

Uma visão do mundo consciente e sistemática permitirá àquela determinada cultura dar raízes explicitáveis à contraposição instintiva entre o semelhante e o estranho. A religião, por exemplo, pode oferecer um instrumento: o inimigo político (o estranho é potencialmente um inimigo) é visto como inimigo de Deus[10]. Apesar disso, na história humana, a ideia da guerra santa surge apenas de vez em quando[11].

Visões laicas podem ter alcançado objetivos análogos. O número de culturas que negaram o caráter humano às outras coletividades é incontável (entre elas, a do Antigo Egito)[12]. Os helênicos não consi-

---

[3] Sobre a passagem de uma classe à outra na visão do Antigo Egito, ver Assmann (2002, 217 e 238-42).
[4] É o caso de Assmann (2002, 75-6).
[5] (Ibid., 93-4), com referência ao Antigo Egito.
[6] (Ibid., 238-42) (Antigo Egito).
[7] (Ibid., 99 ss.) (Antigo Egito).
[8] (Ibid., 75-6), sobre a autoridade de Eibl-Eisenfeldt.
[9] (Ibid., 75), sobre a autoridade de C. Schimtt.
[10] (Ibid., 71) (Antigo Egito).
[11] Isso corresponde à experiência comum. Em todo caso, é o que afirma Assmann (2002, 94 s.). Sobre o tema, ver Todorov (1984); Pace (2004).
[12] Assmann (2002, 99).

deravam os bárbaros conaturais. Com a descoberta da América, a Europa duvidou do caráter humano dos autóctones americanos.

As ciências naturais puderam fornecer a Buffon as categorias necessárias para classificar os pré-colombianos da América no nível mais baixo. E a filosofia oferece a Kant, a Hegel, a Humboldt, os instrumentos necessários para distinguir o "si mesmo" (coletivo) e o outro.

Há algum tempo, algum espírito armou-se do saber para afirmar que as diversidades entre os grupos humanos não implicam diferenças de valores, nem implicam hostilidades necessárias. Ao longo de três gerações, as concordâncias com suas propostas fizeram milagrosos progressos.

4. O sentimento da própria inferioridade. O ciúme

Uma comunidade pode constatar que a outra comunidade satisfaz um maior número de necessidades e de desejos: ergue construções muito altas; faz voar aviões; utiliza motores; comunica-se a distância.

A reação do operador pode seguir duas direções. Ele pode admirar e paralelamente pode querer imitar. Ele pode, ao contrário, desenvolver um ciúme; o ciúme pertence aos sentimentos, e não aos julgamentos; não é capaz de sugestões úteis e é puramente destrutivo. O ciúme é um fator de importância primordial nas motivações e nas escolhas – especialmente nas escolhas e motivações coletivas – do homem. O ciúme gera ódio, daí a facilidade com que ele reconstrói e imagina as culpas de quem é mais afortunado e as injustiças que o sujeito ciumento sofreu.

O ciúme cultural comporta o desejo de destruir a cultura rival. A vontade de impor a outros a própria cultura, por ser considerada superior, e o ciúme em relação a quem dispõe de uma cultura mais satisfatória do que a nossa partem de premissas opostas, mas chegam a resultados semelhantes: ou seja, a vontade de destruir a cultura rival.

Como o ciúme cultural não é racional, e racionalmente não se justifica, a interpretação da história, prisioneira da própria racionalidade, não gosta de lhe atribuir o lugar que ele merece. A ciência política, a etnopsiquiatria não o colocam no centro de sua atenção. Mas o ciúme em relação às culturas mais satisfatórias é uma das chaves fundamentais da história do homem.

Entre 1648 e 1940 a Inglaterra, depois Grã-Bretanha, por ser próspera e por ser o fiel da balança em relação ao curso da história mundial, atraiu para si o ciúme que atinge os afortunados. Pode-se explicar assim a aceitação não formalizada de italianos não fascistas da política externa de Mussolini; pode ser que um fenômeno análogo tenha existido na Alemanha naquele mesmo período. O país hoje mais próspero e poderoso do mundo é objeto de uma hostilidade – cuja gênese merece uma análise científica séria – por parte de forças muito dessemelhantes e, nesse caso, companheiras de caminho.

Naturalmente, ao lado do ciúme cultural encontramos outras formas de ciúme, mais facilmente reconstruídas (e confessadas): por exemplo, o ciúme econômico. Nem sempre será fácil distinguir um ciúme de outro.

5. O desejo de imitação

Aquela comunidade sabe agora que a cultura do vizinho – ou de um povo distante – satisfaz muitas necessidades humanas com eficiência. O vizinho vive por mais tempo em boa saúde, comunica-se através de telefones e televisores, recorre a máquinas que poupam seu trabalho. O desejo de imitar parece natural.

Pode-se imitar cada descoberta, ou pode-se imitar, no conjunto, o modelo humano bem-sucedido que dispõe de saúde, de riquezas e de poder sobre o mundo que circunda o homem.

A imitação de cada descoberta (por exemplo: o recurso a uma tecnologia avançada), onde se dá, não suscita ulteriores problemas. Mas a imitação de cada descoberta frequentemente não pode ser realizada se o imitador não dispõe de meios financeiros e técnicos necessários. É preciso então imitar os procedimentos financeiros e técnicos que originam tudo. E isso só será possível instruindo-se de maneira correspondente, ou seja, obtendo e aceitando o saber, vale dizer, a cultura do outro. O imitador poderá pensar, por um instante, em assimilar totalmente a cultura do vizinho mais afortunado. O que acontece neste caso?

Não acontece nada de verdadeiramente especial se o imitador está totalmente mergulhado na cultura mais afortunada: imigrante africano nos EUA, hispânico imigrado para Nova York. O caso é diferente se um encontro das duas culturas, prolongado e significativo, acontece na área menos afortunada. Temos um exemplo disso se olhamos para os acontecimentos da grande experiência colonial na África (sobretudo de 1880 a 1960).

O contato com os europeus representantes da civilização industrial deu aos africanos a sensação de estarem lidando com personagens dotados de capacidades – e, portanto, de qualidades – por assim dizer sobre-humanas. O controle das máquinas de qualquer espécie, bem como de armas poderosíssimas, as técnicas de construção, escavação, transporte, o domínio do ar, as comunicações a distância, os métodos para a memorização dos dados (por exemplo, para finalidades da gestão da coisa pública) mostraram aos africanos que os europeus tinham acesso a dados esotéricos, capazes de garantir um domínio incontestável sobre a natureza e sobre os outros homens. Nasceu a admiração africana pelo europeu, que considerava uma honra colaborar com este último (na única posição permitida, ou seja, de subordinação).

A admiração pelo europeu deixa ainda hoje sequelas dificilmente aceitáveis. Por exemplo, muitos africanos, nos contatos com os europeus, escrevem – e até mesmo pronunciam! – as palavras da sua própria língua, inclusive o próprio nome, com os erros comumente cometidos pelos europeus; em particular, também quando existem regras claras para a ortografia da língua africana, eles escrevem o próprio nome na maneira elaborada pelos europeus conforme a própria fonética.

Uma segunda geração de africanos amadureceu uma atitude mais reflexiva. Já era possível examinar de perto os europeus e seu modo de vida, porque muitos africanos conheciam a língua dos europeus presentes na sua região, e entre eles muitos frequentavam o clero, com quem trocavam ideias e informações aprofundadas. Tornava-se, portanto, possível identificar o *know-how* que garantia aos europeus sabedoria, poder e imensa riqueza. Esse *know-how* foi identificado com o saber, que pode ser obtido através do ensino escolar.

A segunda geração de africanos aceitou, portanto, imitar o europeu. Na realidade, nem sempre ocorria a imitação.

Podia faltar um ponto de partida indispensável. O habitante do deserto do Kalahari não imita a agricultura, por considerar que não pode haver um nexo causal entre dois fatos distantes no tempo, quais sejam, a semeadura e o nascimento da planta.

Um capítulo da antropologia poderia tratar precisamente das causas das ocasiões de imitação frustradas.

Conforme os casos, de qualquer forma, muitos africanos imitaram o europeu, submetendo-se à medicina europeia e aceitando a rígida disciplina da escola.

No campo do diagnóstico e da terapia, o choque do saber europeu com as visões da África tradicional foi frontal. No primeiro encontro, o africano pensava obviamente que a preocupação do médico europeu era a de submetê-lo ao próprio poder taumatúrgico, como condição preliminar para poder agir a favor da sua saúde.

Quanto à escola, ali (se a potência colonial era a França) ensinavam ao africano os afluentes do Sena; ali se declamava "Les Gaulois nos ancêtres"; e se envidavam esforços (não sem resultados!) para tornar o africano orgulhoso da história da potência colonial.

Entre os africanos escolarizados pelos europeus, os mais empreendedores puderam prosseguir seus estudos na Europa, onde (de certa forma) se atenua o sentido da diversidade entre o africano e o europeu.

O momento do retorno do diplomado africano ao país e à sociedade de origem foi o momento da decepção. O diplomado descobria que não bastava o batismo, nem bastava o diploma europeu para assegurar-lhe um destino igual ao dos europeus; descobria que o africano, depois de ter se submetido a todo o itinerário a que se submete um europeu para se preparar para a vida, ainda está condenado a uma existência de qualidade inferior, inserida em um mundo que nenhum toque de varinha mágica pode mudar.

Entre os sentimentos que podem surgir naturalmente dessa experiência é preciso incluir também o desespero, e ele pode converter-se em inveja e rivalidade. Os estados de espírito que daí derivam são bipolares.

O africano, já que o europeu é rico, culto, dispõe de um sistema sanitário eficiente, tem acesso a determinadas alegrias da vida, gostaria de ser igual ao europeu, ou seja, possuir tudo aquilo que é europeu.

O africano, já que a igualdade lhe é negada, e isso é cruel, pode cultivar uma aversão àquilo que é europeu e exigir que tudo aquilo que é europeu seja excluído de sua vida.

Os dois estados de espírito, contrastantes, dão lugar a uma ambivalência. A psicologia nos ensina que essas ambivalências, não desejáveis, correspondem a um desequilíbrio psicológico[13].

A ambivalência pode manifestar-se, também, quando um africano faz um balanço da aventura colonial. Poderá ocorrer que ele censure os europeus cumulativamente, seja por terem desculturado os africanos, seja por não terem trabalhado suficientemente para tirar a África dessa ou daquela carência cultural.

Chegado o momento da independência, os africanos tiveram que escolher: ou a manutenção das instituições e das regras introduzidas pelos europeus, ou o restabelecimento da tradição africana, ou uma atitude eclética, seletiva e crítica.

O fato indubitável é que as necessidades dos africanos de 1960 não eram mais as necessidades dos africanos de 1880. Os africanos de 1960 não estavam dispostos a ver renascer a economia escravista, nem as injustiças mais graves entre as que se ligavam então aos diafragmas das castas e das linhagens; não pretendiam renunciar à informação, à escolarização, à higiene; nem o número de seus habitantes, que a melhoria nas condições sanitárias elevara de maneira imprevista e impressionante, permitia-lhes retornar à escassa produtividade de outrora.

Mas, na medida em que o meio para prover as novas necessidades é a fidelidade ao modelo europeu, esse meio implica uma dolorosa renúncia a alguns elementos da cultura africana.

Talvez existam soluções eficientes e não dolorosas para o problema, mas até aqui elas não foram propostas. Por enquanto, o africano deve escolher entre os chifres de um dilema que se tor-

---

[13] Nasceu uma ciência para tratar as situações psicológicas anômalas, que se referem a toda uma população, em virtude dos traumas que ela teve de enfrentar em sua história. Recebeu o nome de etnopsiquiatria. Entre seus especialistas, Devreux (1977); Brillon (1980); Laplantine (1988).

nou dramático pela ambivalência psicológica gerada pelo contato com os europeus. Referimo-nos aos fatos *percebidos* como dramáticos e que, na realidade, a história nos ensina a considerar normais. Os toscanos substituíram a língua etrusca pelo latim, a religião pagã pela cristã, um direito que nos é pouco conhecido pelo direito romano. Não existe etnia no mundo que não tenha sido desculturada em determinado momento. Desculturar-se é o destino do homem (não é, ao contrário, o destino do bisão, da tartaruga ou da aranha).

6. O sentimento da superioridade da própria cultura

A constatação da diversidade traz consigo reações de tipo avaliativo. Aquele grupo julga que a própria cultura é superior à outra (reação europeia diante dos habitantes do deserto do Kalahari), assim como aquela comunidade julga que elementos da outra cultura são superiores aos elementos homólogos da própria cultura (alguns pré-colombianos da América imaginaram que os espanhóis eram deuses).

Detenhamo-nos sobre o sentido de superioridade, que apareceu inúmeras vezes na história.

Quem acredita que a própria cultura é superior, acredita que o próprio direito é superior, e isso não surpreende.

Pode surpreender o fato de que também no que diz respeito às línguas opere uma Bolsa de Valores desse tipo. Uma língua pode ser percebida como superior ou como inferior a uma outra. A diglossia é o fenômeno segundo o qual uma língua serve para necessidades superiores, e a outra para necessidades comuns. Em Turim, em 1850, o latim era a língua mais elevada, o francês era falado no salão (e nos Conselhos dos Ministros), o italiano nos gabinetes (e no Parlamento, se o orador não era saboiano ou valdostano), o turinês na rua. Em algumas zonas da África existe uma língua alta para a religião (o árabe), uma para o comércio (o swahili), uma para a cultura laica, uma para as necessidades cotidianas.

Outras vezes, a língua é alta por ser falada pela casta alta: os nobres russos falavam francês, os húngaros de alta extração falavam latim. Nos vales do Piemonte, o piemontês elimina o provençal porque é a língua dos operários vindos da planície, classe social do futuro, ao passo que o provençal é a língua dos pastores-agricultores autóctones.

Quem se sente superior não elabora necessariamente teorias sobre os elementos constitutivos dessa superioridade. A superioridade é manifesta, está subentendida no discurso, influi no agir cotidiano. Mesmo faltando uma teoria, ela pode estar presente em duas distintas direções. Pode tratar-se de uma superioridade intelectual, ou de uma superioridade ética, ou de ambas.

O sentido de superioridade é acompanhado e apoiado por uma visão geral do mundo, que direcionará o sujeito para determinadas situações afetivas e para determinadas práticas operacionais.

A superioridade intelectual pode gerar a comiseração, ou o desprezo, ou também uma forma de adulação (o "bom" selvagem). Aqui e ali o "selvagem" é evocado como potencial instrumento de punição contra a comunidade do sujeito em questão, que se entregou ao ócio, ao vício, aos prazeres, resvalando em uma condenável decadência[14].

O sentido da superioridade intelectual pode suscitar um espírito pedagógico, acompanhado do desejo de partilhar com o outro a própria cultura (e assimilá-lo). Igualmente, pode veicular a constatação de que o outro não sabe, por isso não é capaz de decidir, ao passo que pode ser apto para executar. A essa altura,

---

[14] Observações em Rouland (1992a, 24 ss.).

cabem à comunidade superior as tarefas e as gratificações de quem é hegemônico e manda, e à comunidade inferior as tarefas e as poucas gratificações de quem é subalterno e obedece.

A história do homem conheceu e conhece inúmeras sociedades importantes cuja ordem baseia-se na separação das castas. Estrutura de castas e teoria da superioridade podem vantajosamente entrelaçar-se.

O sentido de superioridade ética produz efeitos mais marcantes. Enquanto a superioridade intelectual não obriga a nada, a superioridade ética estabelece o dever de intervir: não é lícito permitir desvios éticos em nosso próprio hábitat, e nem sequer – quando a intervenção é possível – em um hábitat distante. Obviamente, podem ser propostas justificativas a favor de determinadas intervenções que, na história, impuseram a abolição de institutos discutíveis. A supressão da antropofagia, da escravidão e das castas se deu quando os inimigos da antropofagia, da escravidão e das castas impuseram o próprio ponto de vista. Naturalmente, ninguém contou quantas vezes o elemento cultural imposto ao sujeito mais fraco podia ser considerado eticamente superior e quantas vezes não podia sê-lo.

7. A expansão cultural e seus motivos

Os temas desenvolvidos até aqui falam de homens racionais ou, pelo menos, explicáveis. Porém, a vontade de uniformizar a cultura do outro segundo o próprio padrão pode ter raízes ou seguir ritmos dotados de pouca plausibilidade. Ela pode ser reduzida a uma agressividade ditada pela intolerância por quem é diferente. Às vezes o homem odeia o próximo porque ele é diferente fisicamente (a cor da pele foi por muito tempo um ímã importante para gerar reações dessa espécie). Não é de admirar se ele tem reações semelhantes diante de quem é culturalmente diferente.

Estamos diante de situações irracionais com as quais o psicólogo está familiarizado. A antropologia precisa conhecê-las se quiser saber e entender.

A ciência política pode oferecer explicações. A lógica de Marx e Engels, que reduz os motivos do homem à economia, vê a expansão cultural como uma maneira para aumentar o próprio poder, e a imposição do próprio poder como a maneira adequada para impor a exploração econômica às comunidades dominadas. Aquilo que o marxismo ensina a esse respeito é verdade. Mas também é verdade que às vezes o homem pagou o preço da exportação da própria cultura sem um previsível ganho econômico.

Ao agir, o homem tem ou julga ter um motivo – uma razão, uma justificativa, uma legitimação – da sua ação. Tem um motivo quem imita, tem um motivo quem impõe ao redor de si a própria cultura.

O homem que imita o faz em benefício próprio ou porque está em busca de prestígio. A vantagem e o prestígio são, por si sós, razões – razões totalmente exaustivas – para uma ação humana.

O homem que impõe aos outros a própria cultura tem um motivo. Isso não significa que ele saiba sempre identificar esse motivo. O motivo mais profundo e mais constante da expansão cultural está ligado à supervalorização da própria cultura e a uma inconsciente inclinação a condenar as formas culturais divergentes. O motivo consciente e verbalizado é naturalmente outro. A difusão da própria cultura é concebida como um serviço prestado aos outros, ou como o cumprimento de um dever.

Às vezes, para impor a própria cultura a determinada comunidade, será preciso antes submeter a comunidade em questão. A difusão da cultura justificará então a luta pela hegemonia.

Quando o marcador que identifica a cultura é a religião, o homem encontra nela as explicações, que lhe são caras, do próprio dever de exortar os outros povos ao conhecimento da verdade e à submissão à consequente ordem sobrenatural.

Isso é visível também na luta pelo direito.

Para o muçulmano, o direito por antonomásia (o único direito propriamente dito) é a *sharia*, e a *sharia* é revelada. É verdade que a *sharia* não deve ser imposta nem ao não muçulmano, nem ao convertido que quiser permanecer fiel aos seus costumes, mas algumas regras fundamentais reveladas destinam-se a uma aplicação universal. Da *Hégira* em diante uma guerra levou os muçulmanos aos Pireneus, às montanhas dos Cárpatos, ao Himalaia e às planícies siberianas, ao Sahel e às costas do oceano Índico.

A descoberta da América e a primeira fase da colonização europeia na América, África, Oceania e no Sul da Ásia foram relacionadas à ideia de evangelização[15].

Guerras de religião aconteceram entre os povos europeus.

Quando o marcador cultural é outro, pode-se sacralizar este ou aquele elemento. Se a comunidade está reunida pela língua, fala-se de pátria, a pátria é concebida como a mãe, o dever de servi-la é explicitamente definido como sagrado nos textos constitucionais.

Por um momento foram sacralizadas a raça e a eliminação dos antagonismos de classe.

Se o marcador é a obediência a um César, pode ser que este reivindique uma legitimação de tipo sobrenatural e se chame "rei por graça de Deus".

Quando expiram o marcador sobrenatural e, ao mesmo tempo, o monárquico, podem ser postos em ação os valores do Iluminismo, que sacralizam a liberdade e a igualdade unidas ao progresso.

O progresso foi invocado para justificar a onda colonialista dos séculos XVII-XIX.

---

[15] Todorov (1984); Pace (2004); Ferlito (2005).

Hoje a política sacraliza a liberdade e a democracia.

Naturalmente, nem todas as guerras são um mero instrumento para a expansão cultural. Entre os dois beligerantes, aquele que é agredido e sofre a guerra luta simplesmente porque não pode deixar de fazê-lo.

Os fenômenos ilustrados não surpreendem.

Já insisti várias vezes no fato de que a natureza produziu criaturas não apenas diferentes, mas concorrentes e conflitantes; e inseriu em cada uma delas um dispositivo que lhe permita lutar para sobreviver e afirmar-se à custa dos concorrentes.

Não apenas os seres materiais – as moléculas, os seres vivos, especialmente os animais – adotam estratégias válidas para prevalecer e conseguir que sua espécie, ou seja, sua descendência, se afirme e cresça em número; mas também qualquer realidade cultural é assistida por suportes que atuam com o objetivo de levá-la a sobreviver e a crescer (ou seja, de levá-la a obter aplicações e atuações crescentes). O suporte desse crescimento ou expansão está nos dados psicológicos próprios da comunidade humana, portadora daquela realidade.

8. O conflito decorrente de uma inovação

A cultura se modifica sem cessar, e as mudanças se sucedem cada vez mais rapidamente. As variações ocorridas no último século (de 1900 a 2000) são mais imponentes que aquelas, também fundamentais, ocorridas no milênio que antecedeu o último século (de 900 a 1900). Mas as variações ocorridas naquele milênio são mais decisivas que as ocorridas nos 10 mil anos precedentes (de 9100 a.C. a 900). E assim por diante.

A mudança cultural não ocorre ao mesmo tempo para toda a humanidade, nem necessariamente para toda uma nação. Ela pode afetar pequenos grupos ou indivíduos em particular.

O homem reage com a adaptação às inovações culturais que o atingem, o circundam e o condicionam. Imaginem um idoso pai de família que vive em determinada aldeia de um vale. A vida pediu-lhe para usar o italiano e o piemontês em vez do vernáculo franco-provençal ou ocitano a que estava acostumado; obrigou-o a folhear cada manhã um jornal, ou a ver televisão; a aprender a dirigir um automóvel; a renunciar à sopa em favor dos espaguetes. Agora depara-se com o computador, a internet e o telefone celular.

Mas a adaptabilidade do homem não é ilimitada. Se a cultura muda cada vez mais rapidamente, o homem que deve seguir seu ritmo fica desorientado. O que se aplica à pessoa em particular aplica-se ao âmbito coletivo e comunitário.

O indivíduo, curioso e desejoso de aproveitar as oportunidades que lhe são oferecidas, está aberto às novidades e se apropria delas com alegria. Isso é verdade. Mas essa reação não é a única possível. Talvez ele tenha se afeiçoado à cultura anterior, sofra se lhe for imposta a variação, rejeite a mudança.

Até mesmo o observador superficial às vezes percebe que na sua comunidade um uso "novo" conquista os jovens, mas não contagia os velhos. Pode tratar-se de um uso na cerimonialidade, na língua, no vestuário, nos espetáculos. Ou seja, a inovação encontra uma resistência; e a resistência buscará, como é natural, uma legitimação. Algumas vezes receberá essa legitimação do sagrado: o que é antigo, o que é patrocinado pelos antepassados, pelos pais, pelos idosos merece respeito. Ou então estará em vigor a proteção do existente: de qualquer forma, o respeito pelo ambiente será oferecido como o equivalente laico da intangibilidade do sagrado.

A política pode gerir essa resistência e pode fazê-lo explorando os pontos de referência de quem não gosta do novo. Determinado partido poderá denominar-se explicitamente de conservador. Outro movimento poderá invocar, de maneira imprópria, algo de sagrado (naturalmente, nem tudo o que está ligado ao sagrado é um elemento arcaico que busca uma proteção!). Outra organização poderá recorrer, de maneira opinável, ao ambiente ou à "natureza".

Os primeiros automóveis que se aventuraram pelas estradas polonesas foram apedrejados pelos agricultores liderados pelos párocos. O automóvel, não criado por Deus, era visto como uma obra diabólica.

G. Stephenson teve de lidar com as acirradas resistências encontradas pelas primeiras locomotivas a vapor (temia-se pela incolumidade das vacas no pasto). No decorrer do tempo, encontram oposição um trem de alta velocidade, uma ponte, ou um túnel.

Os organismos geneticamente modificados também suscitaram oposições violentas. Quem pode expressar uma opinião, fala de uma hostilidade voltada "para toda a ciência"[16].

9. O último modelo

É possível imaginar realidades culturais caracterizadas pela docilidade, postas na defensiva. Elas certamente existiram, mas partem em desvantagem na concorrência entre culturas.

Por outro lado, a agressividade cultural não corresponde às ideologias de último tipo. Talvez esteja destinada a se atenuar e a desaparecer. Nem sequer esse dado pode nos surpreender. A natureza quis as culturas do homem inimigas uma da outra. Mas ela não impede que uma cultura produza o remédio para eliminar os excessos destrutivos das lutas fratricidas conduzidas nos primeiros milhões de anos.

---

[16] Tullio Regge, artigo publicado em *TuttoScienze*, suplemento de *La Stampa*, 18 jan. 2006. Em outro artigo, o mesmo autor fala de uma "volta à Idade Média".

Atualmente, cada cultura chega à meta e condena as manifestações de hostilidade ou de desprezo, bem como algumas formas de discriminação dirigidas às culturas divergentes, ou inspiradas por hostilidade ou desprezo para com as culturas divergentes.

A obra da cultura necessita da integração que provém da instituição. A cultura desestimula o comportamento inadequado e o isola socialmente; mas só a instituição pode realizar as restrições necessárias.

CAPÍTULO IV

O PLURALISMO JURÍDICO

1. Culturas hegemônicas e direito dos povos subalternos

A uniformização tem um custo mais elevado quando é forçada, em particular se é imposta entre fronteiras culturais fortemente percebidas. A esse respeito chama a atenção a imposição do modelo jurídico europeu aos povos autóctones da África, da Oceania, da Ásia setentrional e meridional, das Américas. O assunto de que iremos tratar agora diz respeito a todas essas regiões. Quando tivermos que escolher um exemplo, este será a África.

A imposição do modelo europeu pode ter sido desejada para garantir ao destinatário um padrão tecnológico, sanitário ou cultural mais elevado. E pode ter sido ditada pelo fato de que o poder político não era capaz de fazer com que o europeu e o autóctone (na prática: o cidadão da metrópole presente na colônia, e o súdito colonial) usassem sistemas jurídicos diferentes.

Para entender melhor, vamos considerar duas premissas.

O europeu jamais concordaria em se submeter ao direito autóctone extraeuropeu. Ele tem tal intolerância a um ordenamento muito diferente do seu que, mesmo nos países asiáticos e africanos não coloniais, os europeus pretendiam e conseguiam não se subordinar às fontes locais. Assim aconteceu na China, na Turquia e no Egito (sistema das "capitulações").

O europeu teria aceitado ver os autóctones submetidos ao seu direito ancestral. Mas a administração europeia baseava-se em suportes de poder impessoais e autônomos, ao passo que o poder africano tradicional, entendido como divino ou como sagrado, estava repleto de elementos extrajurídicos e se ligava à pessoa. Ou seja, o poder tradicional não se deixava enquadrar pela ideia da separação dos poderes. Ele era pouco compatível com determinadas ideias europeias sobre as garantias individuais dos sujeitos participantes dos processos. Nem o chefe tradicional africano parecia preparado para as novas tarefas, atribuídas às mudanças que a colonização trazia consigo.

A imposição do direito europeu também criou inovações que muitos de nós podem achar plausíveis.

A África e outras regiões estavam abertas a desagradáveis disparidades de tratamento: distinguiam-se o livre e o escravo, as etnias hegemônicas e as subalternas, os nobres e os plebeus, os pertencentes às várias castas e às subcastas. O colonizador empenhou-se pela abolição da escravatura (no que diz respeito à África, o vínculo jurídico foi determinado pela Conferência Internacional de Bruxelas de 1890). Quanto às outras desigualdades, o colonizador as eliminou mesmo porque não as entendia e, por isso, as ignorava.

Em larga medida, o caráter benéfico do modelo europeu existia apenas na visão europeia.

Em parte, a imposição ocorreu de maneira manifesta. Em parte, ela foi preterintencional e seguiu procedimentos tortuosos: submeteram-se os conflitos sujeitos ao direito tradicional a juízes não aptos à regra a ser aplicada; ou previram-se procedimentos judiciais não apropriados à norma; ou proibiu-se de forma genérica dar continuidade em juízo a soluções contrárias à ética e aos bons costumes, entendendo com isso o sentimento ético europeu.

Em parte, a imposição produziu o resultado desejado. Em parte, o autóctone continuou a praticar às escondidas o antigo direito. Acrescentamos que, assim como o europeu, mesmo querendo, não sabia aplicar a regra tradicional do lugar, às vezes também o não europeu, mesmo querendo, não sabia e não sabe aplicar a regra europeia transferida para outro continente. Muitas vezes – não nos esqueçamos – a regra europeia apresenta-se em uma forma linguística difícil para o africano.

No país ex-colonial, de fato, falam-se muitas línguas, e nenhuma delas tem tal importância a ponto de adquirir o título de nacional. Desse modo, o direito se expressa na língua do ex-colonizador, e isso não significa que o operador jurídico local a conheça em todas as suas sutilezas[1].

A situação pós-colonial, em todos os continentes envolvidos, é fácil de imaginar. Na América e na Oceania existem comunidades não assimiladas aos europeus. Na Ásia e na África existem tensões entre as normas importadas na época colonial e os costumes tradicionais.

As circunstâncias agora evocadas suscitaram duas reações interessantes.

A primeira delas é a resistência do direito dos povos colonizados ao modelo europeu. Para a África existe, a esse respeito, uma

---

[1] Nos dias 2 e 3 de dezembro de 1983 realizou-se em Bruxelas, por iniciativa da Académie Royale des Sciences d'Outremer, um simpósio sobre o conhecimento do direito na África. Foram apresentados trabalhos sobre Gana (Kludze), Somália (Sacco), Nigéria (Comhaire), Botsuana (Griffiths), Senegal (Le Roy), Congo, então Zaire (Mwamba; Lamy), África Negra (Reyntjens), Moçambique (Guadagni e Dagnino), Zâmbia (Muenkner), Etiópia (Scholler e Haile), Gabão (Agondio-Okawe e Bongo); falaram também De Gaudisson, Verdier e Coupez sobre vários temas. Sobre o clássico problema do conhecimento do direito na África, ver também Vanderlinden (1969); Pedamon *et al.* (1979).

ampla e interessante bibliografia[2], que não carece de interrogações sobre o futuro do direito africano autóctone[3].

A observância falha mesmo quando se conhece a lei.

Os testemunhos são explícitos. Eles nos dizem que se chegou a acreditar que o direito tradicional fora reduzido a um direito residual e, ao contrário, seu dinamismo terminou por atrair a atenção dos observadores. E concluem que o direito tradicional triunfou[4].

Falando da lei marfinense sobre a família, o estudioso se pergunta se a população se submete a ela, e responde que a honestidade mais elementar obriga a responder de forma negativa: de modo geral, os cidadãos não aceitam os novos procedimentos; e as instituições consuetudinárias estão muito vivas[5].

Em 1980, a situação é resumida nos termos seguintes. Um pouco por vez, a confiança no direito, herdada pela Europa no momento da independência, dá lugar à desconfiança em relação à lei e em relação aos riscos de uniformização que ela traz consigo. Renasce o respeito tradicional pelos grupos constitutivos de uma sociedade. Volta-se, também, a um direito estritamente submetido às comunidades locais, a um direito diversificado, respeitoso das características originais, a um direito que, em nível local, é consuetudinário[6].

---

[2] Nos dias 5-9 de julho de 1977, a Associação Internacional das Ciências Jurídicas realizou em Dakar o seu Congresso Anual, dedicado à resistência do direito africano. Presidia Keba M'Baye, que pronunciou a frase "La coutume africaine [...] est bien vivante [...] et nous enterrera tous", mesmo negando à tradição um valor axiológico ("La résistance du droit africain n'est ni bonne ni mauvaise"). São interessantes os trabalhos de Melone e Decottignies (In: *Rev. sénég. de droit*, 1977, pp. 45 ss., 59 ss.), de Ndiaye, J. Paul, Raharijaona, Kouassigan, Date-Bah, Boye. Outra literatura sobre o tema: Poirier (org.) (1965); id. Alliot (1965); Conac (org.) (1980).
[3] Distinguem-se Poirier, Cotran, Kouassigan.
[4] Melone, trabalho citado, n. 4.
[5] É o caso de Dumetz, ver sua citação no trabalho cit. de Ndiaye.
[6] É o que afirma Alliot, in Conac (1980, 465-95, aqui p. 489).

A VARIABILIDADE DO DIREITO · 87

Entram em cena a interpretação da lei[7], especialmente aquela realizada pelos tribunais periféricos[8], as formações sociais descentralizadas, as neoformações consuetudinárias, a reafirmação dos aparelhos de justiça tradicionais[9], prontos – se necessário – a recorrer a expedientes mágicos para melhor decidir[10].

Para compreender os problemas do costume africano, o jurista educado segundo os padrões europeus deve ter em mente um dado. Costume não significa regra observada desde tempos imemoriais, enraizado em uma observância prolongada por períodos muito longos, e por isso estático e imutável. O costume é caracterizado pela espontaneidade.

O costume é criado, substituído, alterado mais rapidamente que a lei. A África traumatizada pelo encontro com a Europa, com a cultura industrial, com as megalópoles e com os meios de transporte mecanizados assistiu ao surgimento de situações novas e criou costumes novos.

Por exemplo, em 1964, em Gasumay (Senegal, no vilarejo de Djola), tendo-se que defender as propriedades agrícolas dos ani-

---

[7] O Supremo Tribunal de Camarões adapta à tradição a lei que proíbe a poligamia, evitando transformar em causa peremptória de divórcio o adultério do marido, se ele oculta uma bigamia. Ver Melone, trabalho cit., n. 43 e 44; Verdier, in Conac (1980, 310).

[8] O marido bate na mulher com objetivo correcional e, em termos legais, é absolvido (por um tribunal local de Camarões): Nkouendjin-Yotnda (1977, 7 ss.).

[9] O mundo tradicional volta a expressar seus tribunais: Allot (1970); Roberts (1972, 103); Nwogugu (1976, 1). Em Gana, as leis de 1957, 1967 e 1974 anularam os poderes jurisdicionais dos chefes tradicionais. Mas as Magistrates' Courts trabalham em inglês, as pessoas não gostam delas, e preferem ir ao chefe da aldeia, que ignora o Estado e julga, pedindo esclarecimentos sobre o fato, caso seja necessário, ao adivinho: Schott, in: Conac (1980, 289-93). No Togo, o estatuto pessoal tradicional é aplicado sem maiores problemas pelo tribunal de Estado; todavia, sobrevive a justiça do chefe da aldeia tradicional: Verdier, in: Conac (1980, 310 ss.).

[10] A literatura sobre o tema é ampla: Retel-Laurentin (1974); Mathe (1976, 287); Rau (1976); Orde Brown (1935, 481); Seidman (1965, 46); Brietzke (1972, 1); Fadika (1975, 439); Rouvin (1978, 407); Fisiy (1990, 60).

mais selvagens e errantes, constituiu-se espontaneamente uma milícia capaz de distribuir sanções aos donos dos animais e de realizar funções de polícia e de organização religiosa[11].

A segunda reação consiste na revalorização do direito das minorias e dos povos subalternos, que redundou nas formulações teóricas do pluralismo jurídico e em algumas consequentes adequações práticas.

Vejamos do que se trata.

2. O direito estatal e legal na visão ocidental

A partir de certa data (digamos: a partir da Revolução Francesa), o Estado assumiu o poder de criar direito em todos os setores (ver adiante, pp. 103 ss.); de modo geral, ele negou ou reduziu a competência nesse âmbito das organizações territoriais menores. Esse Estado (cuja forma caricatural coincide com a República jacobina) não reconhece poder originário ao ordenamento internacional, não o reconhece aos ordenamentos religiosos, nem às entidades territoriais menores, nem às corporações de ofício. O direito é criado totalmente pelo Estado.

O Estado em questão cria o direito por meio de órgãos próprios especializados nessa tarefa (Assembleias Legislativas, ministros). O direito nasce, portanto, de fontes autoritativas. A criação espontânea, popular, é renegada, assim como é negada qualquer imanência na sociedade de um direito não verbalizado, presente no limiar da consciência do consociado.

Com a colonização, o Estado europeu parlamentar e legalista, com seu direito "oficial", viu-se em colisão com o direito informal e espontâneo das etnias coloniais. E, dado ainda mais relevante, a visão científica do Estado como criador único e absoluto de todo

---

[11] Snyder, in Conac (1980, 273).

o direito tornou-se incoerente com a próspera vitalidade de ordens jurídicas toleradas de fato pelo Estado, mas não reconhecidas, fundadas na tradição ou na *sharia*.

O dado estático, agora indicado, fundia-se a um dado dinâmico: por autoafirmação, por escolha política, por praticidade, por incapacidade de agir de outro modo, o Estado tendia a destruir as regras locais em proveito das regras estatais.

A sociologia, a ciência política e a ciência jurídica poderiam ter analisado essa descontinuidade do tecido jurídico e esse abuso operado pela cultura europeia em prejuízo das culturas tradicionais; mas esses ramos do saber viram os fatos com os olhos do país colonizador. Mais tarde, a independência africana encontrou esses ramos do saber pouco afeitos aos instrumentos necessários para estudar os fatos e os problemas.

Assim, a tarefa de falar da situação coube à antropologia jurídica. O capítulo destinado ao problema foi dedicado ao pluralismo jurídico (adiante, pp. 93-9).

3. Uma visão mais realista

Hoje, o jurista acredita que onde existe sociedade existe direito; e nem sempre onde existe sociedade existe o Estado, repleto de todas as suas funções.

Caso se queira, certamente pode-se afirmar, de maneira convencional, que as sociedades humanas desprovidas de Estado não têm um direito. Mas para fazer tal afirmação deve-se renegar a juridicidade das regras de arquitetura social que caracterizaram as sociedades humanas por quase todo o tempo da sua existência.

A estatalidade do direito também foi afirmada por quem fez iniciar o Estado com o começo da coação jurídica e fez coincidir o começo da coação jurídica com o surgimento dos antagonismos sociais, ou seja, com o nascimento da escravidão.

Esse ensinamento tem um significado denso em F. Engels e K. Marx.

Quem aceita sem reservas suas categorias não gosta da expressão "etnologia jurídica". O objeto da etnologia jurídica não pode ser chamado de direito.

Seguidores de Marx e Engels atenuaram a aspereza da doutrina dos mestres, por exemplo, introduzindo a noção de pré-Estado.

A esse respeito, as sociedades do Neolítico (agricultores e pastores) praticam normalmente a escravidão e, todavia, não são necessariamente dotadas de um poder centralizado.

Examinando sociedades ainda menos complexas, as culturas dos caçadores e coletores não praticam o escravismo e, contudo, dispõem de remédios para regular os conflitos – e, portanto, dispõem de um direito.

A ideia legalista, que confunde direito e lei, pôde conseguir e conseguiu compreensíveis sucessos quando a lei revolucionária estava empenhada em enterrar os costumes feudais e locais, e o estatalismo hegeliano recorria à ideia da lei, expressão da vontade do Estado.

Mas a ideia da necessária estatalidade e legalidade do direito perdeu e perde terreno de maneira crescente desde o início do século XX.

A comparação jurídica começou a difundir o conhecimento de sistemas muito ligados ao religioso ou ao tradicional. O ordenamento internacional, adquirindo robustez e visibilidade, fez sentir de maneira mais aguda a sua presença, bem como os limites que ele impõe ao desregramento das escolhas do Estado. A descolonização fez com que desaparecessem os teoremas elaborados pela ciência juscolonial, que via no Estado (da metrópole, evidentemente) a fonte única de todo o direito vigente na colônia.

Enquanto isso, difunde-se a contraposição – proposta por R. Pound há quase um século – entre o chamado *"law in the books"* e o "*law in action*", entre o direito como está verbalizado nos livros (textos de lei ou doutrinários) e o direito como atua nos fatos[12].

Um teórico do direito muito presente no cenário da antropologia, Ehrlich, criou a expressão "direito vivo" para indicar o direito criado fora da instituição, ou seja, o direito que regula a vida social sem estar verbalizado em proposições jurídicas[13]. De resto, precisamente o pensador que formulou com mais rigor as teses do estatismo e formalismo jurídico, H. Kelsen, perguntou-se como distinguir um ordenamento propriamente dito de um ordenamento imaginário, e (mesmo concedendo pouco espaço à criação espontânea do direito) teve que escolher a efetividade como marcador do elemento não imaginário[14].

Na área do direito internacional está presente a ideia do direito espontâneo, elaborada por juristas italianos[15].

Os juristas gostam de evocar a "natureza das coisas". As mais variadas situações de fato condicionam a norma autoritativa, impedindo sua aplicação ou influenciando-a. Até o jurista mais ponderado tem uma consideração especial por essa figura[16].

Os padrões sociais mencionados pelo legislador (boa-fé, culpa, abuso, bons costumes, ordem pública) abrem visivelmente as

---

[12] Pound (1921; 1922; 1923; 1951; 1959). Sobre o caso, cf. Mattei (1992, 274-82, em particular 281).
[13] Ehrlich (1929; 1986). Sobre o direito vivo, na Itália, Mengoni (1990); Zagrebelsky (1986, 1159); Pizzorusso e Ferreri (1998, 47).
[14] Kelsen (1923). Ver a exposição orgânica do tema em Piovani (1953); Meneghelli (1966, I, 21); Gavazzi (1989); Pizzorusso e Ferreri (1998, 36, 69).
[15] Ago (1950). Haggenmacher (1990) trata desse caso.
[16] A referência à natureza das coisas é comum entre os juristas. Recordamos Gény (1919; 1914; 1921). Referências literais encontram-se em Radbruch (1941, 145); Bobbio (1958, 305). A natureza das coisas torna-se uma fonte plenamente significativa se se imagina e diz que a coisa – Sache, Dinge – traz em si uma verdade que o legislador não pode ignorar e que, portanto, gera normas. Essa posição extrema é a do jovem Marx (1842).

portas do fortim normativo para regras de fato, baseadas no sentimento do cidadão.

Movimentos de ideias dotados de todos os graus de nobreza tornaram-se avalistas dessas posições.

Na Alemanha, também no século de ouro da pandectística, que assistiu ao triunfo da visão do direito legalista, estatista e positivista, desenvolveram-se correntes anticonformistas. Elas conheciam a importância do dado social na interpretação do direito; filtravam o saber jurídico através de grades de interesses e finalidades da norma; e viam o concurso em ação entre a criação legal e a criação jurisprudencial do direito.

A França do século XIX aceitara lealmente a ideia do monopólio do Parlamento na criação do direito. Mas, no final do século, Gény afirmara que parte do direito é elaborada na vida social, é construída na reflexão do direito, e sua voz convenceu o jurista francês.

Nos Estados Unidos, há um século os termos da comparação não eram a lei e a criação do intérprete, mas a proclamação escolar e a prática. E cabia a R. Pound, como já mencionamos, propor uma reavaliação da prática e obter um consenso generalizado.

Desde a metade do século XX, um movimento como o realismo – escandinavo e americano[17] – levou a todas as consequências a visão de um sistema das fontes em que se contesta a centralidade da lei e se nega a confiabilidade ao dogma.

Um movimento muito forte e bem consolidado, que certamente não se assemelha às tendências favoráveis ao espontaneísmo, também está distante de qualquer visão legalista: é o caso da análise econômica do direito[18].

---

[17] Sobre o realismo americano, ver Bognetti (1958); Tarello (1962). Sobre o realismo escandinavo, ver Strömholm e Vogel (1975). Os grandes nomes do movimento são Hägerström, Lundstedt, Olivecrona, Alf Ross, J. Frank, Llewellyn.

[18] A teoria está formulada em Posner (2003, 6. ed.); Hirsh (1979); Oliver (1979). A literatura sobre o tema já é imensa e fácil de encontrar.

Digamos, então, que o frenesi estatista e legalista nunca foi o único dono do campo e que no decorrer do século XX perdeu credibilidade e segurança em si.

4. A reação pluralista

À visão estatista e legalista do direito seguiu-se uma reação vivida e cientificamente construída por antropólogos. Ela recebe o nome de pluralismo jurídico.

O antropólogo fala de pluralismo, e com isso indica a confluência do direito recitado no código e administrado pelo tribunal e do direito praticado e administrado pela etnia.

O pluralismo jurídico[19] focaliza sua atenção nos subgrupos sociais[20], na interação entre a ordem das comunidades locais e a ordem normativa superior[21], nos tratamentos diversificados dos conflitos que se apresentam no interior do grupo restrito e daque-

---

[19] A literatura é ampla. Tocam o essencial do tema: Gurvitch (1935); VV.AA., *Études sur le pluralisme* (1972); Gilissen (org.) (1972); Vanderlinden (1972); Belley (1977; (org.) 1996); Griffiths (1983); Chiba (org.) (1986, 11 e 378-95); Von Benda--Beckmann e Strijbosch (org.) (1986); MacDonald (1986; 1987; 2002, 133); MacDonald e Kleinhans (1997, 37 ss.); Motta (1986; 1994; 1996; 2001); Rouland (1992a, 72-89 e depois 97-103) (essas páginas contêm uma excelente exposição histórica dos casos do pensamento pluralista; as regras sobre o direito do autor impedem sua reprodução integral, como deveria ser feito para servir melhor o leitor); Rouland, Pierré-Caps e Poumarède (1996); Lajoie *et al.* (org.) (1998); Gagnon e Rocher (orgs.) (2002). Em agosto de 2004 (22-25) realizou-se em Moncton (Novo Brunswick) o encontro "Étudier et enseigner le droit: hier, aujourd'hui et demain", em homenagem a Vanderlinden. Nas atas podem ser lidos os trabalhos de Belley, Dembour e MacDonald. Alguns periódicos estão voltados para os temas do pluralismo e do direito informal: é o caso do *Journal of Legal Pluralism*; das *Newsletters of the Commission on Folk-Law and Legal Pluralism*; *Law and Anthropology* (Viena). O pluralismo é correlato a diversidades (culturais, étnicas etc.). A diversidade está se tornando um tema de estudo: Bussani e Graziadei (orgs.) (2005): id. trabalhos de Blanc-Jouvan, MacDonald, Moréteau, Caterina, M. Ferraris. Fala-se de um "direito à identidade cultural": Déprez (1988, IV, 19 ss.); Burgers (1990, 251); De Vergottini (1995, 9); Jayme (1997); Stavenhagen (2001, 85).

[20] Van Vollenhoven.

[21] Redfield, Gluckman.

les que ocorrem entre grupos diversos[22]; contrapõe o direito oficial e o não oficial[23] e toma como alvo a identificação do direito com o Estado[24].

No âmbito da corrente de pensamento, distinguem-se várias posições.

Alguns falam de pluralismo quando o Estado prevê normas diversas para os cidadãos dependendo de seu caráter, por exemplo, dependendo de sua religião ou da origem metropolitana ou autóctone. Outros falam de pluralismo apenas se veem um sujeito destinatário de várias regras conflitantes, que não se reconhecem reciprocamente (exemplo: uma regra estatal, uma regra religiosa, uma regra tradicional)[25].

Um pluralismo "radical", policêntrico, não busca nem a separação nem uma eventual redução à unidade das diversas ordens jurídicas. É direito aquilo que homens consideram tal: o direito é uma opinião, uma aspiração; não é nem uma estrutura, nem uma norma.

O pluralismo jurídico pronuncia-se sobre a teoria geral do direito, sobre a doutrina das fontes, e proclama sua própria política do direito.

A teoria geral do direito contra a qual se lança o pensamento pluralista é aquela que vê o direito presente em determinada área como único e monopolista, como centralista e estatal, como prescritivista, ou seja, imposto de fora aos associados que o praticam, como positivista, como nitidamente previsível e distinguível. O antropólogo pluralista – com o olhar voltado para o direito tradi-

---

[22] Llewellyn e Hoebel.
[23] Chiba.
[24] Ehrlich, Gurvitch.
[25] Esta última visão é a de Griffiths e de Belley, que, em relação a esse ponto, se distanciam de Gilissen e de Vanderlinden em um primeiro momento.

cional, por exemplo, o africano, criado na selva – enxergará naquela área regras jurídicas múltiplas (o direito administrativo herdado da potência colonial e o direito de família resultante de premissas tradicionais), normas geradas espontaneamente pela sociedade sem intervenção das assembleias legislativas, passíveis de maneiras de aplicação sugeridas pelas circunstâncias não no momento do fato, mas no momento da reação social-jurídica ao fato.

Durante alguns séculos, a doutrina das fontes do direito privilegiou a pena do legislador. O pluralismo exalta o direito espontâneo – quer se chame consuetudinário, quer se chame tradicional. E a esse direito espontâneo atribui, como traço típico, a ausência de verbalização[26].

Analisada a situação africana, o antropólogo podia, enfim, refletir sobre o direito europeu. Não existem, no direito europeu, partículas não escritas (nesse sentido, consuetudinárias)? Não podem existir – em vales isolados, nas periferias extremas dos grandes conglomerados urbanos, nos núcleos coesos de imigrantes ou de nômades, sobrevivências jurídicas ou novas soluções jurídicas de que o mundo oficial nada sabe? Do processo ao direito colonial nasceu o processo ao direito da metrópole[27].

Se lembramos que a visão estatal-legalista do direito não é de todos os juristas, podemos também dizer que, na realidade, a visão proposta pelos antropólogos pluralistas difere da visão do jurista médio não pela maneira como concebe o direito, mas porque percebe que aquele direito que se distancia da lei, que ignora os dogmas de escola e, se necessário, prescinde do reconhecimento do Estado torna-se particularmente significativo quando é o direito de grupos sociais ou étnicos culturalmente diferenciados

---

[26] Para uma análise mais ampla, ver Sacco (1995a, 71-6, 124-9, 168-9).
[27] Sobre o tema, ver Sacco (1999a, 43-7 e 62-7), em que se fala dos costumes, e Sacco (1992, 125 ss.).

dos outros, minoritários ou subalternos. O direito assim definido é chamado agora de *"folk-law"*.

Esse direito dos grupos subalternos pode ser expressamente desconhecido pelo Estado, pode ser ignorado, mas não expressamente desconhecido (chama-se então direito informal), pode ser reconhecido[28]. Neste último caso, pode ser que sua aplicação seja confiada aos juízes do Estado (que, intencional ou fatalmente, o deformarão)[29] ou pode ser que providenciem juízes contemplados por aquele sistema específico.

5. A defesa dos direitos étnicos

A prática colonial viu a potência europeia mobilizar-se a favor do modelo jurídico da metrópole e contra o direito tradicional local. A ex-colônia asiática ou africana independente fez o mesmo. Enquanto o europeu distinguiu, e por isso aplicou o direito europeu ao europeu, e o direito local ao autóctone, a ex-colônia independente percebeu, muitas vezes, o duplo trilho jurídico como uma carta de inferioridade expedida ao autóctone, e generalizou a aplicação do direito europeu. Essa atitude aplacou-se apenas em um segundo momento. Mas de todos os lados chegam notícias sobre a batalha de retaguarda realizada pelas regras ancestrais.

Essa batalha não deixou o antropólogo indiferente.

A antropologia jurídica, sendo uma ciência, fica feliz em nos providenciar um saber. Não julga. O antropólogo constata que uma regra jurídica, tendo o apoio da força política e militar, da força tecnológica, do nível de conhecimento de seus defensores tende tomar o lugar de outra regra jurídica fraca. Na área onde está instalada a cultura fraca introduzem-se representantes da cultura forte, os quais mandam, governam e impõem sua regra jurídica. Expo-

---

[28] Sacco (1995a, 127).
[29] Ibid.

entes da cultura fraca são transferidos ou se transferem por razões econômicas para a área onde está instalada a cultura forte, que lhes é imposta (deportação de africanos para a América, imigração do Terceiro Mundo para a área ocidental). A dinâmica das duas culturas dá a palma a um modelo em detrimento do outro.

Diante dessas violações, o antropólogo não é neutro. Toma posição a favor do modelo fraco.

Ele entra em cena *como antropólogo*. Pode fazê-lo?

Faz. Aqui não se trata de avaliar os modelos e determinar se um deles é melhor do que o outro. Trata-se de tomar posição diante do abuso de um modelo por parte do outro. Não é preciso dizer que a hipótese da defesa do abuso não tem nada que ver com a hipótese oposta, em que se faz o possível para que os membros de uma cultura não possam ter acesso à cultura estrangeira (proibição de importação de bens culturais estrangeiros, boicote dos modelos estrangeiros, perseguição de quem abandona a cultura do grupo etc.).

Não se trata de demarcar uma série de parques do Grande Paraíso para preservar essa ou aquela espécie ameaçada de extinção. O objetivo é fazer com que as comunidades em questão, livres para ter acesso à cultura do vizinho, possam se dirigir (se quiserem) à própria cultura sem ser obrigadas a assimilar a do outro.

6. O pluralismo e a política do direito

O movimento pluralista não ficou confinado às bibliotecas. Ele assumiu um discurso político[30], colocando-se a favor de culturas jurídicas oprimidas, em particular a favor das culturas coloniais. Nos casos em que o povo autóctone, instalado na colônia,

---

[30] Na abertura da VIII Sessão das Jornadas em homenagem a Vanderlinden, *Étudier et enseigner le droit*, cit., MacDonald, tratando o tema *Droit et théorie pluraliste*, afirmou "Legal pluralism [...] is first and foremost about ideology".

se tornou independente e administra o próprio poder, o problema passou a ser encarado como um problema normal de escolha entre um modelo culto, proveniente do exterior, bem verbalizado, transmitido através de universidades, compatível com uma economia dinâmica, e um modelo tradicional local, não verbalizado ou imperfeitamente verbalizado, não assistido por um ensino universitário. Mas, nos casos em que a independência confiou o poder à maioria proveniente da Europa, os autóctones remanescentes só podem aplicar o próprio direito com um procedimento de segregação.

O movimento pluralista interessou-se por esses últimos casos.

A Academia Internacional de Direito Comparado teve a felicidade de criar uma iniciativa. Em 1978, no decorrer do X Congresso Quadrienal (Budapeste), os holandeses (entre os quais Van den Steenhoven) propuseram um projeto de pesquisa sobre o *folk-law*. Com base nesse projeto, a União Internacional das Ciências Antropológicas e Etnológicas (IUAES), por ocasião do congresso de 1978 (Nova Delhi), criou uma Commission on Folk-Law and Legal Pluralism, que estuda as relações entre *folk-law* e direito estatal. Uma nova subciência (chamada demologia) se ocupa desse direito popular.

Nas mesmas décadas começavam a surgir soluções jurídicas novas[31]. Aqui e ali, o Estado passou a reconhecer a autonomia (no plano da legitimação, dos processos, da substância) aos tribunais tradicionais, desconhecidos havia séculos. Os fenômenos mais evidentes podem ser encontrados no Canadá e na Austrália[32].

---

[31] Dispomos de uma apresentação muito informada e penetrante dos problemas: Motta (2001). Ele aborda a doutrina dos direitos ancestrais da América do Norte. Ali encontramos uma bibliografia sobre o tema, em que se notam, em particular, Brun (1974); Mc Neil (1989); Savard (1981); Lajoie, Normand, Bissonette e Brisson (1996).
[32] Um reconhecimento de princípios encontra-se na lei constitucional canadense de 17 de abril de 1982 (ver anexo B, art. 35). Na Austrália, encontramos o *Abori-*

Uma observação se impõe. Não se conhecem casos em que o modelo popular, finalmente respeitado e preservado pelos representantes do modelo culto, pratique normas que a cultura ocidental julgaria eticamente repulsivas. Não ouvimos falar de normas que permitam pôr em risco a vida de um cidadão com objetivos de culto ou de lazer ou como ostentação de um poder social.

---

genal Land Right Act do Novo Gales do Sul (1983), o *Aborigenal Relies Preservation Act* e o *Aborigenes Act* do Queensland (1967 e 1979), e o *Aborigenal Lands Act* do Victoria (1970).

SEGUNDA PARTE

O DIREITO NA DIACRONIA

CAPÍTULO V

AS GRANDES ÉPOCAS DO DIREITO

1. O direito e o surgimento do legislador

O europeu é condicionado pela ideia de que é justo, é racional, é fisiológico que exista um legislador. Sem leis, a sociedade não teria normas em que se inspirar para a solução dos conflitos, e a lei postula originariamente a existência de um legislador.

Mas essa ideia da existência, da normalidade, da necessidade de um poder legislativo geral existe há pouco tempo, em um número limitado de sociedades.

Em geral, os homens tiveram horror à ideia de um legislador. Esclarecerei melhor.

O "legislador" a que me refiro é o legislador competente para criar qualquer norma jurídica que deseje, ou seja, dotado de competência universal. Esse legislador existe hoje, certamente, na Itália, na Grã-Bretanha, na China, no Japão, nos Estados Unidos. É verdade que o legislador comum lida com os limites que a Constituição lhe impõe; que, em particular, o legislador britânico ou italiano deve lidar com o direito europeu, assim como o legislador norte-americano e alemão devem lidar com as invioláveis prerrogativas de cada um dos *States* e *Länder*. Mas, falando abstratamente do poder do legislador contemporâneo, refiro-me ao legislador entendido como órgão complexo, articulado nas várias assembleias das quais uma será dotada de poderes constituintes, uma será dotada de poderes ordinários, algumas irão dispor de poderes locais, e assim por diante.

Em outras palavras, o discurso jurídico hoje corrente postula a existência de um conjunto de órgãos (que fazem parte de um aparelho chamado Estado), o qual é capaz de criar o direito que considera oportuno; postula, ao contrário, a inexistência de forças, personagens ou coletividades alheias ao Estado, capazes de proibir uma norma ou de criar uma regra alternativa; e postula até mesmo que eventuais regras criadas espontaneamente (costumes) ou criadas em tempos arcaicos, e dotadas de uma validade incontestada, devam justificar-se com base em uma recepção operada pelos órgãos do Estado (a esse respeito, rever as pp. 88-93).

Nem sempre foi assim.

A comparação pode ser ilustrada com um exemplo.

Luís XIV, o onipotente rei da França (é sua a frase "O Estado sou eu"), convencido da utilidade de legislar, ocupava-se da tarefa mediante *ordonnances*, cujo registro não raro era rejeitado pelos os *parlements*, por irem além dos poderes régios. Entretanto, esses poderes régios difundiram-se sem cessar, porque Filipe Augusto subtraíra a França ao poder imperial (e com isso negara a existência de um poder político laico superior ao do rei), Filipe, o Belo, reduzira o poder pontifício na França e destruíra o poder supranacional das ordens monástico-militares (com a trágica condenação à fogueira dos cavaleiros templários), Richelieu eliminara o poder dos senhores feudais.

Negociando com os parlamentos, Luís XIV podia obter o consenso para essa ou aquela ordenança, e valer-se disso para uniformizar um ou outro setor do direito aplicável na França. Mas não tinha "o" poder legislativo.

Na sua época, por outro lado, alguém já auspiciava o advento de um poder soberano, capaz de eliminar as regras fragmentárias, caóticas, empíricas, que a história acumulara, substituindo-as por um corpo de normas coerentes, inspiradas na razão. Auspiciava--se um legislador capaz de promulgar um direito revelado ao homem não por sua vontade, e sim pela razão.

Na época da Revolução, os jacobinos tiveram sucesso, pois exaltavam a ideia do caráter absoluto e da unicidade do poder do Estado. Foi esse o momento em que, pela primeira vez na história, uma força política no poder reclamou com firmeza um poder legislativo ilimitado.

O poder legislativo cabe agora ao Estado. Vale dizer, o direito já está estatizado. A ideia do "legislador", e a ideia do caráter estatal do direito, tendem a andar juntas.

Mas se examinamos a figura desse legislador, ele nos parece ambíguo. De um lado, foi desejado para que pudesse libertar o país das normas irracionais do passado, substituindo-as por aquelas ditadas pela razão. Mas, de outro lado, tão logo ele codifica, sua lei reclama obediência não por ser racional, mas por ser proveniente de um órgão competente para legislar. Aquele legislador que havia sido nomeado para que interpretar a regra da razão é agora depositário de um poder ilimitado, e não se admite que ninguém anule suas disposições, caso sejam consideradas em desacordo com a razão.

Estão postas todas as premissas para que o direito seja identificado não mais com o direito natural ou racional, mas com o direito "positivo".

O exame histórico-comparado mostra-nos que o "legislador" capaz de criações amplas não existira em nenhum país, antes de surgir na França.

O poder legislativo global não existia na antiga Roma. Os romanos traziam como exemplo de uma importante operação legislativa a redação das XII *Tabulae*, as quais resolviam pequenos problemas, mas consideravam indiscutível o grande *corpus* de normas não esculpidas e não escritas, conhecidas e indiscutíveis, mesmo que não memorizadas.

De vez em quando, os romanos criavam uma lei. Dentro desses limites, os jurídicos mais famosos (incluindo os da área islâmica!) conhecem o "poder legislativo", chamado a emendar, integrar, prover, ajudar, racionalizar. Mas os romanos não conheciam a ideia do poder legislativo global e absoluto.

A situação não mudou com Justiniano, o qual teve o cuidado de sublinhar que com o seu *Corpus iuris* não desejara criar nada, mas apenas reunir as interpretações doutorais respeitáveis sobre os *mores* e, se necessário, emendá-las e racionalizá-las.

O poder de compilar é quase sempre reconhecido ao personagem que deve exercer o poder político. Pôr-se a serviço das normas para melhorar sua fórmula foi quase sempre tarefa reconhecida dos reis, das assembleias ou de qualquer outro depositário do poder. Quanto às normas incluídas no *Digesto*, elas eram legítimas não por ser provenientes de um legislador; eram legítimas por incluir elaborações doutorais essencialmente criadoras, mas formalmente interpretativas de um direito preexistente, que se formou de maneira espontânea.

O Justiniano que, à sua época, ressaltara que não pretendia criar direito de maneira arbitrária apareceu depois – na Idade Média e desde então – como um verdadeiro legislador, como um demiurgo do direito. O juiz "jurista" não conhecia outro direito além do que aprendera nas universidades, onde se ensinava o direito justiniano. Esse juiz, obviamente, aplicava o direito que conhecia, e não outro. O problema das fontes resolvia-se postulando que Justiniano exercera o poder legislativo.

Por que, então, se se falava de Justiniano como do legislador, e, portanto, se reconhecia que o direito era obra do legislador, não surgiu uma doutrina do poder legislativo? Por que, do caso individual, emblemático, o jurista não passou ao discurso geral?

A resposta nos é dada pelo poeta, mais do que pelos juristas. Dante Alighieri põe Justiniano no Paraíso. Justiniano, em vida, não brilhou por virtudes cristãs. Dante reconhece-lhe o Paraíso por uma razão que, embora implícita, parece bem plausível: tirando "o excesso e o inútil" das leis, Justiniano expressava uma virtude cristã (a justiça, virtude cardeal) e realizava isso por um mandato divino.

O legislador, na Idade Média, justifica-se com o mandato divino; na *sharia*, no direito judaico, em numerosos e diversos contextos culturais, a norma jurídica vincula por sua ligação com o sagrado.

Na Idade Média, o direito romano entra em colisão com o germânico, que se formou de maneira espontânea. O direito germânico tem a mesma base e a mesma justificação que competia ao direito romano das origens. O povo pensa que aquela é a norma, os cidadãos se sujeitam a ela, os obstinados são reconduzidos à observância. A norma "consuetudinária" não é assistida por uma demonstração lógica nem por uma justificação verbalizada. É uma norma "evidente". É evidente que ela é válida, e seu conteúdo é evidente.

Norma sagrada e norma espontânea, uma e outra, são incompatíveis com a ideia de um legislador imperativo e estatal de tipo jacobino.

A desconfiança em relação ao legislador é um dado importante na história do direito inglês. Os normandos querem que as cortes régias apliquem os costumes. E muito tempo depois, quando o desenvolvimento da *equity* ameaça fazer crescer um direito novo e imprevisível, o *common lawyer* teme que os direitos dos cidadãos possam ser reduzidos e condicionados. O legislador é visto como um poder capaz de atos inopinados e arbitrários, capazes de lesar: é melhor, portanto, que fique inoperante[1].

Se trocamos de continente, e vamos para a China, também lá percebemos que, até as revoluções do século XX, a lei não é admirada. Recomenda-se ao imperador para não legislar. A lei é vista como instrução dirigida ao mandarim; estamos muito longe de ver nela o elemento-chave das estruturas sociais.

A situação não era tão diferente no Japão tradicional.

Costuma-se dizer que na China e no Japão regras sociais inspiradas nas visões filosóficas e religiosas substituem funcionalmente o direito privado. De maneira mais fidedigna, poderíamos dizer que o direito privado da tradição chinesa é consuetudinário (projeção de uma ordem cósmica superior, ou amadurecido nos usos da comunidade local). Suas regras, sociais ou jurídicas, são vistas como imutáveis. E a concepção da norma como imutável não deixa muito espaço para a ideia de um legislador onipotente[2].

O direito que vive sem legislador não é necessariamente um direito revelado ou consuetudinário.

Na vida do direito, de fato, as páginas mais belas são escritas quando o direito é criado pelos sábios. Em alguns sistemas, a criação do sábio está visivelmente no centro da produção. O caso-limite é o da *sharia*; o bom muçulmano atribui todo o direito à revelação divina e às outras raízes indicadas pela teologia, mas o historiador desencantado relaciona ao divino apenas uma modesta parte das regras islâmicas, atribuindo as outras à obra do *faqih*, ou seja, do intérprete erudito, que condensou nos seus grandes livros distinções e conclusões sábias[3].

---

[1] Gambaro (e Sacco) (2002, 2. ed., 111-6).
[2] Referências em (Gambaro e) Sacco (2002, 2. ed., 515 ss.).
[3] Cf. Castro (1990).

A produção doutrinária tornou-se muito mais respeitável por duas circunstâncias. O juiz islâmico – o *qadi* – não motiva, e assim não estimula a extração da *ratio decidendi*, a memorização das sentenças, a imitação do precedente. Além disso, a área em que se pratica a *sharia* não é dotada de um órgão judiciário de cúpula, um tribunal superior, porque as pirâmides judiciárias pertencem a cada um dos Estados, e não à comunidade islâmica.

O direito islâmico nos mostra o modelo mais perfeito de criação doutoral do direito, mas esse modelo não é um *unicum*.

A Idade Média europeia, ao mesmo tempo em que celebrava o direito justiniano, confiava sua interpretação ao doutor, o qual, infatigavelmente, por séculos e séculos, procedeu a interpretações criativas, cada vez mais orientadas para regras gerais e racionais. E quando a codificação subtraiu ao direito romano a França, a Áustria e a Itália, o doutor permaneceu dono do campo na Alemanha. Ali estavam em ação 39 Estados soberanos, 39 legisladores, 39 pirâmides judiciárias. Mas a doutrina trabalhava com espírito de unidade sobre as Pandectas, e continuava a elaborar um direito comum cada vez mais distante da letra das fontes romanas, e cada vez mais tributário das exigências a que é sensível a ciência jurídica.

Em outros contextos, o criador é o juiz. Para que isso aconteça, é preciso que o juiz seja respeitado e respeitável; que utilize as chaves necessárias para garantir esse respeito e essa autoridade. O mundo inglês nos faz ver – durante longos séculos ininterruptos – o direito confiado ao juiz, assim como a Europa continental nos faz ver o direito confiado ao teórico, a que se associa validamente o juiz[4].

O personagem sobrenatural, a espontaneidade popular, o pensamento do erudito, o juiz podem – cada qual – prover à criação

---

[4] Cf. Van Caenegem (1991).

do direito. Antes do século XIX, o legislador é um personagem que não vai além do trabalho de compilação ou de racionalização, ou de um trabalho esporádico e ocasional.

2. O direito e o surgimento do jurista

Antes do século XIX, o direito existia, ainda que não pudesse ser totalmente atribuído a um legislador. O direito existia, tanto que era estudado e ensinado. Ocupavam-se disso, antes de tudo, as faculdades de Direito. Ali o professor ensina ao aluno um vocabulário específico, expressão e testemunho de um quadro conceitual jurídico, e da madura consciência do conteúdo de cada categoria. A estrutura do discurso didático mostra que falando do direito é possível deduzir do geral a solução do caso.

O discurso jurídico especializado caminha paralelamente à existência de profissionais do direito[5]. E, quando a profissão jurídica é plenamente aceita, a definição dos conflitos que surgem na sociedade é confiada ao jurista.

A descrição realizada até aqui é um pouco espúria. Em parte, adapta-se apenas aos países romanistas (onde a faculdade forma o jurista e o jurista torna-se juiz); em parte, ao contrário, vale também para o mundo de *common law*, onde ensino, vocabulário, lógica jurídica, profissionalismo jurídico fundem-se entre si como no continente.

No mundo inglês, de fato, florescem formas de educação jurídicas diferenciadas. Encontramos o ensino desenvolvido nos *Inns of Courts*, e encontramos a universidade. Varia o objeto do ensino, varia – em parte – a carreira jurídica a que o ensino predispõe. Mas vale para o *civilian*, formado na universidade com bases romanas e canônicas, e vale para o *common lawyer*, formado nos

---

[5] Sobre o profissional do direito, ver Gambaro (1983, V, 85); Gambaro (e Sacco) (2002, 2. ed., 248 ss.).

Inns com bases inglesas, a habitual consideração, segundo a qual a escola veicula língua e lógica, e constrói o profissionalismo.

Desde quando existe a *sharia*, capítulo essencial da teologia islâmica, determinado número de teólogos especializou-se na ciência jurídica. Eles são os *fuqaha*, sábios do direito. O *faqih* é bem reconhecido no interior da comunidade islâmica. O *fiqh*, por ele elaborado, é um todo com a exposição da questão e da ciência jurídica[6].

A importância do jurista sofreu alguns reveses na época da Revolução Russa. Em um primeiro momento, a União Soviética fechou as faculdades de Direito e suprimiu aquele ramo da Academia das Ciências que estava encarregado do direito. Desejava-se que a solução do problema fosse filtrada segundo exigências políticas, em vez de seguir os modelos de um direito formalizado. O aspirante jurista era direcionado para as faculdades de Ciências Políticas, onde se realizavam cursos de Direito. O observador pode, razoavelmente, pensar que o regime tivesse bons motivos para se desfazer não tanto do direito e de seus servidores, mas simplesmente dos professores pré-revolucionários, não preparados para assimilar o novo direito e ensiná-lo. Foram realizadas – naquela época – mudanças de nome, e o jovem jurista, vestido de cientista político, aprendeu o novo direito com professores que não tinham tido contato com o direito pré-revolucionário. De resto, o parêntese da luta contra a educação jurídica foi fechado na hora certa, e o mundo socialista beneficiou-se sem nenhuma reserva dos frutos que pode oferecer a presença do jurista, com seus conceitos especializados, seus tecnicismos e seu profissionalismo[7].

A visão panorâmica da área romanista, socialista, de *common law* e islâmica nos estimula a perguntar se a figura do jurista é

---

[6] Castro (1990).
[7] Ajani (1990).

algo universal. Para responder, não devemos nos deixar encantar pelas quatro áreas até aqui consideradas: em inúmeras outras sociedades não encontramos o jurista.

A China e o Japão tradicionais não tinham o jurista. A África anterior aos contatos com Roma, com o Islã e com a Europa não tinha juristas.

Hoje a China, o Japão, a África utilizam profissionais do direito; mas esses juristas são formados em faculdades que seguem o modelo europeu e se interessam apenas por aqueles setores do ordenamento em que penetrou um modelo ocidental.

Nesse âmbito é possível formular algumas perguntas interessantes: quem cumpria, na China e no Japão tradicional, as tarefas que confiamos ao jurista? O que é essa educação jurídica? Desde quando é praticada?

Educação jurídica não significa sempre e necessariamente o ensino do direito vigente em dado território. Nos Estados Unidos, as melhores universidades ensinam o direito americano, e não o de cada Estado. Na Suíça, onde até este momento o procedimento civil obedeceu a regras cantonais, a universidade ensina um direito processual ideal. Na Alemanha dos muitos Estados soberanos (1648-1871), a universidade sempre ensinou o direito comum, e não o do Estado. Um raciocínio parcialmente semelhante pode aplicar-se às universidades francesas e inglesas dos séculos passados. E as universidades da Europa tomadas no seu conjunto ensinaram o direito romano *antes* que ele – precisamente em virtude do ensino – se introduzisse irreversivelmente na prática.

O jurista é jurista se sofreu aquela iniciação que lhe permite raciocinar de maneira apropriada à sua profissão. O conhecimento de cada um dos dados jurídicos não influencia seu *status*.

Quando em determinado país entra em vigor determinado código (por exemplo, o novo Código de Processo Penal na Itália), os advogados e os juízes que estão em serviço continuam a sua atividade, embora tenham sido instruídos e educados com base em um código muito diferente. A prática, instintivamente, inspira-se na ideia de que o diplomado em questão aprendeu não determinado número de artigos do código, mas um modo de raciocinar.

A educação jurídica de que falamos é um componente da cultura de um povo e reflete em sua língua.

As línguas vernáculas utilizadas para falar, e apenas ocasionalmente para escrever ou para satisfazer as necessidades de comunicação em nível elevado, carecem de um verdadeiro léxico jurídico. O piemontês, o friulano, o ocitano dos vales alpinos dispõem de termos apropriados para indicar determinados conceitos jurídicos muito presentes na vida cotidiana (pai, filho, morte), mas carecem de termos voltados para expressar a ideia de serviço em vez de cumprimento, acordo possessório, invalidez relativa, inoponibilidade, e assim por diante.

O direito reveste-se, portanto, em algumas culturas e não em outras, de um vocabulário culto, esotérico, do qual não pode prescindir.

A esse ponto perguntamo-nos quando e onde, pela primeira vez, nasceram essa ciência jurídica, esse vocabulário especializado, esse personagem laico, mas ligado a esoterismos de casta e de profissão.

É possível dar uma resposta.

O jurista nasce em Roma. A admiração pelo direito romano induz equivocadamente pessoas despreparadas a superestimar a perfeição de suas soluções. O mérito maior dos antigos romanos não está nas soluções jurídicas que eles elaboraram; está na construção de um aparelho conceitual, ou seja, de uma ciência, de um vocabulário[8], de um sistema de argumentações jurídicas criticamente avaliáveis; tudo isso confiado a especialistas dispostos a desenvolver profissões jurídicas e a transmitir com o ensino o próprio saber[9].

O historiador do direito nos confirma que o verdadeiro efeito e mérito da recepção do direito romano na Alemanha não foi tanto o de ter introduzido no território alemão uma quantidade de institutos jurídicos de origem estrangeira, quanto o de ter possibilitado uma construção científica do direito alemão[10].

O surgimento do jurista está ligado à laicização do interesse pelo direito. É conhecido o episódio de Gneus Flavius, liberto dos pontífices, que se apodera de esquemas secretos e esotéricos, relativos à solução de problemas configurados como jurídicos (tratava-se das melhores datas para as semeaduras) e os divulga entre o povo que se aglomera na praça.

Antes dessa época, já existia a função do juiz, do legislador e, evidentemente, do intérprete. Decerto, pessoas sábias tinham um especial conhecimento dos costumes. Mas essa atitude não era a principal qualidade da pessoa. Homens de religião, funcionários administrativos, personagens apreciados por seu equilíbrio e por sua honestidade puderam ocupar-se das tarefas jurídicas, mesmo sem ser juristas.

A Grécia não tinha juristas[11].

---

[8] No I século a.C. Gaius Aelius Galius compõe o seu *De verborum quae ad ius pertinent significatione*.
[9] Sobre o tema, admiravelmente, Schiavone (2005).
[10] Wieacker (1980, 162-3).
[11] "Como se sabe, a figura do jurista como estudioso científico do direito não existia na Grécia clássica." Assim, categoricamente, Goria (2005, 150), com respeitável suporte bibliográfico.

As grandes civilizações da Idade do Bronze (de maneira evidente a egípcia[12], de maneira menos nítida a mesopotâmica[13]) não nos transmitiram a prova da existência de juristas nem de uma ciência jurídica. Naturalmente, as civilizações do Bronze, a Grécia, a antiga China, o antigo Japão, a antiga Índia, tinham um florescente direito: o direito pode, de fato, viver e desenvolver-se sem jurista, ou seja, sem ter como contraponto um aparato de conhecimentos criticamente elaborados.

Até 2 mil anos atrás, o direito viveu e operou eficazmente sem legislador e sem jurista.

3. A sociedade de poder difuso

As páginas anteriores ilustraram amplamente uma ideia, sem a qual não se tem acesso à antropologia jurídica, nem ao conhecimento dos sistemas não pertencentes à tradição jurídica ocidental: podem existir, existiram, existem ainda hoje sociedades não estatalizadas e não dotadas de um poder centralizado (ver, acima, todo o cap. IV).

Homens dotados de uma cultura menos complexa do que a nossa desconhecem a escrita, vivem de caça e coleta no deserto do Kalahari e junto às nascentes do Orinoco. No meio deles não encontramos nunca o juiz, profissional ou não, nem aquele que em tempo integral porta as armas (policial, soldado), nem aquele que impõe ou recebe tributos (assim como não encontramos uma verdadeira e significativa divisão do trabalho).

Também nessas sociedades pode eclodir um conflito. E mesmo sociedades tão simples dispõem de maneiras para regular o conflito.

---

[12] Curto (1981, 329): os juízes dos três níveis são funcionários ou notáveis não juristas; Assmann (2002, 182): no Egito faraônico falta uma literatura de noções jurídicas.
[13] Desde 2500 a.C. determinada literatura de noções jurídicas parece documentada na Mesopotâmia: Assmann (2002, 182).

A presença de mecanismos destinados à regulamentação de conflitos estende-se muito além – no tempo e também no espaço – da presença do Estado.

O jurista dos nossos tempos tem dificuldade para persuadir-se disso. Entretanto, continua viva e operante uma sociedade humana, conhecida por todos, que ainda até a primeira parte do século XX (e, em larga medida, até hoje) carece de um poder centralizado superior a seus membros. Essa sociedade é a comunidade humana no seu conjunto, ou seja, a comunidade internacional, da qual falaremos mais adiante (pp. 126 ss.).

Com quais mecanismos podia contar o direito sem Estado para a sua atuação? Antes de tudo, com a observância espontânea e voluntária por parte dos membros. De outro modo, o conflito era regulado pela autotutela. O grupo que se sentia lesado (se não quisesse sofrer a injustiça) iniciava uma ação de força. À ação de força (se um dos dois sujeitos não perecia e não se dissipava) seguia-se um acordo, que regulava para o futuro a relação controversa.

Certamente, não existia um expediente para garantir que a ação de força culminasse na vitória de quem tinha direito. Podia acontecer o contrário. A disparidade de força dos possíveis adversários obviamente dava resultados indesejáveis desse tipo.

Os vários inconvenientes do sistema eram, de alguma maneira, abrandados por expedientes oportunos. Os sujeitos fracos podiam confederar-se (para melhor defender-se) ou pôr-se sob o protetorado de um sujeito poderoso. O conjunto dos sujeitos mais fortes podia coligar-se contra aquele que se demonstrasse agressivo, propenso à infração do direito ou, simplesmente, poderoso demais[14].

---

[14] É de esperar que o dia em que se criar um poder centralizado internacional, ele fará todos os esforços para proibir as alianças, os protetorados e os pactos de assistência recíproca, os quais poderiam garantir formas de impunidade ou de mais difícil punibilidade a favor dos membros da aliança.

Até certa época, as comunidades humanas organizaram-se sem constituir no seu interior poderes centralizados. Isso vale pelo menos até 3500 a.C., e é verdadeiro de modo absoluto até 10000 a.C. (início da agricultura e do pastoreio).

Hoje, cada quilômetro quadrado da superfície do globo é atribuído a um Estado; portanto, não existe em lugar algum uma sociedade oficialmente subtraída ao poder (centralizado) de um Estado. Porém, em muitas partes do mundo existem comunidades pelas quais o Estado não se interessa e que não se dirigem – para as próprias necessidades – ao Estado. Encontramos situações desse tipo na Amazônia e em muitos outros pontos da América Latina, em áreas isoladas da Indonésia, em numerosas zonas da África e em outros lugares. Ali perdura um direito destituído do apoio de um poder centralizado.

Em 1940, dois antropólogos (Fortes e Evans-Pritchard), ao programar e organizar uma obra coletiva, chamaram pela primeira vez a atenção do público para a contraposição entre sociedade e poder centralizado (em primeiro lugar: o Estado) e sociedades de poder difuso, ou acéfalas.

A distinção é de fundamental importância. Deveria ser apresentada em qualquer introdução ao estudo do direito.

A passagem do poder difuso ao poder centralizado se dá na pré-história e na passagem da pré-história à proto-história, de maneira gradual.

A presença de um chefe – dotado de poderes também fora da própria família – não implica ainda a ideia de um poder geral, centralizado e superior.

O poder centralizado que nos interessa aqui deve ser entendido como um poder encarregado de prover todas as necessidades coletivas de determinada comunidade, e capaz de pretender do indivíduo o respeito por determinados imperativos, diferenciados para as várias categorias de indivíduos e destinados à melhor utilização das energias de cada um em favor da coletividade.

Poder difuso e autotutela dão-se as mãos. A correlação biunívoca é evidente. À autotutela poder-se-á associar ou não a intervenção do sobrenatural, gerida por um personagem dotado de uma inserção *sui generis* nas hierarquias sociais.

As condições da autotutela não conciliam a presença de um direito constitucional que vá além de um reconhecimento dos direitos de cada um dos membros; elas excluem qualquer administração pública e qualquer direito administrativo; são incompatíveis com qualquer direito penal diversificado em relação ao direito penal privado e com qualquer direito fiscal. Em outras palavras, no regime da autotutela, todo o direito é privado[15].

No âmbito desse direito privado, quais institutos são postos na base da vida jurídica?

É fácil pensar na família, nas complicadas regras sobre as interdições (e, vice-versa, sobre as prelações) matrimoniais. É bom lembrar que a família, ou um grupo mais amplo (cada vez mais amplo à medida que a cultura se torna mais complexa e o homem se sedentariza), gerencia por conta própria os direitos, pondo à margem o indivíduo.

O grupo e os subgrupos são ciumentos daquilo que lhes pertence e impedirão que os bens duráveis – aqui compreendidas, em muitas culturas, as mulheres – saiam de seu controle. Isso não significa que no interior do grupo não se reconheça a propriedade do indivíduo. Significa, por outro lado, que o indivíduo não pode sair do grupo sem o consentimento dele. Pode significar que a mulher não herda, para que seja impedida de deixar o bem em

---

[15] Que o direito original deva ser entendido como essencialmente privado é claramente percebido pelos antropólogos: Motta (1994, 23) e aqui remeto a Hoebel.

herança ao próprio filho, se o filho (em uma sociedade patriarcal) está destinado a pertencer ao grupo do pai (e não ao da mãe).

No contexto, a propriedade é a exigida pelo grau de desenvolvimento. O pertencimento dos bens garante ao caçador a reserva exclusiva de caça em uma área delimitada; com o início do Neolítico, como o homem já é agricultor e pastor, a propriedade garante ao agricultor a posse da terra e a colheita do fruto, e ao pastor a reserva dos pastos.

Às regras sobre a família e sobre os bens fazem frente – por necessidade – aquelas sobre a responsabilidade, enquadradas, é claro, em um regime de autotutela.

O centro de imputação da regra de responsabilidade não é o indivíduo, mas o grupo. Se fulano mata, o problema não consistirá em localizá-lo e puni-lo. O caso se esgota em uma reparação ritualizada, realizada pelo grupo da vítima, que suprimirá um membro do grupo do homicida. A sanção é a vingança ou *faida*. O assassinato cometido no interior do núcleo familiar fica sem punição.

4. O nascimento do poder centralizado

Com o crescimento do grupo surge a necessidade de um chefe, pelo menos em caso de guerra ou calamidade. Esse chefe não é simplesmente o *pater familias*. Alguma regra presidirá sua escolha. Seu poder, uma vez institucionalizado, poderá ser ampliado de várias maneiras; reciprocamente, se ampliado, poderá institucionalizar-se melhor.

Introduzida a figura do chefe, o poder que lhe compete garante privilégios a ele e aos seus preferidos, e isso lhe permite contar sistematicamente com auxiliares. O respeito pela norma será reforçado se o chefe se põe a serviço dela. Se, ao contrário, o chefe se choca com a norma, abre-se um conflito com resultados imprevisíveis: remoção do chefe ou sobreposição de novas normas às antigas.

Alguns membros do grupo podem especializar sua atividade: em vez de se dedicar, como todos os outros, à produção de alimentos e vestuário (realizada, no Paleolítico, mediante a caça, a captura e a coleta, e, no Neolítico, mediante a agricultura e a criação de animais), eles se dedicam a tarefas de vários tipos, intervindo (para a própria manutenção) nas cotas de víveres e vestuário produzidas por seus cotribais. O argumento condiz com o xamã, feiticeiro, bruxo, necromante, adivinho, mago, antepassado dos especialistas do saber médico, mecânico, arquitetônico[16], agrícola e botânico, jurídico, introduzido no sobrenatural, capaz de canalizar previsões e soluções nas direções desejadas pelos membros do grupo. O argumento também pode ser adequado para o cortador de pedras, o louceiro, o ceramista, os construtores de carroças, o fabricante de colares, e mais tarde certamente será aplicável aos que trabalharem o metal. A divisão do trabalho criará relações sociais complexas e permitirá a diversificação dos poderes – nos casos em que a uniformidade das ocupações pode sugerir, ao contrário, a distribuição uniforme dos poderes decisórios.

O desenvolvimento do artesanato, e das comodidades que ele distribui ao seu redor, pode conciliar a concentração dos membros da sociedade em um lugar de encontro privilegiado, em que vivem conglomerados produtores de alimento e artesãos, criando um núcleo urbano.

---

[16] O criador de pontes – *pontifex* – é, ainda em Roma, um operador do sobrenatural. Criar uma ponte em arco parece, de fato, mais um desafio às leis físicas do que uma aplicação destas últimas. O saber popular – filtro conceitual prévio cristão – atribui ao diabo a paternidade de várias pontes em arco construídas pelos antigos romanos nos vales piemonteses e valdostanos.

A descoberta dos grandes resultados que podem ser oferecidos pelo trabalho coletivo (por exemplo: canalização, construção de muralhas defensivas ou de túmulos indestrutíveis, aparelhagens que conciliam influências sobrenaturais decisivas) pode induzir os pequenos grupos a se associar em grupos complexos. De forma mais realista, o choque entre as comunidades capazes de esforços coletivos e as outras dá a vitória às primeiras e destrói as segundas. Daí uma seleção que leva da tribo à cidade e da cidade à sociedade territorial ainda mais extensa.

Os fenômenos agora indicados procedem com ritmo variado através de um período de tempo muito longo, que se desenvolve na última fase do Neolítico e depois dele. A transformação da sociedade parece concluída e irreversível no decorrer do Era do Bronze.

A produção do bronze triunfa em quatro áreas do velho continente: Egito, Mesopotâmia, Índia (ao longo do rio Indo)[17], China (ao longo do rio Amarelo). Entre 3500 e 2000 a.C. instauram-se, nesses quatro países, iguais potências territoriais.

Seria falso afirmar que uma ligação necessária, biunívoca, uniu a criação desses amplos impérios com a produção do bronze. Alguns milênios mais tarde, impérios nasciam na América, por obra dos incas e dos maias, embora ali não se produzisse o bronze. Na Mesopotâmia, o período da cultura sumérica assiste por algum tempo à produção e ao uso do bronze, embora as várias cidades coexistam sem se ignorar, mas sem se integrar em um único império. No Egito do Antigo Reino, a importância social do trabalho com a pedra foi superior à importância da produção do bronze.

---

[17] Faz-se começar a história do direito da Índia mais tarde, porque a cultura de Harapa, ou seja, a cultura pré-indo-europeia, desapareceu sem deixar vestígios suficientes para convidar a se ocupar de seu direito. É o que afirma Pugliese (1993).

Isso posto, resta o fato de que a sociedade do bronze nos oferece o exemplo perfeito de uma comunidade que resolve seus problemas graças à criação de um poder centralizado e garantido por estruturas eficientes. Vejamos em que consiste a correlação.

Antes de mais nada, é preciso dizer que o bronze assegura armas mais resistentes do que as de pedra. Sistematicamente, a sociedade que utiliza o bronze leva vantagem sobre aquela que permaneceu na Idade da Pedra. O conflito não podia deixar de preservar e perpetuar as sociedades do bronze.

A esse ponto, quais problemas é preciso resolver para dispor do bronze?[18] Antes de tudo, é preciso alimentar os que viajam em busca das minas de cobre e de estanho, os que extraem os metais do subsolo, os que transportam o metal de uma parte para outra da Europa e da Ásia (e isso, com os meios técnicos e o sistema viário da época, suscitava problemas), e os que fundem o bronze. O problema surge quer quando o metal mais importante (estanho e cobre) é adquirido com base em uma troca (porque de qualquer maneira é preciso haver uma remuneração), quer quando a produção das matérias-primas ocorre na economia, com base em uma programação. Ou seja, tanto num caso como no outro, uma parte do que é produzido pelos agricultores e criadores deve ser retirada e destinada à aquisição dos metais. Isso pressupõe, naturalmente, que agricultores e pastores produzam mais alimento que o necessário para matar a fome e que alguém tenha o poder de recolher esse excesso de produção, estruturando uma acumulação disponível para tal finalidade.

A operação descrita a respeito do bronze implica, por sua vez, quatro passagens.

---

[18] A análise que segue é sugerida pela esplêndida reconstrução que encontramos em Childe (1963, 107-36; 1958, 97 ss.).

1) É preciso identificar o produtor obrigado a contribuir. Para tanto, é necessário identificar o proprietário de cada campo e de cada pasto; isso implica a realização de cadastros, confiados a especialistas que, por sua vez, não produzem alimento e obrigam, portanto, a instituir impostos. Incidentalmente, observamos que o cadastro é vantajoso para o proprietário da terra porque lhe oferece uma prova fidedigna e sempre disponível do seu direito.

2) Para receber ordenadamente os impostos é preciso anotar os pagamentos feitos; isso obriga a inventar a escrita, a produzir material para a escrita, a educar escribas e arquivistas, e a remunerá-los – aumentando, assim, o peso dos impostos[19].

3) Embora a posse do bronze ofereça ao poder a melhor maneira para proteger do inimigo externo o camponês e o pastor, ou seja, os produtores de alimento, estes últimos não podem deixar de se mostrar descontentes e recalcitrantes no momento da cobrança. É preciso, então, que os personagens não imbuídos de outras tarefas vigiem armados para reprimir qualquer tentativa de evasão. Na sociedade de poder difuso, todos os homens livres, válidos, portam armas, úteis tanto para a guerra quanto para a caça. Mas na nova sociedade, onde as armas servem para tarefas de paz, surge o soldado profissional a quem o poder confia a tarefa de tornar efetiva a observância à disciplina social. E a necessidade de alimentar esses soldados implica ulteriores pressões fiscais.

4) Os soldados, precisamente por serem soldados, podem pensar que chegou o momento de tomar o poder para si, impondo-o aos inermes. Caso decidam fazer isso, e a vitória seja confia-

---

[19] Formas primordiais de memorização obtidas mediante sinais convencionais pintados sobre as pedras encontrar-se-iam já na cultura dos Cro-Magnon (Paleolítico Superior europeu), segundo Leroi-Gourhan. Mas a generalização da escrita ocorre apenas agora, e sua função é jurídica. Cria mapas fundiários, listas de contribuintes e recibos.

da apenas às armas, cada chefe militar é potencialmente candidato ao poder supremo.

Em outros termos, a comunidade precisa de uma cúpula. Em um primeiro momento – queremos dizer, para os primeiros cinco milênios dessa nova época –, o homem da cúpula é um monarca (faraó, imperador, césar, tsar, rei) que deve ser chefe dos soldados. Mas não pode ser simplesmente um chefe de soldados, um líder. Quando ele decai a simples chefe militar, o poder desvincula-se da instituição e é surrupiado pelo general mais habilidoso; nesse caso, o comandante amado pelos soldados tem motivo para se desfazer do monarca, eliminá-lo e substituí-lo; a morte do monarca dá início à guerra de sucessão (como tantas vezes aconteceu em Roma) e ao desmembramento do país (como ocorreu com a morte de Alexandre Magno).

A desordem será prevenida se o poder do chefe, no momento da conquista e em seguida, for garantido e tornado inatacável. Uma doutrina a que todos aderem com plena convicção pode ser a base dessa garantia.

Os xamãs, os magos, os feiticeiros, os adivinhos são então chamados a novas tarefas. Não devem limitar-se a garantir a cura de uma doença, o retorno do tempo bom depois do inverno, a chuva, a fertilidade dos animais, a abundância da caça e da colheita, a solidez das construções; mas devem, também, promover a aceitação das novas estruturas sociais; e para essa finalidade será útil uma teoria, uma doutrina que explique e justifique.

Desse modo, o conhecimento garante o poder e com isso torna-o incontestável, amplia ao infinito suas tarefas e âmbitos de exercício, desde que entre em choque com o avalista.

Não se trata de intervenções de pouca importância. No Egito, um gênero literário específico explica que, se o Estado faraônico decai, desaparece a *maat* (a Regra), e junto com ela se perdem a capacidade mnemônica dos humanos, a linguagem e o saber; a natureza cessa de produzir alimento; pais e filhos se matam uns aos outros[20].

O direito sai disso subvertido.

O programador social assume tarefas complexas: tem de acionar e manter a eficiência dos instrumentos necessários para tornar operacionais as articulações sociais descritas. Tem de tomar decisões concretas, concernentes a casos particulares. Tem de tomar decisões gerais e abstratas, e impor sua observância a quem o circunda. Se a sociedade de poder difuso fundamenta a norma no costume espontaneamente observado por todos, a sociedade de poder centralizado atribui ao sagrado o poder do chefe e atribui ao sobrenatural a norma promulgada por ele. E o chefe aproveitará das próprias prerrogativas para impor sanções a quem o contesta. Circundar-se-á de colaboradores, alguns dos quais, na qualidade de juízes, perseguirão as infrações à vontade do senhor. À justiça privada associa-se agora uma justiça pública, à autotutela e às arbitragens associa-se, ou até mesmo substitui-se, um procedimento autoritativo destinado à repressão dos ilícitos.

É claro que a organização social de que falamos é o Estado.

O argumento vale para o bronze, e não para o ferro. O ferro foi utilizado desde 1000 a.C., e a posse do ferro deu a quem dele se beneficiava uma vantagem decisiva sobre quem utilizava a pedra ou o bronze. Mas o ferro não requer a busca e o processamento de dois metais distintos; o ferro permite ao seu extrator, desde que disponha de um forno apropriado, a elaboração direta do instrumento. A produção do ferro, diferente da do bronze, não pressupõe a interação de estruturas sociais complexas e articuladas. O ferro é um metal individualista, o bronze é socializante.

---

[20] Assmann (2002).

A África subsaariana entrou na era do ferro (a partir do século III a.C.) sem passar pela era do bronze, ainda que as ligas de bronze tenham surgido de forma marginal, muito antes de qualquer contato com os europeus e os árabes, no atual Zimbábue e na atual Nigéria oriental (Agbo, Ukwu, século IX d.C.).

5. A Grande Sociedade de poder difuso

O jurista e o homem comum – um e outro – têm dificuldade para orientar a própria mente no sistema que rege a sociedade de poder difuso. O antropólogo sabe muito bem disso, pois esforça-se para convencê-los de que pode existir uma verdadeira sociedade e um verdadeiro direito mesmo que não exista o Estado. Entretanto, aquele jurista e aquele homem comum estão familiarizados com pelo menos uma sociedade de poder difuso, portadora de um sistema jurídico muito conhecido e basilar, por importância, na vida de cada um de nós. Essa sociedade é a comunidade internacional, dotada de um direito importante e amplamente estudado: todas as faculdades de Direito do mundo ensinam isso.

Durante muito tempo, a comunidade internacional teve como sujeitos apenas os Estados e as organizações equiparadas a eles. E também agora as tarefas mais evidentes da comunidade se referem àquela matéria muito delicada que são as relações entre os Estados.

A comunidade internacional não está submetida a um poder centralizado.

No final da Primeira Guerra Mundial, estadistas de boa vontade quiseram dotar essa comunidade de órgãos estáveis e promoveram a estruturação de uma Liga das Nações. A Liga era fraca porque nem os Estados Unidos, nem a União Soviética (URSS), nem o Japão, nem a Alemanha faziam parte dela. E, sobretudo, era fraca porque não tinha uma força militar para contrapor à força militar dos

Estados. Seus veredictos tinham um valor moral, mas – é preciso reconhecer – não tiveram uma eficácia prática de primeiro plano.

No final da Segunda Guerra promoveu-se a criação da ONU (Organização das Nações Unidas). Ali se reuniram quase todos os Estados do mundo, e as Nações Unidas podem, às vezes, dispor de um núcleo de forças militares.

A ONU influi nas relações entre os Estados, assim como um Estado influi nas relações entre os cidadãos. É esse seu papel. Seu primeiro objetivo é prevenir e reprimir a agressão entre um Estado e outro, assim como o primeiro objetivo de um Estado é o de prevenir e reprimir a agressão privada.

A ONU sofre de uma fraqueza estrutural.

A ONU não detém um poder centralizado incondicionalmente superior ao dos Estados, os quais – com razão – continuam a se denominar soberanos.

A ONU não dispõe de forças armadas capazes de se contrapor a qualquer um dos Estados bem armados, menos ainda contra uma coalizão de Estados bem armados! Os Estados e os povos não estão, de modo algum, propensos a acolher de maneira incondicional e unânime convites hipotéticos da ONU para lutar militarmente com todas as próprias forças por esse ou aquele objetivo.

Em outras palavras, a ONU é capaz de desenvolver algumas ações preciosas de dissuasão, mas não é capaz de impor a própria autoridade aos recalcitrantes.

Os Estados, para sua segurança e integridade, contam com aqueles recursos em que se baseiam a segurança e a integridade do grupo no interior de uma sociedade de poder difuso: a autodefesa; as alianças militares defensivas. Naturalmente, o temor do conflito torna cada Estado menos imprudente; esse temor multiplica o respeito e, portanto, a autoridade e a eficácia das normas jurídicas internacionais.

Um mecanismo internacional que, *de iure*, possa prevenir a guerra não existe. As tendências em ação levam a pensar que um dia o problema será enfrentado e resolvido, mas até agora isso não aconteceu.

Não obstante o que foi dito, a instituição posta no centro da sociedade aumenta. Hoje, tem um poder representativo mais forte do que podíamos constatar nos anos 1920 e 1930, e obtém uma atenção de que então carecia.

Um aumento de poder da organização seria necessário, caso se queira que a ONU possa impor-se aos seus membros inadequados, ou a forças extraestatais que agridem um Estado. Mas, caso pedissem aos Estados para lhes conferir mais poderes, os órgãos da ONU obteriam uma recusa generalizada.

Em primeiro lugar, os detentores do poder nos Estados são zelosos do próprio poder. É preciso logo acrescentar que, em última análise, os cidadãos dos Estados são solidários com os governantes que não querem ampliar os poderes da ONU.

A conflitualidade humana, contra a qual deveria (em hipótese) agir uma ONU mais poderosa, manifesta-se, antes de tudo, recusando dar à ONU poderes mais amplos dos que ela exerce atualmente.

Conflitualidade à parte, os homens sentem, de maneira mais ou menos confusa, como seria perigoso um poder mundial, com base nas premissas hoje presentes.

Para prevenir as guerras e impor o respeito dos direitos de cada Estado, a ONU deveria ser onipotente (como é o Estado em relação aos cidadãos). Se fosse onipotente, ninguém poderia resistir a ela. Não existiriam contrapoderes. Mas a essa hipótese não faltam objeções. À medida que se formaram os primeiros grandes Estados – os impérios da Idade do Bronze –, o processo conduziu a privações sistemáticas das liberdades de pensamento e de ação, e a uma vigilância que parecia dominar a quem devia sujeitar. A estatualização da vida dos povos conduziu a brutais uniformizações forçadas das línguas e das religiões. Hoje, em muitas áreas, o poder sabe autovigiar-se para reduzir à medida indispensável a opressão que caminha lado a lado com a coordenação das condutas dos seres humanos. Mas o homem sente, de maneira obscura no âmbito instintivo (e faria bem em cultivar com lucidez no âmbito racional e consciente), uma preocupação em relação aos indesejados processos de uniformização que poderiam seguir-se a uma marcada internacionalização dos centros e dos lugares das decisões.

A unificação é a tradução em ato de uma regra legitimadora universal. Em qual regra seria possível pensar? Há três séculos um número crescente de humanos pensa com convicção em uma regra democrática (e pensa que esse ponto de vista possui um evidente valor universal). Democracia quer dizer poder do homem. Mas no planeta floresce também outra ideia, multimilenar, segundo a qual o poder vem de Deus. Não é legítimo fingir que o problema não existe.

Muitos humanos concebem a democracia como o poder da maioria. Mas existe outra concepção, sem acesso ao mundo do papel impresso, porém viva em inúmeras culturas africanas. Segundo essa concepção, apenas a decisão unânime vincula, porque nenhuma lógica justifica a submissão da minoria à vontade alheia. É lícito persuadir, não é lícito impor.

Essas visões, que legitimamente contrastam com a ideologia liberal-democrata ocidental, poderiam um dia demonstrar-se frágeis diante da circulação das ideias hoje em vitoriosa expansão. Se meio milênio bastou para fazer penetrar a ideia do poder da maioria em um número sempre crescente de países do mundo, em algum período mais longo ou mais curto poderiam neutralizar-se, na remanescente parte do mundo, as visões conservadoras que divergem dela.

Por ora, o que encontramos na realidade das coisas? A ONU não se inspira em uma crença voltada para o sobrenatural. É patrocinada por uma doutrina política, voltada para a busca da paz e do respeito dos direitos humanos.

A ONU faz aquilo que dispõe uma assembleia de Estados soberanos. Mas entre esses Estados (soberanos), são poucos os que põem a busca da paz e o respeito dos direitos humanos no ápice das próprias escolhas. Pouquíssimos Estados no mundo fizeram uma revisão metódica do próprio direito para adequá-lo ao Estatuto da ONU.

Em um grande número de países existem disparidades de tratamento entre as diversas religiões; e um discurso de paridade do direito dirigido aos sem religião não foi sequer iniciado. Em países importantes e respeitados, a liberdade de credo político é negada.

Em um elevado número de Estados, a tomada de poder acontece mediante golpe de Estado.

Muitos Estados não garantem aos cidadãos um padrão de liberdade individual e coletiva (e menos ainda uma forma convincente de democracia).

A Sociedade Internacional é acéfala, no seu centro o poder é difuso.

Nem por isso falta um direito internacional aplicável. Muito antes que existisse a ONU, muito antes que existisse a Sociedade das Nações, um direito internacional era ensinado nas faculdades de Direito, e sua tarefa era elogiada e admirada.

A autotutela é bem conhecida pelo direito internacional, que a regula e a ritualiza. Essa tutela – que consiste no recurso às armas – é reservada aos Estados, deve ser precedida por uma declaração de guerra, deve ser realizada por pessoas vestidas com uniformes ritualmente tornadas conhecidas, e essas pessoas utilizarão armas não proibidas, respeitarão as prerrogativas que cabem aos inimigos náufragos, feridos ou feitos prisioneiros, e assim por diante.

O direito internacional (por enquanto) não previne a guerra. Mas a ritualiza. O dado é importante. O direito põe regras ao processo que conduz à guerra e à maneira de condução do conflito, e com isso torna menos atroz o choque das armas.

Às vezes, o rito poderá não agir em profundidade. Vejamos um exemplo.

Em 1870, eclode uma guerra entre a França e a Prússia. Ocorrem baixas em grande número. Mas tem direito de atirar apenas quem usa uniforme. Quem não usa uniforme pode fabricar armas, pode guiar o trem que leva armas para o *front*, mas não pode apertar o gatilho. A Prússia, através dos serviços de um Estado neutro, deposita em Paris a lista de cada novo uniforme dos seus corpos de combatentes. A França deposita em Berlim o esquema dos novos uniformes dos corpos de combatentes franceses. Assim estabelece o direito (internacional). Em determinado momento da guerra, alguns civis franceses (os famosos *franc-tireurs*) atiram sem usar uniforme. Os prussianos aplicam o direito internacional. Os *francs-tireurs* não são combatentes rituais, não estão protegidos pelo direito internacional, são eliminados. A diplomacia inglesa pressiona a Prússia para que poupe os franco-atiradores, mas Bismarck não dá ouvidos. Aqueles combatentes atiraram sem uniforme, é conforme a norma matá-los. A diplomacia consegue, de qualquer forma, um resultado; Bismarck ordena que os *franc-tireurs* sejam fuzilados, mas dispõe que as forças armadas prussianas rendam-lhes as honras militares.

6. Direito do Estado *versus* direito da sociedade de poder difuso (o processo de Ganelon de Mogúncia)

Os sarracenos invadem a Europa. Os francos detêm os sarracenos, a primeira vez com Carlos Martel, a segunda vez com Carlos Magno, que a *Chanson de Roland* chama de Carles, Charles, Carlun, Charlun.

Depois de ter vencido a guerra, Carlos Magno regressa à Renânia. Enquanto ele se dirige para Aix-la-Chapelle, sua retaguarda, comandada pelo conde Rolando ou Orlando, é cercada traiçoeiramente pelos sarracenos e massacrada.

Pouco importa, nesse momento, a circunstância – atestada pelos historiadores recentes – de que não se tratava de sarracenos, e sim de bascos, decididos a acabar com a passagem, por suas montanhas, desses cavaleiros francos, alamanos, bávaros, lombardos, frísios, saxões, danos, normandos.

A impressão dos francos é a de que o ataque fora realizado pelos sarracenos e é preciso agora encontrar um culpado, porque os sarracenos, sem a ajuda de um traidor franco, não poderiam ter alcançado a passagem dos desfiladeiros de Roncesvales. O traidor é identificado e põe em marcha a reação jurídica.

Uma obra literária nos conta o evento. Trata-se da *Chanson de Roland*, concebida pouco depois dos fatos e transcrita alguns séculos mais tarde em um francês hoje arcaico. Devemos o relato a Turoldus, um ingênuo poeta, o qual nos narra os acontecimentos do pérfido Ganelon (ou Guenes, Ganelum), conde de Mogúncia.

Vejamos então como se desenrola a reação jurídica. Turoldus fala como poeta, e não como jurista. Naquela sociedade, de resto, ninguém saberia como filtrar o acontecimento através de conceitos jurídicos, pois a sociedade franca, como em geral a sociedade germânica dos séculos VIII e IX, tem pouco conhecimento jurídico.

Nós assistimos ao evento e nos perguntamos: o julgamento seguirá as regras ordenadas de uma sociedade com um poder central estruturado, será confiado a um órgão judiciário? Ou, ao contrário, encontraremos em ação as práticas dos nômades das estepes, encontraremos a vingança, o ordálio e o talião?

Ganelon não é simplesmente suspeito. Ele se gaba do que fez, pois isso o tornou publicamente conhecido. Ganelon lamentava ter sofrido uma injustiça por parte de Orlando, conde do palácio; apontando o caminho para o sarraceno, Ganelon se vingara, e como a vingança significava a reparação de uma injustiça, seu gesto era louvável, e ele se vangloriara disso.

Durante a guerra não se enfrentara o problema jurídico. Mas agora os francos haviam retornado a Aix-la-Chapelle e havia chegado o momento de desatar os nós acumulados durante os acontecimentos tempestuosos dos últimos anos. O imperador ocupa-se, portanto, de Ganelon.

Ouçamos Turold*:

> Ganelon, o traidor, está imobilizado com correntes de ferro.

O jurista esperaria para dizer que Ganelon é traidor depois de ter verificado a culpa. Porém, na poesia, Ganelon é traidor, o fato histórico é uma traição:

> Ganelon, o traidor, imobilizado com correntes de ferro, está na cidade acorrentado, diante do palácio. Servos prendem-no a um poste, atam-lhe as mãos com correias de couro de veado. Espancam-no bastante com bastões e cacetes. Ele não mereceu outra recompensa; sofrendo terrivelmente, aguarda ali seu *plaid*, seu julgamento.

---

* A tradução das passagens citadas tomou como base *A canção de Rolando*. Tradução para o francês moderno, notas e comentários de Pierre Jonin; tradução para o português de Rosemary Costhek Abílio. São Paulo: Martins Fontes, 2006. (Coleção Gandhara) [N. do T.]

Portanto, primeiro se espanca, depois se julga; mas deve-se atribuir isso ao fato de o autor não ser um jurista. Incidentalmente, observamos que aqui poderia existir uma influência literária da Paixão de Cristo, que exerce sua sugestão não de todo dissimulada. Também Cristo foi espancado antes de ser julgado.

Turold diz ter encontrado a história desses acontecimentos em um livro antigo; a referência à antiguidade enaltece os fatos e as coisas:

> Está escrito na Gesta antiga que Carlos convocou seus vassalos de numerosas províncias. Eles se reúnem em Aix-la-Chapelle. É um grande dia, uma festa solene, segundo alguns a do barão São Silvestre.
>
> Tem início a sessão para julgar o caso de Ganelon, que cometeu traição. O imperador mandou que o arrastassem para diante dele.

Mas com que ato ritual começa o processo? Ganelon é traidor, quem o acusa de traição? O Senhor o acusa. Ganelon é um vassalo do imperador, a traição é o descumprimento do pacto feudal, portanto é o imperador quem toma a iniciativa. Carlos acusa. A quem se dirige? Dirige-se aos juízes. Por quem é julgado um conde, um igual no reino dos francos? Por seus pares. O colégio dos pares é um órgão de autonomia dos barões. Não é um órgão do poder imperial, mas pressupõe, de qualquer forma, uma sociedade estruturada e complexa.

A quem Carlos se dirige? Carlos fala à assembleia dos nobres francos, ampliada a todos os vassalos do império:

> "Senhores barões, declara o rei Carlos Magno, julgai-me Ganelon em conformidade com o direito [a palavra é: *dreit*]. Ele estava no exército que foi comigo para a Espanha, mas me fez perder 20 mil de meus francos, e entre eles meu sobrinho que nunca mais revereis, o valente e cortês Olivier. Ele traiu doze pares por dinheiro."

Olivier tinha sido amigo inseparável do conde Orlando; os dois morreram juntos.

Carlos acusa Ganelon de ter traído por dinheiro. Ninguém dirige a discussão. Não existe um presidente. Não existem juízes profissionais nesse processo. Encontraremos o verbo julgar, mas não encontraremos a palavra juiz. O acusador fala primeiro. O acusado responde.

Ganelon se defende:

> "Eu seria falso se negasse isso. Rolando causou-me prejuízo em ouro e bens. Por isso planejei sua morte e seu aniquilamento. Mas traição eu nego absolutamente." Os francos respondem: "Agora vamos deliberar sobre isso."
>
> "Ganelon permanece em pé diante do rei. Seu corpo é vigoroso, o rosto tem belas cores. *S'il fust leials, ben resemblast barun* [Se fosse leal teria tudo de um barão]. Olha de um lado os da França e todos os seus juízes, e de outro trinta parentes seus que defendem sua causa. Depois brada com voz retumbante: "Pelo amor de Deus, barões, ouvi-me com atenção! Senhores, eu fazia parte do exército do imperador, a quem servia com toda fidelidade e afeto. Mas seu sobrinho Orlando tomou ódio por mim e destinou-me à morte e ao sofrimento."
>
> "Eu fui enviado como mensageiro junto ao rei Marsílio. Minha habilidade salvou-me a vida."

Aqui há uma alusão a um antecedente. Orlando teria mandado Ganelon para conferenciar com Marsílio, rei dos sarracenos, na certeza de que Marsílio não teria respeitado a imunidade do embaixador e o teria assassinado.

> "Desafiei o intrépido Orlando, bem como Olivier e todos os seus companheiros. Carlos e seus nobres senhores ouviram isso. Vingança de minha parte, sim! traição, não!" Os francos respondem: "Vamos deliberar sobre isso".

Os pares julgam, com um julgamento totalmente laico (ou seja: sem intervenções sobrenaturais). Já vimos que seu colégio não é um órgão do poder imperial. Movem-se na lógica de um poder centralizado, mas o império dá os primeiros passos; o imperador não pode pretender ainda que as pessoas acusadas sejam julgadas pelos funcionários do império.

Assistamos à cena.

Lemos que Ganelon vê começar seu grande processo, trinta parentes seus estão reunidos. Existe um a que os outros se remetem, é Pinabel do castelo de Sirence:

> Ele é hábil em falar e convencer; também é um valente lutador quando tem de defender suas armas. Ganelon dirige-se a ele: "Meu amigo, preservai-me hoje da morte e da calúnia."

Também entre os parentes, esses cavaleiros usam "vós". Vem-nos à mente a regra dos templários que, entre cavaleiros, imporá o vós e o título de bom senhor:

> "Meu amigo", diz a ele, "preservai-me hoje da morte e da calúnia." Pinabel responde: "Dentro em breve estareis salvo. Se um franco julgar que deveis ser enforcado, o imperador terá de fazê-los lutar corpo a corpo, e o aço de minha espada desmentirá meu adversário." O conde Ganelon entrega-se a ele, caindo a seus pés.
>
> Bávaros e saxões dirigiram-se para o conselho, assim como poitevinos, normandos e francos. Há também muitos alemães e tioseses. Os de Auvergne são os mais corteses. Eles mostram muito comedimento por causa de Pinabel. Dizem uns aos outros: "Mais vale parar por aqui! Vamos deixar de lado o processo e rogar ao rei que declare Ganelon quite por esta vez. Doravante ele deverá servi-lo com toda fidelidade e afeição."

Agora aparece a verdadeira razão da decisão:

Orlando está morto, nunca mais voltareis a vê-lo. Nem ouro nem prata poderão trazê-lo de volta. Bem louco seria quem agora lutasse por Pinabel.

O resumo é o seguinte: perdemos 12 mil guerreiros só na batalha da retaguarda e perdemos outros tantos antes; o que fazemos? Matamos mais um? E se amanhã tivermos de lutar contra os bávaros, contra os cazares, contra os pecenegos, contra esses povos que vêm das estepes? Não matemos mais um cavaleiro.

Ninguém discordou, exceto Thierry, o irmão do sr. Godofredo. Thierry não concorda, expressa uma *dissenting opinion*, mas uma grande maioria de votos vai a favor de Ganelon. A motivação não é tornada pública, não existe uma chancelaria em que depositá-la:

> Os barões de Carlos Magno voltam para junto dele e declaram: "Sire, rogamos que declareis quite o conde Ganelon e que em seguida ele vos sirva com toda fidelidade e afeição. Deixai-lhe a vida, pois é homem de grande nobreza. [A motivação é excelente: deixai-lhe a vida, pois é homem de grande nobreza.] Não se encontrou ninguém disposto a arriscar a vida e não há dinheiro que possa devolvê-lo a nós algum dia. O rei replica: "Sois desleais para comigo."
> Quando Carlos vê que todos o abandonaram, baixa a cabeça, com o rosto sombrio. A dor que sente leva-o a proclamar-se infeliz. Mas eis que se adianta um cavaleiro, Thierry, irmão de Godofredo, um duque angevino. É um homem magro, delicado e esguio, de cabelos negros e o rosto amorenado. Não é alto, mas também não é muito baixo. Dirige-se cortesmente ao imperador: "Sire, meu bom rei, não vos desespereis assim! Bem sabeis que por longo tempo vos servi. Para ser digno de meus ancestrais [quer dizer: pelos meus ancestrais que receberam o feudo, e portanto devem respeitar a obrigação jurídica de reconhecimento],

tenho o dever de assumir esta acusação. Qualquer que fosse o dano que houvesse causado a Ganelon, Orlando estava a vosso serviço e isso deveria tê-lo protegido.

Thierry declara em síntese: Ganelon não pode ser absolvido a pretexto de ter cometido uma vingança privada, porque não existe vingança privada contra alguém que seja homem do imperador; quem se sente ofendido por um vassalo do imperador dirige-se a este último.

Thierry continua:

"Ganelon é traidor, pois traiu Orlando. Para convosco ele se mostrou perjuro e criminoso. Por isso julgo que merece ser enforcado e morrer e seu corpo seja tratado como o de um traidor reconhecido como tal. Mas se um de seus parentes quiser desmentir-me, com esta espada que trago no cinto estou decidido a sustentar agora mesmo minha acusação." Os francos respondem: "Falastes bem."

Aqui o discurso não flui; Ganelon já foi julgado por traição e absolvido e não pode mais ser acusado. O discurso de Thierry não está bem nesse ponto; estaria melhor antes, porque é a motivação de uma *dissenting opinion*.

A ordem dos fatos, como é exposta por Turold, não convence. Turold serviu ao amante da literatura, mas não serviu bem ao jurista. Para endireitar a crônica, é preciso uma ortopedia.

A assembleia tinha o poder de julgar inapelavelmente. Podia julgar os fatos conhecidos e provados, ou excluí-los. A assembleia absolve da acusação de traição.

A hipótese de traição está superada, mas pode ser formulada a hipótese do assassinato. Ao assassinato repara-se com uma vingança. Mas se o fato é controverso, é preciso esclarecê-lo com um ordálio.

Estamos na mais pura lógica da sociedade de poder difuso: a vingança, o ordálio. O direito dos povos germânicos, nômades nas estepes da Europa, não foi certamente enterrado naquela noite de Natal em que o pontífice pôs uma coroa imperial na cabeça de Carlos.

Devolvamos a palavra a Turold:

> Então Pinabel apresenta-se perante o rei. É alto, robusto, corajoso e ágil. Um só golpe seu põe fim a uma vida. Ele diz ao rei: "Sire, dirigis este conselho; ordenais pois que acabe esse alarido! Eis aqui Thierry que apresentou uma acusação. Quero desmenti-la e para isso lutarei com ele."

Note-se como nessa lógica o ato de acusação é um julgamento e como a declaração do acusado é uma denúncia de falsidade. Não existe o juiz, superior às partes. Não, aqui todos julgam.

Ouçamos Turold:

> Coloca na mão do rei sua luva direita em pele de cervo. O imperador declara: "Exijo garantias válidas." [O acusado pode se defender, mas deve dar garantias.] Então perante Carlos trinta parentes apresentam-se como fiadores de sua lealdade. O rei decide: "Aceito e comprometo-me a devolvê-lo a vós." Ele manda colocá-los sob guarda até o momento do veredicto.
> Quando Thierry vê que acontecerá o combate, oferece a Carlos sua luva direita. O imperador aceita-a como penhor.

Observe-se um dado curioso: o imperador, posto no ápice da estrutura estatal, centralizada, espera o resultado do processo que é típico de uma sociedade acéfala.

Retoma a narrativa:

> Eles se desafiaram de acordo com as regras, como todos reconhecem; Ogier da Dinamarca conduziu as negociações. Então os dois adversários pedem seus cavalos e suas armas. Quando

terminaram os preparativos da batalha, os dois se confessam, recebem a absolvição e a bênção. Assistem à missa e comungam; fazem magníficas oferendas às igrejas. Depois ambos voltam a apresentar-se perante Carlos. Calçam as esporas, vestem as couraças brancas, resistentes e leves. Ajustam à cabeça os capacetes brilhantes, colocam no cinto as espadas com guarda de ouro puro, suspendem ao pescoço os escudos esquartelados. Seguram na mão direita as lanças cortantes e depois montam seus cavalos velozes. Então 100 mil cavaleiros põem-se a chorar de pena por Thierry, defensor de Orlando. Mas Deus sabe muito bem qual será o desfecho.

Ao pé de Aix-la-Chapelle estende-se uma vasta pradaria. Os preparativos da batalha dos dois barões estão encerrados. Ambos são valentes e intrépidos, seus cavalos são velozes e fogosos. Eles os esporeiam vigorosamente e soltam as rédeas. Com todas as forças vão trocar grandes golpes. Os dois escudos são quebrados e feitos em pedaços. As couraças fendem-se e as correias das selas são cortadas; os arções deslocam-se e as selas caem por terra. Ao ver isso, 100 mil homens começam a chorar. Eis os dois cavaleiros por terra. Mas imediatamente voltam a ficar em pé. Pinabel é vigoroso, rápido e ágil. Como já não têm cavalos, eles se enfrentam face a face. Com as espadas de ouro puro na guarda, golpeiam repetidamente os capacetes de aço. Os golpes são tão violentos que fendem os capacetes. Os cavaleiros francos ficam muito angustiados. "Ah! meu Deus", implora Carlos Magno, "fazei brilhar o direito!" Pinabel diz a Thierry: "Vamos, Thierry, reconhece que estás derrotado. Serei teu vassalo com toda fidelidade e afeição. De tudo que possuo te darei o quanto desejares. Mas faze Ganelon e o rei reconciliarem-se!" Thierry replica: "Isso está fora de cogitação. Grande traidor eu seria se concordasse! Que Deus decida hoje qual de nós dois representa o direito!"

(Note-se, nesta fase os cavaleiros usam "tu" como forma de tratamento.)

Thierry prossegue: "Pinabel, és muito valente, és alto, vigoroso, tens o corpo bem-feito e teus pares reconhecem tua bravura. Mas desiste desta batalha! Eu te reconciliarei com Carlos Magno. Quanto a Ganelon, justiça será tão bem-feita que nenhum dia se passará sem que falem disso." Pinabel replica: "Que Deus Nosso Senhor não o permita! Quero defender toda a minha parentela. Nenhum homem no mundo me obrigará a declarar-me vencido. Antes morrer do que sofrer esse opróbrio!"
Então suas espadas recomeçam a golpear os capacetes com pedrarias engastadas em ouro. Fagulhas cintilantes voam para o céu. Agora não há quem possa separá-los. O combate não terminará sem morte de homem. Pinabel de Sorrence é de grande bravura. Ele golpeia Thierry sobre o capacete de Provença; faíscas de fogo saltam e incendeiam a relva. Dirige contra Thierry a ponta da espada de aço. Ela o atinge na testa e desce até o meio do rosto. A face direita cobre-se de sangue e a couraça fende-se até a cintura. Mas Deus o protegeu, impedindo que fosse ferido de morte.
Thierry sente que está ferido no rosto. Sangue vivo cai sobre a relva do prado. Ele golpeia Pinabel sobre o capacete de aço brilhante, corta-o e fende-o até o meio do nariz. Faz os miolos escorrerem para fora do crânio e sacode a espada tão violentamente que o derruba já morto. Esse golpe decide a vitória. Os francos bradam: "Deus fez um milagre! É direito [usa-se a palavra *dreit*] que Ganelon seja enforcado, bem como seus parentes que se responsabilizaram por ele."
Thierry sai vitorioso do combate. O imperador Carlos adianta-se até ele com quatro de seus barões: o duque Naimes, Ogier da Dinamarca, Godofredo de Anjou e Guilherme de Blaiye. Toma nos braços Thierry, enxuga-lhe o rosto com suas grandes peles de marta. Joga-as no chão e colocam-lhe outras. Com extrema suavidade desarma o cavaleiro e ajuda-o a montar uma mula da Arábia. Ele parte jubiloso.

Agora acontecerá o acerto de contas. Como tratar Ganelon? Vai-se novamente perante os pares. Carlos convoca seus condes e duques:

> "Que me aconselhais a respeito dos homens que mantive sob guarda? Ele vieram ao processo por causa de Ganelon e entregaram-se como reféns em favor de Pinabel." Os francos respondem: "Será errado um só deles continuar vivo!" O rei chama Basbrunoo, um de seus oficiais de justiça e ordena-lhe: "Vai e enforca todos eles naquela árvore maldita!"
> Depois partem os bávaros, alemães, poitevinos, bretões e os normandos. Todos e principalmente os francos são de opinião que Ganelon morra em meio a sofrimentos atrozes.

E aqui lhe fazem o suplício de Mécio Fufécio, claramente uma reminiscência de alguma leitura clássica, ou seja, amarram os seus membros a quatro cavalos, que partem em diversas direções.

Quem decidiu a pena? A decisão pertence a Carlos, não se diz a que título: como rei? como senhor, de quem Ganelon é vassalo? Turold não diz, mas a explicação exata não é a primeira.

A narrativa de Turold contém múltiplas incoerências. Os pares da França temem ter de lutar contra Pinabel. Ganelon pede a ajuda de Pinabel para defender-se dos pares. Os barões dizem a Carlos que Ganelon deve ser absolvido porque ninguém está disposto a sustentar a acusação (o que não é verdade, porque Thierry era contrário à absolvição). Como se conciliam essas contradições?

Turold confundiu episódios de dois procedimentos distintos. Ganelon foi acusado de traição e assassinato. Pela traição, pensável apenas onde existe o Estado ou, pelo menos, um sistema feudal, é competente para julgar o Estado ou ao menos o órgão feudal. Pelo assassinato, infração conhecida desde sempre e perseguida desde sempre, o novo império dos francos não inovara nada em relação ao sistema tradicional de uma sociedade nômade de poder difuso. Sobre essas bases, os pares julgaram Ganelon que Carlos acusou de traição e o absolveram. Thierry acusou Ganelon de assassinato e sustentou a acusação mediante o ordálio.

No processo ordálico não existe um jurista: existe um acusador, que é, ao mesmo tempo, testemunha e defensor, existe uma contratestemunha; luta-se não porque se sabe como os fatos se desenrolaram, mas porque Deus sabe como se desenrolaram os fatos, e o defensor espera a verdadeira versão do adversário do seu grupo e espera a falsa versão do adversário do outro grupo.

Aqui terminou a narrativa de Ganelon, mas é interessante continuar a leitura. Carlos volta para casa. Vamos dar de novo a palavra a Turold:

> O rei deitou-se em seu quarto abobadado. São Gabriel vem ordenar-lhe da parte de Deus: "Carlos, reúne os exércitos de teu império! Irás em marcha acelerada ao país de Bire para levar socorro ao rei Vivien em Imphe, cidade sitiada pelos pagãos [normalmente, os sarracenos são chamados de pagãos na Canção de Rolando]. Os cristãos clamam por ti em altos brados."

O imperador gostaria de não ir:

> "*Deus, dist li reis, si penuse est ma vie!*" ["Meus Deus, como é árdua a vida!"], lamenta-se o rei. Lágrimas correm-lhe dos olhos, ele puxa a barba branca. Assim chega ao fim a história que Turold conta.

7. O direito e o surgimento do sobrenatural

O direito do quinto milênio antes de Cristo não era idêntico ao direito em vigor 50 mil anos antes ou 500 mil anos antes.

Uma força vivificante de grande alcance, capaz de introduzir inovações de importância radical em todos os âmbitos, foi certamente o conhecimento do sobrenatural, um conhecimento pré-religioso que pode ser chamado de magia. A magia nos permite verificar o fato – ordálios e juramentos foram e são a última geração de meios de prova unidos ao sobrenatural –, identificar o sujeito contra quem é bom proceder, descobrir o remédio a que recorrer para diminuir um mal-estar social. Procedimentos mágicos podem restabelecer a propriedade, porque receitas de vários tipos podem ensinar as coisas, objeto de propriedade, a reagir de modo dissuasivo à interferência ilícita. Sanções mágicas poderiam também atingir quem viola a promessa, ou alguns tipos de promessas.

Os antropólogos reuniram uma documentação impressionante pela quantidade e admirável pela qualidade sobre a magia como instrumento ordenador na vida social. Mas não nos deram obras de síntese e de sistematização.

Ninguém sabe indicar a data de surgimento da magia, ou pelo menos a data em que ela começou a dominar a vida social do homem. Poder-se-á talvez pensar que ela assumiu tarefas mais amplas quando o homem passou da cultura do Paleolítico Inferior à do Paleolítico Superior, desenvolvendo capacidades que hoje denominamos artísticas e que então serviam precisamente para condicionar a sorte e o destino das pessoas e coisas desenhadas ou simbolizadas, ou para produzir mediante sons algum resultado desejado? Não sabemos.

A relação entre o sobrenatural e o direito, em particular a influência do mágico e do sagrado sobre o poder jurídico, transcende a época da sociedade de poder difuso. A ela será dedicado um capítulo apropriado (cap. IX). Por ora, remetemos a ele.

8. O direito e o nascimento da linguagem articulada

Existiu um direito também antes da magia.

O direito é um instrumento para prevenir e dirimir os conflitos de interesse na sociedade. Onde existe uma sociedade existe um direito.

Isso é verdade para as sociedades humanas e é verdade para as sociedades animais evoluídas. Leões, cães selvagens e tantos outros mamíferos carnívoros "marcam" a propriedade do território e conseguem dos coespecíficos, ou seja, dos animais da sua espécie, o respeito do direito exclusivo; muitas variedades de pássaros procedem com medidas semelhantes, marcando o espaço aéreo com voos e gritos; o respeito da regra é garantido pela autotutela. Um jogo de glândulas e hormônios multiplica a força do animal injustamente agredido. Regras a que o animal é fiel protegem o cumprimento dos deveres que recaem sobre os pais em relação à prole; não raro a relação macho-fêmea tem regras, sendo às vezes precedida por um relevante ritual de corte.

Quando o *Homo habilis* fabricou as primeiras lascas, seu direito não podia ser muito anômalo em relação aos vários modelos praticados pelos primatas que o haviam imediatamente precedido. Aquelas lascas punham problemas novos de propriedade, prolongada no tempo, de coisas móveis: da arma, ou da pedra (sílex, quartzo, obsidiana), preciosa por ser rara e útil para extrair dela a arma. A propriedade-posse pôde, talvez, resolver os problemas mais comuns.

A cerimônia – sinal de uma propriedade, ritual de corte – serviu para prefigurar e qualificar as relações. Onde a cerimônia não ocorria, a existência da relação confundia-se com sua realização: a posse era o senhorio jurídico sobre o bem, a aquiescência implicava o direito alheio, o serviço implicava a obrigação. A dicotomia que contrapõe o direito ao seu exercício não funcionava. Era jurídico aquilo que era realizado; vale dizer, era jurídico o direito que era exercido, o dever que era cumprido, o comportamento a que outro dava aquiescência. A troca (contextual, naturalmente!) era possível sob a forma de troca de posses. O antidireito dava lugar à imediata autotutela.

Cerimônia e realização eram os atos jurídicos. E a fidelidade à regra implicava a existência e a validade da regra (induzida pela conduta espontânea dos membros do grupo).

O direito era mudo (se se prescinde dos gritos que podem ter acompanhado as cerimônias e a autotutela).

As fontes eram mudas. Os atos eram mudos.

A maior revolução jurídica se deu quando um *homo* mais recente que o primeiro *Homo habilis* começou a fazer uso da linguagem articulada.

Antes daquele momento, o homem terá praticado com muita eficiência uma linguagem gestual. Não se pode medir o impacto dessa linguagem gestual sobre o direito, mas não deve ter chegado a ponto de desequilibrar a ordem precedente.

Uma vez formada a linguagem articulada, não sabemos se o homem a utilizou imediatamente para os fins do direito. Não temos armas diante desse problema de datação. Deve-se, ao contrário, perguntar: quais novas possibilidades essa articulação da linguagem confiou ao direito, nos tempos longos?

A resposta parece ao alcance do estudioso atento.

Com exceção das duas cerimônias típicas, ou seja, a autoinvestidura imobiliária e o casamento, o ato mudo e a fonte muda operam no tempo presente. Eu ocupo, eu possuo, eu abandono. Eu não entro na propriedade alheia. Eu não cortejo a mulher do outro, eu não escravizo o filho do outro.

A língua introduz, ao contrário, o discurso sobre o futuro, o discurso abstrato sobre o direito atualmente não exercido, o preceito a que não corresponde, no momento, nenhum real: "Me darás tal coisa"; "a propriedade, quando eu morrer, será tua".

A correlação entre a palavra e o direito é fundamental no estudo do homem como sujeito da aventura jurídica. A ela será dedicado o oitavo capítulo.

O direito falado vem depois do alfa jurídico, ou seja, aquele direito que *natura omnia animalia docuit*. O direito falado prepara todos os desenvolvimentos futuros, a palavra patrocina a lógica. Tratar-se-á, inicialmente, da lógica elementar da participação, que permite a construção do saber mágico. Será, depois, a lógica posta como base da maravilhosa, mesmo que opressiva, arquitetura social e jurídica da Idade do Bronze. Em seguida, será a lógica posta como base do raciocínio jurídico conceitual e dedutivo do jurista (romano e pós-romano). Será, às vésperas do direito que o legislador onipotente deverá reestruturar do nada, o puro direito racional, que pretende ser o ômega da macro-história jurídica.

Na realidade, o direito racional do iluminista não é o ômega de nada. É a mais nobre de todas as ilusões; é uma etapa a que se seguirão outras.

Mas nada é tão contraposto ao direito "racional" quanto o direito "natural"; a natureza ensinou ao homem um direito a que o homem, obtendo o controle racional dos conteúdos jurídicos, deu as costas com determinação e firmeza. Mas sobre isso será preciso retornar mais adiante, pp. 156-79, sobretudo pp. 176-9.

9. Da diacronia à sincronia

Em vastas regiões do mundo atual têm espaço sistemas jurídicos – ou frações deles – cujas estruturas são aquelas que dominavam de forma incontestada há 6 mil anos.

Segundo muitos observadores ocidentais, as regras das relações privadas operantes na China e no Japão até o momento da ocidentalização seriam regras não jurídicas, e deveriam, ao contrário, originar-se diretamente da filosofia da tradição e da conveniência social, porque são geridas sem cortes, sem juristas profissionais, sem intervenção da autoridade, sem regras escritas[21].

---

[21] Ver essa reconstrução de usos em David e Jauffret Spinosi (2002, 11. ed.); Dell'Aquila (1959; 1981). As regras japonesas (os bem conhecidos endossos) fo-

É lícito conjeturar que as regras das relações privadas operantes na China e no Japão eram, ao contrário, regras jurídicas, geridas sem que o poder centralizado se interessasse por elas[22]. O Estado ocupava-se do direito público (o acesso ao poder, os eventuais contrapoderes, a administração, a pena aflitiva pública). Os graus inferiores do tecido social cuidavam do resto, com regras conhecidas por todos e capazes de indicar uma saída para cada conflito de interesses, e capazes ainda de obrigar o adversário recalcitrante, mediante sanções sociais irresistíveis, a respeitar a solução elaborada para o seu caso.

O direito penal chinês regulava os crimes contra a família e o furto, e para fazer isso devia receber regras de família e propriedade extraídas de outro sistema de fontes, ou seja, daquele direito consuetudinário que os ocidentais confundem com uma ética filosófica.

Em 1980, no decorrer de um encontro de estudos jurídicos africanos, conclamava-se que toda a vida jurídica da África subsaariana se desenvolve sob o manto do sagrado: chefes de Estado foram divinizados; outros chefes de Estado fizeram brotar decisões políticas de seus sonhos; e assim por diante[23]. No mesmo ano, uma circular do Supremo Tribunal de Zâmbia indicava como instruir causas em que é anexada a obra ou o efeito da obra do feiticeiro[24].

---

ram reunidas e publicadas em japonês, mas não estão traduzidas para as línguas ocidentais.

[22] Sacco (1988).

[23] Trata-se do IV encontro do Centre D'études Juridiques Comparatives da Universidade de Paris I, dedicado ao tema *Sacralité, pouvoir et droit en Afrique*. A mesa-redonda preparatória desse encontro foi publicada em 1978, com organização do CNRS.

[24] A circular de 28 de abril de 1980 foi extraída do Office of the Local Courts Officer, assinada por D. F. Zulu, e dirigida a todos os *court clerks*. Eu a encontrei na local Court de Kawambwa. A circular reagia a disposições britânicas anteriores que proibiam os tribunais de julgar acusações de magia.

Em outras palavras, direito europeu introduzido no tempo colonial e direito que lida com a magia podem conviver em países africanos subsaarianos.

As observações desenvolvidas até aqui devem ser generalizadas.

Da diacronia deve-se passar à sincronia.

Em cada ordenamento dotado de legislador e de jurista erudito sobrevivem elementos jurídicos pertencentes a fases anteriores. Naturalmente, esses elementos podem existir no desvio e no antidireito (a vingança ritualizada sarda ou siciliana, típicas de uma sociedade de poder difuso, constituem antidireito na Itália). Mas podem, ao contrário, ser integrados no interior do ordenamento erudito.

Na área romanista exalta-se o caráter escrito do direito, mas costumes, conhecidos e descritos na literatura, sobrevivem (adiante, pp. 215 ss.). O juiz, às vezes, estatui dirigindo-se a critérios de decisão compartilhados pela comunidade, não verbalizados nem nas fontes nem no saber jurídico institucionalizado (adiante, p. 246).

O Estado (italiano) julga gratuitamente qualquer conflito de interesse privado, mas põe em ação impedimentos importantes para dissuadir quem é julgado de dirigir-se à autoridade judiciária (papel selado caro, ônus de assistência legal, péssima qualidade do serviço de justiça etc.): não traz aqui o seu peso, sem que isso se perceba, o tácito desejo do poder de se alienar das querelas dos indivíduos? E, pelo menos, não é verdade que apenas uma porcentagem mínima de conflitos é resolvida pelos órgãos do Estado? E que muitas vezes uma desaprovação social muito nítida atinge quem toma a iniciativa do processo judiciário? E, na vida judiciária, o testemunho é visto como uma forma de aproximar um dado real (maneira eficaz na medida em que se percebe que a testemunha sabe, lembra e quer servir à verdade), ou é visto como a maneira de delegar a um terceiro (ou seja, à testemunha) um poder de julgar o fato, poder a que corresponde uma situação de pura sorte, impossível de construir racionalmente, que desemboca nas partes?

TERCEIRA PARTE

AS RAÍZES DO DIREITO

CAPÍTULO VI

A LEGITIMAÇÃO DO DIREITO E DO PODER

1. O armado, o indefeso e o direito natural

Aquele cidadão paga uma desagradável dívida de imposto. Aquela divorciada deposita a pensão para um ex-cônjuge que ela detesta. Aquele construtor retardatário paga uma multa, exigida pelo cliente, por uma inadimplência pela qual o empreiteiro não se sente de modo algum responsável. Quais são os motivos dessa submissão ao direito?[1]

O tema não é novo para os antropólogos. Entre os motivos indicam-se o temor da sanção, a pressão cultural, a educação, uma adesão veiculada pela sacralização do direito, a propensão à imitação ou à repetição, ou à reciprocidade, à vontade dos ancestrais e das forças sobrenaturais.

Em relação a isso, podem ocorrer processos recursórios: a educação pode conduzir a uma pressão cultural, esta pode conduzir ao respeito da vontade dos antepassados, esta pode conduzir a uma sacralização do direito.

Tentemos fazer uma análise.

Os motivos podem ser muitos e diversos. Aquele sujeito acredita que compete ao Estado o legítimo poder de regular as rela-

---

[1] Encontramos uma síntese significativa em Rouland (1992a, 136).

ções entre os indivíduos; o outro considera que o conteúdo das normas corresponde à razão, e isso o impede de qualquer rebelião. Subordina-se ao direito qualquer um que aceite a sua fonte; e subordina-se ao direito qualquer um que aceite seus conteúdos; tanto num caso como no outro, a motivação da obediência reside no sentido ético da pessoa.

Por outro lado, o sentido ético dos cidadãos não é suficiente para garantir à norma a obediência de todos os sujeitos em todos os casos. À parte as hipóteses de ignorância do direito, às vezes o homem faz o possível para se esquivar da norma. De outra forma, não se explicaria a existência de uma polícia numerosa e ativa, bem como de uma magistratura penal.

O quadro parece, então, ser este: alguns cidadãos obedecem à norma por razões éticas; outros superam o temor da sanção e violam a regra; determinado número de sujeitos, enfim, subordina-se ao direito apenas para evitar o choque com o aparelho sancionatório.

Impor a norma jurídica é, portanto – em uma medida muito ampla –, um problema de força. Sem força, falta autoridade ou ela não é absoluta.

Feita essa premissa, eis o primeiro quesito: por que aqueles policiais impõem ao cidadão a observância da norma, e não se utilizam da própria força (garantida pelas armas que levam consigo) para intimidar a autoridade e impor tributos aos cidadãos?

A resposta é conhecida: alguns policiais agem em conformidade com a lei por senso de dever (em relação à autoridade ou adesão ao conteúdo das normas); outros se sentem lisonjeados e satisfeitos pela autoridade que lhes confere a função de guardião do direito; outros, enfim, andam na linha para não ser condenados por um juiz (a cujas ordens os outros policiais se submetem) a ter de fazer companhia, em uma prisão, àqueles sujeitos desviantes contra os quais eles mesmos haviam lutado anteriormente.

Em síntese, a obediência se dá pelo senso de dever ou pelo medo. Senso de dever e medo unem-se e induzem o cidadão à obediência. Mas aquela aliança tem um sentido apenas quando consideramos o cidadão desarmado, que teme o homem armado, ou quando consideramos o indivíduo armado gregário, que teme o superior – desarmado sim, mas obedecido por todos os demais membros do grupo.

O discurso sobre o medo deixa de valer quando consideramos o aparelho dos armados, tomados no seu conjunto.

Em toda a Europa e em outros lugares, o armado obedece ao desarmado – ao chefe do Estado desarmado, ao legislador desarmado, ao juiz desarmado, ao ministro desarmado.

A realidade que vemos em ação em outros continentes demonstra que o homem pode adotar uma solução diferente. Na África raramente o armado obedece ao desarmado. Ali o golpe de Estado – procedimento normal para selecionar o chefe do Estado – é realizado pelo armado, que depois assume o poder ou o distribui por delegação[2]. Em alguns Estados da América Latina, o poder militar se faz fiador dos valores constitucionais que são importantes para ele. No decorrer dos últimos dois séculos, os soldados tiveram uma parte na história do poder em países como a França, a Alemanha, a Rússia e a Espanha. Muitas vezes, as revoluções levam em conta o uso das armas, a que recorrer caso a ameaça da prepotência não se mostrar suficiente. Se voltamos atrás no tempo, vemos que no longo período feudal a casta no poder é formada pelos armados a quem é entregue em feudo a terra, e o chefe da casta está no topo da pirâmide em que se estrutura a hierarquia militar.

Retrocedendo ainda mais, vemos que no Império Romano alternavam-se sem uma ordem previsível o acesso ao trono legi-

---

[2] Sacco (1995a, 97 ss., 184 ss.), com uma ampla literatura.

timado pelo parentesco ou pela adoção, e o acesso veiculado pela iniciativa militar coroada de sucesso.

O antropólogo deve perguntar-se o que é mais *natural*. É mais *natural* que o armado obedeça ao desarmado, ou é mais *natural* que o armado imponha ao desarmado a própria vontade? É até muito fácil proclamar que é desejável que o armado obedeça ao desarmado. Mas aqui estão em discussão os dados da realidade, e não os desejos. Por que o armado obedece? Qual solução era adotada na origem? E em qual época queremos fixar uma origem dessas contradições e desses problemas?

Quem se prepara para escrever encontra a casa linguística "direito natural" ocupada antecipadamente por quem chama de natural aquilo que corresponde às próprias especulações metafísico-normativas ou racionalistas. Mas no presente discurso a palavra "natural" significa "conforme o DNA, ou os instintos, ou os hábitos espontâneos" do grupo.

2. O caçador, a família, o personagem dominante

O homem caçador e coletor, que não pratica a divisão do trabalho, não conhece a distinção entre o armado e o desarmado; na sua sociedade, os machos adultos carregam a arma (que serve para a caça e a defesa); os grupos humanos, autossuficientes e não vinculados a uma autoridade superior, são pequenos; em seu interior a figura dominante tem poderes limitados. A base mais consistente da ordem social é dada pela obediência dos jovens em relação aos adultos do grupo; com ela, os primeiros retribuem os cuidados, o ensino e, sobretudo, a proteção que recebem dos segundos[3]. A obediência da criança ao adulto não necessita de ex-

---

[3] As exposições sobre o tema – numerosas – são frequentemente sofisticadas e eruditas. Uma obra felizmente sintética e informativa é Giusti (1994, 75-94, 134 ss., 167-80). Para considerações mais marcadamente jurídicas, ver (com relação aos

plicações sofisticadas. A proteção confiada ao adulto é a salvação do mais novo; este retribui com uma admiração que o torna depois propenso a atuar como o adulto lhe impõe.

Entre os adultos distingue-se um personagem "dominante". Instintos inatos sugerem-lhe que guie o grupo, e aos outros que se submetam. Mecanismos de seleção de vários tipos indicarão qual adulto deve ser dominante[4]. Não será estranho ao critério da promoção a força física do sujeito escolhido e sua capacidade de intimidar os outros. A ela se combinará a atitude (reconhecida pelos outros adultos da horda) de prover a determinadas necessidades da comunidade e de protegê-la.

Em sua versão mais antiga, o poder do homem sobre o homem baseia-se, portanto, na relação de proteção-educação e nas relações de força.

Se considerarmos *natural* e espontâneo aquilo que acompanha o homem ao longo de suas transformações, julgaremos natural e espontâneo o poder do pai sobre o filho e o poder do sujeito tornado dominante pela própria força e pelas próprias capacidades. E diremos que a natureza levou o homem a estruturar relações de poder percorrendo dois itinerários diferentes. De fato, na relação entre o pai e o filho prevalecem os elementos postos a favor do sujeito que obedece, ou seja, da prole, ao passo que na relação entre o personagem dominante e o gregário, as gratificações vão essencialmente para o sujeito do poder.

O caráter natural do poder parental é evidenciado pelo fato de que ele se encontra em todos os animais semelhantes ao homem;

---

caçadores-coletores modernos) Biasutti, Vinigi Grottanelli e Cipriani em Biasutti (1967, 4. ed., III, 101, 582, 679, 700); Turnbull (1965); Lee e De Vore (1968); Tobias, Human e Rousseau (orgs.) (1978); Dahlberg (org.) (1981).

[4] A função dominante é bem desenvolvida nas sociedades animais. Estudá-la na sociedade humana é tarefa do etólogo. Ver, para todos, Eibl-Eibesfeldt (1993, 108 ss., especialmente 197).

e é garantido, no âmbito etológico e genético, pela constatação de que o comportamento do sujeito dominante e o do gregário correspondem a predisposições inatas[5].

O caráter natural do poder do forte sobre o fraco remonta àquela lei geral, que se sobrepõe a todos os seres vivos, segundo a qual cada um deles, se não for impedido por uma contrarregra cogente, satisfaz as próprias necessidades valendo-se da própria força e explorando a fraqueza dos outros. Não se trata de uma solução "desejável". Trata-se de uma lei natural.

3. O homem do sobrenatural

A competência no sobrenatural – ou seja, nos remédios que ele oferece para dominar o mundo sensível que nos circunda – não é neutra a respeito das relações de poder. A magia não tem motivo de contestar o poder altruísta do pai sobre a criança, nem tem um motivo para contestar o poder do forte sobre o fraco. Mas, certamente, o mago ou xamã, que tem acesso a mais de um segredo, pode revelar quem, entre os membros do grupo, goza da proteção das forças cósmicas e, portanto, pode redistribuir ao redor de si os benefícios ligados a essa situação. O xamã, caso a fé da comunidade seja firme, poderia reivindicar o poder para si, desde que saiba e faça saber que essa solução é a mais benéfica para o grupo. Mas o exercício direto do poder traz consigo riscos e responsabilidades, e a sabedoria aconselhará o xamã a se afastar da função de comando e de patrocinar um chefe laico.

Se na comunidade está presente um feiticeiro, e este se dedica em tempo integral ao sobrenatural (que, obviamente, inclui uma parte da medicina, da jurisprudência, da astronomia, da arquitetura e da botânica), isso significa que começou uma divisão do

---

[5] Ver considerações e dados em Eibl-Eibesfeldt (1993). Inato não significa irreversível. Uma deriva genética ou uma inovação cultural poderiam complicar o quadro.

trabalho. O leigo dedica-se à caça ou à coleta, o homem do sobrenatural visita os lugares ocultos em busca de notícias que podem ser úteis ao grupo. Mas o grupo parece ainda como uma comunidade uniforme, onde a esmagadora maioria dos adultos pratica uma mesma atividade (a procura de alimento), é dotada das mesmas armas, ocupa uma mesma posição social. Poderão existir sujeitos dominantes, poderão existir chefes a que a garantia prestada pelo xamã confere carisma; mas os poderes desses sujeitos dominantes ou carismáticos serão limitados, seu exercício será submetido a controles sociais eficazes[6].

O diagnóstico da situação econômica muda se examinamos uma sociedade de caçadores e coletores capazes de conservar as caças e a coleta por um tempo significativo. A presença de bens de consumo conservados torna mais rentáveis o furto, a usurpação, o roubo. A defesa dos bens torna-se, por sua vez, mais importante e mais complexa, e obriga o nômade a pensar na proteção dos bens que ele não pode levar consigo. Mas tudo isso não influi muito sobre os fundamentos do poder do homem sobre o homem, que continuam a ser atribuídos à filiação, ao prestígio, à força e ao sobrenatural.

4. O pastor e o agricultor

Quando o homem se torna agricultor e pastor, muitas relações jurídicas se alteram. A propriedade imobiliária eleva-se da forma da reserva para a forma da posse; nascem relações de vizinhança; os pequenos grupos errantes de caçadores e coletores dão lugar a grupos maiores, às vezes sedentários; a maior variedade dos bens à disposição dos grupos e dos indivíduos convida a trocas mais articuladas e frequentes. Com o tempo, a produção de bens totalmente novos – a louça, a roda – cria uma embrioná-

---

[6] Informações em ibid.

ria divisão do trabalho, o que torna significativamente mais complexas as relações sociais. Isso quer dizer que se desenvolverão as regras e que se desenvolverá a consciência da existência dessas regras; paralelamente, serão mais frequentes as intervenções destinadas a garantir a observância dos preceitos. A densidade do grupo multiplicará os contatos e consequentemente os atritos, e a intervenção como garantia do preceito muitas vezes assumirá a forma da busca da composição do conflito.

Nesse contexto, as tarefas do sobrenatural tornam-se mais articuladas.

Desde o tempo da Pedra Lascada (Superior) o sobrenatural garantia o degelo depois do inverno ou a chuva: e, com um e com a outra, a fertilidade do solo e das espécies animais comestíveis. Agora, o conhecimento das coisas invisíveis deve ocupar-se também das semeaduras, da saúde dos animais (e dos homens) e de tantos outros fundamentos da vida social. Isso implica que os personagens que atuam como mediadores entre os homens e o mundo oculto operem por determinado grupo e se institucionalizem no interior daquele grupo.

Mas o conjunto – propriamente revolucionário – de todas as mudanças indicadas não destrói as bases, nem muda as funções do poder. A autoridade principal deriva da ordem familiar. É verdade que a autoridade familiar já não atua apenas entre o pai e o filho. No grupo ampliado existe a consciência do vínculo que se institui entre parentes menos íntimos, e o casamento origina alianças socialmente relevantes. O jovem casado e pai reconhece a autoridade de um chefe da família ampliada, formada por muitos primos distantes. A ligação entre irmãos, entre primos, entre descendentes de um único antepassado induz a decisões comuns. Entre primos a paridade dos direitos é uma obviedade, e a autoridade do chefe – primeiro entre os pares! – nasce da primogenitura, ou da maior força ou sabedoria. Fora da família, a igualdade nos direitos é garantida pelo fato de que cada homem adulto livre porta as armas; o poder político, que se fundamenta em um consenso generalizado, deve a própria origem à bravura militar e às sugestões que provêm do mundo invisível.

As desigualdades já surgiram. A mais monstruosa delas é a escravidão (adiante, p. 188). As lutas entre os grupos criam a oportunidade para submeter os inimigos à escravidão; e de forma mais ampla, um grupo pode subjugar, e tornar cliente, outro núcleo menos numeroso, menos coeso, ou menos capaz nas coisas da guerra. Relações de poder criadoras de desigualdade estão (portanto) em pleno desenvolvimento: surgidas da diversidade da força, elas se perpetuam pela diversidade do armamento. Naturalmente, o sobrenatural pode auxiliar as novas estruturas e reforçar um vínculo, garantindo-lhes, na medida do possível, determinada margem de resignada aceitação.

Em síntese: o poder ligado à relação de escravidão ou de clientela nasce da força; o poder familiar baseia-se na filiação e no vínculo entre irmãos; acima do grupo com base dinástica pode existir um poder dirigido a núcleos mais extensos, patrocinado pelo sobrenatural; mas nas sociedades de agricultores e pastores este poder ulterior tem, mais uma vez, conteúdos limitados. A antropologia jurídica ilustrou muito bem essa situação com a expressão sociedade acéfala, sociedade de poder difuso.

Na sociedade agrícola ou pastoril de poder difuso as bases da autoridade são ou naturais, no sentido de que se encontram na estrutura originária da família e no respeito da força, ou sobrenaturais, no sentido de que sua gênese está no mundo invisível.

5. O império

Como vimos acima (pp. 119 ss.), no quarto milênio antes de Cristo manifestou-se a mais admirável revolução jurídica de todos os tempos. Ela se aprimorou no Egito, na Mesopotâmia, depois na Índia, na China, e dessas bases territoriais expandiu-se em áreas crescentes, contribuiu para plasmar os impérios persa, alexandrino, romano, bizantino, germânico e russo, e voltou a se manifestar com os incas e os maias.

A primeira fase da revolução é inseparável de uma crescente divisão de trabalho, que por sua vez difunde e premia a troca. Nesse contexto, o feiticeiro, enquanto ensina aos acólitos as regras de atuação, transmite-lhes uma sabedoria esotérica que permite tanto interpretar os fatos como agir sobre eles.

Nesse momento, também a função do soldado distingue-se da do produtor de outros bens e serviços. O chefe político coincide com o chefe militar, ou pelo menos é condicionado por quem goza da obediente confiança dos soldados, e o chefe militar deve beneficiar-se de algum patrocínio dos mais respeitáveis entre os feiticeiros. Entre os homens do sobrenatural, fiadores da ordem pública, é preciso que um *modus vivendi* impeça avaliações muito contrastantes. E isso se consegue promovendo o consenso de todos os sábios ao redor dos mesmos remédios, ou dividindo os setores de competência dos diversos iniciados.

Dessa primeira forma da divisão do trabalho desenvolve-se, na fase sucessiva, a cultura do império, ainda mais articulada e complexa, que engloba imensas terras, cidades distantes e extremamente diversas, populações heteróclitas e potencialmente rivais. No império, nascem o cobrador de impostos, o contador, o escriba, ligados ao poder por uma relação de dependência. Cria-se um estável aparelho administrativo. O produtor de alimentos – agricultor, pastor – deverá renunciar a uma parte muito grande de seu produto para manter (com a intermediação do circuito fiscal e administrativo) os mineradores, os transportadores, os escribas, os publicanos. A diversidade de funções estimula a rivalidade entre as camadas sociais; a ordem pública, posta à prova por essas contradições, postula a presença de uma força armada profissional permanente destituída de conexões institucionais com cada uma das outras camadas sociais.

A revolução de que falamos constrói o Estado.

A sociedade de poder difuso é substituída, irreversivelmente, pela de poder centralizado. E como se distribui esse poder? Pode acontecer que ele seja distribuído com base em uma luta conduzida com as armas.

A luta armada pelo poder pode significar a falta de uma regra, aceita por todos, referente ao acesso ao trono. Mas também pode significar que a vitória na luta armada seja considerada o título jurídico por excelência. Cada uma das culturas pode ver a vitória como a garantia das grandes forças cósmicas para o guerreiro vencedor, e no favor das forças cósmicas o título mais legítimo para guiar a comunidade, difundindo novamente sobre ela a graça portadora de prosperidade[7].

Temos um Estado, e não uma *chefferie*, quando a posse do poder supremo é justificada por um título, ou seja, quando o direito de quem ocupa o topo do Estado é *legitimado*.

No Império Egípcio, no Império Acádico e depois Babilônico, Assírio, Persa, no Império Chinês, nos Impérios Bizantino e Russo, bem como no Império Romano dos melhores períodos vemos muito bem evidenciado esse poder legitimado, e por isso jurídico. E em que consiste a legitimação?

É preciso voltar atrás e recordar qual posição ocupavam, no império, os homens do sobrenatural. Xamãs e feiticeiros estão agora constituídos em castas e reclamam a posição que compete, em uma sociedade faminta de saber e sedenta de auxílios sobre-

---

[7] Referências em Sacco (1995a, 74, 98 e n. 71).

naturais, àqueles que – unicamente – têm acesso às verdades e aos remédios ocultos. Passa-se da magia à religião: não mais forças sobrenaturais cegas que, com automatismo absoluto, na presença de determinadas premissas desencadeiam determinados efeitos (por exemplo: sanção pela violação de um tabu), mas mentes pensantes sobrenaturais (divinas) que, dotadas de um poder discricionário, associam determinadas premissas a determinados efeitos (prêmios e castigos), com uma avaliação de fundo ético. A institucionalização dos colégios e das tarefas desses sábios, a sucessiva consciência da continuidade de sua obra os impele a criar um corpo coerente de doutrinas em seu poder. E eles compõem um corpo de verdades permanentes (capazes de explicar todo o existente).

Também no passado o homem do sagrado patrocinara o chefe. Agora, a corporação dos homens do sagrado, circundados por uma confiança a que não é posto um limite, donos da verdade e do saber, garantem o imperador ou o rei. Conforme o caso, concedem-lhe qualidades sobrenaturais ou o apresentam como um mandatário daquele Onipotente que vela nos lugares ocultos; podem insistir em sua atitude pessoal em difundir a graça de que está investido, ou podem insistir, ao contrário, no dever que o Onipotente impõe ao povo em relação a ele. Mas a diversidade do dogma não oculta a identidade da substância.

O Estado, legitimado pelo sagrado, difundiu-se. Basta pensar no Império Romano pagão, no Império Romano constantiniano, no Império Bizantino, no império de Carlos Magno, no Império Russo.

A situação era apenas aparentemente diferente na China clássica. A sociedade chinesa deixou-se guiar por sábios que professavam as doutrinas de Confúcio e consideravam-se leigos. Mas esses personagens persuadiam o povo a obedecer em nome de uma verdade esotérica apta a explicar as relações entre o céu e a terra e capaz ainda de desestimular os comportamentos inadequados mediante a previsão de suas consequências catastróficas. O modelo chinês está historicamente na base do modelo japonês.

Às vezes a organização voltada para o sobrenatural torna-se alheia ao Estado e o legitima a partir de fora (a Idade Média cristã conhece muito bem esse regime de separação-mistura). Às vezes a compenetração entre o divino e o humano é maior (em um Islã ideal, a Umá, comunidade dos fiéis, é a única arquitetura social).

Em seu surgimento, o Estado, o direito centralizado pelo Estado e o poder no vértice do Estado postulam, para sua existência, um órgão, aceito por todo o corpo social, a que compete a busca, a formulação, a defesa, a eventual propagação da verdade, e com ela a legitimação do chefe.

O novo poder deita raízes na complexidade da distribuição das tarefas entre os membros da sociedade, mais do que na "natureza" de cada homem. O indivíduo age contra o instinto primordial de liberdade e se adequa a uma regra que provém – através de longos percursos – do sagrado.

O Estado poderia destruir os poderes que preexistem à sua formação, e em parte, pelo menos nesses últimos tempos, procedeu precisamente nessa direção. O poder do adulto sobre a criança está hoje reduzido a uma faixa muito sutil (o pai não pode matar o filho, como lhe permitia o direito romano, nem discricionariamente colocá-lo na prisão, como lhe era permitido pelas leis napoleônicas). O poder do senhor sobre o escravo desabou com a queda da escravidão. Os poderes das castas, os poderes da etnia dominante perderam qualificação jurídica e podem sobreviver factualmente em casos isolados. O Estado respeitou os poderes do homem do sagrado, justificados pelo sobrenatural, até quando não se laicizou – com uma metamorfose da qual trataremos mais adiante.

Pode-se dizer que hoje os poderes não existem mais, a não ser que sejam reconhecidos pelo Estado. Entre eles desapareceu, e não figura mais em nenhum âmbito, o poder do armado sobre o desarmado. Aquilo que era uma ordem "natural", no sentido de "espontâneo", é substituído por uma ordem que parece natural em um sentido diferente e inexpressivo, ou seja, culturalmente explicável.

6. O direito espontâneo

Um círculo de ordenamentos tão numerosos e variados a ponto de não poderem ser agrupados em uma única série usufrui amplamente daquele modo de produção da norma que se convencionou chamar de consuetudinária. O aspecto característico do direito consuetudinário está no fato de que ele se constitui e evolui sem intervenção do poder. É um direito espontâneo, contraposto ao direito de fonte autoritativa.

Em uma busca dirigida exclusivamente à legitimação do poder não há lugar para um discurso sobre os costumes, fonte autônoma em relação ao poder.

Mas o discurso sobre a legitimação diz respeito ao direito no seu conjunto, e não apenas ao poder. Alguma atenção também deverá ser dedicada aos costumes.

Aparentemente, o costume carece de uma legitimação bem distinta e reconhecível. Aqui e ali encontra-se alguma referência à autoridade dos antepassados (em contradição com o fato de que os costumes, sem que os participantes se deem conta, muda e se adapta incessantemente), às vezes enfatiza-se a estreita ligação entre os costumes e a cultura dos participantes. Mas a legitimação permanece em segundo plano.

Certamente, o costume carece daquela legitimação enfatizada que se atrela ao sobrenatural e à verdade. Aquele tanto de sagrado que o respeito pelos antepassados pode ter não desmente a conclusão. É verdade, de fato, que pode acontecer que os antepassados, elevados ao nível sobre-humano, abençoem e protejam os descendentes; que guardem, humildes e comovidos, as normas transmitidas pelos pais. Mas as hipóteses são, então, duas: ou a norma consuetudinária com isso tornou-se norma sagrada e é administrada no sobrenatural, e desse modo a legitimação provém do mundo das coisas invisíveis; ou a norma permaneceu laica, e o apelo aos antepassados é apenas ornamental, e nesse caso o problema da legitimação permanece em aberto.

É lícito afirmar que o costume – entendido de maneira correta, como norma de formação espontânea – representa todo o direito em uma sociedade de poder difuso, ou seja, destituída de um poder centralizado. Deve-se acrescentar que em uma sociedade dotada de um poder centralizado, o costume tende a manter o monopólio daquela parte do direito que não interessa, ou interessa pouco, ao poder centralizado; a menos que a urgência de inovações a serem implantadas, ou a necessidade de trazer soluções para conflitos, ou outras circunstâncias não batam à porta. O direito administrativo, o direito penal público, o direito que regula o comércio com os estrangeiros serão regidos com normas postas pelo poder antes de o direito, que regula as relações entre os indivíduos privados, ser codificado pela autoridade.

O sistema jurídico inteiramente baseado no costume (como aquele que se encontra nas sociedades de poder difuso), e assim os setores do direito que se plasmam de maneira espontânea depois da instalação de um poder centralizado em determinada sociedade, têm sua legitimação, que é pouco evidente e pouco clamorosa precisamente porque não tem nada de artificial nem de inatural.

O costume está em ação porque é aceito pelos participantes. É legítimo porque os participantes têm uma competência originária para concordar. Os novos membros o absorvem juntamente com a língua e com a cultura. Discutir sua legitimidade é tão profícuo quanto discutir a legitimidade da língua ou de determinada culinária.

O costume pressupõe uma sociedade de pessoas ou todas igualmente livres para dar assentimento à norma, ou diferentes nos direitos segundo os quais algumas (dominantes, hegemônicas) querem, e as outras (subordinadas) se submetem porque não podem fazer de outra maneira. No segundo caso, a legitimação do direito é determinada pela força. No primeiro caso, é determinada por uma paridade originária entre livres, que encontra seu primeiro modelo pré-histórico na paridade entre irmãos – depois estendida à paridade entre primos, ou entre membros da mesma tribo. É a legitimação natural que evoca à mente as relações de poder no interior do grupo familiar, nômade, arcaico.

7. A laicidade

O Estado surgiu à sombra de uma legitimação religiosa. Mas depois disso o que aconteceu com o Estado? O que aconteceu com a legitimação religiosa?

A partir de certo momento, no mundo ocidental a tomada do poder religioso sobre o poder civil se atenua. Há muitos séculos a legitimação sagrada tem diminuído na Europa, inexoravelmente. A religião tornou-se cada vez menos mágica e cada vez mais ética: fornece critérios de comportamento aos indivíduos (e, para tanto, pode obrigar o cidadão a obedecer ao direito). A legitimação sagrada tende a desaparecer, pelo menos aparentemente, mesmo deixando de lado a especificidade da religião cristã, que em primeiro lugar recomenda dar a César aquilo que é de César. As revoluções liberais marcam etapas muito importantes desse itinerário. O fundamento religioso do poder terreno nos deixa em herança vestígios cerimoniais que começam a ser vistos como antiquados e estão destinados a ser eliminados: o rei é tal por graça de Deus e vontade da nação; o testemunho é dado em juízo sob um juramento que ostenta o próprio significado religioso; e assim por diante. Mas a liberdade religiosa destrói a base religiosa do poder político. O poder de legitimar não pode pertencer ao mesmo tempo a mais de uma religião. Tem o poder de legitimar quem tem o poder de indicar a verdade. Ninguém tem o poder de indicar a verdade enquanto mais de uma verdade for posta no mesmo plano.

A legitimação de origem transcendente ainda vigora em muitas partes do mundo, mas foi eliminada onde triunfou o chamado modelo ocidental. Aliás, talvez o núcleo do modelo ocidental não seja outra coisa a não ser a recusa daquela legitimação.

8. O partido

Em nossas sociedades, a legitimação sobre-humana pode deixar o lugar para uma raiz diferente do direito?

As corporações de sacerdotes ou feiticeiros que legitimavam o poder nos impérios da Idade do Bronze eram detentoras de receitas sociais, agiam coletivamente hierarquizando-se, falavam linguagens diversas no interior da casta e com os outros, eram detentoras de uma concepção moral do mundo, repleta de elementos sobrenaturais.

A uma sociedade desse tipo pode suceder uma humanidade mais orientada para a ciência e menos propensa a admitir a intromissão cotidiana do sobrenatural na vida do homem. Ali poderão formar-se novas organizações de homens de pensamento e de ação dispostos a acreditar nos próprios ideais. A nova corporação julga possuir a verdade, tem consciência dos direitos e deveres que essa posse traz consigo, e portanto assume o poder e o defende zelosamente, decidida a exercê-lo em toda a sua amplitude.

Não se diz mais que a verdade é revelada pelo céu, seus avalistas não se remetem mais a nenhum sobrenatural. A nova corporação dos avalistas organiza-se de maneira autônoma em relação ao Estado, mas quer controlar o poder do Estado e insere os próprios operadores no interior do aparelho do Estado. Por definição, os novos avalistas, como possuidores da verdade, não admitem a divergência. A verdade fundamenta-se na análise do homem, do seu devir antropológico e histórico, da sociedade. Como qualquer verdade global, ela dogmatiza sobretudo a escatologia e o futuro, e adverte sobre a maneira de acelerar e de guiar a sua vinda.

O veto à divergência caminhará junto com o desconhecimento de qualquer direito subjetivo que deve fazer-se valer contra o poder[8].

É fácil identificar esses modelos de corporação, avalistas do Estado e do direito, nos grandes partidos únicos do século XX.

Contanto que um número suficiente de cidadãos acredite firmemente na verdade política, ou contanto que um número suficiente de cidadãos dispostos a agir ativamente na política, e a se arriscar de modo paralelo, acredite firmemente na verdade política, o partido terá condições de controlar o Estado. O passo será dado quando a direção das Forças Armadas (exército, polícia) for colocada nas mãos de cidadãos fiéis, ou quando os chefes das Forças Armadas se converterem, eles mesmos, à nova fé, e submeterem as próprias escolhas às exigências do partido.

Repetidas vezes, poderes políticos justificaram seu domínio invocando a legitimação partidária. Os espetáculos que eles ofereceram – impressionantes por seu ritualismo, pelo culto clamoroso

---

[8] Na análise das ciências políticas, será esse desaparecimento das pretensões e das ambições individuais (= da identidade individual?) que irá medir e verificar o caráter totalitário dos movimentos de massa: tipicamente, Arendt (1967, especialmente, 434).

de pessoas mortas e de pessoas vivas, pelo empenho com que se esforçaram para atingir as massas em suas emoções e em seus sentimentos – não podem ser esquecidos. O mundo viu em ação os partidos comunistas na Rússia, na China, na Iugoslávia, na Romênia, na Albânia e em outros lugares, e conheceu a organização internacional que em determinadas épocas os reuniu. O mundo viu em ação o Partido Nacional-Socialista alemão, o Partido Nacional Fascista na Itália e suas imitações. Ao lado das figuras exemplares, encontramos realidades históricas menos nitidamente caracterizadas. No entreguerras, as forças no poder na Espanha, em Portugal, na Polônia, embora intolerantes e dogmáticas, não pretendiam ser fonte primeira de legitimação. Depois da Segunda Guerra Mundial, em vários países europeus em que a política devia ser feita como queriam os soviéticos não se confiou o poder ao (demasiado exíguo) Partido Comunista, mas a uma frente partidária em que os comunistas eram hegemônicos ou, pelo menos, tinham o controle das decisões a ser tomadas. É significativo que uma pluralidade de diferentes partidos tenha criado em cada país uma estrutura única, capaz de elaborar uma plataforma dogmática única, inspirada em um pequeno, mas significativo núcleo de verdades oraculares e de valores conexos, a ser defendida com todos os meios (aqui compreendida, obviamente, a eliminação física dos dissidentes) – entre essas verdades, a luta contra a exploração econômica e contra o imperialismo, a libertação dos trabalhadores, o progresso do conhecimento científico e do nível cultural dos trabalhadores, o antifascismo –, integrando depois as fórmulas mediante a necessária e oportuna reconstrução daquilo que devia ser entendido por imperialismo, exploração, fascismo, democracia e assim por diante.

A possibilidade de que várias forças partidárias disponham de uma plataforma dogmática única, dotada de um pequeno núcleo de verdades universais (democracia, participação, solidariedade) ou de fatos de uma época elevados a verdades universais (resistência, antifascismo), pode existir mesmo sem ser imposta por nenhuma hegemonia monopartidária. Nesse âmbito, a plataforma única comum aos partidos permite desenvolver doutrinas e filtros conceituais correspondentes (a democracia partidária, o partido como mediador entre o Estado e o cidadão, o antifascismo alicerce dos partidos) e destiná-los a uma nova legitimação (não cruenta, mesmo quando sufocante) do Estado e do direito. Os partidos, originariamente legítimos, têm o direito de administrar as coisas do Estado e de dispor delas. O cidadão ritualiza o consenso pondo no vértice do Estado, através do voto, representantes que se assemelham entre si, porque acreditam devotamente no poder dos partidos e são selecionados previamente por eles. As contraposições entre partidos são aparentemente evidentes, a vontade dos partidos é una. É essa a partidocracia pluralista.

Nas situações de que estamos falando, a fé do cidadão se direciona à partidocracia de modo ambíguo. O cidadão aceita os partidos porque acredita escolher soberanamente entre eles, nem se põe o problema dos condicionamentos que poderiam esvaziar o conteúdo da sua escolha.

A partidocracia, como qualquer visão legitimadora, tem seus militantes, seus fiéis e seus místicos.

A partidocracia é a última geração do clericalismo jurídico.

9. A família ampliada

Nem em todos os lugares, hoje, permanece o Estado legitimado pelo sagrado, nem em todos os lugares a partidocracia substituiu (e, se isso ocorreu, fez lamentar) a legitimação proveniente do sagrado.

Em algumas partes da ecúmena, a imitação do modelo estatal do Oriente egípcio e mesopotâmico encontrou resistências capazes de levar a um resultado diferente do até aqui descrito.

Aquela família, onde o poder se distribuía igualmente entre os irmãos, e que precedia, no tempo, qualquer divisão do trabalho e qualquer intervenção sobrenatural destinada a legitimar um poder não "natural", podia, fisiologicamente, aumentar de tamanho. Tornando-se numerosa, podia desmembrar-se, ou podia gerar em seu interior uma redistribuição de papéis hegemônicos e subordinados, ou podia manter inalteradas as relações originárias. Encontramos esse fenômeno onde nunca surgiu nenhum poder imperial. Encontramo-lo, outras vezes, nos interstícios do poder imperial, se o imperador não se mostra interessado em destruí-lo, ou se o poder imperial não tem a capilaridade necessária para sufocar qualquer forma de vida coletiva, periférica, espontânea. Muitas vezes, a família pôde crescer até se tornar um vilarejo, uma pequena tribo, sem que por isso a paridade de direitos originária fosse prejudicada. Com a subsequente divisão embrionária do trabalho, o risco de novas desigualdades sociais e jurídicas pôde tornar-se maior; mas inúmeros vilarejos puderam tornar-se cidades ativas, em que o mercador vivia ao lado do artesão e tanto um como o outro abasteciam o agricultor e o criador de animais, e a base das relações permanecia igualitária, e todos os homens livres possuíam armas. A cidade pode ocultar desigualdades vergonhosas, quando os homens livres exploram os escravos ou quando o núcleo urbano (que vive no centro fortificado) condiciona politicamente os produtores de alimento (que vivem no campo), tornando-os subordinados. Mas pode acontecer então que o artesão e o mercador, armados ou defendidos pelo soldado mercenário, tenham igual nível social e pratiquem um direito que é, também ele, natural e espontâneo, porque baseado na maior força do cidadão e do homem livre.

Uma fratria jamais abrangeu um mundo inteiro. Até épocas recentes, não pôde expandir-se além do burgo da cidade ou do cantão. De qualquer maneira, a experiência do direito do cidadão está ligada a exemplos como os da antiga Atenas, da Roma dos melhores momentos, dos cantões e das cidades medievais.

Na sociedade dos cidadãos ninguém tem o poder de dizer e defender a verdade. O poder político é fundamentalmente laico, ainda que tenha de lidar com a necessidade de manter distante a vingança do poder sobrenatural, que a impiedade do indivíduo poderia desencadear, e deverá confrontar-se com o contrapoder de quem administra o sagrado (do qual precisa obter a bênção, do qual se teme a excomunhão, enquanto espaços jurídicos determinados lidam com o juramento ligado ao sobrenatural).

Naquelas sociedades, o direito é imediatamente conforme à natureza do homem. E, portanto, não busca outra legitimação que não seja proveniente de seu caráter natural.

10. O barão

O armado tem um poder evidente sobre o desarmado. Compete-lhe um poder natural, ou seja, de realística evidência, que se impõe ao desarmado. Mais ainda, a classe dos armados tem um poder natural sobre a massa dos desarmados. Se os armados concordam com a escolha de um chefe, surge então uma sociedade estruturada; essa sociedade é atormentada pelo único e grave problema da escolha do novo chefe, quando o anterior morre ou fica muito velho. O poder de quem conhece as coisas ocultas nunca é tão benéfico como quando constrói o necessário consenso para o novo chefe. A sociedade puramente militar terá, portanto, necessidade de uma integração proveniente do sobrenatural. As formações germânicas do tempo das grandes migrações (e, antes ou depois delas, as formações provenientes das estepes da Ásia ou instaladas ao redor do mar Negro, sejam elas citas, hunas, mongóis ou turcas) nos oferecem exemplos dessas sociedades de cavaleiros armados. Os turcos encontraram a integração proveniente do sobrenatural quando se tornaram o baluarte do Islã, os hunos e os mongóis tiveram as suas aventuras, ao término das quais sua importância tornou-se não mais que local. Os germânicos institucionalizaram o poder dos guerreiros, estes últimos apropriaram-se das terras, tornaram subordinados e servos os que nelas trabalhavam e escandiram os níveis da hierarquia através do genial sistema de troca entre a concessão do direito sobre a terra e a obediência militar ao concedente. Mas, para que o sistema funcionasse, era preciso garantir a relação entre concedente e concessionário, e que no vértice da hierarquia se sentasse (dá vontade de escrever: cavalgasse) um personagem aceito por todos. Normalmente, o sobrenatural podia oferecer essa dupla garantia, legitimando os compromissos feudais mediante o juramento e legitimando o soberano mediante uma coroação oriunda de Deus através dos Seus mais prestigiosos ministros.

A cultura feudal germânica desenvolveu-se antes que os esquemas imperiais de origem oriental se instalassem na Alemanha e na Inglaterra, e instalou-se no mundo latino aproveitando-se de uma crise do poder e da cultura imperial-romana. O novo poder imperial, iluminado por um patrocínio do sagrado, encontrou nela uma legitimação eficiente e muito preciosa, mas não foi tão forte (e por isso não foi tão sufocante) a ponto de conseguir reduzir o feudalismo germânico ao esquema da ordem jurídica onde *todo* o poder deriva do sagrado.

Mas a verdade, de fato, é outra.

A história sempre conheceu Forças Armadas que, no seu conjunto e coletivamente, enfrentaram os vértices do Estado até ultrapassá-los e usurpar seus poderes. Especialmente os mercenários não raro puseram em risco o poder de seus comitentes; os mamelucos constituíram uma variante recente nessa longa série. Mas o cavaleiro guerreiro, protagonista na Europa medieval, é o sujeito de uma aventura singular. Sua força é menor do que a do chefe que ocupa o vértice do Estado, mas ainda assim é tão grande a ponto de causar preocupação ao chefe. Isso lhe permite negociar e obter privilégios e razões, entre os quais nos interessam aqui os direitos de liberdade.

Os ritmos podem ser diferentes nas diversas áreas. Na Inglaterra, a posição do rei é menos sólida do que no continente, e os barões obtêm dele a *Magna Charta* que lhes garante a inviolabilidade da pessoa e dos bens, salvo o juízo dos pares.

Em épocas e lugares diferentes, vimos a vitória dos barões que – coletivamente – exigem que seus privilégios sejam fortalecidos através do direito à sucessão hereditária (Bula de Ouro, expedida pelo imperador Carlos IV).

O soberano tem uma coroa que desceu sobre sua cabeça do alto do sagrado, o cavaleiro é armado depois de uma cerimônia aberta à oração e ao culto, mas em essência o cavaleiro tem direitos laicos sobre a própria liberdade pessoal e sobre os próprios bens. O direito do barão para com o soberano é realisticamente "natural", porque o direito sobre as próprias coisas é totalmente natural quando o titular tem os meios físicos para garanti-lo (talvez com a ajuda de vassalos que lutam sob suas ordens, talvez com a assistência de algum eclesiástico excomungado e de qualquer modo fiel a ele).

11. A liberdade

Seja-nos permitido fazer a história mediante um exemplo: o exemplo europeu.

A família transformada em Comuna e a autotutela do barão são dois núcleos jurídicos "naturais" e laicos. A primeira (deixando de lado, por enquanto, a subordinação das classes menos favorecidas) contém um princípio de democracia laica, a segunda contém um princípio de liberdade individual laica[9].

Tanto uma como a outra conviveram com vértices de poderes garantidos pelo sobrenatural. Mas ambas ofereceram os instrumentos capazes de organizar gradualmente a sociedade sem o fundamento do sobrenatural, que havia sido tão precioso, em sua época, para dar vida ao Estado.

Através de iniciativas e lutas que duraram um milênio, as Comunas puderam relacionar-se e unir-se em comunidades mais amplas: a Confederação Suíça, a Liga Hanseática. Ou conseguiram fazer com que a lógica fraterna posta na sua base se estendesse a uma nação inteira. Através de lutas que duraram um milênio, os cavaleiros conseguiram direitos subjetivos precisos; e seus privilégios foram atribuídos a classes sociais cada vez mais numerosas, até se difundir para toda a sociedade, ao passo que as tradicionais subordinações desapareciam no nada.

O avanço dos poderes da fratria e a ampliação dos direitos dos indivíduos tiram espaço ao poder central superior. Este se restringe, e o seu lugar é tomado por cúpulas eleitas pelos cidadãos com a intermediação de organismos chamados de partidos: estes últimos são completamente diferentes dos da coletividade, que paradoxalmente levam o mesmo nome e que encontramos um pouco antes. Com certeza, não têm o poder de pronunciar a verdade e não falam em nome dela[10].

---

[9] Gorla (1948) deixou páginas insuperáveis sobre a origem do sentimento do direito subjetivo.

[10] Mas o Estado pode conhecer a verdade, que ninguém tem o direito de pôr em dúvida. O Supremo Tribunal Europeu dos Direitos Humanos, IV Vara, com decisão do dia 24 de junho de 2003, sancionou a legitimidade da condenação penal, pronunciada por um tribunal francês, contra um historiador que negara a veracidade do Holocausto (*Giur. it.*, 2005, p. 2.241).

O que estamos descrevendo aqui é a construção do Estado moderno de tipo ocidental.

O direito moderno de tipo ocidental também necessita de uma legitimação; e dispõe, certamente, de uma legitimação.

Sua legitimação é menos evidente do que aquela que acompanha o direito partidário ou confessional. Sua legitimação não está na força das armas, porque a divisão do trabalho separou os armados dos desarmados, mas tanto uns como os outros são iguais nos direitos.

Sua legitimação não se remete a nada de sagrado ou de clerical, não se remete a nenhum órgão capaz de redigir tábuas de verdade das quais seria arriscado dissociar-se. Mas pode, opcionalmente, estar relacionada a uma visão ética.

Sua legitimação é puramente "natural" e é realisticamente "natural". Ela deriva, através de passagens e evoluções espetaculares e complexas, da antiga atitude dos irmãos de conviver com igual direito de serem ouvidos (mas também com iguais direitos de liberdade e propriedade, e com tendência a avaliar o dano do irmão como não menos grave do que o próprio dano). A igualdade e a fraternidade, ampliadas aos primos, difundiram-se no interior de todo vilarejo, depois em toda comuna, depois em toda nação, tendendo a se propagar para toda a humanidade.

Aquela legitimação é natural. A natureza do homem é mutável. Aquele direito "racional" que pertence ao *sapiens* destes últimos séculos corresponde à natureza do homem que veio depois dos metais e depois de séculos de meditação e de sabedoria. É, portanto, um direito devedor de si à natureza. Mas será melhor não chamá-lo de direito natural, porque este nome é legitimamente possuído por aquela realidade que sábios de outra época argutamente definiram como *ius quod natura animalia docuit*.

12. A legitimação dos últimos impérios

Na exposição atribuiu-se centralidade a um fato humano escolhido como exemplar: na Europa, o velho Estado, clerical e autocrático, descendente dos impérios da cultura do bronze, chocou-se com a acefalia das culturas da estepe; e, depois de histórias de combates, lentos e sofridos, deu lugar a um Estado laicizado, em que liberdades igualitárias se generalizaram, e se afirmou o poder coletivo de autogoverno dos cidadãos.

O passado (e o presente) têm fisionomias diferentes em outras áreas culturais. Aqui e ali encontramos por mais tempo e mais bem conservado o poder imperial. Aqui e ali encontramos (oculta, mas viva) a sociedade clânica.

O choque com os cavaleiros nômades senhores das estepes derrubou o Império Romano do Ocidente, mas não o Bizantino, que se perpetuou por mais um milênio, sem ser desgastado por um contrapoder de barões ou pela afirmação de fratrias conscientes e preparadas para a defesa. Aquele Império foi destruído pela força das armas turcas. Mas morreu atrelado à antiga e nunca mais desconhecida legitimação proveniente do sobrenatural (cristão).

Antes de sua queda, Bizâncio pôde oferecer o exemplo do próprio modelo a um terceiro e novo império (o império de *triti Rim*, ou seja, da terceira Roma, posterior à primeira Roma surgida sobre o Tibre e à segunda Roma construída sobre o Bósforo), nascido da expulsão dos mongóis, e depois do incansável e gradual avanço para o Leste, em detrimento de populações turcas islâmicas, e de outras populações dos Urais e altaicas (desprovidas de escrita). Tanto em Bizâncio como em Moscou o sagrado assegurava sem reserva o próprio apoio e toda a legitimação a um poder temporal que o protegia (e o condicionava).

Uma circulação normal de modelos levou algo do pensamento e das práticas europeu-ocidentais para a Rússia, antes e depois da Revolução Francesa. A intolerância para com a autocracia se difundira ali de maneira decisiva, mas a propensão para uma liberdade ordenada e para uma igualdade de direitos não chegara a todo o corpo social. Nessas condições, a eliminação do poder imperial foi seguida pela instauração de um regime partidário coerente e intolerante (1917-1991), cujo desaparecimento deu lugar à proclamação das fórmulas ocidentais voltadas para as liberdades e a democracia.

Já vimos que impérios, dotados de uma legitimação cripticamente sobrenatural, estabeleceram-se, já há alguns milênios, na China e no Japão.

Embora a literatura não muito recente tenha ignorado o fenômeno, o forte poder exercido naqueles países pelos órgãos imperiais de cúpula (imperador, *shogun*), compartilhado pelas castas de sábios e de guerreiros unidos a esses órgãos, deixou sobreviver, na base da sociedade, com os altos e baixos que o longo tempo permitiu, vários tipos de comunidades territoriais ou corporativas coerentes e disciplinadas. À legitimação sapiencial do chefe pode-se contrapor a estruturação espontânea desses ordenamentos fraternos ou associativos, que administravam eficientemente um direito não formalizado.

Os sistemas do Extremo Oriente estavam destinados a se curvar, se não depois dos primeiros contatos com os europeus, depois das primeiras provas de maior eficiência (militar) dos sistemas europeus. Daí não resultou uma nova mistura social, como aquela que levara a Europa feudal e camponesa à Europa burguesa e industrial. Mas derivaram afluxos de modelos, provenientes da Europa.

No Japão, o poder imperial concedeu espaços aos direitos dos cidadãos e ao seu poder coletivo de se governar, e – depois de um período de arrependimentos – percorreu todo esse itinerário, integrando-o com uma substancial regra de laicidade.

Na China, as concessões realizadas pelo imperador não impediram que este último fosse substituído por um poder republicano decididamente orientado para os modelos europeus, até que um partido político intolerante obteve para si a totalidade do poder, autolegitimando-se. A identificação dos movimentos em curso cabe ao cientista político, e não ao antropólogo. Nesse momento – de qualquer modo – a partidocracia se dissolve abrindo o país – em certa medida – a modelos euro-americanos de tolerância.

A Índia conheceu uma gloriosa e longa história imperial. Desde o tempo da imigração ariana, esse império ligado às castas e a qualquer outra desigualdade entre as pessoas, e bem garantido pelo sobrenatural, perpetuou-se por milênios. Modestas comunidades, na base da sociedade, se autogovernavam praticando um direito consuetudinário.

As agressões dos mongóis e do Islã puderam fazer da Índia, em determinados períodos, mais um objeto do que um sujeito da história asiática. Quando surge então o colonialismo europeu, a Índia está nas mãos dos britânicos. A Índia tornada independente volta-se agora para os princípios da legitimação por meio da democracia e da liberdade.

13. Um sobrenatural ciumento: o Islã

Desde o século VII, a partir da Arábia, o poder islâmico expandiu-se na África setentrional e saheliana, no Oriente Médio, na Índia e Indonésia, nas planícies compreendidas entre a China e os Urais, na Espanha e na península balcânica.

A visão islâmica põe no centro da vida social o sagrado. A autoridade vem do céu (mesmo que as regras procedimentais para a seleção do chefe sejam pouco explícitas) e é exercida por um chefe (o califa), cujo poder não sofre outros limites além dos provenientes do sobrenatural, e cujos passos são predeterminados por preceitos revelados. O direito é revelado.

A concepção islâmica conduz a resultados a que não haviam chegado, no passado, as doutrinas egípcia e mesopotâmicas, e menos ainda as doutrinas políticas do mundo cristão. Não há mais um sobrenatural que legitima um poder terreno temporal, mas uma rede de homens dedicados a Deus que governam as relações mundanas dando aplicação às regras reveladas por Deus, que o homem estuda e interpreta fielmente.

A visão ideal islâmica poderá não ser realizada com perfeição. A pluralidade dos califas, a explicitada tolerância dos costumes jurídicos pré-islâmicos, a necessidade prática de se comprometer com determinadas situações locais diferenciaram os fatos e o modelo. Mas as realidades empíricas indicadas são compatíveis com a legitimação sagrada de princípio.

O Império Turco trouxe consigo uma alta consideração dos valores puramente políticos e não apenas do valor islâmico. Mas a legitimação era religiosa, o imperador era califa, o Estado era islâmico. A queda do Império Turco trouxe consigo a fragmentação do território (as áreas com língua literária árabe, após um período prévio de colonização, tornaram-se independentes) e a abolição do poder monárquico. Daí surgiu uma República que proclama os valores, encontrados no Ocidente, da liberdade, da democracia e do laicismo (essa visão política não é unânime, e a divergência é expressa).

Não apenas o Oriente Médio e a África setentrional, mas também todos os outros países islâmicos (com exceção da Turquia e do Irã) foram por determinado período colônias europeias; hoje todos esses países são independentes. Lá encontramos em vigor, de forma alternada: ou a proclamação da legitimação islâmica de todo o poder e de todo o direito (a divergência, mesmo reprimida, manifesta-se de várias maneiras); ou a proclamação das regras de liberdade, democracia, laicismo, sem esconder a origem ocidental das regras (divergências e expectativas de tempos melhores são visíveis); ou uma combinação entre os dois extremos. A realidade, por sua vez, consiste geralmente em uma mistura entre a prática de uma e de outra doutrina e a ulterior contribuição de elementos extraídos de hegemonias étnicas proclamadas ou praticadas, da partidocracia, do poder pessoal do chefe de todos os soldados. Passagens de uma situação a outra são sempre possíveis: passagens globais ou modificações pontuais. Nas ex-colônias, a metrópole, ao dar ao país a independência, remetia o poder a uma classe de intelectuais, educados pelos europeus ou pelos russos, que redigiam uma Constituição liberal-democrática e laica (com ou sem proclamações verbais de fidelidade ao Islã). A primeira Constituição autóctone propriamente dita é a adotada quando deixa de existir a situação influenciada pelo modelo europeu.

A comprovação da fisionomia do direito de cada país é dada pelas regras daquele ramo que, por brevidade, é chamado de direito da família e que é, mais precisamente, a diversidade de tratamento da mulher e do homem.

14. A descontinuidade da legitimação

Em um sistema jurídico, a legitimação não é tudo. Talvez seja preciso ver nela um formante do direito. Alguns comparatistas pensaram que os direitos "religiosos" e aqueles politizados constituem famílias peculiares[11]: com isso, mostraram pensar que o formante em questão é o mais adequado para qualificar o ordenamento por atribuí-lo a uma família.

---

[11] A ideia já estava expressa em De Solá Cañizares (1954), agora ver Mattei (1994).

A legitimação pode permear uma parte, e não a outra, do ordenamento. Pode ocorrer que o direito da família seja legitimado pelo sagrado, e o direito dos contratos pela força do poder laico, que controla os soldados. No mundo existem sistemas que, do ponto de vista da legitimação, são unitários e unidos; e sistemas que se mostram complexos e desarticulados.

O discurso que diz respeito à América Latina, por exemplo, não é de todo linear. Ali os velhos impérios dos incas e dos maias, de legitimação religiosa, deram lugar à dominação colonial. Com a independência, começou a imiscuir-se um poder dos soldados (que aqui e ali representam uma autoridade potencial, de última instância), um fluxo de modelos democráticos e liberais norte-americanos e europeus, uma presença nem sempre abertamente expressa de elementos partidocráticos.

A situação é particularmente enigmática na África.

A África, com a grande dívida que paga à Europa, com a dívida que paga ao Islã, com as hipotecas que a vinculam à sua tradição, é certamente a região onde o sistema se legitima com base nas mais numerosas e variadas justificativas, e onde, sobretudo, normas jurídicas autoritativas, carentes de uma verdadeira legitimação, permanecem ignoradas pelos cidadãos e indicadas pelos antropólogos como exemplos paradigmáticos de direito ineficiente (ver, acima, pp. 83 ss.).

CAPÍTULO VII

AS BASES DAS RELAÇÕES HUMANAS.
A SUBORDINAÇÃO E A FIDELIDADE

1. A subordinação na sociedade de poder difuso

Vimos até aqui como se justifica o direito. Agora devemos ver a que corresponde esse direito nas relações inter-humanas. E tomaremos como figura mais significativa, entre essas relações inter-humanas, a subordinação de um homem a outro. A criança obedece ao adulto, o cabo obedece ao subtenente, o recepcionista obedece ao diretor, o fiel obedece ao homem de Deus.

O que é essa subordinação, como é feita, quando e por que surgiu, como ela mudou no tempo?

A subordinação é um fenômeno que sempre existiu. Nem sempre está apoiada numa legitimação específica. Existe, de fato, também no direito espontâneo, que pode não ostentar uma legitimação canônica. Pode ter como base a simples força. Mas, de qualquer maneira, nunca se viu uma sociedade em que uma parte dos membros não estivesse subordinada a outros membros. O poder dos chefes poderá ser limitado, alternado, eletivo, mas não pode ser eliminado. O estabelecimento de papéis diversificados é um papel inelimnável do direito, mesmo porque muitos sujeitos precisam da proteção de outros, e a proteção gera subordinação.

A forma de subordinação mais fácil de compreender intercorre entre o filhote e o adulto. O primeiro obedece ao segundo, seja porque não tem a força física para se rebelar, seja porque o adulto o defende de terceiros e o protege, seja porque aprecia o fato de que o adulto sabe encontrar – e transmitir-lhe – a solução de inumeráveis e incessantes problemas práticos.

Não se pode afirmar *a priori* se o filhote tornado adulto sofrerá ulteriormente essa subordinação, se desafiará o adulto para derrubar a relação, ou se se emancipará convergindo, eventualmente, para um novo bando[1].

Uma forma espontânea opera – nas sociedades menos complexas – em favor de uma figura chamada "dominante". O dominante está presente nas sociedades humanas e nas sociedades animais. O dominante adquire o poder em virtude de uma seleção, que poderá basear-se nas relações de família e parentesco, ou em um confronto de capacidades (normalmente de força, atestada através de competições ritualizadas) entre os vários adultos aptos.

Quando falamos da figura do dominante, referimo-nos a um sujeito que exerce poderes limitados no âmbito de um grupo limitado. A presença de um dominante não impede por si só de considerar o grupo a ele ligado como "igualitário".

Os grupos humanos originários, formados por coletores-caçadores, foram igualitários, a julgar pelo ensino dos especialistas. Estes últimos nos exortam, por outro lado, a não considerar probante, nesse sentido, o exemplo de alguns grupos de coletores-caçadores atuais, indubitavelmente igualitários: eles poderiam, de fato, ter retornado à atividade de coleta e caça depois de um período marcado por experiências mais ricas e complexas[2].

---

[1] As organizações humanas são surpreendentemente variadas, mais do que as de qualquer outra espécie animal: Ambrose (1965); Box (1974, 62). Para um esquema tipológico, de tipo neoevolucionalista, Motta (1994).
[2] Giusti (1994, 167-80).

Talvez, quando o coletor começou a armazenar os frutos do seu trabalho, desde então uma hierarquia começou a se introduzir entre esses humanos da Era Paleolítica[3]. E, certamente, a sociedade humana tornou-se hierárquica quando o homem inaugurou a agricultura e o pastoreio[4].

Desde que existe uma hierarquia, o homem conhece a figura do chefe dotado de um poder que vai além da família. O bando e a tribo têm um chefe, a que estão submetidos os componentes do grupo.

Uma complexificação decisiva da relação autoritativa surge em virtude do sobrenatural[5]. O sagrado é capaz de criar três diferentes relações de tipo hierárquico.

Antes de tudo, o profissional do sobrenatural – o xamã, ou mago, ou feiticeiro – pode recrutar acólitos e aprendizes. O ensino, naquelas condições, cria uma dependência seja por se supor que o xamã-mestre tem mais acesso às fontes onde se informar sobre o que é ruim e o que é bom para o acólito, seja porque o acólito, que espera do xamã ensino e revelação, fará o possível para canalizar para si a boa disposição de espírito do xamã.

Além disso, não apenas o acólito, mas qualquer membro do grupo pode depender psicologicamente do xamã, o único capaz de ensinar a cada um como fugir dos riscos provenientes do sobrenatural e como dominar, com a ajuda do sobrenatural, a natureza e suas manifestações hostis.

Enfim, o xamã pode distribuir aos membros do grupo, de modo diversificado, poderes sobre o mundo natural, e essa distribuição funcionará como um adesivo entre os vários membros da sociedade, atribuindo a cada um funções, tarefas, prerrogativas, obrigações diferenciadas.

---

[3] Testard (1982); Giusti (1994, 158-70).
[4] Giusti (1994, 158-70).
[5] Giusti (1994, 158 ss., 168 ss.) refere-se incidentalmente a isso.

Uma sociedade modelada com base no sagrado é uma sociedade capaz de subordinações múltiplas, complexas e articuladas. A relação entre o homem do sobrenatural e o poder pode ser variada. O próprio mago pode administrar o poder, ou parte dele, ou delegar uma parte a um leigo. Pode não interferir no poder. Enfim, pode legitimar o poder do chefe laico e garanti-lo, quando suas fontes de informação lhe dizem que aquele chefe recebe e difunde novamente dons sobrenaturais.

A hierarquia instaurada com bases sobrenaturais pode ser levada a tomar o lugar de qualquer outra hierarquia anterior. Mas é mais verossímil que ela conviva com as hierarquias e os poderes instaurados anteriormente (poder do chefe de família, do chefe do grupo, do chefe da tribo).

Com o Neolítico seria possível impor a subordinação com a força das armas e do direito sobretudo para fins econômicos[6], cuja forma mais típica é a escravidão. É concebível que qualquer um, para fugir da pobreza, se entregue a outros para ser mantido como escravo. Isso aconteceu na última fase do período em que os escravos foram recrutados na África para ser vendidos na América. A África não oferecia recursos, e o tratamento do escravo na América não parecia cruel. Porém na história da escravidão aparece normalmente como o resultado de uma captura em guerra ou em uma pilhagem. Antes do período escravista, podemos pensar que o grupo derrotado na guerra era eliminado. A cultura da coleta e da caça pode parecer menos favorável à escravidão: se o escravo fosse enviado para fazer a coleta, poderia consumir clandestinamente o que colhe; para enviar o escravo à caça, o dono deveria armá-lo (e o escravo armado tornar-se-ia um

---

[6] Pode-se imaginar uma escravidão imposta por finalidades cultuais (mas, então, o resultado da relação escravista poderá ser também o sacrifício ritual do escravo).

perigo)⁷; em contrapartida, a cultura agrícola e pastoril permite pôr para trabalhar um sujeito desarmado, e vigiá-lo.

Com a agricultura e o pastoreio, o homem adquire a consciência (que o caçador não tinha) de realizar um trabalho: para ele, a caça e a coleta eram atividades conaturais, praticadas desde tempos imemoriais (até o ato do animal que pasta é uma forma de coleta). A consciência de trabalhar, ou seja, de desenvolver uma atividade não espontânea, começa com o Neolítico, e a consciência do caráter odioso do trabalho pode muito bem dar ao homem a sugestão de fazer com que outra pessoa trabalhe em seu lugar.

A subordinação econômica realiza-se não apenas na escravidão, mas também em formas mais sutis: servidão, clientela etc.

A escravidão, outrora florescente, foi eliminada, na Europa, há muitos séculos, e hoje quase desapareceu no mundo inteiro.

A subordinação econômica não eliminou as formas de subordinação instituídas anteriormente, a saber: familiar, tribal e de bando, mágico-sagrada. Aliás, é legítimo pensar que durante o Neolítico todos os poderes e todas as subordinações se intensificaram, como resultado da complexificação da cultura e da vida social, bem como das maiores tarefas reservadas ao direito.

2. A subordinação na sociedade de poder centralizado

O poder centralizado revolucionou o sistema das hierarquias sociais.

Não podia ser de outro modo, porque poder centralizado significa precisamente sujeição de todos os membros da sociedade às autoridades constituídas.

---

⁷ Não se atribua ao discurso um valor absoluto. O escravo fugitivo, sem uma comunidade de referência, encontra todo tipo de dificuldade para se defender da natureza: animais hostis, falta de lugar para se instalar, falta da integração que provém do grupo.

Também as sociedades destituídas de poder central generalizado conhecem a subordinação política devido ao surgimento de um primeiro embrião de Estado. A *civitas* romana e a *gens* que a precedia não tinham as características das sociedades do bronze, mas já existia uma subordinação do cidadão às autoridades constituídas (cujo poder era limitado no tempo e na discricionariedade). O poder de ordenar a morte de uma pessoa em condições particulares (por exemplo, na guerra) não deve ser considerado indicador de uma subordinação particularmente pesada. Obviamente, o longo percurso que prepara o poder centralizado perfeito (a monarquia egípcia ou mesopotâmica) traz consigo, para cada novo trecho que se percorre, um enrijecimento na disciplina social. A programação e a execução de trabalhos coletivos grandiosos, a urbanização, o surgimento de chefes militares, a ampliação de potências territoriais, a criação de órgãos sociais de cúpula levavam, cada qual em seu âmbito, a sempre novas e cada vez mais numerosas e intensas imposições de limites, deveres, obrigações, que recaíam sobre todos os membros da sociedade. Inicialmente, todo poder podia ser limitado no tempo e na discricionariedade, e tornar-se, com o tempo, duradouro e ilimitado.

Quando a estatização da sociedade se acentuou até se tornar perfeita (com os acádios e os egípcios), o cidadão foi onerado por uma subordinação política cujo peso era sem precedentes. Desde então o Estado tem tanto poder sobre ele quanto o dono sobre o escravo: e essa subordinação perpetuou-se, com ou sem racionalizações, até hoje.

A subordinação política exige que o sujeito do poder se despersonalize, e por isso a figura do dono se dilui na ideia do Estado, que sobrevive ao imperador isolado.

Num primeiro momento, o novo poder político não desconhece e não contesta as outras formas de subordinação; ao contrário, ele respeita a subordinação familiar, opcionalmente a tribal, seguramente a econômica; quanto ao poder do sagrado, os dois poderes colaboram, porque o homem do sobrenatural garante de modo institucional a legitimação do império.

Mas com o tempo as formas hierárquicas tradicionais entram em choque com o poder do Estado, que não as suporta, e por isso termina por negá-las ou por reduzir o seu alcance.

Já com os romanos, a lei limitou os poderes do pai sobre o filho, do senhor sobre o escravo. E, em seguida, a deterioração do poder familiar tornou-se evidente.

Uma certa subordinação do filho ao pai permanece até hoje. Mas o pai não pode fazer com que o filho seja preso, como ainda podia segundo o critério das leis napoleônicas; não pode causar lesões ao filho; não pode educar o filho de uma maneira desaprovada pelo Estado, sob pena de perder o pátrio poder; e não pode impor a própria presença ao filho depois que este cumprir dezoito anos.

Nos dois últimos milênios, a história da subordinação política percorreu itinerários peculiares na Europa. Esses itinerários merecem atenção, mesmo porque o modelo europeu mostrou depois uma tendência a circular em outros continentes. Aquele itinerário comportou uma redistribuição de todas as principais formas de subordinação. Até recentemente, mesmo na Europa, assim como em outros lugares, a subordinação sagrada manteve um peso especial, ao lado da subordinação política. Os personagens do sobrenatural organizaram-se em comunidades bem estruturadas e em pirâmides hierárquicas bastante sólidas (ordens e congregações monásticas, estruturas territoriais), e subtraíram-se a qualquer órgão judiciário que não fosse eclesiástico. Floresceram, em determinadas épocas, ordens militares monásticas, entre as quais se destacaram a templária e a teutônica.

Obviamente, hierarquia política e hierarquia religiosa podiam entrar em conflito. Nenhuma das duas queria destruir a outra, sem a qual não podia sobreviver. Mas os dois poderes lutavam pela prioridade e por quantidades isoladas de poderes.

O poder de excomungar generalizava o controle da Igreja sobre a sociedade política. Fora da área católica, o chefe (político) pode ser chefe da Igreja nacional.

Recentemente, na maior parte do mundo, a subordinação política parece ter derrotado a subordinação religiosa. A queda do poder temporal dos clérigos, a abolição do foro eclesiástico, o desaparecimento da excomunhão como modo de censura na vida pública, a queda do requisito do pertencimento a determinada confissão como premissa para exercer os direitos políticos são igualmente indícios dessa mudança.

De Roma em diante a subordinação econômica evolui. Desde a Idade Média, o *servus* muda de nome e assume um nome étnico (o *sclavo* – ou seja o eslavo –, depois o escravo); em seguida, uma nova contraposição é traçada entre o escravo e o "servo" (da gleba), que não é mais o *servus* romano. A evolução da subordinação econômica não é devida ao seu contraste com a subordinação política, porque a mudança opera também em países em que a chegada do poder centralizado está atrasada e incompleta. O pensamento – para encontrar a explicação, ou melhor, para formular uma hipótese – dirige-se primeiro para a difusão de uma nova mentalidade, talvez veiculada pelo cristianismo. Assim, isso poderia levar a pensar que aquela forma de subordinação foi extinta por carecer de um consenso mínimo por parte de quem administrava o patrocínio do poder.

A história da subordinação econômica suscita problemas de qualificação para o observador. A subordinação escravista inicialmente deu lugar à servidão da gleba, que apresenta alguns traços análogos à primeira. Depois converteu-se na relação de trabalho subordinado, de origem convencional, que, segundo uma difusa mas contestada interpretação da sociedade e da história (elaborada, como se sabe, por K. Marx e F. Engels, usufruindo de elaborações anteriores de D. Ricardo), perpetua os traços fundamentais das subordinações precedentes (ou seja, a destinação ao patrão da mais-valia do serviço do trabalhador).

3. Subordinação política sem Estado

Como modelo de subordinação política evidenciamos, anteriormente, a presente no Estado.

Devemos ainda falar da família ou fratria ampliadas até cumprir as tarefas políticas do Estado.

A fratria, no interior da qual todos são irmãos ou pelo menos concidadãos, não necessita de suas próprias subordinações. Aliás, onde se estendeu até se tornar uma nação, ela parece contestar de maneira cada vez mais intensa as subordinações de castas baseadas na função (militar, feudatário, eclesiástico, proprietário) ou na etnia (branco, negro etc.).

Ela permaneceu estranha a toda a história dos altos e baixos de uma subordinação política que remonta – nas suas origens – às estruturas dos grandes impérios da Idade do Bronze, a África (exceto o Egito, a Etiópia e os países a que se estendeu a dominação turca).

A África e sua cultura não viveram as extraordinárias experiências que fizeram conceber, e depois condenar, determinadas hierarquias que surgiram e depois desapareceram na Europa.

A esse respeito, é preciso esclarecer que, na África, a sociedade estruturada segundo o modelo da Idade do Bronze, descrita várias vezes na presente obra, não ultrapassou as fronteiras da bacia do Nilo. No Egito faraônico e depois alexandrino, podem ter surgido imitações no Sul, na Núbia: os reinos meroíticos, e o mais excêntrico deles, originado em Axum, são o resultado desse desenvolvimento. Modelos egípcios mais recentes podem ter condicionado e vivificado a vida cultural e espiritual da Etiópia. Mas, fora daquela área, as grandes estruturas dos impérios da Idade do Bronze permaneceram alheias à África. A África valeu-se – tão logo isso lhe foi possível – do ferro, que tornou supérfluo o bronze e supérfluas as estruturas necessárias para programar a fabricação do bronze[8]. Por isso, a África histórica, tradicional, conhece o chefe tribal ou local, ocasionalmente absoluto e bem garantido pelo sobrenatural; mas não conhece o Estado imperial com a extraordinária subdivisão de tarefas, o abundante recurso à escrita e às memorizações dos dados, a especial capacidade de controlar os cidadãos e o amplo espaço atribuído aos profissionais do pensamento.

4. Os contrapoderes ao poder do Estado

Os modelos jurídicos, e os modelos culturais em geral, frequentemente circulam fragmentados. A subordinação da Idade do Bronze mesopotâmica pode circular unida com, ou desunida pela, sabedoria mesopotâmica da época, unida com, ou desunida pela, capacidade de produzir bronze, e assim por diante. Já vimos que fragmentos da sabedoria oriental transplantaram-se para a Grécia separados de outros fragmentos da cultura babilônica, egípcia ou indiana.

Com essas premissas, observamos que o modelo acádio-babilônico-assírio transferiu-se para os persas quando eles derrubaram o poder caldeu. Os persas introduziram nesse modelo abrandamentos totalmente novos[9], inspirados numa concepção

---

[8] Ver algumas informações às pp. 123 ss.
[9] Encontramos um testemunho da mudança na Bíblia, onde a tomada de poder por parte de Ciro é saudada com as palavras: "O Senhor suscitou o espírito de Ciro,

que favorece o respeito pela vida e pela pessoa e que faz da docilidade um valor[10].

O modelo babilônico-persa deixa a estrutura do poder em herança à cultura alexandrina, que a retransmite para a Roma imperial. Ali o imperador é divinizado, as liberdades se perdem, os órgãos do Estado se multiplicam, o sistema fiscal se transforma, e, com o Édito de Caracala, os cidadãos tornam-se súditos. Mas a estrutura do poder não parece assistida por adesões e instituições capazes de garanti-la. Os alexandrinos e mais ainda os romanos, neófitos da cultura nascida na Era do Bronze, pagarão por não terem sabido arquitetar e consolidar um regulamento eficiente do acesso ao poder de cúpula, patrocinado pelo sobrenatural. Em determinados períodos, o trono imperial premia simplesmente o chefe militar mais empreendedor.

Em outras palavras, Roma copia o império, mas não é capaz de instituir um mecanismo que o garanta: decaindo, entra em colisão com a força nova dos germanos e dos nômades da estepe. Esses recém-chegados não conhecem nenhum poder centralizado nem sequer poderes incontestáveis que se estendem por áreas geográficas muito grandes. Existem também lá determinados poderes: a aventura militar precisa de um chefe, mas, quando o chefe leva a termo a aventura, cada um dos componentes volta a ser livre.

Os germanos devem lidar com aquilo que os romanos podem oferecer-lhes: trata-se de elementos não originariamente romanos, provenientes do Oriente helenizado. Os romanos oferecem-lhes a

---

rei da Pérsia" (2 Cr 36,22; mais difusamente Esd 1-7). Ciro e seus sucessores permitiram que os judeus retornassem à pátria e reconstruíssem o templo.

[10] Na origem dessa visão, cujo pregador epônimo é Zoroastro, encontramos a antinomia metafísica do bem e do mal, que corresponde à antinomia entre o espiritual e o material. Essa visão esteve frequentemente em colisão e interação com o cristianismo, e daí derivam contaminações significativas (os gnósticos, os maniqueus, os paulicianos, os bogomilos, os cátaros).

religião cristã, que agora se adestrou para servir de avalista do poder político e apoiá-lo em troca de espaços de poder. Um momento significativo desse encontro entre a sociedade germânica e o mundo mediterrâneo-cristão é a coroação de Carlos Magno por parte do papa.

O chefe da sociedade religiosa, ou seja, o chefe de todas as pessoas, forças e estruturas envolvidas com o sobrenatural, atribui-se a função de fiador de um poder a que é dado um nome capaz de evocar novamente o poder imperial romano.

Certamente, Carlos Magno (e, depois dele, os Ótons, o Barba-Ruiva, Carlos V, Francisco II da Áustria) não é um imperador babilônico. Ele deve lidar com os seus francos, que trazem consigo o espírito da sociedade de poder difuso. Mas Carlos Magno, bem patrocinado pelo pontífice, sobrepõe à sociedade germânica uma pequena camada de poder imperial, e esse poder pouco a pouco se enriquece com conteúdos sempre novos.

Quando no interior dos limites do Império do Ocidente (na França) ou fora dele (Polônia, Hungria, Castela, Aragão, Portugal) se desenvolverão monarquias de tipo nacional, também elas percorrerão o itinerário que conduz à criação de um Estado investido de todas as funções que conhecemos.

Até aqui, o discurso põe no centro o império, poder centralizado, garantido por um ulterior poder, arcano e voltado para a realidade invisível. Mas agora é preciso introduzir no campo de observação os contrapoderes, que existiram, e as resistências, que não faltaram.

A história grega e romana permite-nos o contato com sociedades que nunca conheceram o império. A própria *civitas* romana é um exemplo disso, como são exemplos também as *poleis* gregas. Nessas sociedades que podem chegar até a democracia urbana ou ao reino (hereditário ou dinástico) local encontram-se em pleno vigor dois diferentes sujeitos de poder, inatos à sociedade de poder difuso: o indivíduo, livre e nobre, capaz de portar as armas; e a fratria, ou seja, o grupo familiar. A essas formações sociais associa-se o agrupamento espontâneo de homens de armas, que (especialmente em períodos de migrações de povos) se constituiu em vista de uma conquista militar a ser realizada em comum.

Quando o conceito de império se transfere da experiência romana para a franca e depois saxônica e sueva, no continente europeu começa uma nova marcha em direção ao absolutismo. Mas a esse absolutismo incipiente oporão resistência duas contraforças, destinadas a condicionar a história.

A primeira força a se contrapor ao poder centralizado é o nobre em armas, o barão, enaltecido nas sociedades germânicas que conquistaram a Europa. Nós o conhecemos, porque falamos dele à p. 172.

A segunda força a se contrapor à autoridade central é a comunidade territorial, de que falamos às pp. 172 ss.

5. O resultado do conflito entre os poderes

De Carlos Magno em diante, o poder centralizado laico tenta afirmar a própria inviolabilidade diante do poder sagrado, e o barão recalcitrante e a comunidade estão em colisão com o poder central.

Frederico Barba-Ruiva é enfrentado pelas comunas italianas.

Filipe Augusto livra-se do poder imperial; Filipe, o Belo, livra-se do poder monástico-militar e pontifício; Richelieu livra-se do poder feudal. De João Sem-Terra os barões obtêm a Magna Carta; a Carta lhes garante (entre outras coisas) que eventuais inobservâncias do barão serão julgadas pela Corte dos seus iguais (pares), e não por uma jurisdição régia superior.

A luta dos barões permite afirmar os direitos individuais. Esses direitos se estendem em número; um número crescente de pessoas tem acesso a eles, enquanto não se generalizar um regime político baseado nos direitos subjetivos individuais.

A comunidade local não desaparece. Aqui e ali, ela se deixa dominar por um senhor (externo e interno) ou por uma oligarquia, ou ela mesma se torna uma estrutura agressiva para fora e exploradora, mas muitas vezes se perpetua, na forma de cantão ou de comuna mercantil. E depois de uma longa espera começar-se-á a pensar que aqueles instrumentos que servem para o autogoverno de uma única cidade (conselho, magistrado eletivo) ou de uma oligarquia (assembleia dos aristocratas poloneses) poderiam ser utilizados também para o autogoverno de uma nação.

A fratria, transformada em vilarejo e comuna[11] e depois em nação, tem sucesso. Mas não vence sozinha. Também os direitos individuais são vitoriosos, e por isso a comunidade não se apresenta como um sujeito dotado de poderes ilimitados e absolutos. Estabelece-se, então, um poder estatal centralizado – capaz de garantir a justiça entre os cidadãos, confiada a tribunais subordinados e tendencialmente imparciais – , mas o âmbito desse poder encontra limites claros nos direitos dos indivíduos, e a fonte dos poderes é posta nas mãos do cidadão eleitor.

Muito se refletiu e se escreveu sobre a liberdade como filha de um pensamento voltado para coisas transcendentes e para valores supremos. É preciso dar atenção à liberdade como filha de um equilíbrio entre forças contrastantes.

6. Egoísmo e fidelidade

O pai, coletando ou cultivando, procura alimento com que nutrir, não tanto a si mesmo, mas ao filho. O militar, em vez de se colocar a serviço do invasor vitorioso, defende a própria etnia. O

---

[11] Na área franco-provençal encontro o vocábulo *frère* (fratria) usado para traduzir o italiano "Comune".

juiz, em vez de enriquecer com o que a parte lhe oferece, aplica o direito sem vantagem própria. Aqui estão elencados vários comportamentos de sujeitos que, em vez de se inspirar no próprio benefício, preocupam-se com interesses alheios, em harmonia com um "dever" que essa escolha lhes impõe.

Esse "dever", assim como a fidelidade do sujeito à própria tarefa, merecem que o estudioso se detenha para observá-los. E convém observá-los pensando, por contraste, na corrupção.

O que é essa corrupção? O Estado confere a alguém um poder: esse sujeito deve realizar os atos de exercício do seu poder no interesse de quem lhe conferiu a tarefa, ou do destinatário do serviço que ele desempenha. Quem administra uma entidade pública deve fazê-lo com fidelidade e obediência, não com o propósito de enriquecer negociando com terceiros.

A corrupção é a violação do imperativo que obriga a cumprir determinados atos para um interesse diferente do pessoal.

Perguntamo-nos qual interesse o homem satisfaz nas ações que empreende. A resposta *natural* será: o próprio interesse. É *natural* que o fiscal do imposto de renda comprove minha verdadeira renda, em vez de comprovar uma renda muito menor e pôr no bolso o envelope que eu lhe ofereço?

Vamos tentar responder.

A fidelidade do progenitor à prole, que ainda não é capaz de prover a si mesma, parece-nos algo muito arraigado na história da vida. O homem perpetua, a esse respeito, um comportamento comum às espécies animais que convivem com ele ou que o precederam. Mas o etólogo nos lembra que, em vez de ficar admirados com o fato de os pais desnaturados abandonarem seus pequenos, deveríamos considerar extraordinário o fato de a maior parte dos pais não se comportar assim. É fácil considerar que o adulto que deixa de alimentar a prole incapaz a condena à morte por desnutrição, condenando assim a espécie à extinção. É difícil, ao contrário, entender como uma exigência da espécie (a sobrevivência da linhagem) pode transformar-se num valor, ou num estímulo, para o indivíduo.

Note-se aqui o dado mais singular. A fidelidade não é imposta ao subordinado em relação ao sujeito hegemônico, como nas outras relações que ainda examinaremos, mas é imposta ao sujeito hegemônico em benefício do subordinado. Naturalmente, o filho tornar-se-á, por sua vez, fiel quando se pedir a ele que não roube as reservas de alimento armazenadas pelos pais para os dias mais difíceis.

Do ponto de vista das qualificações, é difícil contestar o caráter natural do egoísmo. Mas o caráter difuso e generalizado da fidelidade do adulto à prole imatura permite chamar de natural também a dedicação do pai ao filho. Essa fidelidade à família é natural mesmo quando o filho é chamado a prover pelo pai, o irmão pelo irmão, o primo em terceiro grau pelo primo em terceiro grau.

Quando a estrutura da família se torna mais complexa, podemos imaginar conflitos de exigências, e portanto hipóteses de "infidelidade" à regra aceita naquela sociedade. Se naquele grupo a defesa contra a falta de alimento opera no sentido de que primeiro se alimentam os adultos (cuja morte levaria à morte também das crianças e dos velhos), depois as crianças (cuja morte impediria sua possibilidade de se reproduzir no futuro) e, enfim, os velhos, como devemos julgar o pescador afortunado que, tendo capturado o peixe, o reserva para o próprio pai velho ou para o próprio filho criança?

Convém – por enquanto – remeter o problema da fidelidade ao interior da fratria e dar atenção aos vínculos sociais de significado diferente.

7. A fidelidade, a hierarquia, a solidariedade dos interesses

Em todas as relações sociais de tipo não familiar, a fidelidade apresenta-se como um corolário da subordinação: o sujeito obediente abstém-se de qualquer agressão à pessoa e aos bens do seu superior. A fidelidade é, por outro lado, diferente da obediência. Normalmente, quem comanda tem como constatar se a obediência foi prestada. A infidelidade, em contrapartida, se consuma à sombra. Em decorrência disso, quem obedece porque aceita, convicto, o seu papel subordinado é fiel; quem obedece por ser coagido pode ser propenso à infidelidade.

Nesse quadro encontramos que o sobrenatural certamente é apto a criar uma fidelidade de tipo novo em relação aos modelos familiares. O feiticeiro é admirado e venerado por muitas qualidades (é taumaturgo, faz previsões admiráveis, guia o curso dos ciclos astronômicos). A admiração veicula a obediência tanto por parte do acólito, quanto por parte do estranho. O acólito, o qual tenha recolhido oferendas destinadas ao xamã, não guardará nada para si, e isso tanto por convicta lealdade, quanto por temer o xamã e sua especial capacidade de descobrir os dados ocultos e de distribuir sanções a quem viola as regras, bem como por ser amplamente partícipe das vantagens que – naquele contexto social – são reservadas ao xamã. Mas também o estranho teme o xamã e sua sabedoria das coisas ocultas, e além disso tem o sentimento de que a troca de serviços entre fiéis e o xamã traz vantagens para ambas as partes e não quer perturbar esse equilíbrio.

O sobrenatural mágico implica as sociedades secretas, com suas atividades operacionais e também militares. Aqui a fidelidade entre confrades pode dar vida e fundamento a uma estrutura social muito relevante.

Dos magos chega-se, através de uma infinidade de passagens, aos cultores do sobrenatural religioso, compostos em ordens, em mosteiros, em colégios. As motivações que induzem a essas escolhas de vida explicam por si sós que o homem que se dedica a isso preste uma fidelidade total ao colégio e à comunidade de que faz parte. Não nos admiraríamos se lêssemos que certo cavaleiro da Ordem Teutônica naquele tempo cometia injustiças em prejuízo dos lituanos. Mas nos admiraríamos se lêssemos que um cavaleiro teutônico dedicava-se a roubar a Ordem.

A sociedade em que o sobrenatural opera fortemente pode contar com uma terceira fidelidade, aquela de cada membro para com toda a sociedade. O sobrenatural pode empregar toda sua capacidade de impacto, que não é pouca, em favor desse adesivo social. Em uma visão histórica, poderíamos imaginar uma sociedade em que magia e religião tenham um peso determinante e consigam lubrificar as relações entre todos os indivíduos, ameaçando uma punição dissuasiva contra quem se afaste da regra magicamente identificada ou religiosamente apoiada, em particular contra os corruptos.

A fidelidade do soldado cria problemas especiais. Aqui pode operar tanto a coesão do grupo formado por soldados e fiéis a um chefe reconhecido (o grupo de caráter exclusivo e munido de privilégios tende à coesão), quanto o pacto de fidelidade, sobre o qual ainda, ou enfim, pode operar – exclusivamente, ou cumulando-se de outras motivações – a mediação do sobrenatural (evocado mediante um juramento). Certamente, a fidelidade do soldado a um chefe desarmado, ou menos eficiente no combate, parece inatural e sempre necessitará de uma explicação (para a qual se remete ao capítulo precedente).

A subordinação econômica pode originar problemas de fidelidade patrimonial. O senhor pode confiar a administração de seu patrimônio a um escravo. A ética moderna, muito clara em sua atitude de condenação da escravidão, não tem, todavia, armas para enfrentar, no plano ético, o problema do dever de fidelidade do escravo. Certamente, o escravo infiel corre o risco de penas dissuasivas. Decerto, o escravo "beneficiado", ou seja, elevado a funções gratificantes (como José de Jacó, elevado pelo faraó ao cargo de primeiro-ministro) sente o dever de não roubar o senhor[12]. Mas qualquer escravo poderia parecer um beneficiado, quando a escravidão é vista como a graça concedida a um inimigo derrotado, potencialmente condenado à morte.

O homem moderno conhece a chamada síndrome de Estocolmo, que leva a vítima de um sequestro a ter sentimentos de benevolência em relação ao seu sequestrador. Não sabemos se síndromes igualmente significativas podem ocorrer ou tenham ocorrido na relação de escravidão.

É mais fácil conceber um dever de lealdade em relações econômicas menos desumanas ou baseadas num consenso: servidão da gleba, relação de emprego, relação de troca entre sujeitos autônomos e assim por diante. Nas relações entre pessoas livres, a fidelidade deveria fundamentar-se tanto numa convenção espontaneamente aceita quanto numa aceitação geral do mecanismo que preside à troca de bens e serviços em determinado contexto.

O problema da fidelidade patrimonial torna-se central quando a sociedade se transforma em Estado, quando impera a divisão do trabalho, quando personagens cada vez mais numerosos se tornam órgãos do Estado, ou seja, sujeitos de um poder que influi profundamente na vida do cidadão e devem exercer esse poder não em benefício próprio, mas em conformidade com as

---

[12] Qual a frequência da infidelidade do escravo romano? A casuística relativa à compra e venda de escravos acometidos por "vícios" nos dá alguns indícios a esse respeito.

regras estabelecidas pelas autoridades superiores. Nas organizações anteriores ao Estado (monarquias territoriais, domínios militares e oligárquicos), o poder era atribuído, e administrado, em benefício do sujeito do poder. Agora, a grande revolução que cria o império impõe a solução "inatural" segundo a qual o funcionário deve administrar a coisa pública, sistematicamente, por um interesse que não é o seu. A solução "natural", segundo a qual o funcionário age em seu próprio interesse, pertence ao antidireito e responde a conhecidas denominações, tais como "corrupção", "concussão".

A subordinação política poderá valer-se, naturalmente, daquelas formas de fidelidade que são próprias das estruturas presentes na sociedade. Em certa medida, os funcionários a serviço do imperador devem ter se considerado seus servos favorecidos, além de sentir todo o peso da proteção garantida aos direitos do imperador pelas forças arcanas do mundo sagrado; enfim, devem ter se sentido solidários com um sistema que os privilegiava. Mas o Império Bizantino não pôde contar, a não ser com muitas reservas, com essa multiforme fidelidade do funcionário à ideia imperial!

A passagem da sociedade de poder difuso para a sociedade de poder centralizado, e assim a perda de importância do poder centralizado, podem originar estruturas características, em que o soberano concede terras a quem garante determinados serviços (militares ou de outro tipo) à coletividade. A sociedade já não se fundamenta em obrigações instituídas por uma vontade superior a cargo do soberano e do concessionário, mas nas promessas que os dois fizeram um ao outro no momento da concessão, chamada de feudo.

Na sociedade feudal, a fidelidade tem uma importância central e tem sua própria natureza. A fidelidade feudal não implica o exercício de poderes, a serem desempenhados segundo o interesse do soberano ou dos cidadãos. O feudatário desfruta do feudo em seu exclusivo interesse. Sua fidelidade é a obediência do militar de grau inferior para com seu superior. Todavia, a fidelidade feudal pode preparar, política e socialmente, a construção de um valor que deve ser entendido como fidelidade generalizada ao soberano e capaz de se tornar, por evolução, fidelidade ao Estado.

Ao tratar da fidelidade à família, dissemos que a fidelidade no grupo clânico seria tratada à parte.

A família mesmo ampliada pode cultivar, em seu interior, uma viva solidariedade, e a solidariedade veicula a fidelidade. Na Somália, onde a vingança de sangue atinge um membro qualquer do grupo clânico responsável, e onde o guidrigildo (*diya*) atinge o grupo, a solidariedade se mantém muito forte mesmo através da multiplicação e da ampliação das gerações.

Isso não impede que, em geral, o crescimento do grupo (se não for equilibrado por outros elementos) prejudique sua solidez[13], e a capacidade – que ele tinha na origem – de catalisar a identificação do indivíduo com o grupo e, com ela, a fidelidade.

A família ampliada pode tornar-se vilarejo. O vilarejo pode tornar-se cidade. E pode acontecer que o cidadão mantenha para com os seus iguais o sentimento que o irmão tinha pelos outros membros da família. Com um salto de qualidade, pode acontecer que a grande fratria cidadã se torne nação mantendo intacta a ligação – e a fidelidade – dos cidadãos.

Assim pode acontecer de a fidelidade do religioso à ordem ser cercada por uma fidelidade geral dos fiéis à comunidade; essa fidelidade nasce com uma raiz religiosa, mas pode depois se desenvolver em uma ética laica.

---

[13] Sobre a dramática sobreposição da fidelidade ao grupo clânico e da sujeição do grupo clânico a fracionamentos com base nas diversas linhagens na experiência somali, ler as apaixonadas páginas de Bootaan (1994, 93 ss., especialmente 117).

Fidelidade religiosa, fidelidade familiar, fidelidade servil, fidelidade feudal podem deixar algo de si à sociedade estatizada. Mas nada garante que onde um Estado se institui ou se improvisa possa nascer a fidelidade do cidadão nem, muito menos, a do funcionário. Pelo contrário: seria inatural se isso acontecesse.

Na base da estrutura de uma sociedade "natural", a fidelidade não vai além da família. E como o Estado já existe em todo lugar, em uma sociedade próxima da natureza de quem tem um poder que lhe foi conferido pelo Estado, se não teme a sanção penal, o administra no antidireito. Uma literatura importante trata da corrupção como elemento importante da vida social na África[14].

Em outro termos, é difícil acreditar que uma sociedade de poder centralizado, em que se veem sobreviver a vingança e a *faida*, possua aquelas sofisticadas estruturas psicológicas que permitem o funcionamento da fidelidade, preservando a sociedade da corrupção.

Fidelidade e infidelidade podem acumular-se, atravessar-se e cruzar-se em todas as maneiras possíveis. Um malfeitor qualificado, como o mafioso, nega fidelidade à comunidade civil, mas é fiel ao grupo mafioso. Pode acontecer que um personagem seja fiel ao seu partido político (que sociologicamente continua a sociedade secreta e a ordem monástica), mas, para dar vantagem ao partido, negue fidelidade à comunidade (em linguagem coloquial: roube dinheiro ou poder em prol do partido).

Quem é infiel em nome de uma fidelidade mais específica não tem, subjetivamente, uma culpa. É um virtuoso. Se é objeto de uma sanção, é um mártir.

---

[14] A decisão de controvérsias judiciárias, o registro de bens imobiliários, a expedição de passaporte ou de um alvará são típicas ocasiões para a imposição de uma taxa: por exemplo, Pascon (1978, 469 e n.).

QUARTA PARTE

O FAZER, O SABER E AS FONTES
DO DIREITO

CAPÍTULO VIII

O DIREITO, O PENSAMENTO, A PALAVRA

1. O pensamento, a palavra e a realidade muda diante da relação jurídica

Pensamos na propriedade, na obrigação de fazer, no dever de obediência filial. Essas três relações jurídicas não existem fora da mente de quem pensa nelas (e da palavra que expressa o pensamento).

Na realidade física, encontramos o comportamento de fulano que não entra na propriedade de beltrano (e sabe que, do contrário, beltrano baterá nele), encontramos o piloto da Alitalia que (em um intervalo entre duas greves) pilota o avião, encontramos o menino Bobby, que, em conformidade com as ordens recebidas do pai, sobe e desce na vara de ginástica.

Qual figura veio antes? A qualificação do dever antecedeu a execução, ou vice-versa? A qualificação foi obra do pensamento. A execução interveio somente quando o pensamento já havia operado a qualificação da relação?

Voltaremos a essa questão.

Por enquanto, coloquemo-nos um segundo quesito. Entre o direito e sua execução, qual dos dois é o instrumento? Qual dos dois é, ao contrário, o fim? É claro que o direito, o dever, a relação jurídica de propriedade, de crédito, de pátrio poder são os instrumentos criados para permitir que o proprietário possa usufruir despreocupadamente da propriedade, que o avião possa voar, que o rapaz possa fazer ginástica.

O exercício do direito (reciprocamente: o cumprimento do dever) é o eixo de toda a construção. O direito não tem como finalidade última a criação de engenhosas figuras abstratas. O direito visa satisfazer as necessidades do homem, e aquilo que satisfaz, direta e imediatamente, a necessidade humana é o cumprimento por parte do sujeito ou o ato de exercício.

Porém, em seu discurso, o jurista põe o direito no centro do cenário. Sua linguagem revela claramente essas prioridades. A servidão de passagem tem como objetivo o passar. Passar é o fim; o direito de passar está a serviço desse fim. O jurista dá um nome ao direito e o chama de "servidão de passagem"; mas depois se recusa a chamar o exercício com seu nome próprio e simples ("passagem") e com isso a lhe reconhecer centralidade. Em vez de "passagem", ele diz "exercício da servidão de passagem".

Quanto mais a cultura do jurista se torna atenta ao sistema (aos conceitos, às classificações), mais ela constrói monumentos às qualificações – às relações jurídicas – deixando de lado suas atuações. Eis a sistemática dos pandectistas, com toda a doutrina do direito subjetivo e suas inúmeras distinções (absoluto *versus* relativo, patrimonial *versus* extrapatrimonial, real *versus* pessoal), com a doutrina dos fatos das relações jurídicas (constituição, modificação, extinção), com a doutrina das causas dos fatos da relação (fato jurídico, caso concreto), dominada pela figura do negócio jurídico (declaração de vontade, que constitui a relação).

O discurso voltado para o direito é dominado pelas fontes que o criam. E o jurista erudito identifica, como fonte principal, imediatamente justificada, a lei: a declaração de vontade proveniente da autoridade.

Para o antropólogo, esses discursos dos professores de direito (quem escreve é um deles...) não são suficientes. Vejamos quais acréscimos são necessários.

2. As fontes mudas[1]

Os professores de direito, quando falam das fontes, mencionam em voz alta a lei, e depois (nem sempre, nem todos[2], ai de mim!) acrescentam, em voz baixa, o costume, não sem sublinhar que ele está repleto de falhas, porque depende de uma elaboração demasiado lenta e, por isso, está fatalmente atrasado[3].

Os professores de que falamos estudam com atenção os procedimentos com que a lei é preparada, posta em vigor, aplicada, adaptada às circunstâncias no decorrer dos anos. Não fazem o mesmo com as regras não escritas. Suas ideias sobre a lentidão da evolução do costume são aprioristicas e mostraram-se falsas. O costume, estudado ao vivo na África, é capaz de variações, sabe gerar a si mesmo e mudar com uma rapidez vertiginosa[4]. Na África, a formação das *bidonvilles* às margens das novas megalópoles

---

[1] Sobre o tema, ver Sacco (1999a); MacDonald (1986); Gilissen (1988a; 1988b); Pizzorusso (1988); Haggenmacher (1990).

[2] A clássica doutrina da separação dos poderes não dá lugar ao costume. A doutrina dos países socialistas negava qualquer ingresso ao costume, pensando que não se pode realizar uma escolha entre dois interesses de classe contrapostos mediante uma operação não guiada de algum modo por uma vontade programada. Mas a ironia italiana conseguiu prejudicar o dogmatismo post-wišinskijano (Ajani, 1984). E os juristas socialistas não soviéticos começaram a falar de possíveis costumes antecipadores das futuras regras de conduta sociais não jurídicas destinadas a regular a vida de relação dos homens na futura sociedade comunista.

[3] Também os estudiosos amigos do costume podem concordar com o caráter conservador dessas fontes. Assim, por exemplo, Gilissen (1988b); e, entre os constitucionalistas, Pizzorusso (1988, 1.1).

[4] Neste sentido, ver Read (1968, 251); Snyder (1980, 385-417). Sobre os costumes fundiários, I. Mayer e P. Mayer (1965); Verdier, Rochegude e Bachelet (orgs.) (1986), e aqui as contribuições de Verdier, *Civilisations paysannes et traditions juridiques*, 4, e de Kobo e Prouzet, *Le problème foncier en milieu périurbain*, 281.

significou a formação (instantânea) de costumes, praticados por sujeitos provenientes de diferentes etnias e de pontos diferentes da selva, induzidos a abandonar costumes que não teriam sentido nas novas condições de vida.

Além de mutável, o costume é fluido e maleável. O número de circunstâncias que ele pode considerar relevante é infinitamente maior que o de elementos que são relevantes para um legislador.

O costume é, na vida prática do homem contemporâneo, uma fonte de importância primordial.

O direito romano foi inicialmente consuetudinário. Com o tempo, o direito baseado na prática foi substituído por uma visão doutoral daquela prática; desde então a regra foi atestada pelo escrito do jurista, e o comportamento espontâneo do povo permaneceu como pano de fundo. De outro lado, a comunidade era muito variada e numerosa para que a unidade do sentir jurídico do povo não fosse posta a dura prova.

Justiniano legisla. O fenômeno tem um significado que não é explicado a fundo nas escolas. Em Roma, se implantara, havia séculos, um império de tipo pós-alexandrino, dotado de um poder centralizado altamente estruturado e capaz de controlar a vida dos indivíduos. Isso não prova ainda que o império *devesse* legislar na área das relações entre os indivíduos – cidadãos, súditos, escravos. O império não podia desinteressar-se pela administração dos poderes públicos nem pelas ofensas que o indivíduo pode trazer às prerrogativas da autoridade. Devia, portanto, criar um direito administrativo, um direito penal público, assistido por algum tipo de procedimento. Por outro lado, o império poderia desinteressar-se pelo direito privado, como haviam feito os impérios Faraônico, Mesopotâmico e Persa, e os alexandrinos, e, com eles, os impérios Indiano e Chinês. Ao contrário, o Império Romano produziu o corpo de leis civis, mesmo teorizando alguma sobrevivência do costume.

O *corpus* justiniano assegurou ao Império Romano do Oriente e depois, em certo sentido, ao Império Russo, o modelo – um modelo inicial – da legislação civilística. E assegurou um modelo à Europa continental nos limites em que ela operou a famosa Recepção – mesmo que costumes claros disputassem vigorosamente o campo com o *ius commune*. As fontes canonísticas desmentiram sistematicamente o *Corpus*, mas não desmentiram a ideia que está na sua raiz: a relação entre a palavra do texto, adotado pela autoridade, e a norma a que o fiel deverá adequar-se.

Mais tarde, as codificações nacionais suplantaram o *Corpus*, agarrando-se de maneira também mais explícita ao princípio da letra e da autoridade. A colonização transplantou essas codificações para a Ásia e a África.

Mas o balanço do início do terceiro milênio não é negativo para os costumes.

No direito internacional, o costume é ainda hoje fonte primária.

Os países de *common law* legislam, mas não têm como base de seu sistema a lei autoritativa. Não têm um sistema fundado no costume, certamente; mas têm um sistema aberto a vários aportes.

Em toda a África o direito tradicional dá o melhor de si para delimitar o âmbito de aplicação do direito escrito autoritativo de cunho europeu ou islâmico[5].

Na China, no Japão, na Índia, o direito espontâneo tradicional convive com o direito autoritativo escrito de proveniência euro-americana, com distribuições de áreas de aplicação ainda não bem reconstruídas pelos estudiosos[6].

---

[5] Ver acima, pp. 84 ss.
[6] Referências em Gambaro e Sacco (2002, 2. ed.).

Na América Latina e na Rússia não sabemos qual fração dos conflitos jurídicos é resolvida pelos juízes do Estado e qual fração é confiada a autoridades de fato que aplicam regras diversas da norma autoritativa[7].

Quase em todo lugar ignora-se se as comunidades de língua diferente da oficial (formada por imigrantes recentes) resolvem suas questões jurídicas dirigindo-se às autoridades judiciárias territoriais[8]. O direito dos ciganos tem sido objeto de alguns estudos publicados[9]. Há pouco tempo, na Austrália, no Canadá e em outros lugares, jurisdições autóctones podem voltar a aplicar o direito que estava em vigor antes da invasão europeia[10].

3. Como chamar a fonte muda

Outra dificuldade diz respeito ao nome desse direito não escrito.

Alguns estudiosos evitam a expressão costume, temendo que ela evoque nos ouvintes a ideia de algo imutável desde tempos incalculáveis. Quem não quer falar de costume fala de direito tradicional, e com essa palavra quer dizer "criado de maneira tradicional, como se fazia em todo lugar há 6 mil anos (e como se fazia na África negra há duzentos anos)". Mas a expressão "tradicional" também pode evocar a ideia de algo que permaneceu intacto e intangível.

---

[7] Os estudiosos desses países não se preocupam com o problema. Para a Rússia, a presença de um pensamento tolstoiano não favorável ao direito positivo, bem como a origem estrangeira do direito erudito (inicialmente encontrado em Bizâncio, e depois na França e Alemanha), levam a imaginar a presença de regras alternativas espontâneas. Para a América Latina, a pesquisa começou. Ver, por exemplo, Levaggi (coord.) (1990): deve-se indicar, entre outros, o artigo de Chávez sobre o matrimônio consuetudinário – *servinakuy* – no Peru.

[8] No começo do outro século Ehrlich fez pesquisas brilhantes sobre o direito praticado por várias etnias subordinadas no Império Austríaco. Ehrlich é elogiado e citado, mas não imitado.

[9] Simoni (2005).

[10] Ver acima, à p. 98, nota 32.

Uma expressão menos exposta a críticas pode ser "direito espontâneo", ou seja, direito criado sem a intervenção da autoridade política, sem o auxílio da revelação, fora da influência coercitiva do juiz jurista ou do jurista sábio. Essa expressão é preferível. Mas ela também tem um calcanhar de aquiles. Em uma sociedade de tipo neolítico-escravista, o direito não escrito é "espontâneo" para a etnia dominante, mas é suportado pelos escravos. Veremos se no futuro encontrar-se-á uma expressão melhor. O autor destas páginas (mas somente ele) vê com simpatia a expressão direito mudo.

4. O direito espontâneo em um ordenamento com base legal (o exemplo italiano)

O civilista gosta de acreditar que o costume merece uma menção na doutrina das fontes[11], mas pensa em seguida que essa menção reflete uma noção livresca. O manual de instituições nunca resolve um problema – no silêncio da lei ou contra a palavra da lei – invocando um costume (salvo a hipótese do uso evocado pelo direito escrito).

O jurista, de fato, é convencional, e parte da Constituição, que gosta de regular a produção de leis, decretos e referendo, e ignorar o direito espontâneo – o qual, precisamente por ser espontâneo, não precisa pedir nenhuma legitimação a nenhuma Constituição.

Na Itália, a remissão aos usos está prevista – como uma figura geral – pelo art. 8 das pré-leis. Mas, na realidade, com ou sem o

---

[11] Na Alemanha a hendíade *ius scriptum versus ius non scriptum*, herdada da pandectística depois de ter sido sacralizada pela escola histórica, conseguiu resistir melhor. Na França lemos em Ghestin, Goubeaux e Fabre Magnan (1994, p. 514): "Théoriquement la loi et la coutume sont sur un pied d'égalité (...) Il n'est pas contestable qu'aujourd'hui la loi écrite a le dessus sur la coutume" (falta esclarecer o significado desse "*théoriquement*"), Na Itália o costume é normalmente mencionado, sublinhando seu modesto papel subordinado. Pino (1996, 183 ss.) duvida que ele seja admitido no sistema.

art. 8, o costume permeia – clamorosa ou silenciosamente – todo o direito privado.

Na área de contratos, o art. 1.374 do Código Civil italiano (na seção "integração do contrato") atribui ao contrato aqueles efeitos que daí derivam segundo a lei ou, na ausência de lei, "segundo os usos". A jurisprudência menciona esses usos o menos possível. Mas interpreta de bom grado a vontade das partes com base em máximas de experiência que versam sobre a vontade comum das partes, que não passam de regras consuetudinárias[12].

Os contratos inominados são cada vez mais variados, numerosos e frequentes. A jurisprudência submete-os a estatutos que refletem plenamente as expectativas das partes, e essas expectativas têm como modelo as práticas e as opiniões do operador médio (ou seja: os elementos constitutivos de qualquer costume, a conduta e a *opinio*).

E o que acontece quando a prática viola as normas legais escritas para regular determinado tipo de contrato? O intérprete não aplica a regra com que a lei regula o efeito daquele contrato, e com essa finalidade inventa um tipo contratual novo, desconhecido pela lei, e põe em ação as novas regras. Por exemplo, para renegar as regras sobre o mandato, inventa o contrato "atípico" da "ordem da Bolsa", e o aplica-lhe os usos elaborados na Bolsa[13].

A relação entre o banco e o cliente é dominada pelo sigilo bancário, criado sem o apoio de nenhuma lei, e capaz de anular qualquer lei formal[14].

---

[12] Sobre todo o âmbito em que opera o artigo, e suas estratégias que permitem aplicá-lo de maneira muito ampla, embora dissimulada, ver Sacco (1999a, 15-7).

[13] Cass. 23 de dezembro de 1997, n. 5.724, In: *Banca, borsa e tit. cred.*, 1978, II, p. 129. Cf. também Sacco (1999a, 24).

[14] Ver Sacco (1999a, 21-2), sobre as desajeitadas tentativas realizadas na doutrina para oferecer origens legais (ou constitucionais!) ao instituto.

A prática conhece bem a sociedade real, não conhecida pelas leis, tributária de costumes originados na noite dos tempos[15].

A lei italiana submete à forma escrita a alienação do imóvel (artigo 1.350 do Código Civil italiano). Mas a lei não pode se sobrepor à prática da concessão de terras agrícolas (*collatio agrorum rusticorum*), com que vários proprietários de terra, querendo construir uma estrada, concedem em coposse as partes de terreno necessárias, que passam a ser comuns[16]. Direito escrito na cidade, costume no mundo rural. O que o sociólogo pensa a respeito?

A propriedade é permeável ao costume. O indivíduo recolhe as bagas, os cogumelos e qualquer outro produto que a natureza oferece sem a intervenção laboriosa do homem[17]. Na Suíça[18], na Alemanha[19], na Suécia[20], o direito escrito legitimou *ex post* essa prática (não inventada, seguramente, em nenhuma sessão parlamentar!). Em outros lugares – nos dois últimos séculos – a lei condenara a prática com formulações cada vez mais categóricas[21],

---

[15] Sobre a prática, ver ainda pp. 365 ss.
[16] Sacco (e De Nova) (2004, 3. ed., I, 342). A jurisprudência é muito firme (por último Cass. 29 de outubro de 1983, n. 6.442; Cass. 26 de novembro de 1997, n. 11.842).
[17] Sobre o problema, ver Sacco (1970, 435); Breccia (1995, 37). Sobre os dados positivos, ver Rink (1961, III, 980); E. Mayer (1964, 302); Palandt-Hoche (1966, § 903, Ann. 3D); Rudolph (1860, 90); von Plauen (2005, 921) (o autor conhece apenas as regras escritas suecas, e não conhece a literatura; é fácil imaginar o resultado!).
[18] Código Civil suíço, artigo 699.
[19] Na Baviera, o artigo 141, alínea 3, da Constituição do Land. Na Baixa Saxônia dispõe nesse sentido uma lei (regional) ordinária sobre as florestas e sobre os campos.
[20] Constituição, versão de 1994, cap. 2, artigo 18, § 3º.
[21] Les biens qui n'ont pas de maître appartiennent à la nation (Code Nap., artigo 713). La propriété d'une chose (...) donne droit sur tout ce qu'elle produit (Code Nap., artigo 546). Tout ce qui s'unit à la chose appartient au propriétaire (Code Nap., artigo 551). São frutos naturais (...) os produtos agrícolas (Código Civil italiano, artigo 820). Qualquer plantação (...) pertence ao proprietário da terra (artigo 934 do Código Civil italiano). É bem imóvel (...) tudo aquilo que é naturalmente (...) incorporado à terra (artigo 812, Código Civil italiano). A coisa sem proprietário ou cujo proprietário é desconhecido volta a ser a propriedade do Estado (Osnovy, ou seja, Fundamentos, do direito civil da URSS de 1961, artigo 32).

sem contudo mudar nem perturbar uma ordem jurídica existente há alguns milhões de anos; e aqui e ali a lei, depois de condenar explicitamente a prática, pode depois reconhecê-la tacitamente, pressupondo-a no caso de cada uma das normas de detalhe[22].

O indivíduo que recolhe cogumelos também gosta de esquiar na propriedade alheia. A autoridade sabe disso, regulamenta a atividade esportiva, protege-a com uma série de proibições e com isso dá reconhecimento a um costume não mais antigo do que são os esportes de inverno[23].

Na Itália, o civilista reluta em reconhecer o espaço que cabe ao direito espontâneo. Mas o especialista da Constituição não pode negar que os órgãos do Estado, em determinadas circunstâncias, para operar segundo o direito, devem caminhar fora da regra escrita[24]. O estudioso fala com razão de um procedimento *extra ordinem*, de um princípio de efetividade[25], de uma norma não escrita que justifica a regra factual[26]. A regra vitoriosa é aquela espontânea, e a regra derrotada é o texto escrito.

5. As novas vestes do direito mudo

Nos tópicos 2 e 3 do capítulo IV (pp. 88-9 e 89-93) vimos que a doutrina verbalizada gosta de unir nas definições lei e direito, mas depois o discurso que se faz sobre a interpretação, sobre o espírito do direito, sobre a realidade social abre-se para uma infinidade de verdades adicionadas, que respondem a denominações familiares a qualquer jurista:

– o direito vivo;

---

[22] Também o direito italiano disciplina a coleta de algumas plantas sobre as propriedades de outrem: ver a documentação em Sacco (1970).
[23] Documentação em Sacco (1970).
[24] Na Itália, ver Zagrebelsky (1970); Pizzorusso (1988).
[25] Pizzorusso (1988, 1.1 e 5.4).
[26] Zagrebelsky (1970, p. 134).

– o direito "*in action*";
– a efetividade, marca do direito;
– o direito espontâneo;
– a natureza das coisas;
– o realismo.

Essas verdades adicionadas falam de um direito aplicado diferente do direito escrito. Falam de um direito espontâneo, portanto consuetudinário, portanto mudo.

6. O ato autônomo mudo

A cultura da sociedade de poder centralizado conhece o direito autoritativo, formulado e criado com o instrumento "palavra". A cultura de todas as sociedades conhece o direito espontâneo, não criado mediante a palavra e não necessariamente formulado mediante a palavra.

As culturas do homem que nós conhecemos formulam e configuram mediante o instrumento "palavra" as relações jurídicas que convêm aos interessados: o empenho em dar uma coisa ou uma pessoa em troca de uma coisa ou uma pessoa recebida; a transferência generosa da propriedade de um bem, o pacto pelo qual um dos dois só caçará (ou coletará) na montanha, e o outro só caçará no vale; a constituição de uma sociedade; o testamento. As culturas do homem ainda desprovido de linguagem articulada, e as culturas que nós conhecemos, configuraram ou configuram relações jurídicas sem recorrer à palavra; para essa finalidade dão execução à relação jurídica que querem criar (ou deixam de realizar a relação jurídica que querem extinguir).

Esses atos (não declarativos, portanto "mudos") são plenamente praticados e muito vivos também no direito das sociedades mais avançadas. Exemplos disso são a ocupação, a posse, o abandono da coisa, a entrega, a aceitação tácita de herança, a regularização de um negócio inválido mediante execução, a aceitação tácita de uma ordem e a aceitação de um pedido mediante o envio da mercadoria, a distribuição de produtos ou de títulos de legitimação mediante aparelhos automáticos, a sociedade de fato, a relação de trabalho de fato, a relação marital-uxória de fato, a relação de parentesco de fato.

Direito espontâneo, ato mudo. Trata-se de fenômenos de qualquer modo próximos.

O homem, desde sempre, cria normas dando execução a uma regra. Desde sempre, constitui relações jurídicas dando execução a essas relações jurídicas. Desde épocas recentes, cria relações jurídicas também com a palavra. Desde épocas ainda mais recentes, cria regras jurídicas também com a palavra.

7. **A primeira fase do direito espontâneo.**
A conduta sem aditivos

Ontem, o direito espontâneo, mudo. Hoje, o direito autoritativo, verbalizado, escrito.

A dicotomia não ilustra tudo. Formulemos, então, um maior número de divisões. Anteontem, o direito espontâneo, mudo. Ontem, um direito mesmo que "consuetudinário", do qual se diz que está em vigor em virtude de uma conduta humana muda, mas foi conhecido pela comunidade através de um texto verbalizado. Hoje, um direito autoritativo escrito (que talvez reproduza o texto verbalizado de ontem).

As três divisões agora indicadas não contêm erros, mas encobrem o essencial.

Vamos dirigir a atenção para a passagem da primeira à segunda fase. Deve-se esclarecer um processo que se desenvolve através de uma sucessão de realidades muito diferentes. Em alguns casos, é preciso contentar-se com conjecturas, avaliar suas verossimilhanças, criticá-las.

Nós não vimos o *Homo habilis* em ação. Mas conhecemos correlações entre regra e ação plenamente praticadas pelo homem atual, plenamente praticadas por animais semelhantes ao homem; o homem dos primeiros milhões de anos não poderia ser alheio a tais correlações.

Antes de continuar a exposição sobre o direito, lembramos que as relações entre regras e atos permeiam toda a vida prática do homem, mesmo fora da área do direito.

Vamos pensar na correlação entre a regra linguística e a prática correspondente.

Examinemos a conduta da criança de três anos não escolarizada, do analfabeto total (membro de uma comunidade de analfabetos), vamos reconstruir a conduta dos nossos antepassados não alfabetizados. Eles falavam, aqueles falam. Falam sem erros. Põem no lugar certo os sufixos de tempo, de modo, de número, de gênero, de caso, graduam a sonoridade e a aspiração das consoantes, realizam determinado grau de abertura e de nasalidade das vogais, ligam de modo previsível a oração principal e a subordinada, chamam pessoas e coisas com o termo correto. Observam a regra.

Saberiam formulá-la?

E o que faz o falante culto e erudito? Quando o falante culto conversa, não sente de modo algum a necessidade de formular mentalmente a regra linguística pertinente, de submeter o caso concreto à previsão da regra, e de assim extrair dela a aplicação correta, segundo o esquema que encontramos no silogismo judicial. Nem sequer o pedante, nem sequer o presidente da Academia procede dessa maneira. Para proferir uma frase de quatro palavras, o falante põe em função dezenas ou centenas de regras, e não tem o tempo de evocá-las se quiser falar com velocidade normal.

O homem fala, normalmente, de maneira instintiva.

Desloquemo-nos um pouco. O homem que atira uma pedra contra um alvo, ou caminha ao longo de uma trilha, deve graduar exatamente o impulso e a direção a imprimir à pedra, ou a força e o tempo com que deve movimentar os pés, contrair os músculos e regular o próprio equilíbrio. Há mais de meio bilhão de anos os animais têm problemas similares. Nem os animais nem os homens (salvo os especialistas) sabem quantificar os impulsos, as forças, os tempos, as contrações necessárias para os lançamentos e para a deambulação. Não sabem como se faz, não se dão conta daquilo que fazem, mas sabem fazê-lo e o fazem.

Saber aplicar uma regra não é conhecer conceitualmente a regra![27] Essa constatação, irrefutável e fundamental, é o ponto de partida necessário para reconstruir o devir da regra jurídica.

Animais semelhantes ao homem observam, na prática da vida de grupo, regras comparáveis às dos humanos: não agridem o coespecífico, nem invadem o território que pertence ao coespecífico; são submissos ao dominante; respeitam a ligação estabelecida entre o macho e a fêmea; cuidam do próprio filhote. A etologia, ciência agora dotada de um *status* respeitável, fornece-nos os dados necessários[28]. E institui paralelos entre o comportamento animal e o comportamento humano[29].

O homem que vive sem saber que existe a gramática, sem saber que tal palavra é diferente de outra, porque indica uma

---

[27] Uma formulação impecável do dado encontra-se em Hare (1960, 154). Hare ensina, também (ibid., 158), que aprender a formular é fazer uma descoberta ulterior em relação ao conhecimento do fato. Na segunda metade do século XX, a noção foi reformulada por Von Hayek, pelo linguista B. L. Whorf, e entrou no patrimônio comum dos estudiosos.

[28] Como primeira leitura, ver Tinbergen (1969); Lorenz (1980); sobre cada um dos problemas, ver a obra de um jurista, Caterina (2000).

[29] Sobre a etologia humana, ver Eibl-Eibesfeldt (1993). Aqui se expõe, e se avalia criticamente, a atribuída distinção entre o que é inato no homem (em virtude de uma adaptação filogenética) e o que é aprendido por transmissão cultural.

pluralidade de coisas em vez de identificar apenas uma, fala corretamente a própria língua.

Se aquele humano, assim como pratica as regras da língua, pratica também, do mesmo modo, as regras do direito, diríamos que obedece a um costume. Mas esse costume é diferente do *coutume d'Orléans*, registrado por escrito por um jurista erudito. É diferente – de maneira visível – porque o primeiro não é representado com palavras, e o segundo é representado com palavras. E é diferente – de maneira menos visível – porque o segundo é pensado mediante conceitos abstratos, ao passo que, no que se refere ao primeiro, a relação entre comportamento factual e conceito abstrato deve ser totalmente esclarecida.

Tal humano demarcou um território e agora, como um coespecífico invadiu a área, empunha a clava e agride o malfeitor. O motivo e o objetivo da ação, bem como o movimento realizado, são conscientes. Mas aquele humano imagina também que, agora e no futuro, agrediria qualquer coespecífico que invadisse a área? Imagina também que qualquer humano que tenha demarcado um território, caso um usurpador invada a área, agredirá o agente? Imagina que todas as usurpações de áreas demarcadas merecem ser reprimidas? Imagina que, reciprocamente, àqueles que demarcaram áreas compete o respeito do território demarcado?

Empunhar a clava não implica necessariamente, na origem, uma obra de abstração conceitual. O animal defende o território demarcado assim como o homem o defende (garras robustas e dentes aguçados dispensam-no da necessidade da clava).

O número é uma abstração. O recurso ao número abstrato nem sempre é exigido quando se deve considerar o número dos objetos. Nota-se, há muito tempo, que animais reagem de modo inequívoco à subtração de um dos seus numerosos filhos[30]. Humanos que rejeitam dar nomes aos números reagem se falta um dos animais com que contavam[31]. O antropólogo cultural distingue o numerar e o contar[32].

O discurso sobre o direito não pensado e não verbalizado anuncia-se, portanto, capaz de muitos desdobramentos.

8. O longo caminho rumo ao conceito

Não se deve imaginar que o primeiro homem, ao realizar operações jurídicas, tivesse uma visão distanciada e abstrata delas e pressentisse uma regra que lhes dizia respeito.

A capacidade de ver a operação com distanciamento, de vê-la abstratamente, a capacidade de inserir a operação em uma regra podem ter vindo somente muito mais tarde.

No início operou uma capacidade de reconhecer um modelo, capacidade comum ao animal e ao homem.

Contentando-nos, para as nossas finalidades, com distinções empíricas expressas em uma língua descontínua e não rigorosa,

---

[30] Leroy (1985, 123) observa que, em determinado número de espécies, a mãe demonstra, mediante manifestações inequívocas, saber se lhe foram tirados um ou mais filhos.

[31] Dobrizhoffer nos explica que os apibones "não podem suportar ter de contar (...), mas nem por isso carecem de um modo específico e próprio de dar-se conta dos números" (1784, 170); e que quando vão à caça "assim que montam na sela olham ao redor e, se por acaso falta um dos cães que costumam levar consigo, põem-se a chamá-lo..." (ibid., 115). E acrescenta "muitas vezes fiquei admirado ao ver de que maneira, sem saber contar, eles sabiam dizer, em uma matilha tão considerável, se faltava algum cão" (ibid., 116).

[32] Lévy-Bruhl (1970, 223-5): "Dado que nós contamos por meio de números, e nunca fazemos de outra forma, há quem afirme que nas sociedades inferiores que não possuem nomes de números superiores a três seja impossível contar mais. Mas (...) não é possível que a mentalidade das sociedades inferiores tenha suas operações e seus procedimentos para alcançar a mesma meta a que nós chegamos com nossa numeração? De fato (...) o primitivo (...) considerará um grupo de objetos e de seres (...) com tudo aquilo que o caracteriza (...). Consequentemente, no mesmo momento em que esse grupo tivesse de se apresentar de novo aos seus olhos, o primitivo saberia logo se está completo ou se é menos ou mais numeroso de quando o tinha visto."

podemos repetir que naquela fase esteve presente uma inteligência social (capacidade de se movimentar no interior de relações multissubjetivas), uma inteligência enigmista (capacidade de efetuar correlações de causa e efeito), uma inteligência reflexiva (consciência de si), uma inteligência orientadora e referencial (capacidade de construir coordenadas espaciais e memorizar pontos de referência); sobretudo, esteve presente uma inteligência abstrata, que permite reduzir experiências múltiplas a um dado geral.

A capacidade de reconhecer uma pessoa ou coisa implica uma capacidade de abstrair a identidade da pessoa ou coisa em relação às circunstâncias de tempo e lugar em que o sujeito a vê ou percebe.

A capacidade de observar que certo animal se assemelha a outro que se mostrou agressivo implica uma capacidade de avaliar por analogia, e o recurso à analogia anuncia a abstração conceitual.

A imitação, a repetição, maneiras embrionárias e indiretas de comunicar, implicam um mecanismo de analogia.

A visão abstrata e normativa utilizou-se da capacidade da mente de reconhecer um modelo, de recorrer à analogia. O desviante jogou uma pedra no terreno que aquele caçador demarcou, e o caçador lançou-se sobre o desviante fazendo com que ele fugisse. O terceiro observa; e, quando o desviante atirar outra pedra no terreno demarcado por aquele mesmo observador, este último se lançará contra o desviante.

Mas o antropólogo não sabe (não cabe a ele descobrir) quando a percepção de analogias se desenvolveu na construção de uma abstração, quando a elaboração de uma categoria abstrata confluiu na visão de uma regra, em que se coordenam duas distintas categorias abstratas: "alguém quer subtrair a presa do caçador", "o caçador impede a subtração".

O percurso foi longo.

O saber que "a propriedade daquele bem móvel é transferida de fulano para mim" pôde operar (e, portanto, existir) quando as noções de propriedade, bem, móvel, transferência, ainda estavam em uma lista de espera muito remota, destinada a se evidenciar na mente do homem centenas de milhares de anos (ou 2 milhões de anos) mais tarde.

A capacidade de realizar algumas abstrações não significa a capacidade de realizar em qualquer momento a qualquer propósito qualquer abstração e qualquer conceitualização.

Também o homem evoluído que fala e escreve não é necessariamente um sujeito capaz de toda e qualquer abstração. Também hoje – e ainda mais ontem! – alguns homens falam, mas não sabem abstrair as regras da língua; contam, mas não abstraem os números; cantam, mas ignoram o número de vibrações que devem imprimir aos órgãos vocais para produzir aquele dó sustenido e aquele si bemol.

A capacidade de abstração na origem deve ter sido modesta.

A capacidade de abstrair pode não destruir a imediatez da percepção da verdade jurídica, enquanto o direito espontâneo mantiver seu caráter originário. O clima a que me refiro é incompatível com a presença de um discurso consciente sobre as fontes. O especialista do costume nos ensina que onde vemos um costume o jurista romano via um dado axiomático, e não se perguntava sobre a fonte[33]. O estudioso do direito romano nos diz que o jurista romano atribuía ao *ius civile* um caráter de axiomática necessidade, em suas premissas e diretrizes fundamentais, de modo que suas explicações procediam da própria natureza das coisas[34]. Em parte, o atalho do raciocínio que procede partindo da "evidência" de um dado sobreviveu até hoje. No século XIX mais de

---

[33] Haggenmacher (1990, 31).
[34] Grosso (1960, 6. ed., 67 ss.).

um estudioso alemão notou sorrindo o grande poder das *Selbstverständlichkeiten* na lógica do jurista.

9. O antepassado começou a falar

Dizendo "o homem começou a falar" não nos referimos a um fato instantâneo.

A palavra não é o único instrumento fonético. Podem ser imaginados gemidos, batidas de mãos ou dentes, gritos produzidos pelo homem em estado de estresse em virtude do sistema límbico. Esses sons não são maleáveis, não podem expressar um número muito elevado de estados de espírito, mas podem sempre dar lugar a uma língua (paupérrima, em relação à nossa). O homem exaltado lança interjeições – chega! ai! ufa! salve! chove! – que não postulam, originariamente, conceitualizações requintadas.

A linguagem articulada, como a conhecemos, pressupõe determinado desenvolvimento dos centros de Broca e de Wernicke e determinado desenvolvimento da laringe e da faringe. O homem de Neandertal, tão recente e tão semelhante a nós, tinha um sistema laringo-faríngeo que não lhe permitia emitir o grande número de sons que nós emitimos.

A grande variedade dos sons que podemos emitir não é necessária para o surgimento de uma língua. Ao emitir séries de sons mais longas aumento em progressão quadrática o número de palavras disponíveis; e, ao manter baixo o número de palavras da língua, mantenho baixa a necessidade de sons distintos.

De resto, o som não é o único instrumento linguístico imaginável. Em uma história de ficção científica, poderíamos imaginar seres pensantes que não falam mas se comunicam escrevendo. E o gesto está mais ligado à escrita do que à fala. Pode realizar imagens (como a escrita realiza pictografias) e pode basear-se em convenções semânticas. A linguagem gestual, fundamental para os surdos-mudos, surge também no homem que recorre a uma linguagem articulada, e em muitos ambientes é utilizada como um integrador muito útil do discurso por sons.

A língua não tem uma verdadeira data de nascimento. Muitos animais emitem sons para expressar um estado nervoso: várias formas de alerta, de medo, de alegria, de decepção, de simpatia, de hostilidade. Nem todos "querem" comunicar. Mas comunicam, porque os coespecíficos remontam do som ao fato que desencadeou o estado nervoso. De forma embrionária, esses sons já têm a função – e o mecanismo – de uma língua. O animal lança um grito quando vê o predador, e seus coespecíficos são avisados. O grito não representa o predador, representa o estado de medo do sujeito que grita. Se houver mais de um predador, um após o outro, ameaçando a vítima, ela grita a cada vez, porque cada vez mais se renova aquele medo. Podemos estabelecer um corte nítido entre o grito que representa, a cada vez, o medo (ditado pelo predador), e o grito que indica a presença ameaçadora do predador?

Hoje, sabemos que animais semelhantes a nós compreendem e utilizam símbolos, e de alguma forma compreendem os estados mentais dos outros[35]. A qualidade da comunicação se modifica, obviamente, quando o som é emitido prefigurando-se seu conhecimento por parte do destinatário e propondo-se o objetivo específico de manifestar um dado a outros. Mas hoje o estudioso da evolução linguística aprofunda a análise das duas distintas funções da língua (a representação do pensamento e da comunicação), a primeira das quais antecedeu, no tempo, a segunda[36].

---

[35] Para uma síntese, ver Aitchison (2004, 227). Na bibliografia destacam-se Griffin (1992); Hauser (1996); Jablonski e Aiello (orgs.) (1998); Givón e Malle (orgs.) (2002); Knigth, Studdert-Kennedy e Hurford (orgs.) (2000); Lass (1997).
[36] Ver uma síntese dos resultados em Newmeyer (2004, 245). Na bibliografia, destacam-se Greenberg (org.) (1963); Olson, Torrance e Hildyard (orgs.) (1985); Wray (org.) (2002).

As passagens a que nos referimos foram muito lentas e gradativas.

Os progressos da capacidade de abstrair mediante o pensamento se entrelaçam, não sei se de maneira muito simples ou confusa, com os progressos da capacidade de comunicar.

10. Pensamento e palavra

Não sabemos em que ordem amadureceram as etapas do desenvolvimento da capacidade de construir ideias abstratas e o desenvolvimento da língua.

Seria conveniente, porque não requer muito esforço, pensar que a expressão linguística nasce propriamente no momento em que o homem cria o conceito correspondente. O homem cria o conceito de cavalo e inventa a palavra cavalo; o conceito de mão e a palavra mão; e assim por diante.

Mas é preciso pensar em outras possibilidades.

Esta ou aquela abstração podem habitar a mente por algum tempo, antes de se expressar na língua.

Reciprocamente, a língua pode operar também na ausência de abstrações perfeitas, e essa série de sons, ligada àquela imagem, pode atrair as imagens dotadas de analogia com a primeira. Chamo elefante àquele primeiro elefante, o nome estende-se aos animais análogos, ou seja, aos outros elefantes.

Aqui, a tarefa é a de colocar os vários subtipos de direito espontâneo que se alternaram entre o puro saber fazer, não capaz de uma visão distanciada, e a prática iluminada pela verbalização de uma regra geral e abstrata.

Vejamos quais pontos somos capazes de estabelecer.

O homem, inicialmente, soube realizar operações jurídicas (objetivamente coerentes com as regras operantes, mas não decifradas).

Depois tomou consciência daquilo que fazia e aos poucos percebeu a repetitividade das suas maneiras de agir. Assim, apreendeu o caráter geral e abstrato do modelo com o qual seu pensamento aproximava suas ações.

Antes disso, ou depois disso, deu nomes às suas operações.

Antes de falar, ou enquanto falava, compôs as noções das suas operações em regras.

11. O reino da palavra

A partir de determinada época, o homem fala.

Um dado importante é saber que a linguagem não é apenas um meio de comunicação; é também um meio de conceitualização, de condensação da informação, que nos permite representar a informação complexa em códigos simples[37].

De fato, ela desenvolveu a conceitualização com um poder extraordinário.

Criada a palavra, agora o homem é dominado por ela. O evento e a coisa não são mais um fato ou um indivíduo único e irrepetível, mas são um dos eventos que levam aquele determinado nome, uma das coisas que levam aquele determinado nome.

A palavra é um molde, sempre igual a si mesmo. E o homem percebe de maneira segura essa repetitividade da palavra. Dado que diversas realidades – por exemplo, todos os asnos – são reconduzidos àquela única palavra, a identidade comum de todos os asnos torna-se evidente e palpável. A figura do asno é agora única e padronizada, a natureza asinina é agora permanente, supraindividual, metafísica, bem correlata, e a essência de todos os asnos é imutável.

Não é só isso.

---

[37] Goldberg (2005, 36).

A palavra compõe-se em uma série, a série expressa um significado: narra um dado de fato, um acontecimento, a qualidade de um sujeito, e assim por diante.

Passou por aqui um leopardo. Amanhã vai chover. A flecha que atingiu a gazela é minha. Cada frase tem um significado. Onde se posiciona o significado? No imaginário, no irreal erroneamente tido como verdadeiro, no possível mas não certo, no real? É preciso maturidade para saber distinguir essas quatro figuras. É verdade que também o homem mudo tinha uma percepção das coisas que o cercavam, e devia depois submeter a um veredicto de realidade ou não realidade aquilo que tinha percebido. Viu um sílex, retirou-o da terra que o envolvia parcialmente, mas ao vê-lo de perto percebeu que era um calcário, não servia para fazer uma arma. A primeira percepção era falseada (desde que a pedra não tivesse mudado sua natureza no ato da coleta, contrariada pela intromissão humana). O homem tinha de alguma forma a capacidade de contrapor uma aparência fiel e uma outra infiel ao dado real. Agora podia valer-se da sua capacidade diante da frase falada.

Mas agora o homem devia lidar com o fascínio da palavra. Em primeira evidência, a palavra cria o real. Com o tempo, à palavra seguirá a imagem: a pintura, o desenho. A pintura criará um problema análogo. O bisão desenhado não é menos real do que aquele presente na clareira. O homem pode enganar o seu vizinho simulando, sem necessidade de falar. Mas a palavra e o desenho o ajudam a se autoiludir. O procedimento é prejudicial porque induz a perder de vista o real. Mas a tenacidade com que o homem pratica ainda hoje a mentira poderia ser a herança de um mundo em que não se distingue o real do irreal. E não é apenas isso. As histórias do bisão desenhado poderão ir juntas com as do bisão que pasta na relva. A feiticeira transpassa com o alfinete a imagem da vítima, um mal atingirá a vítima. Talvez o homem não escolado possa distinguir dois planos de realidade. O falado ou desenhado e o percebido. O mundo do percebido é humilde, ou seja, terreno, contingente, mutável. O mundo do verbalizado ou representado encontra-se em uma camada mais elevada, transcendente. Que você volte da guerra vivo e vitorioso! Aquele carneiro é meu! É possível que a palavra esteja fora do circuito do real? A fórmula mágica, a oração, o negócio jurídico, a lei, o universo das coisas feitas por meio de palavras atestam que a palavra tem uma força que vai além da simples expressão do pensamento do falante.

12. Falar direito

A frase "o antepassado começou a falar" não significa "o antepassado começou a utilizar a língua para as necessidades do direito".

As datas dos grandes avanços da capacidade (animal e) humana de comunicar nos são desconhecidas. Sabemos menos ainda datar aquela revolução que levou o homem a utilizar a comunicação linguística para as finalidades do direito.

Porém sabemos algo sobre a língua, sobre o direito, sobre a língua jurídica, sobre o emprego da língua jurídica, e esses dados nos dão apoio para raciocínios conjeturais capazes de evitar alguns erros de datação.

O homem utiliza a língua para as necessidades do direito há pouco tempo.

O direito é autoritativo desde o tempo dos impérios (e antes, potencialmente, desde o tempo das cidades), ou seja, desde uma época muito recente. Até aquele momento não se faziam leis autoritativas escritas. O direito era espontâneo e não nascia das palavras. A palavra estava ausente do capítulo das fontes.

Naturalmente, a palavra pode servir ao direito espontâneo. Pode servir para realizar negócios jurídicos e pode servir para descrever a regra espontânea e a relação jurídica, pondo assim em ação a informação jurídica e a transmissão do saber jurídico.

Mas os sintomas nos dizem que o verdadeiro negócio – ou seja, o negócio declarado, o negócio falado – é recente. O poder jurídico sobre a coisa transferiu-se com a entrega até o dia em que a centralidade da posse foi abalada pela nascente propriedade (mais adiante, pp. 334 ss.); a promessa é mais recente que a troca real; os contratos antigos são reais ou são uma só coisa com uma relação de fato, a forma mais arcaica é cerimonial e não falada (mais adiante, pp. 340 ss., 375 ss.).

A palavra pode servir para descrever a relação jurídica. Mas o homem que com essa intenção descreve a relação jurídica é estimulado a criar com a palavra – com o negócio – aquela mesma relação jurídica. A palavra que descreve torna-se a palavra que cria. O homem para quem o direito mudo é suficiente para as necessidades práticas não descreve, ou seja, não está propenso a descrever com a palavra aquela relação muda.

O direito falado é recente.

13. Elogio da palavra

A maior revolução jurídica de todos os tempos operou-se quando o homem começou a usar a palavra para as necessidades jurídicas.

Na área do direito, a declaração, ou seja, a mensagem que veicula um significado, é o único ato humano dotado de onipotência.

O ato mudo pode criar, mediante o exercício, uma relação de família ou de dependência duradoura, porque pode criar o *status*, permanente, familiar ou servil. Em parte é adequado para criar obrigações restitutórias, explorando a regra de reciprocidade (inscrita no instinto de um grande grupo de animais entre os quais o homem). Mas não pode fazer com que no futuro ocorra um caso.

Não pode estabelecer que no futuro, se amadurecer determinado evento, ocorrerá determinado caso.

A palavra, uma vez nascida, propaga-se. Fabrica curiosas realidades feitas de palavras. A palavra da rainha tornou *sir* cada um dos Beatles. Quando eu era diretor da Faculdade de Pavia, minha palavra tornou doutores alguns entre os jovens juristas de destaque daquela geração.

O ato mudo desencadeia um acontecimento no presente. Não consegue constituir hoje uma obrigação destinada a se realizar em determinado momento do futuro. A palavra pode criar aquela obrigação.

Compreende-se, então, que à declaração (lei, negócio) seja dada uma posição central no sistema.

Além disso, a palavra narra o direito. Pode acontecer que essa narração (ou interpretação, ou formulação, ou redação) na realidade crie uma segunda vez o direito.

A palavra venceu. Dominou o direito mudo. Mas dominar não quer dizer anular.

O direito mudo está ultrapassado. Tornou-se costume e uso. Tornou-se direito inferencial. Tornou-se criptotípico. Entrou em um estado de latência. Não deixou de existir.

O etólogo sábio nos diz que também hoje no homem existe todo o animal[38]. O jurista lhe responde que também hoje ao direito do homem da informática está subjacente o direito do homem das origens, continuação do pré-direito do antepassado próximo do homem.

14. A verbalização da regra

Mesmo quando o homem sabe, genericamente, falar a língua do direito e dá um nome ao acordo, à vingança, à composição,

---

[38] Lorenz (2003, 56).

à regalidade, a formulação verbal da regra jurídica pode encontrar obstáculos.

Como é conveniente referir-se a um exemplo, podemos evocar, também desta vez, a África.

A regra africana tradicional não é escrita. Muitos autores enfatizaram, como seu caráter, a oralidade. Uma literatura de grande relevância aprofunda o tema[39]. A oralidade manifesta-se em toda a vida do direito. A regra não é escrita, o processo e a sentença ignoram o escrito, a doutrina – caso exista um seu embrião – é uma sabedoria jurídica transmitida oralmente.

Nessa oralidade, e nas suas implicações, pode-se fazer consistir – à parte a conexão do fenômeno jurídico africano com o lado sagrado – a diferença primária em relação ao direito europeu, diferença que alguém quis julgar menor[40], e que com razão é considerada grande[41].

A meu ver, o discurso sobre a oralidade deve ser enriquecido e complementado. Não falta apenas a redação escrita da norma e da decisão do juiz; mas falta também qualquer redução da norma em um discurso preciso; ou seja, enquanto a África esteve imune às influências europeias, a regra africana tradicional não recebeu nenhuma verbalização clara.

Isso está bem relacionado ao fato de que o jurista de profissão é desconhecido àquelas culturas e as línguas africanas não dispõem de uma terminologia jurídica especializada. A razão que se deve pôr na base de uma decisão jurídica (judiciária, ou também individual) é expressa, geralmente, com um vago pro-

---

[39] Verdier (1985, 118, 301; 1984a, 251); Le Roy (1974, 559).
[40] Elias, com sua importante contribuição *The Nature of African Customary Law*, cit., fez um esforço para tranquilizar europeus e africanos, testemunhando a similaridade dos seus sistemas jurídicos. Hoje o trabalho pode ser considerado "datado", precisamente por essa atitude que o inspira.
[41] Alliot (1971); Poirier (1959); Le Roy (1985, 210) Le Roy e Wane (1982, 353).

vérbio alusivo (assim como acontecia, nas origens, com o direito germânico).

Parece-me que existe uma razão mais profunda, que impede a verbalização das regras tradicionais. Já foi notado por muitos observadores – com referência ao direito africano ou com referência ao direito germânico medieval – que a tradução da norma consuetudinária em fórmulas linguísticas claras e precisas anuncia sua esclerotização e, portanto, a sua deterioração. Pode-se tentar fixar algumas premissas linguísticas e epistemológicas[42] úteis para a compreensão do fenômeno.

a) Sobre o aspecto linguístico. As regras não verbalizadas em questão pertencem por definição à comunidade destituída de uma linguagem jurídica sofisticada. As tentativas de verbalização começam com o uso de uma língua erudita, atrelada a conceitos jurídicos técnicos, pouco transferíveis de um sistema para outro. Assim na Idade Média, as *coutumes* francesas, tipicamente germânicas, foram reunidas e verbalizadas com base em categorias jurídicas romanas. Com a posse e a propriedade – *possessio* e *dominium* – descreveu-se a *Gewere* germânica. Desse modo, o espírito de um sistema jurídico é falseado de maneira mais ou menos radical.

b) Sobre o aspecto epistemológico. As doutrinas jurídicas escrevem a realidade jurídica redigindo, ordenadamente, o elenco das circunstâncias de fato, cuja presença aciona determinado imperativo jurídico, ou legitima determinada conduta, ou dá lugar a determinado remédio jurídico destinado a reparar o mal provocado por uma lesão precedente. Onde existe conflito poderá ocorrer que ao sujeito que deve usar sua autoridade para compô-lo seja conferido maior ou menor poder discricionário. Mas as

---

[42] Sobre o tema dos costumes medievais europeus, ver David e Jauffret-Spinosi (2002, 11. ed., p. 42).

bases do discurso jurídico são, de qualquer forma, fixadas quando se define a identidade do fato que dá lugar ao efeito jurídico (as línguas alemã e italiana, com as expressões *Tatbestand* e *fattispecie*, indicam bem essa noção). O próprio "poder discricionário" do juiz, nos casos em que sua existência é explicitada, é apresentado como uma situação jurídica precisa que se refere a ele e que nasce de um caso concreto previamente indicado pela lei ou por outra fonte. Nos sistemas jurídicos semelhantes ao nosso, o critério de decisão se expressa com a fórmula segundo a qual tal fato gera tal efeito.

Os sistemas tradicionais não atribuem ao fato uma ligação tão automática com o efeito. O efeito liga-se, sim, a eventos que o espírito europeu está preparado para considerar elementos do "caso concreto", mas liga-se, também, a eventos adicionais, que um europeu, quanto mais é "jurista", tanto menos está disposto a enquadrar no mundo do juridicamente relevante. Foi observado, com relação ao direito africano autóctone, que o costume certamente pode implicar regras, mas essas regras não raro se limitam a indicar um organismo para definir os conflitos e uma base de discussão. A justiça não encontrará sempre uma regra de mérito aplicável. Sua tarefa é a de realizar uma composição amigável. Aquilo que é justo no ambiente africano é, acima de tudo, o que serve para consolidar a coesão do grupo. Mais do que visar uma aplicação estrita do direito, a justiça indígena apresenta-se como uma instituição de paz; ela quer reconciliar as partes e restaurar a harmonia na comunidade[43]. Essa descrição omite, pudicamente, que a busca do restabelecimento da harmonia é muito mais proveitosa quando não pretende que um poderoso ceda à pretensão de

---

[43] Com esse fraseado David (2002 11. ed., 443) resume a situação, que encontrou representada por Allott e Gluckman.

um pobre coitado, nem que um rico execute a decisão pronunciada a favor de um deserdado. Mas também outras circunstâncias podem influir no resultado do julgamento. Qualidades humanas menos perceptíveis por um europeu – poder carismático ou mágico de uma pessoa, ligações entre o juiz e o réu, halo de simpatia ou de antipatia que circunda quem é parte na causa, comportamento do litigante nos interstícios entre o fato e o julgamento, ou no decorrer do julgamento – podem representar cada qual seu próprio papel.

Se um sistema tradicional é europeizado, mediante a reunião dos costumes e a atribuição da administração dos conflitos a um juiz de mentalidade local mas de estilo europeu, ele fará figurar nos motivos da decisão os elementos do caso concreto aceitáveis pela mentalidade europeia, e omitirá as outras variáveis, a que provavelmente se dobrará sem ter consciência disso. Não é preciso esquecer que a relevância de um elemento de fato opera de maneira independente da consciência que o juiz tem dele: o juiz pode estar consciente, mas pode também não estar, dos elementos que o induzem a determinada conclusão. Mesmo os juristas que se ocupam unicamente do direito "moderno" foram convidados, em nome da ciência, a dirigir sua atenção para as regras jurídicas latentes[44].

Quem faz pesquisa sobre direito africano deve lidar com uma dificuldade menor e superável, mas de modo algum desprezível, concernente à busca dos dados.

As culturas africanas subsaarianas tradicionais não estavam propensas a verbalizar os fenômenos sociais em que estavam imersas.

---

[44] Basta pensar nos aprofundamentos que o realismo jurídico nos oferece a esse respeito.

Americanos e europeus ocuparam-se diretamente da coleta dos dados. Essas pesquisas utilizam quase exclusivamente o diálogo entre o estudioso, que interroga, e o autóctone, que responde[45].

Uma primeira dificuldade depende do fato de que, quando a regra jurídica da pessoa interrogada não é ainda conhecida pelo pesquisador, este último não é capaz de formular a pergunta de modo que ela tenha um sentido para o interlocutor. O que responderia um italiano, que ignora totalmente o direito inglês, a um *common lawyer* que o interpela para saber se o direito italiano conhece interesses protegidos em termos de *equity*, ou como é tratado um *revolving fund*? E as diferenças entre as categorias (implícitas) do direito africano e as categorias do direito europeu são muito mais básicas!

Uma segunda dificuldade depende do fato de que o grau de generalidade e abstração da pergunta formulada pelo europeu não corresponde ao grau de generalidade e abstração que parece natural para o africano. O pesquisador se esforçará para relacionar a pergunta mais a exemplos que a regras. Mas os exemplos construídos pelo pesquisador carecem dos traços que tornam o caso significativo aos olhos de um africano.

Uma dificuldade curiosa depende do fato de que o autóctone poderia formular a resposta não da maneira que julga correta, mas da maneira adequada para contentar o interlocutor, ou da maneira que, segundo ele, facilita a compreensão do dado, ou da maneira adequada para não fazer deturpar aos olhos do estrangeiro a cultura a que ele pertence.

Obviamente, existem temas sobre os quais um africano não se detém com prazer, ou sobre os quais se julga obrigado ao segre-

---

[45] Demonstram uma particular atenção à letra os pesquisadores americanos (não necessariamente africanistas) mais recentes, cujas obras reproduzem com objetivo documental a palavra do autóctone.

do: verdades esotéricas, dados sagrados, palavras inefáveis, discursos que implicam vários tipos de risco.

Técnicas mais ou menos sofisticadas são elaboradas para prevenir os mal-entendidos decorrentes dessas circunstâncias.

15. A língua escrita

A partir de determinado momento, o homem começou a escrever. Certamente, ele escreve desde que criou os grandes impérios do Oriente Médio, da Ásia e dos Andes[46].

O homem pode criar obras literárias sem conhecer nem o alfabeto nem a pictografia. O Antigo Testamento e as obras homéricas foram transmitidos oralmente durante séculos. Isso foi natural, porque o homem teve uma memória adequada para essa tarefa até que a perdeu precisamente pelas possibilidades que a escrita lhe oferece. Por outro lado, o homem não pode organizar um poder centralizado sem ter a escrita. Deve listar os contribuintes e as fontes de lucro tributáveis e anotar quem pagou os impostos. Deve listar os soldados e anotar quem recebeu o soldo. Criado o mecanismo, a expedição do texto escrito cria o "recibo", que incorpora em si uma salvaguarda.

A palavra permite comunicar, a escrita memoriza.

Isso produz efeitos sobre a estrutura da verdade. O que se diz oralmente hoje pode ser verdade hoje e não ser verdade amanhã. Mas o que se escreve hoje não pode ser verdade se não for verdade também amanhã.

---

[46] A escrita que aqui interessa é aquela que chegou a nós, surgida por volta de 3500 a.C. no Egito e na Mesopotâmia (e independentemente surgida, mais tarde, na China, e depois entre os incas e os maias). Isso não significa que as formas embrionárias de memorização mediante sinais não tenham existido também antes. Leroi Gourhan põe a sua autoridade a serviço da ideia de que o Homem de Cro-Magnon (Paleolítico Superior europeu, cerca de 35 mil anos atrás) pintava sobre as pedras sinais coloridos dotados de significados.

Os textos escritos permanecem, é fácil compará-los uns com os outros. A comparação pode gerar a uniformização – na terminologia, na escolha dos procedimentos. A escrita é um fator de homogeneidade linguística e procedimental.

A palavra esmaece o processo cognitivo do homem, voltado para o direito. A escrita esmaece o processo cognitivo do homem, voltado para o direito. Agora a informática poderia mudar algo em nosso processo cognitivo. O jurista sensível dedica-se ao estudo desta última metamorfose[47].

16. O direito espontâneo e a escrita

No tempo de Sérvio Túlio, os antigos romanos viviam segundo os *mores*. No tempo de Constantino, os romanos um pouco menos antigos viviam segundo os *mores*. No tempo do conde Eudes, os parisienses viviam segundo a *coutume*. No tempo do rei Luís, o Bem-amado, os parisienses viviam segundo a *coutume*. No tempo de santo Estêvão, os magiares viviam segundo o costume. No tempo de Francisco José, os húngaros viviam segundo o costume. Mas os romanos do tempo da República, os parisienses ainda não munidos de uma Sorbonne, os magiares há pouco tempo sedentarizados aprendiam o costume observando os fatos e ouvindo as reações verbais aos fatos, ou, no máximo, ouvindo algum provérbio. E vice-versa os romanos do império maduro, os parisienses do Século das Luzes, os húngaros da Restauração aprendiam os costumes por meio das formulações eruditas da jurisprudência clássica, por meio da redação operada pelos sábios, por meio do *Tripartitum* de Werböczy (se sabiam latim).

A diferença é enorme. Tem uma ideia do costume apenas quem compreendeu claramente a distinção desenvolvida acima.

---

[47] Pascuzzi (1997).

Muitas vezes na história o jurista escreveu o costume. Em teoria, o costume, surgido factualmente, não se desnatura em virtude de sua redação: de fato, quando um costume é colocado por escrito, sua validade está na factualidade, e não na escrita. Mas, de fato, o texto em que é redigido o costume carrega-se de toda a autoridade que o redator possui; e o órgão que deve dar aplicação ao costume conhece o costume apenas através da redação. Os procedimentos adotados para a redação, assim como a qualidade e a ignorância dos redatores, podem acabar por substituir um costume factual por um falso costume livresco, fantoche sem alma, sem flexibilidade, sem mutabilidade, esclerosado e caricatural.

A história do direito africano no período colonial põe na vitrine esse fenômeno. O julgamento era confiado ao juiz europeu, e este introduzia na norma africana o criptotipo europeu. Coletavam-se as normas factuais africanas, descurando o dado de que, na África, muitas circunstâncias colaterais ao fato são importantes para a decisão do caso, e nenhum europeu sabe traduzir em palavras adequadas essa relevância das circunstâncias que afloram às margens do caso concreto.

O dado mais significativo é então este: o direito espontâneo não está ancorado em nenhum ponto fixo. Muda repentinamente se mudam as necessidades sociais. O direito colocado por escrito é virtualmente imutável, até o momento em que, com todas as complicações do caso, se realize uma nova redação.

No Paleolítico Inferior, a regra jurídica opera como opera como a regra linguística. Ninguém pode furtar-se ao seu império. Mas no interior daquela sociedade ninguém saberia verbalizá-la. Se os membros mais preparados da comunidade pensam a regra de modo a poder falar dela, pode ocorrer que nasça um provérbio, ou também uma verdadeira formulação. Na Roma dos Augustos, nas florescentes cidades dos Bourbons da França, a regra do "*ius non scriptum*", reunida (e remodelada?) por juristas sábios, é verbalizada. Em qual dos três tipos de costume pensavam Puchta, Gény, Bobbio, quando construíam a doutrina sobre o costume que nos foi dada? Em suas obras, a resposta não é explícita. Sua doutrina é uma predicação sem referências aos vários aspectos do real.

Na casa do antropólogo, o direito não escrito é conhecido como um dado que pode ser explícito ou implícito, conhecido por fórmulas ou inferencial[48]. O antropólogo sabe que massas de direito implícito e inferencial vivem nas culturas com direito não escrito, sabe que elas prosperam, ainda, no direito vivo e aplicado das sociedades de modelo ocidental; sabe que esse direito implícito é mais adequado que outro para exercer um controle profundo na vida social; sabe que esse direito, cotidianamente aplicado, será explicitado como um direito jurisprudencial, de que se fingirá ser direito legal.

17. Significante, significado, referente no discurso jurídico

Uma nova disciplina surge por volta da metade do século passado: a linguística jurídica.

Sob esse nome podemos reunir várias correntes do saber.

Uma escola esforçou-se para estabelecer o que é uma proposição, a qual é formulada para criar uma norma e para dar lugar a um fato de relação jurídica[49].

Uma problemática diferente foi enfrentada pelo movimento para a análise linguística do direito, que se propõe construir uma

---

[48] Rouland (1992a); MacDonald (1986).
[49] São bem conhecidos Austin (1987); Hare (1968); Toulmin (1958); Searle (1969); Habermas (1972); Alexy (1998). Análises sofisticadas mais recentes são atribuídas à escola de Pavia (Conte, Di Lucia, Mazzarese).

linguagem jurídica adequada às necessidades de um conhecimento crítico e preciso[50].

No final do século passado, pesquisas rigorosas voltaram-se para os problemas da tradução (e esse ramo do saber é chamado também, elegantemente, de tradutologia)[51].

A linguística constata as particulares dificuldades com que se depara a tradução jurídica.

A tradução de uma palavra por outra palavra é possível e legítima na medida em que as duas palavras expressam um mesmo conceito. Constitui um caso à parte a hipótese segundo a qual o tradutor tem o poder jurídico de impor aos dois termos a identidade de significado, o que acontece se um único legislador publica em várias línguas uma mesma lei, como ocorre na Suíça, no Québec, na Bélgica e, desde recentemente, na União Europeia.

Ou seja, a palavra expressa uma noção. Se um biólogo, para falar dos linfonodos ou da araucária, recorre a quatro línguas diferentes, ele encontra em todas as línguas bem desenvolvidas uma

---

[50] Devem ser lembrados nomes de italianos: Bobbio (1950; 1955); Scarpelli (1948; 1953; 1959; 1976); Scarpelli e Di Lucia (1994); Jori e Pintore (orgs.) (1975); Mazzarese (1989); Belvedere, Jori e Lantella (1979).

[51] Snow e Vanderlinden (org.) (1995); aqui Crépeau, *La transposition linguistique*; Caussignac, *Quelques réflexions sur une formulation des actes législatifs qui respecte le principe de l'égalité des sexes*; Gémar, *Le langage du droit au risque de la traduction*; Pardons, *Élaboration d'une terminologie française du Common Law*. São relevantes os relatórios apresentados sobre o tema *O problema da tradução jurídica* no XII Congresso da Academia Internacional de Direito Comparado (Sydney, 1986): foram publicados na coleção *Les cahiers du droit*, XXVIII, 1987, Montréal, os relatórios de Beaupré, De Groot, Herbots, Kitamura e Sacco. A ISAIDAT publicou as atas de dois congressos: Sacco e Castellani (org.) (1999), com relatórios de Campana, Didier, Fletcher, G. Gallo, Kasirer, Lundmark, Monateri, Moréteau, Sacco, Snow, Vanderlinden; e Sacco (org.) (2002), com relatórios de Côté, Didier, Gallas, Gémar, Lundmark, Mattila, Moréteau, Sacchetto, Sacco, Sarcevic, Simoni, Vanderlinden, Wainwright. Em 2005 é publicado Pozzo (org.) (2005), com relatórios de Sacco, Monateri, Gerber, White, Fletcher, S. Ferreri, Solan, Graziadei, Hill e King, Pardolesi e Granieri. Uma obra exemplar na área é Vanderlinden (1995).

palavra que indica de maneira correspondente a suas necessidades os conceitos que ele quer expressar. As coisas nem sempre são desse modo para o direito. Os conceitos criados, elaborados, definidos pelo legislador ou pelos juristas de determinado sistema não correspondem necessariamente aos conceitos elaborados por outro sistema. É difícil encontrar o termo francês para traduzir *agent* e *estoppel*, para traduzir *Rechtsgeschäft* e *rechtswirksam*, e assim por diante. Acrescentemos que também no interior de uma única língua literária podemos encontrar muitas linguagens jurídicas. Os austríacos, os alemães e os suíços alemânicos escrevem em alemão. Mas para os austríacos, o *Besitz* é a *possessio* romana (que implica o chamado *animus domini*), para os alemães e os suíços alemânicos, que aprenderam a lição de R. von Jhering, o *Besitz* é o poder físico sobre a coisa, que não implica nenhuma intenção de ser considerado proprietário. Tendo em vista a diacronia, a nulidade italiana era, no século XIX, a invalidade em geral, e a invalidade identificada pelo juiz *ex officio* chamava-se nulidade absoluta, ou nulidade de pleno direito; mas no século XX era nulidade apenas a invalidade que operava *ope legis*; e talvez no novo século o significado do termo esteja mudando ainda uma vez.

Essa volubilidade da língua jurídica é explicada, no âmbito linguístico, com uma constatação inicial. O vocábulo do jurista é um significante, tem um significado, mas não tem um referente. É um performativo. O artigo do código significa e expressa um preceito jurídico, e esse preceito jurídico *não* preexiste ao artigo do código que o enuncia. Se o artigo do código não é escrito, então o preceito não existe. Aquilo que a palavra quer dizer se confunde com a própria palavra. É inútil buscar no mundo externo preexistente à palavra a tal coisa a que a palavra se refere[52].

---

[52] Ver a exposição do tema nos autores citados acima na nota 49.

Essa verdade, que corresponde perfeitamente à nossa experiência primária, é garantida pela adesão daqueles que estudaram o difícil tema. É uma verdade sólida.

Mas talvez seja possível, timidamente, formular no rodapé dessa sólida verdade a proposta de uma reflexão complementar.

Por dezenas de milhões de anos as regras sociais de animais semelhantes ao homem foram mudas. Mudas, mas eficientes, operantes. Por milhões de anos o direito dos homens foi mudo.

Ele era uma realidade normativa, presente no mundo do *Sollen*. E qual era o dado de fato (a fonte) que gerava aquelas regras mudas (o equivalente funcional da deliberação parlamentar prevista para o direito falado de hoje)?

Aquelas regras eram instintivas. O etólogo começa precisamente agora a distinguir quais delas eram e são atribuídas a uma hereditariedade de tipo biológico, e quais eram e são atribuídas a uma transmissão cultural operante, irreversivelmente, no indivíduo muito jovem e superimpressionável, ou qual ocorreu em seguida.

E depois?

Depois o direito mudo consuetudinário foi solapado pelo direito autoritativo, falado; ou foi administrado por juízes sábios, que indicaram com palavras técnicas o conteúdo da regra; ou foi estudado e formulado por doutores dotados de uma formidável capacidade de compreendê-lo. E assim aquilo que permaneceu mudo reduziu-se nas áreas marginais do sistema.

Mas é mesmo verdade que esse direito consuetudinário, biológica ou culturalmente ligado ao homem, desapareceu? Não, o direito mudo está muito vivo:

– porque a norma falada – visível, legível, audível – tem uma cópia oculta, muda, presente no DNA e na cultura do homem;

– porque a norma falada é interpretada por humanos dotados de um DNA e de uma cultura, e o significado da norma falada é fixado, em última instância, precisamente pelo intérprete, precisamente no âmbito da interpretação;

– porque, em qualquer ordenamento jurídico, ao lado da norma falada sobrevivem, pouco visíveis mas muito eficientes, amplas e extensas redes de normas consuetudinárias latentes, chamadas de meios hermenêuticos, conceitos científicos, princípios gerais, valores, criptotipos, direito vivo, *law in action*, e assim por diante.

É preciso observar que essas normas consuetudinárias que sobrevivem ao lado das faladas, essas outras normas mudas que se fazem vivas no momento da interpretação da lei escrita, e essas normas mudas escritas no âmago da psicologia do homem e perfeitamente reproduzidas na norma falada têm sua existência não apenas no mundo das normas e do *Sollen*, mas no mundo daquele *Sein* onde residem as fontes do direito mudo. A palavra dominou, mas não extinguiu, as fontes do direito mudo.

Não quero ir além da observação, nem falar com o tom de quem sabe. Mas gostaria de poder arriscar uma série de três deduções lógicas, apresentadas como puras hipóteses (audaciosas).

A norma tem um componente mudo. Esse componente tem uma fonte no real humano – biológico, psicológico, cultural – comum aos homens de determinada cultura. Quando o jurista se expressa, pode acontecer que sua palavra, significante, esteja em alguma correlação com um referente, presente naquele real humano.

Esse referente liga-se à natureza do homem, que em parte é variável em virtude das culturas e da herança genética, mas em parte é uniforme. Esse referente é a arma com a qual são superadas algumas, não todas, as dificuldades com que se depara o tradutor jurista.

A ideia de um referente poderia nos ajudar a reconstruir melhor o real. Não deve fazer com que o vejamos, de maneira enganosa, mais belo daquilo que ele é.

18. O jurista falante diante do direito mudo

Quando o homem começou a se servir da palavra para as necessidades do direito, ele utilizou a declaração para satisfazer várias necessidades a que não poderia prover com o ato mudo. Se quis fazê-lo, nomeou um herdeiro. Se quis fazê-lo, assumiu um compromisso. Se quis fazê-lo (se era um dominante), deu uma ordem.

Em seguida (quanto tempo depois? não pensamos em tempos breves!) deu um primeiro nome (não ainda muito preciso e técnico) às coisas que tinha feito, e que outros teriam feito depois dele. Falou de testamento, de promessa, de comando.

Aquilo que é falado chama a atenção. Tem uma qualidade "social" mais teatral do que aquilo que é mudo.

Aquilo que é novo chama a atenção.

Aquilo que está surgindo, aquilo que está em formação (o novo uso de testar, de prometer, de comandar) suscita a atenção, o quesito, a explicação, muito mais que aquilo que é estático (o velho uso baseado nos atos mudos, praticados por 2 milhões de anos).

É de esperar que, com a entrada em cena dos atos falados (negociais), com a criação, em virtude desses negócios, de novas relações jurídicas anteriormente desconhecidas, o humano tenha falado amplamente disso; e que, ao contrário, tendo silenciado por milhões de anos sobre as relações mudas, pôde continuar a não falar delas.

Indícios repletos de significado estão a favor da hipótese.

As primeiras grandes tentativas de apresentar, sistematicamente, o direito privado iluminado por uma visão global do ordenamento (instituições gaianas, *Corpus iuris*), e depois todos os tratados doutorais do direito, todas as codificações, atenuam os institutos mudos, praticando um dos três caminhos seguintes.

a) Muitas vezes, os ignoram. Os suíços, os alemães e os suecos atualmente lembram de nos dizer que estamos livres para colher cogumelos nas terras alheias. Essa liberdade não é um produto da Revolução Francesa, nem da Reforma Protestante, nem da pregação cristã. Existe em todo o mundo. Os romanos a ignoraram, os doutores medievais, os *common lawyers*, os *fuqaha* islâmicos a omitiram e a omitem. A regra, espontânea, assegura uma curiosa ultra-atividade à liberdade de coleta, enraizada na cultura paleolítica, dando-lhe uma arma válida contra os zelosos proprietários do Neolítico, agricultores ou pastores, e seus continuadores das eras dos metais e sucessivas.

Por muito tempo o jurista não se pronunciou sobre a sociedade de fato, sobre o abandono da coisa, e assim por diante. A prática italiana conhece a atribuição de terras agrícolas para a construção de uma estrada comum; mas o doutor do direito tapa os olhos para não ver[53].

Toda a nossa vida de relação é ritmada por "aquiescências" vinculantes, por "tolerâncias" não desconhecíveis. Quem de fato se comporta de determinada maneira não pode, em seguida, mudar de itinerário em prejuízo do terceiro que confiou naquilo que viu e ouviu[54]. Quem criou uma aparência não pode desconhecê-la diante do terceiro que depositou confiança naquilo que conheceu[55]. Os antigos romanos não reconheceram essa massa incomensurável de casos concretos de autonomia e responsabilidade, os *doctores* não pensaram que o direito racional tivesse de se interessar por isso, os grandes códigos aderiram à conspiração do silêncio.

A lógica do direito sacrifica o direito mudo.

O homem falante coloca as realidades jurídicas no seguinte esquema: da atividade do Parlamento surge a norma, que a ela se segue lógica e cronologicamente; do contrato surge a obrigação,

---

[53] Sacco (2005a, 158).
[54] Sacco (ibid., 227).
[55] Sacco (ibid., 58, 222).

que a ele se segue lógica e cronologicamente. Ao direito mudo convém uma perspectiva diferente. Quem ocupa dá atuação à propriedade que adquire. Quem pela primeira vez se lança contra o invasor da propriedade pratica um costume e com isso o cria.

b) A figura jurídica muda é relegada ao anonimato reduzindo-se a uma figura conhecida do direito falado. Fulano aceita a proposta do comprador enviando-lhe a mercadoria (sem declarações escritas ou verbais)? Sicrano aceita o mandato cumprindo-o? Beltrano realiza uma mediação? Contar-se-á que está em ação uma declaração tácita. Declaração tácita é uma expressão contraditória, o pudor deveria proibir ao jurista esses jogos de palavra que não podem ocultar a própria insensatez. Mas o jurista prefere o não sentido da declaração tácita a uma honesta referência ao ato mudo.

c) Um último procedimento praticado para empurrar para as margens os atos mudos consiste em conceitualizá-los em correlação com o instituto funcionalmente correspondente do direito falado. Eis, por exemplo, a posse, definida como exercício da propriedade. Eis a conduta geral dos consociados, ou seja, o costume, protótipo de todos os atos mudos, elevado a declaração: D., III, 32, § 1, (Julianus) "[...] Consuetudo [...] pro legge [...] custoditur [...] nam quid interest suffragio populus *voluntatem suam declaret*, an rebus ipsis et factis?".

CAPÍTULO IX

O SOBRENATURAL, O DIREITO, A VERDADE

1. O homem, o sobrenatural e o direito

Em uma data que ele não saberia precisar (nem estava interessado em fazê-lo), o homem começou a deixar vestígios do acesso – por ele felizmente praticado – às coisas que estão ocultas aos seus sentidos[1].

Há 300 mil anos o homem tem algum cuidado para com os seus mortos. É esse um sinal? Fato mais relevante, há cerca de 35 mil anos, o homem pratica artes figurativas[2]. Pinta as paredes de cavernas profundas: é preciso que a escuridão mantenha distante

---

[1] Para o fiel, o acesso às coisas invisíveis é contemporâneo à criação do homem, se a criação foi acompanhada por uma revelação primordial do Criador à criatura. Mas não se pode afirmar que o primeiro homem tenha deixado vestígios de sua experiência relativa ao sobrenatural. A ciência do sobrenatural não proclama uma indicação sobre a identidade daquele primeiro homem. É ele o "primeiro homem" do antropólogo, que fala de *Homo* quando fala de um fabricante de utensílios? Ou a história do homem teológico é mais breve do que a do homem zoológico, e começa com o homem que se comunica com instrumentos vocais evoluídos, ou até mesmo com o homem que pensa com instrumentos lógico-conceituais avançados? Nem sequer Teilhard de Chardin tratou esse tema. Facchini (1990) tem consciência desse problema.

[2] Desde cerca de 35 mil a 10 mil anos atrás, o homem de Cro-Magnon disseminou na Europa, sobretudo na França e Espanha, pinturas parietais de excepcional importância e beleza (grutas de Lascaux, de Pech Merle, de Niaux, dos Trois Frères, do Mas d'Azil, de Altamira etc.), bem como esculturas significativas. Pintura e grafites muito importantes estão presentes também no Saara e em outros lugares.

o olhar profano, já que a pintura produz seu efeito mediante procedimentos que passam para o mundo desconhecido do homem. Estudiosos da Pré-História[3] reconstruíram o valor sobrenatural, o alcance mágico daquelas primeiras pinturas, maravilhosas na história da arte e fundamentais na Pré-história da cultura e do saber.

Para formular uma hipótese, uma transição para um conhecimento do sobrenatural rico e altamente produtivo poderia vincular-se com o início da Idade da Pedra Antiga "Superior", quando os objetos em pedra se diversificam segundo ritmos culturais locais autônomos, quando as línguas se diferenciam, e, sobretudo, quando surgem as artes figurativas. Poderia ser há cerca de 50 mil anos (ou, mais remotamente, há 100 mil anos). O protagonista seria *Homo sapiens sapiens*.

Com a arte figurativa, dotada de finalidade mágica, o sobrenatural está muito presente e bem inserido na vida do homem. O desenho permite criar uma imagem configurada segundo a vontade do artista, e ele poderá depois, influindo sobre o destino da figura, atuar sobre a sorte do sujeito representado. O desenho permite multiplicar a caça e propiciar sua captura.

Algo nos diz que o acesso ao mundo das coisas invisíveis não pôde pertencer em igual medida a todos os membros do grupo. Desde aqueles tempos opera o especialista do sobrenatural: o mago, o xamã, dotados de um poder que os outros não têm. Ele sabe como atrair sobre o grupo proteções e benefícios, por isso pode praticar, vantajosamente, a medicina, a arquitetura, a botânica, a astronomia, a jurisprudência, todas inspiradas em um saber esotérico.

---

[3] O mérito cabe, como é sabido, a um grupo de estudiosos, geralmente franceses. O herói epônimo que os representa, e que – depois dos estudos de Abbé Breuil – lançou as bases e alcançou as metas essenciais dessa linha de pesquisa, foi A. Leroi--Gourhan. Ver Id. (1964).

A homologação do simbólico e do desejado ao real, realizada por meio de procedimentos rituais, permite a feitiçaria (hoje seguramente viva em algumas partes da Itália). Ao dispensador de uma medicina sobrenatural defensiva faz contrapeso o gestor de remédios ofensivos. À magia branca se contrapõe a magia negra, temida e perversa.

Atualmente, a magia floresce à luz do sol na África. Alguns que conhecem bem aquele continente nos dizem que ali o direito nunca é laico: ou é divino (exemplo típico: a *sharia*), ou é sagrado[4]; por exemplo, se pedirá ao procedimento mágico para identificar o culpado ou para identificar quem deve governar o país.

A magia resiste de maneira implícita nos outros continentes. Em vastas áreas as outras formas do sagrado deram lugar à religião, forma culta do sobrenatural. Mas o peso que têm, na mídia, os horóscopos e as previsões, a difusão de serviços dos videntes, de talismãs, e de auxílios de qualquer tipo demonstra que o mágico causa impacto.

A observação da vida cotidiana do homem ligado à cultura ocidental (fiel ou não fiel) revela traços de um passado no decorrer do qual seus antepassados confiavam na magia.

O homem moderno pratica o cumprimento ("bom-dia", "feliz aniversário"), o qual não tem sentido se não se considera que a palavra na origem veiculasse o acontecimento. O homem que pratica o culto dos santos dispõe (para finalidades propiciatórias)

---

[4] A opinião foi expressa de modo unânime no encontro organizado pelo Laboratoire d'Anthropologie Juridique em Paris, de 2 a 5 de janeiro de 1980 sobre o tema *Sacralité, pouvoir et droit en Afrique*. No Laboratoire encontram-se os relatórios de M. Niang, Allott, Oumar Ba, Assane Sylla, M. B. Traore, Agondio-Okawe, Mveng, Y. Ben Achour e Le Roy. O encontro foi preparado por uma mesa-redonda cujas atas foram publicadas e organizadas pelo CNRS, *Sacralité, pouvoir et droit en Afrique*, Paris, 1979. Ver, também, Dika Akwanya Bonambela, *La sphère du sacré en Afrique noire*, Thèse, Paris VII, 1972.

flores próximas à imagem do santo, atribuindo assim relevância à proximidade física (da coisa à imagem) e à semelhança (da imagem ao santo), ou seja, aos dois eixos do processo mágico[5].

Expedientes mágicos são adotados na prática religiosa: o som do sino – ou seja, a percussão do metal contra o metal –, o uso da cor ritual, a celebração do solstício de inverno (adiado para o dia 25 de dezembro por um leve erro de medição) e de verão são claros exemplos disso. A bênção mantém vivos os processos propiciatórios. Os ritos de fertilidade (mais antigos que o pastoreio, porque a fecundidade interessa ao caçador não menos que ao criador) revivem, seja na cerimônia religiosa da bênção dos rebanhos e das colheitas, seja na cerimônia laica por excelência do desfile de máscaras carnavalescas (originariamente destinado a criar uma identificação entre o humano mascarado e o animal de que se cingia a pele à maneira dos mamutones sardos e dos kukeres búlgaros[6]). O mundo islâmico – com diferentes gradações de intensidade nos vários países – adota, adaptando-as ao Islã, visões e práticas de origem claramente mágica.

A partir de certa data, o sobrenatural assumiu em áreas importantes a forma da religião. A ligação mecânica entre a prática benéfica e o efeito favorável, a virtude cativante do xamã sofrem a concorrência (vencedora) de um sobrenatural em que são centrais pessoas do mundo invisível, dotadas de intelecto e vontade, dotadas de imensos poderes superiores, dispostas a acolher as invocações dos humanos.

---

[5] A literatura sobre o sagrado é imensa. Sobre o procedimento lógico que a legitima, pode-se partir de Lucien Lévy-Bruhl (1970).
[6] Sobre as sobrevivências de concepções sagradas e sobrenaturais pré-religiosas no mundo moderno, dispomos de uma literatura importante e dispersa, em parte dirigida ao chamado folclore. Sobre o mundo rural do Sul da França, cf. Bonnet (1988). E por que não reler, a esse respeito, o capítulo VI ("La Masco") da *Mireio* de F. Mistral?

Magia e religião asseguram ao humano maneiras de conhecimento do real, procedimentos para premiar ou punir as diversas condutas, proteções capazes de facilitar um programa de ação. Elas não podiam, portanto, deixar de interferir com a prática jurídica.

O jurista estuda, de fato, o direito canônico e estuda o direito eclesiástico. Ou melhor, no que diz respeito ao direito canônico, ele se pergunta previamente se é o verdadeiro direito.

Certamente, onde aqueles que compartilham uma fé e um culto se organizam, já que a organização de uma comunidade é direito, teremos um direito canônico ou um seu homólogo; e onde o Estado se interessa pelos cultos e pelas organizações de fiéis, teremos um direito eclesiástico ou um seu homólogo.

Mas a organização jurídica dos fiéis e a regra do Estado concernente à vida das religiões não esgotam o tema das relações entre o sobrenatural e o direito.

Há quase um século está esclarecido – contra um difuso preconceito contrário – que o direito distingue-se nitidamente da moral e da religião mesmo nas sociedades tradicionais[7].

Mas o sobrenatural pode oferecer ao direito auxílios de todos os tipos: pode legitimar o poder, pode ditar ou sugerir o conteúdo da norma, pode oferecer motivações para obedecer à norma, pode facilitar a averiguação do fato, pode indicar onde estão o certo e o errado.

2. O sobrenatural e a observância

O direito tem uma raiz extrajurídica: a disponibilidade dos humanos a obedecer. Essa disponibilidade[8] depende de muitos fatores; em particular, ela pode estar ligada ao sobrenatural.

---

[7] O estudo clássico é Malinowski (1926); Id., Introdução a Hogbin (1934); recentemente, Assmann (2002).
[8] Mencionada acima, pp. 153-184.

O xamã do Paleolítico Superior tem acesso aos lugares secretos. Sabe, portanto, quais condutas humanas podem propiciar a vantagem, o sucesso e a prosperidade individual e coletiva. Esse saber lhe permitiria – se ele quisesse – condicionar toda a vida social, exercendo diretamente o poder. Mas o xamã evita as responsabilidades diretas. Sua capacidade de previsão e predição opera permanecendo alheia à elementar hierarquia do poder.

A agricultura e o pastoreio multiplicam as tarefas do sobrenatural porque o saber deve agora revelar as datas das semeaduras e as maneiras de garantir a saúde dos animais (além da dos humanos). Dado que o grupo adquiriu uma consistência notável e crescente, e uma consciência dos próprios interesses comuns, o xamã, até então operando em favor dos indivíduos, de agora em diante se prodigaliza também em favor do grupo no seu conjunto. Fala aos indivíduos e fala ao grupo unificado. Sua palavra qualifica escolhas individuais e coletivas. É verossímil que faça aceitar qualquer regra de conduta, é verossímil que na iminência de um choque armado coletivo sugira a escolha de um chefe.

E passemos agora da Idade da Pedra à Idade dos Metais; ou melhor, à Idade dos Impérios. Já analisamos isso anteriormente (pp. 119-26). Sabemos como a divisão do trabalho enfim se aperfeiçoou e trouxe consigo uma diversificação dos interesses das várias camadas sociais, de modo que só um poder armado pode compor as forças centrífugas e particularísticas. Sabemos que somente uma força mais poderosa do que as armas pode garantir a ordem, ou seja, o poder da cúpula e a obediência da base social.

Algo acontece; algo de grandioso que condiciona o futuro da cultura e do direito.

Uma autoridade é criada. Ela se refere ao cetro imperial e é coordenada por numerosos funcionários institucionalizados. Nasce um direito constitucional, um direito administrativo, um direito penal público, um direito processual aplicável nos tribunais imperiais. A autoridade em questão seria impotente se não pudesse contar com um imponente corpo de soldados, não ligados a nenhuma classe e devotos à autoridade imperial. Por sua vez, os soldados seriam impotentes se as classes fossem relutantes a uma espontânea obediência. E de qualquer modo, os soldados não são capazes de garantir uma ordenada e pacífica atribuição do cetro imperial.

E, de fato, quando as estruturas imperiais se difundiram, da Mesopotâmia e Pérsia para o mundo alexandrino e deste para Roma, e faltou um adesivo capaz de unir as classes sociais e os soldados ao legítimo imperador, o poder coube, a cada vez, ao chefe militar mais hábil em se livrar dos concorrentes.

E então o que pode ter criado na Mesopotâmia, no Egito, na Índia, e depois na Pérsia, aquela disponibilidade das classes à obediência, e o que pode ter induzido os soldados à devoção pelo Chefe e o que pode ter possibilitado uma designação pacífica e ordenada do soberano?

Mencionamos isso às pp. 119 ss. e 159 ss. Agora temos de prosseguir.

Em sociedades de malhas estreitas, como são as que descrevemos, xamãs, magos, adivinhos, feiticeiros poderiam ter se rebaixado e dar assistência aos indivíduos, mas puderam, alternativamente, constituir-se em casta e reclamar a posição que lhes podia caber em uma sociedade carente de saber e de auxílios sobrenaturais.

O sobrenatural torna-se então religião; a teologia toma o lugar do mito. Os sacerdotes – que provêm de diversas origens – devem trabalhar visando a um resultado comum. Tornam-se uma corporação de sábios, capazes de coordenar seus diversos ensinamentos, suas variadas artes sobrenaturais e os vários cultos, de modo que eles se tornem compatíveis e complementares, a ponto de constituir um todo harmônico, subdivisível, mas não contraditório. Tornam-se teóricos de tudo aquilo que é sagrado: o divino, a matemática, a engenharia, a política, o direito, a medicina, a agricultura e as semeaduras. Querem, obviamente, que sua sabedoria seja arcana e o vulgo permaneça distante disso; querem, pelo mesmo motivo, que sua sabedoria – que eles enriquecem continuamente, com sempre novas acumulações – seja subtraída à contestação.

Essa sabedoria adquire as características mediante as quais pode dobrar a conduta dos homens, justificar o poder e convencer a sociedade a aceitá-lo. Quando o homem da doutrina encontra o homem de poder que corresponde às suas exigências, os dois começam a colaborar, e a base da sociedade torna-se estável.

O xamã tornado sacerdote tem credibilidade; é cercado por uma confiança ilimitada. Pede-se que ele faça saber quem, uma vez colocado no comando da sociedade, poderá atrair sobre ela os benefícios provenientes do sobrenatural. Ele emprestará ao chefe da sociedade laica qualidades sobrenaturais, ou o apresentará como um mandatário do poder administrado nos lugares invisíveis. Obedecer ao chefe significa beneficiar-se da graça que ele difunde. Obedecer-lhe é um dever.

Os estudiosos dos grandes impérios aprofundaram o tema. O historiador da religião não aceita a teoria segundo a qual a teologia é o fundamento último de qualquer teoria, doutrina ou escolha política. A ela contrapõe a construção segundo a qual os conceitos de soberania, autoridade, justiça, poder, culpa, lei são concepções políticas que depois se tornam princípios ou categorias teológicas[9]. O antropólogo busca paralelismos entre as formas do pensamento religioso e as visões do direito[10]. O observador que deseja

---

[9] Assmann (2002): a tese é de Carl Schmitt.
[10] Alliot (1980).

manter-se seguro dirá que o sobrenatural ofereceu a um poder político que se autocriou uma legitimação, e pôde fazer isso graças à construção de um corpo de verdades (a esse respeito ver adiante, pp. 270 ss.).

As soluções concretas – como foi mencionado – não são nem uniformes nem repetitivas.

No Egito, o faraó, personificação do deus Hórus, tem natureza divina (mas o universo dos deuses o domina)[11]; como mandatário de Ka (deus criador), ele realiza o *maat*, ordem proposta pela religião, relevante para o direito e para o culto. Um gênero literário *ad hoc* explica que se o Estado decai, a *maat* desaparece, e com ela morrem a capacidade mnemônica, a linguagem e o saber, e simultaneamente a natureza cessa de produzir alimentos, domina a prepotência, os pais e os filhos se matam uns aos outros. A ordem social certamente necessita de um apoio. À sua fraqueza, o Médio Reino responde com o Estado, o Novo Reino responde com a religião. Com a XXI dinastia, no final do Novo Reino, deus torna-se soberano direto dos homens, e o sumo sacerdote torna-se rei corregente (subordinado) do deus. Essa concepção se perde na época ptolomaica.

Na Mesopotâmia as coisas são diferentes. O ato do rei é avaliado (com o critério da ordem divina) e pode ser considerado falível. Obviamente, quem avalia são os homens do sobrenatural.

Encontramos uma solução paralela na China, onde o poder de avaliação é remetido, em vez de ao clero, à casta dos literatos confucianos, conhecedores – também eles – de verdades correlatas a dados não visíveis e firmemente compostos em órgãos coletivos postos no vértice da sociedade.

---

[11] Assmann (2002, 24); Vernus e Yoyotte (1988); Bonhême e Forgeau (1998); Valbelle (1998); Curto (1981, 327-38). Remeto a Assmann para uma bibliografia mais completa.

Permanecendo na Ásia, lembramos de Tenno, do dalai-lama, de Shiva.

A legitimação sagrada exalta o poder e é severa com os seus inimigos. No Egito (mas não apenas no Egito), os inimigos políticos são vistos como inimigos de Deus. Naturalmente, isso significa uma violência mais feroz contra o inimigo[12].

A ordem criada na Mesopotâmia conduz, desde o tempo de Ciro, aos persas e aos seus herdeiros helenistas, para depois difundir-se para as três Romas, e da primeira Roma se difunde para o mundo germânico continental.

Desde Carlos Magno até a Revolução Francesa, os monarcas da Europa se legitimaram graças ao sobrenatural cristão. Nos tempos passados, Henrique IV, imperador, teve de levar em conta a ligação que vinculava sua coroa ao poder papal. Imperadores e rei foram sempre coroados por homens de Deus. E nos tempos atuais? Elizabeth II reina sobre a Grã-Bretanha pela graça de Deus. Humberto II foi rei da Itália pela graça de Deus; mas em 2 de junho de 1946 nenhum italiano pensou em ter de votar na monarquia por uma dívida religiosa: a legitimação sobrenatural do poder se tornara um mero ornamento.

A regra consuetudinária, que opera em virtude de fatos nus, não tem necessidade de legitimação. Justiniano apresentou o Digesto como uma regra consuetudinária, não legitimada de outra forma. Na Idade Média, o Digesto era uma obra de doutrina sem um fundamento nos fatos, e é óbvio, a esse respeito, que tenha sido apoiada em uma legitimação, proveniente, é supérfluo dizê-lo, do sobrenatural. Dante Alighieri está muito consciente do mandato conferido por Deus a Justiniano para que legisle.

---

[12] Assmann (2002, 71).

Há alguns séculos, no padrão ocidental, a legitimação do direito e do poder por meio do sagrado está em baixa. Voltaremos oportunamente a isso.

Fora do padrão ocidental, a legitimação do poder e do direito proveniente do sagrado é normal. E isso tanto na Ásia Oriental como na área islâmica e na África.

No Islã, toda a parte nobre do direito – a *sharia* – é revelada, e o poder é justificado pelo direito. Incertezas podem subsistir sobre a interpretação das regras aplicáveis à seleção de quem deverá ser guia dos fiéis. Mas uma base revelada existe, e o poder não se legitima sem uma remissão aos cânones do Islã[13].

Ao jurista europeu pode parecer obscura a fonte da legitimação jurídica africana. Aqui está em jogo o favor que as grandes forças invisíveis asseguram ao grupo se suas escolhas satisfazem os impulsos que provêm dos lugares ocultos aos homens. O chefe é o depositário visível da grande força vital que anima o mundo, que multiplica as colheitas e os rebanhos, que favorece a fertilidade das mulheres. É evidente que o sujeito privilegiado atrai, ele mesmo, primeiramente, o favor dessas forças; se dotado do poder de comando, atrairá o favor das grandes forças sobre toda a comunidade. Os contatos com a história africana nos mostram, em mais de uma ocasião, fenômenos que podem ser explicados apenas recorrendo ao teorema jurídico (parcialmente criptotípico) que segue: o rebelde que vence tem o favor das forças vitais invisíveis; e, se lhe é dado o cetro do comando, atrai essas forças a favor da comunidade; dispõe, portanto, de uma legitimação mais forte do que a do chefe "legítimo".

Os primeiros missionários que chegaram à bacia do Congo ficaram surpresos ao ver que, nas celebrações das grandes festivi-

---

[13] O dado é muito conhecido para merecer uma exposição. A bibliografia sobre o tema se confunde com a bibliografia sobre o direito islâmico.

dades políticas, alguns soberanos queriam que se sublinhasse que o poder deles era destituído de título, fora da vitória militar.

Todos os reis songais posteriores a Sonni Ali se chamavam Askia (de *A si kyi a*, que significa "não o será"), devido ao grito de contestação que acompanhou a subida ao trono do seu fundador Mohamed Ture, a que se negava legitimidade.

Por outro lado, o direito tradicional dispunha em muitas culturas africanas que o rei tivesse por sucessor aquele, entre os seus filhos, que saísse vitorioso na guerra que teria início com essa finalidade[14].

Nesse clima, na África era estatisticamente normal – no primeiro período da independência (1960-90) – que o poder político fosse conquistado com um golpe de Estado.

A subordinação ao poder não é o único aspecto da obediência ao direito. Quem vive segundo o direito respeita a propriedade alheia, mantém a palavra dada, não agride o próximo e não prejudica os seus bens.

Procedimentos mágicos podem fundar a propriedade. Se a árvore se vinga de quem lhe arranca os frutos, e o xamã divulga esse primeiro dado inicial, aquele mesmo xamã pode revelar ao proprietário – e somente a ele – a fórmula apotropaica que permite escapar à vingança da planta; e com isso a propriedade é capaz de funcionar.

Se aquela visão do sobrenatural conhece o efeito devastador do perjúrio, eis que o juramento poderia também garantir as promessas, ou algumas promessas[15].

---

[14] A prática é difusa. Vejam-se alguns exemplos: os azandes (entre o Sudão e o Congo) estudados por Evans-Pritchard (1976); o reino de Monomotapa e o reino do Congo, estudados por Randles (1979); Gluckman (1977) nos diz que entre os shilluk do Sudão a tomada do poder era precedida por uma batalha simbólica. Os derrotados não sobreviverão. Mas sua qualidade divina suscitará alguns problemas: por exemplo, será preciso matá-los por sufocamento porque o sangue divino não pode ser derramado.

[15] Existe uma rica literatura sobre o tema. A obra principal é Burkert (1996).

Magia e religião têm poder para deter o homem do antidireito, desde que a ameaça da sanção esteja voltada para o fato juridicamente ilícito.

3. O sobrenatural e o conselho ao legislador

O direito muda sem cessar, adota sem cessar conteúdos novos. "Novo" significa encontrado nas vitrines das instâncias sociais, das reivindicações dos grupos, das reflexões do homem de pensamento. Vitrines qualificadas expõem modelos jurídicos – de *ius condedum* – elaborados e patrocinados em âmbito religioso ou de qualquer forma mediante um pensamento dirigido ao transcendente.

Relações de família, práticas voltadas ao corpo do homem, à sua mente e à sua vida nos oferecem exemplos incontáveis da modelação operada no laboratório cuja inspiração é o sobrenatural.

Que o digam a luta pelo divórcio, pela interrupção da gravidez, pela pena de morte, pela eutanásia, pelos núcleos familiares de velho ou novo tipo, pelas intervenções para fins eugenéticos e genericamente genéticos.

Onde um direito é revelado, a sugestão do modelo pode sobreviver a uma legitimação contestada. Em um país islâmico, a *sharia* é revelada; sua legitimação está em *re ipsa*. Mas se o poder rejeita a legitimação que provém do sobrenatural, pode sobreviver a essa derrota o convite para regular o matrimônio, a filiação, a sucessão segundo regras extraídas da *sharia*.

4. O conhecimento dos fatos e das razões

Culpado ou inocente? Recebeu como empréstimo a importância ou não recebeu? Estamos seguros de que o sobrenatural está demasiado distante dos acontecimentos particulares e cotidianos, que transbordam para o foro externo?

O direito deve verificar fatos e identificar remédios. O sobrenatural oferece uma cooperação admirável para todas essas tarefas. Entra-se em comunicação com o mundo sobrenatural e recebe-se dele a indicação desejada: a regra a ser adotada. Adota-se a técnica apropriada e identifica-se o sujeito contra o qual é bom proceder: espelhos mágicos, bebidas eméticas, estátuas capazes de se expressar[16] prestam serviços preciosos. A magia permite averiguar o fato.

A memória histórica do cristão corre, instintivamente, ao ordálio, em especial ao duelo, que ainda por meio milênio depois da conversão dos povos germânicos se mantinha vivo como meio judiciário, e por outro milênio esteve vivo como modo de asseveração extrajurídica da própria versão dos fatos.

Fora da Europa, na África em especial, o sobrenatural está cotidianamente a serviço da reconstrução do certo e do errado.

Nos vinte anos seguidos à independência (1960-80) os africanos optaram pela europeização de seu direito. Mas aquela tentativa foi abandonada. Foram novamente autorizadas as cortes consuetudinárias. Sobretudo, tomou-se consciência do fato de que amplas faixas da população não tinham deixado (nem sob os europeus, nem em regime de independência) de se dirigir aos tribunais consuetudinários. E aqueles tribunais praticam amplamente a averiguação do fato por meio de expedientes mágicos[17].

Trataremos mais amplamente disso ao falar do julgamento como instituto (pp. 393 ss.).

---

[16] Sobre a prova oracular (baseada nas indicações provenientes da estátua do deus) introduzida por volta do final do Novo Reino no Egito faraônico, ver informações em Curto (1981, 338).

[17] A literatura sobre o tema é rica. Para todos, ver Retel-Laurentin (1974); Rau (1976).

5. A comunidade de fiéis

A comunidade de fiéis pode escolher organizar-se com regras humanas ou com regras provenientes do sobrenatural. Pode, também, pensar ser a única comunidade dotada de uma legitimação própria e originária, e de ter autoridade para submeter os estranhos a regras dadas. Poderia aproximar-se desse esquema o modelo social ideal elaborado, mesmo que não realizado, pelo Islã.

Nesse quadro chama atenção o direito canônico da Igreja Católica. Também as outras Igrejas cristãs têm um direito interno próprio. Mas me parece que dão menos importância ao direito como estrutura do social (falo da Igrejas ortodoxas) ou menos importância ao direito como estrutura do eclesial (falo das Igrejas evangélicas).

6. O direito da sociedade laica, voltado às comunidades dos fiéis e ao culto

Quanto mais o elemento religioso tem influência sobre a sociedade, mais a comunidade de fiéis pede para regular, ela mesma, toda a própria vida, os próprios sujeitos, os próprios meios. Em uma sociedade muçulmana perfeita não há lugar para um direito da sociedade laica voltado aos fiéis e ao culto.

Mas se a sociedade é organizada de forma laica, ela terá diante de si duas opções: aplicar às comunidades dos fiéis o direito comum, destinado às associações, às fundações, aos bens, ou criar um direito especial.

As sociedades laicas tirânicas não podem legiferar quando se trata de culto e de comunidade de fiéis. Elas negam a liberdade. Ficariam felizes de negar a liberdade também aos fiéis. Mas temem provocar uma crise de insatisfação, e então recorrem à regulamentação: minuciosa, rígida, vexatória, mas de qualquer modo tolerante. Entre a Primeira Guerra Mundial e a queda do

Muro de Berlim, nós comparatistas, nós sovietólogos evitamos, prudentemente, falar das liberdades religiosas nos países socialistas, para não tornar impossível os intercâmbios culturais com os juristas da área. A única exceção, produto da coragem, dá destaque à Itália e está ligada ao nome de Giovanni Codevilla[18].

Recentemente, foi feita uma crítica à organização corrente desse direito das comunidades de fiéis (ou direito eclesiástico).

Observou-se, antes de mais nada, que ele se dirige a comunidades, a cultos, a modelos de sobrenatural homogêneos em relação àquilo que se encontra na tradição do país que legisla. Se legisla um país católico, o direito "eclesiástico", e as garantias de liberdade que ele traz consigo, dirige-se a comunidades dotadas de ministros, a manifestações cerimoniais, a doutrinas voltadas para a divindade.

De maneira mais aprofundada, observou-se que o fiel muitas vezes encontra na própria fé o marcador cultural por excelência; um marcador que condiciona sua vida voltada para o sobrenatural e sua vida voltada para as coisas terrenas (da maneira de se vestir até as coisas que come), sua vida individual e suas relações com as outras pessoas. Observe-se que pode acontecer que uma fé reconheça determinado número de verdades e de preceitos, e que depois os fiéis construam para si mesmos uma bagagem de crenças, práticas, disciplinas, rituais, que não são ditados pela ortodoxia religiosa, mas são vividos como se estivessem ligados a uma religião. Em outras palavras, frequentemente se fala de religião e pretende-se indicar uma cultura que, de qualquer maneira, considera-se unida à religião.

---

[18] Ver Codevilla (1978) – em quantas bibliotecas universitárias a obra era encontrada?; id. (1996; 1998).

Vislumbra-se nisso o desejo de que as liberdades religiosas se tornem o ponto de partida de um pluralismo jurídico baseado nas diversidades dos modelos sociais e culturais que se conectam à fé[19].

O ponto de chegada é fascinante. A análise leva a considerações e a desenvolvimentos notáveis.

Note-se, entretanto, que a religião é privilegiada como elemento marcador de uma cultura. Isso também pode não causar surpresa. Se aquela determinada liberdade fundamenta-se em uma religião, ela traz consigo um elemento de inviolabilidade garantido por uma Verdade superior. Isso posto, também o homem laico poderia, contudo, pedir uma paralela inviolabilidade para as liberdades teorizadas por uma comunidade (laica) atenta e sábia, e o individualista poderia pedir uma inviolabilidade para as liberdades que correspondem à sua visão pessoal do mundo.

Vamos ao mérito da questão. Se o direito daquela determinada sociedade tolerante conceder ao fiel – fiel religioso, fiel laico, fiel isolado e convicto –, além das liberdades consagradas no direito comum, a liberdade de obedecer aos preceitos, de manter os comportamentos recomendados, ou até mesmo a liberdade de exercer as prerrogativas, que estão previstas no seu credo, os contragolpes atuarão em duas direções.

a) Em primeiro lugar, aquela sociedade tolerante poderia considerar suas próprias idiossincrasias abaladas diante da sujeição da mulher ao poder do homem, diante da obrigação do levirato, da livre poligamia, da antropofagia ritual. Os membros daquela comunidade poderiam sentir como uma deficiência do próprio estatuto a liberdade concedida a outros para realizar práticas cruéis, como, por exemplo, a liberdade de submeter determi-

---

[19] Resumo assim Ferlito (2005).

nadas pessoas (os descendentes de Ham) à escravidão ou de matar estes ou aqueles humanos (basta lembrar do *ius vitae et necis* do direito romano, da etimologia da palavra assassino, dos cultos americanos pré-colombianos praticados por meio de assassinatos de milhares de vítimas humanas).

b) Em segundo lugar, o jurista consideraria um quebra-cabeças a construção conceitual da liberdade, fundada na fé, de negar legitimação ao poder político totalmente laico, e de rejeitar por isso a própria subordinação à autoridade.

7. O sobrenatural e a categoria do jurídico

Os antigos romanos nos legaram um conceito – *ius* –, que nós guardamos e utilizamos proficuamente. É verdade que alguém aparentou a juridicidade com a estatalidade, e assim inovou, criando problemas. É verdade que alguns ampliaram o vocábulo para a área do chamado direito natural, criando outros problemas. Mas, no conjunto, não podemos nos queixar dessa categoria *ius*, que se torna direito, *droit, Recht, law, pravo* etc., dependendo da língua do operador.

Ius, termo amplo, reuniu em si também o direito canônico, sem distinguir entre o direito de fonte revelada divina e o direito de fonte humana. *Ius* reúne em si também o direito injusto. Nós não costumamos duvidar que as regras de Ulpiano são *iura*, ainda que proclamem e patrocinem a escravidão.

Mas essa categoria do *ius* não é um universal.

Os romanos construíram a categoria com sucesso incluindo nela fenômenos inicialmente vistos como díspares: o *fas*, a *lex*, o *ritus*.

Em muitas culturas antigas e modernas, falta uma categoria dotada de uma extensão igual ao *ius*.

Falta nas culturas asiáticas orientais clássicas (chinesas e homólogas). Aqui a atenção do observador contatado pelo europeu deteve-se no direito autoritativo – o *fa* –, e toda a massa do direito criado por aparelhos não autoritativos (sobretudo o direito civil) permaneceu fora da categoria[20].

A cultura islâmica requer uma análise atenta.

Nós traduzimos usualmente o termo *sharia* com a expressão "direito islâmico". Mas nem toda a *sharia* corresponde à nossa ideia de direito, e não apenas a *sharia* faz parte da nossa ideia de direito.

A *sharia* é revelada. O Islã permite a aplicação de normas consuetudinárias, bem como de normas não islâmicas que devem ser destinadas aos infiéis. Mas essas normas não reveladas não podem ser chamadas de *sharia*. O Islã quer que o poder islâmico ortodoxo construa uma *siyasa*, ou seja, um conjunto de normas que, sem contrariar a *sharia*, partindo da oportunidade política, possam garantir a ordem na sociedade, prevendo aquilo que pode colocar essa ordem em perigo. A base da definição da *siyasa* coincide precisamente com a base da definição do *ius*. Mas o muçulmano certamente não chama a *siyasa* de *sharia*. O *qadi*, juiz bem preparado na área da teologia, é o único competente para aplicar a *sharia*. Não se pode dizer que caiba a ele aplicar o costume nem a *siyasa*. Porém o jurista ocidental respeita as regras e compara o "direito" somente com a *sharia*.

A *sharia*, norma revelada, é estudada pelo sábio islâmico com bem compreensíveis preocupações de ortodoxia. Uma prática heterodoxa não merece sua atenção. Observamos de passagem que o islamista ocidental algumas vezes segue essas regras. Percebemos isso quando ele nos explica como é escolhido o chefe da comunidade e quais circunstâncias impedem um matrimônio válido. A luxuriante variedade dos sistemas positivos islâmicos dá lugar,

---

[20] Sacco (1988).

nas ilustrações que o islamista nos oferece, à indicação da prescrição religiosa ortodoxa.

8. A variedade do sobrenatural

Falamos até aqui do sobrenatural como se fala de uma categoria indistinta. Aliás, para algumas finalidades, a distinção não é útil. Formas muito diferentes de sobrenatural podem, igualmente, legitimar um poder ou uma norma. É o caso da magia e da religião.

No entanto, para que a análise seja completa, convém verificar se os vários sobrenaturais se equivalem para todos os fins.

Podemos analisar formas de sacralidade que se expressam em normas imutáveis e estão, portanto, preparadas para intervir no sistema das fontes. Outras formas de sacralidade podem, ao contrário, desencadear imperativos individuais, desvinculados do contexto normativo. O tabu implica proibições generalizadas e permanentes; uma poderosa mensagem onírica pode, ao contrário, fundar um poder ou um dever a ser exercido ou cumprido imediatamente.

Para permanecer em um terreno mais concreto, é útil limitar a análise à experiência religiosa, referindo-se a um Deus ou a uma pluralidade de deuses pessoais, para perguntar se – do ponto de vista da sua relação com o direito – as religiões podem ser consideradas homogêneas.

Para distinguir e agrupar as religiões, eu partiria daquilo que o fiel pede a Deus e daquilo que oferece de sua parte.

Parece possível identificar um primeiro grupo de experiências religiosas, em que Deus concede vantagens terrenas (posteridade, riqueza, vitória sobre os inimigos) e o fiel – em conformidade com um sinalagma – oferece a Deus bens materiais (animais, oferendas). É esse, essencialmente, o esquema da religião de Abraão, da religião olímpica grega, da religião romana capitolina. Em latim

O FAZER, O SABER E AS FONTES DO DIREITO · 271

a *fides*, virtude típica do devedor, é ainda o estado característico do devoto, e sua falta elimina a ligação entre o devoto e o Deus. E o devoto *credit* – ou seja, é credor – em relação à sua invisível Contraparte, sobre cujo cumprimento não são concebíveis dúvidas.

Um segundo grupo de religiões oferece ao fiel vida e salvação eternas, bem como a sabedoria. O fiel deve merecer uma e outra mediante um comportamento adequado. Metamorfoses e transubstanciações impressionantes facilitam a salvação do crente. Este último, muitas vezes, deve aderir a um aparelho dogmático que, nessas religiões, é desenvolvido. Eu colocaria nesse grupo a religião egípcia[21], a religião mesopotâmica a partir dos sumérios, colocaria também o momento da gênese adotado pelos hebreus, colocaria os mistérios gregos e romanos, cujas origens são mais antigas do que as religiões olímpicas, destinadas a rivalizar com eles. Eu veria os hebreus fazendo concessões a essas concepções quando voltam do cativeiro[22]. Pertence a esse grupo o cristianismo, bem menos o Islã.

Outros fiéis se dirigem à religião sem se preocupar muito com as vantagens terrenas ou eternas que ela poderia oferecer. Eles pedem à religião para indicar a regra ética a ser seguida nas circunstâncias em que o fiel se encontra, ou para indicar quais motivações são válidas para as escolhas que o fiel deve realizar toda vez.

---

[21] Em seus milhares de anos de duração, a religião egípcia apresentou aspectos múltiplos e nuanças mutáveis. De qualquer forma, nela predomina a promessa da salvação, dirigida por deuses justos e críveis – Thot, Osíris, o deus Sol; e funciona um tribunal dos mortos totalmente estruturado e claramente descrito. Estamos no campo das religiões da ética e da salvação.

[22] Como se sabe, no cativeiro, os hebreus deportados tiveram contatos significativos com os seguidores das doutrinas persas. Sua visão do monoteísmo, a angelologia, a demonologia, a fé na eternidade da alma e na ressurreição foram influenciadas por essas doutrinas. Os deportados foram guiados por profetas, que confiaram a sua pregação ao salmo. Naquele contexto Isaías, Miqueias, Assuf ouvem Deus repudiar os sacrifícios, as festas, as reuniões, e prescrever a justiça, a piedade, a humildade, a bondade.

A necessidade do fiel, a resposta da religião, a presença de um aparelho dogmático mais rico influenciam o modo como a religião se apresenta, ou pretende apresentar-se, diante do direito? Em relação a esta última pergunta, o itinerário empreendido até este momento não parece levar a metas significativas.

Distinções inspiradas em elementos mais contingentes talvez possam ser examinadas com mais proveito. Fala ao direito a religião que contempla regras de conduta de origem revelada; mas correríamos o risco de nos deter na aparência se disséssemos que essas revelações florescem nas situações criadas pelo sinalagma. Fala ao direito a religião que – por razões ligadas à relação entre Deus e o homem, ou por razões contingentes – exige um poder religioso central bem estruturado e obedecido; desse ponto de vista, as diversas confissões cristãs não têm os mesmos traços.

Talvez as últimas perguntas agora postas suscitaram a expectativa de respostas que depois não se sabe como formular.

As figuras sobrenaturais que interessaram, ensinaram e consolaram o homem são múltiplas e muito diversas. É claro que elas, dirigindo-se ao direito, não falaram a mesma linguagem. Mas é preciso descobrir se cada forma individual de sobrenatural – e, em particular, de religiosidade – esteja mais inclinada, ou ao contrário menos propensa, a pretender do direito a adequação aos seus próprios ensinamentos.

9. O sobrenatural e a qualidade do direito

A teologia pode glorificar o Deus onipotente, dotado de poder total também em relação ao Seu inimigo, pode ver naquilo que é terreno uma obra por Ele desejada para a própria glória, obviamente perfeita, e no homem uma criatura configurada à imagem e semelhança do Criador.

Uma visão teológica desse tipo pode unir-se harmoniosamente com uma concepção especial do direito. O direito – desde que concebido e ditado em conformidade com a inspiração divina, e recorrendo às capacidades concedidas por Deus ao homem – poderia ser um conjunto de normas sublimes; o desvio será indigno do homem ético, a pena jurídica será o instituto que torna efetiva a benéfica ligação entre a norma e o homem.

Mas o discurso teológico pode ser diferente. É o que ocorre se se admite que o Personagem sobrenatural fundamental e ético é contrastado por um Rival, dotado de poderes demiúrgicos – inferiores, mas ainda assim comparáveis aos do Deus primeiro criador. Se se põe essa antinomia metafísica, resta então ver a qual configuração do direito ela se adapta melhor.

Deve-se temer que nosso conhecimento careça de uma linha de pesquisa dirigida ao direito na visão de Zoroastro e, depois, dos seus seguidores próximos e distantes, uma linha de pesquisa dirigida ao direito na concepção de Manes, uma linha de pesquisa dirigida ao direito em todas aquelas reconstruções em que se compuseram, de alguma forma, a ideia cristã e a representação antinômica: da gnóstica à nestoriana, da pauliciana à bogomiliana e à cátara.

O certo é que, se um Deus bom criou somente os espíritos e, ao contrário, tudo o que é material, particularmente os corpos dos viventes, procede de um demiurgo malvado, rival de Deus; se a procriação permite, de forma desastrosa, que um corpo aprisione um espírito; se o poder humano (e a instituição) gratifica a pessoa terrena e corpórea, e não o espírito; se tudo isso é verdade, então não é proibido demonizar o poder terreno e a instituição; e será possível demonizar ainda mais o direito subjetivo, defesa das pretensões egoístas, voltadas para vantagens terrenas (ao passo que, talvez, o dever, mortificante, ligado à renúncia, poderia ser visto como um estímulo à virtude).

Entre os dois extremos são possíveis visões intermediárias.

O homem é criado à sua imagem pelo Deus onipotente e vitorioso. Mas o Rival de Deus tem seu espaço, corrompe o homem (o homem se deixa corromper). O homem – imperfeito – é atraído por aquilo que é bom, mas também por aquilo que é mau; suas obras podem ser inspiradas por Deus, mas também podem ser viciadas pela fraqueza humana. Eis então um direito que é um mal, mas um mal necessário, um mal menor a que se recorre porque em sua ausência o homem delinque e a sociedade é destruída.

Eis, alternativamente, um direito que abstratamente poderia ser perfeito, mas é injusto e desequilibrado, porque a imperfeição humana põe limites à clarividência, à capacidade de justiça e ao discernimento do legislador.

A antinomia metafísica precisa de definições dogmáticas e visões lúcidas, e insere tanto uma como a outra em religiões onde as verdades são claramente formuladas e identificadas. Porém um sentimento próximo à visão antinômica, uma percepção pouco determinada nos seus contornos e por isso vaga, mas todavia densa e capaz de penetrar profundamente nos estados de espírito do homem, pode pertencer também a culturas ou a indivíduos distantes da doutrina de Zoroastro. Esse discurso vale para qualquer concepção marcadamente ascética. Esse mesmo discurso vale para qualquer visão pessimista do homem e para qualquer visão pessimista do direito. O poder e a instituição podem ser vistos como fatalmente opressores. A norma, geral e abstrata, pode ser vista como fatalmente formalista, como preparada em favor de quem souber astuciosamente explorar as cavilações. O exercício do direito pode ser visto como a academia do egoísmo e da indiferença para com os outros. O policial, o carrasco, o soldado, o cobrador de impostos serão vistos como a expressão de um sistema que distingue e contrapõe quem sem mérito prevalece sobre os outros e quem sem culpa sofre[23]. Lembramos que um homem dedicado a Deus, certamente muito respeitoso da autoridade laica, esclareceu que "*rechter Jurist, böser Christ*".

O filósofo, o psicólogo, o artista, o historiador das religiões poderiam interessar-se por esses assuntos, da mesma forma que o antropólogo.

10. O sobrenatural e a verdade

Quando foi posta, pela primeira vez, a contraposição entre o verdadeiro e o falso?

A história nos transmite a lembrança de personagens que foram os primeiros a se aventurar na discussão para excluir determinadas conclusões e admitir outras com base em argumentações. Essa técnica é a maneira para buscar o falso e o verdadeiro; e os personagens em questão foram os sofistas, mesmo que os sofistas afirmassem buscar não o verdadeiro e o falso, mas o demonstrável e o não demonstrável.

O início da distinção entre o verdadeiro e o falso é mais remoto do que a época dos sofistas.

O nascimento de uma doutrina da verdade liga-se ao sobrenatural.

O homem do sobrenatural exerce um poder sobre os membros da comunidade, e acredita-se quando ele fala à comunidade de coisas ocultas, a que só ele tem acesso.

Um dia a sociedade tornou-se complexa e precisou consolidar regras de conduta severas e inaturais (coletas tributárias, subordinações, trabalho forçado), programadas por uma cúpula social abrangente, e precisou fazer com que os soldados obedecessem àquela cúpula.

---

[23] Falando desses temas, o pensamento dirige-se à Tolstói.

É aquele o momento em que toda a pitoresca variedade dos homens do sobrenatural se compõe em uma grandiosa casta sacerdotal que opera de maneira coordenada (ver acima, pp. 119 ss.), e patrocina o poder imperial; e, com esse propósito, deve falar à comunidade e convencê-la.

Para convencer a comunidade, deve-se recorrer a uma Verdade, que adquiriu tendo acesso às coisas ocultas.

Dito de outra forma: quando a magia desorgânica de cada um dos bruxos, magos e feiticeiros é substituída por uma casta organizada de operadores sobrenaturais, esses sacerdotes começam a criar uma sabedoria, ou seja, uma doutrina do sobrenatural que se estende também para tudo aquilo que hoje figura como ciência universitária.

Isso põe pela primeira vez, de maneira consciente, um problema de verdadeiro e de falso.

De qualquer modo, desde tempos imemoriais o homem possuía uma ideia do verdadeiro e do não verdadeiro. Aquele ruído leva aquele caçador a dizer que um javali está próximo. Mas o outro caçador vê melhor e lhe diz que não é verdade. Porém nessas experiências laicas e empíricas a verdade não se institucionaliza.

A verdade adquire características de permanência (aquilo que é verdadeiro é sempre verdadeiro), de relevância social (semeando o trigo na areia, não cresce nada), de transcendência em relação ao homem quando se une ao sagrado.

Quando a comunidade se transforma em império, a verdade se institucionaliza. Distingue-se o Verdadeiro do falso. Distingue-se – algo repleto de consequências – o fiel do cético.

Mentes humanas põem, pela primeira vez, o objetivo de compor um corpo de verdades coerentes e permanentes, capazes de explicar globalmente o real. É então institucionalizada, ao lado da verdade, a figura do erro.

Pela primeira vez alguém tem o poder – sublime e tremendo – de decidir e proclamar o que é a verdade e o que é o erro[24].

A verdade se desenvolve. O sobrenatural derrama sobre os homens dádivas intermináveis. A matemática, a arquitetura, a medicina e a veterinária, a botânica, a astronomia, para não falar da metalurgia e da química, progridem sem cessar. E funda-se com bases sólidas uma ciência do divino, uma ciência da alma e da morte, uma ética.

A verdade deve ser defendida. É preciso preservá-la da profanação. Uma parte dela é, por sua natureza, esotérica. É preciso, portanto, proibir seu conhecimento a quem não está qualificado, ou seja, ao homem comum. Uma parte da verdade é oculta porque reflexões muito válidas suscitam a zombaria dos que não são capazes de apreciá-las, assim como aconteceu com o primeiro a dizer que a Terra é redonda. A verdade deve ser defendida de discussões que servem apenas para criar a dúvida, a incredulidade. A verdade arcana é transmitida do velho para o jovem no interior da casta daqueles que têm acesso a ela, ou seja, a casta sacerdotal. O verdadeiro é imutável, portanto estático, e para ser utilizado deve primeiro ser encontrado em algum repertório adequado, que existe fora e antes do homem, e a que o homem do sobrenatural tem acesso. O eco dessas visões pode ser encontrado em Platão e na teoria, que ele importara das culturas orientais, das ideias que preexistem ao homem e a que o homem tem acesso com uma visitação que lhe reserva o conhecimento do verdadeiro e do real.

---

[24] Assmann (2002, pp. 262-3) põe a distinção entre o verdadeiro e o falso na fase do monoteísmo. O Deus único é a verdade, os ídolos são a mentira, daí decorre a contraposição entre amigo e inimigo. Os exemplos históricos disponíveis (o Egito, a Índia, a Roma dos Césares) permitem, por outro lado, a versão dada no texto, mas também fora da área do monoteísmo.

Uma parte da verdade deve, ao contrário, motivar toda a conduta da comunidade. É preciso, portanto, difundir ao máximo o seu conhecimento.

A verdade deverá ligar-se a palavras precisas e determinadas. Poderão ser palavras obscuras, vagas. Mas deverão ser palavras bem determinadas, porque a verdade é igual a si mesma e a sua formulação deve ser, de qualquer modo, igual a si mesma. Uma garantia mais absoluta dessa identidade da palavra no tempo e no espaço é dada pela escrita. A verdade revelada nasce oral, mas é posta por escrito. E a atenção se concentra no livro, na (sagrada) escritura.

A verdade institucionalizada é a negação da liberdade de pensamento. A escrita é a arma da verdade institucionalizada. Não nos espantemos se o antropólogo vê a escrita como uma forma de subjugar o homem. Ele nos diz que "é preciso admitir que a função primária da comunicação escrita é a de facilitar a dominação; que no momento do surgimento da escrita ela poderia favorecer a exploração dos homens, antes que sua iluminação[25].

Se até 6 mil anos atrás o homem vivia em um estado de (mais ou menos feliz) não saber, há 5.500 anos ele começou a se mover em uma alternativa de não saber ou de conhecer, de maneira esotérica, com uma adesão ao verdadeiro que caminhava paralelamente com a falta de um crivo crítico racional.

Agora são dois milênios e meio completos, algo mudou.

Fora dos impérios do Bronze, nenhum saber considerável pudera acumular-se. O saber elaborado nos impérios era esotérico, arcano e não destinado à exportação. Mas no período de milênios era possível a fuga de notícias. Aliás, teria sido impossível impedir isso.

---

[25] Também Lévi-Strauss, em Charbonnier (1961, 30-1). "Não é a escrita, talvez, apenas uma invenção destinada a melhor subjugar o homem?"; assim Roland (1992a, 196).

Verdades chegam na Hélade. Provêm da Índia e do Egito. Conquistam espíritos capazes de pensamentos profundos, como Pitágoras e Platão. Mas na Hélade o risco que se corre pensando, falando e ensinando é relativo (não devem ser feitas generalizações impróprias do exemplo de Sócrates). E, por isso, os helenos submetem a um crivo lógico os retalhos de sabedoria que caem em suas mãos. Nasce um saber filtrado através da crítica.

Desde então, e ao longo de um período de 2.500 anos, conviveram um saber garantido por uma autoridade e um saber apoiado na crítica. A história do primeiro está ligada à memória de grandes esperanças, de fogueiras, de martírios e de genocídios (o caso de Galileu, nesse contexto, surge como uma desventura muito branda). A história do segundo está ligada à memória de grandes esperanças, de tentativas fracassadas, de ensinamentos universitários asininos, de reconhecimentos negados; e está ligada, também, à lembrança de algum progresso que mudou a face da humanidade e do planeta.

A instituição imperial do Oriente Médio se difunde. Com Alexandre e depois com os romanos, Grécia e Roma fazem parte da área dominada pelo império ou por um império. É um império que, transitoriamente, não dispõe de aparelhos dogmáticos sacerdotais sufocantes. Mas é um império. E o império não cria o clima ideal para a busca da verdade. Talvez a falta de ameaças e de perigos favoreça – em prejuízo de outros interesses – a difusão da aspiração à riqueza[26]. Talvez a presença da autoridade na programação da pesquisa tenha favorecido (nas monarquias helenistas) a única pesquisa aplicada (técnicas militares, agricultura). Alguns testemunhos enaltecem a contribuição que a segurança ligada ao impé-

---

[26] Sobre a paz como perigo: Fuchs (1958, 363); Gabba (1982, 43).

rio pode dar ao saber[27]. Em contrapartida, um grande observador – Plínio, o Velho – traça, com convicção, um quadro pessimista. Quando o império não era universal, as realidades locais, com suas limitações, eram impelidas à pesquisa e à inteligência. A concorrência entre os poderes locais incentivava a profusão dos meios[28].

E depois?

O saber garantido pela autoridade e o saber destituído de garantias que não sejam as da experimentação e da lógica conviveram e convivem. Na cultura ocidental, a verdade revelada limita a própria competência ao conhecimento do sobrenatural e à ética, com exceção de uma presença episódica na área do político, que se concretiza em cada sugestão dirigida ao legislador.

Por outro lado, no momento em que o impacto da revelação sobre o político tornou-se marginal, eis que novos grupos humanos, não diferentes das tradicionais comunidades de fiéis, tomaram posse de uma verdade e a proclamaram; a fé os tornou ativos; eles conseguiram o poder político, começaram a controlar o pensamento dos membros da comunidade, reprimiram o erro e defenderam a verdade.

Esses grupos tomaram a forma de um partido político único, de que se falou acima, pp. 169-72 ss.

11. Sobrenatural e justiça

O direito pode ter uma qualidade, chamada justiça.

A correlação entre direito e justiça fala por si muito mais do que a correlação entre direito e verdade.

Não é fácil dizer qual norma é justa e qual não é, se não se recorre a procedimentos recursórios. É injusta a discriminação,

---

[27] É uma ideia de Políbio. Ver a análise de Berger (1903, 2. ed., 332).
[28] Sobre os excertos da *Naturalis historia* aqui mencionados, ver Lana (1980, 21); Cracco Ruggini (1980, 45); Gabba (1984).

se na origem é aceita a ideia de que o tratamento dos sujeitos em questão deve ser uniforme.

A contraposição entre justo e injusto remonta à origem.

Um elemento fundamental das regras de comportamento dos animais semelhantes ao homem, evidenciado pela etologia animal, é a reciprocidade[29]; a regra transmitiu-se ao homem[30]. E a reciprocidade, anterior ao dever de restituição e de vingança, é a aplicação de uma regra de justiça.

Primatas não humanos respondem de maneira negativa a uma distribuição não equitativa das recompensas. No experimento crucial, alguns macacos capuchinhos castanhos eram recompensados quando executavam determinados exercícios. Os sujeitos em questão rejeitavam recompensas anteriormente aceitas se constatavam que os outros companheiros recebiam prêmios de maior valor por terem desenvolvido tarefas iguais ou mais leves[31].

Diferentemente da verdade, a justiça antecede a palavra, antecede o sobrenatural, antecede a instituição.

A palavra, o sobrenatural, a instituição ocupam-se, todavia, da justiça[32], empenham-se no discurso que concerne à justiça, operam pela justiça.

Mas a relação entre o sobrenatural e a justiça não tem um formato autônomo. É incluída na relação entre o sobrenatural e o direito. Quando o sobrenatural revela, não externaliza um preceito, dirigido ao direito, e uma verdade, dirigida à justiça. Revela um preceito jurídico. Aquele preceito, se se dirige a uma relação intersubjetiva, é justo.

---

[29] Sobre ela: Trivers (1971); Axelrod e Hamilton (1981); De Waal (2001).

[30] Kluckhohn (1959); Gouldner (1960); Lévi-Strauss (1969).

[31] Os cientistas Sarah Brosnan e Franz De Waal conduziram o experimento no Yerkes National Primate Research Center da Emory University. A revista *Nature*, 18 set. 2003, publicou matéria sobre o assunto.

[32] Sobre o tema Graziadei (2004).

Direito e justiça são vistos como paralelos. À norma injusta é, algumas vezes, negada a qualidade jurídica. Com outra reação, na presença do direito injusto, imagina-se um direito não aplicado e justo, "natural" ou "racional".

12. O lugar da arte

Anteriormente, encontramos o homem de Cro-Magnon, o homem de Předmost, o homem do Saara, dedicados às pinturas rupestres e à escultura, e emergiram deduções (ou conjecturas) sobre o impacto da obra figurativa no direito.

O esquema é linear. A obra figurativa (assim como a musical), quando nasce, é mágica. O poder figurativo pertence a um especialista. O especialista tem uma posição privilegiada na busca da verdade e na escolha dos remédios úteis à comunidade (fertilidade da terra, cura das enfermidades). A partir de determinado momento, esses poderes veiculados por conexões com o mundo invisível são exercidos por sacerdotes não alheios à criação de obras figurativas, mas muito convictos de que o resultado invocado e obtido provém de um circuito diferente.

Nesse ponto, quais são as tarefas que restam às representações e à música?

Relembremos um dado. A obra figurativa originária não é produzida por passatempo ou por prazer. É utilitarística, tem finalidades práticas. Quem cria a figura está convencido de criar algo real. Se desenha o homem que golpeia a presa, amanhã o homem golpeará a presa. Se desenha o homem, o boi, a rede dos limites criados com a subdivisão da propriedade até então comum, a arma, e expõe o desenho a um fluxo benéfico (raio solar em alta montanha, por exemplo), o fluxo garantirá a pessoa ou a coisa desenhada.

O contrato com o sobrenatural, a visão do sobrenatural, cria uma emoção viva – que chamamos de êxtase. Não só o oficiante, mas também o beneficiário vive esse êxtase, que é o fundamento psicológico da sua fé no xamã pintor ou músico.

E depois?

Em determinado momento, a representação e a música tornaram-se o acessório, e não o fato central, na produção do prodígio. Desenho e música prestaram-se a falar não apenas do milagre divino, mas também daquilo que fosse de alguma forma sobre-humano (heroico, grandioso, poderoso, vitorioso) ou ligado ao inferno. Foram um símbolo do real sem ser uma realidade. A emoção permaneceu, qualitativamente análoga, mas foi dirigida para o valor sobre-humano (porém não sobrenatural) do fato evocado pelo desenho ou pela música.

Em seguida, a representação laicizou-se totalmente. Mas a emoção permaneceu. A representação e a música são artes. O produto das artes é o belo. Dito de outra forma, a figura e a música geram emoção. O sobrenatural continua a se valer disso, mantém-se em correlação, sabe ter se valido disso desde sempre.

O homem reflexivo estuda o belo e o insere numa teoria. Cria a "estética", a ciência do belo. Mas o livro de estética fala noventa por cento da arte, e não do belo! Sem saber, ele está ligado à figura originária do xamã que pinta. A beleza natural agrada porque estendemos a ela a categoria do belo, surgida no dúplice terreno da beleza artística e da beleza atrativa das pessoas humanas. Mas a filosofia estética trata muito pouco disso.

Na arte antiga, o nu ocupa um lugar que não lhe compete na vida cotidiana do homem. É preciso lembrar então que a arte é celebração, dirige-se aos grandes atos e eventos do devir terrestre. Leroi Gourhan nos mostrou que a gruta de Lascaux deve ser lida como uma celebração do sexo feminino (simbolizado pelos bovídeos) e do sexo masculino (simbolizado pelos equídeos)[33]. O sexo está no centro da operação, que se desenvolve no sobrenatural. As línguas indo-europeias[34], afro-asiáticas e outras dão um sexo a todos os nomes de agente[35], e assim sublinham que a ação é uma prerrogativa do sexo. Em um período da nossa pré-história, o sexo, criador da vida, teve uma consideração especial, em parte por razões naturalísticas manifestas, em parte em decorrência de dados a que os sentidos do homem não podem ter acesso.

Um sobrenatural, em que o sexo tinha uma posição elevada, está ligado, geneticamente, às artes figurativas.

---

[33] Leroi-Gourhan (1964).
[34] Não mais o inglês, que eliminou a diferença.
[35] Os nomes de coisas destituídas de ação e de vida não têm o caso nominativo. Utiliza-se um caso genérico, acusativo; nas escolas, para simplificar, fala-se de caso nominativo (mas assim se empobrece o ensino antropológico que poderia derivar do estudo das línguas).

QUINTA PARTE

OS INSTITUTOS

CAPÍTULO X

AS SUBDIVISÕES DO DIREITO. DIREITO PRIVADO E DIREITO PÚBLICO

1. A categoria direito privado: sua inutilidade, sua qualidade, sua necessidade[1]

Nunca nenhum jurista se deparou com uma decisão judicial que faça o certo e o errado depender do fato de aquela determinada relação jurídica pertencer ao direito privado, ou não pertencer ao direito privado (porque pertence ao direito público ou ao direito penal).

Se porventura uma decisão recorresse à expressão "direito privado", ela o faria para significar que a vontade dos interessados pode dispor livremente do direito que está em questão. Mas as expressões "regra de ordem pública, regra que não toca a ordem pública" parecem mais adequadas para tais finalidades. O art. 6 do *Code Nap.* esculpiu a fórmula "On ne peut déroger, par des conventions [...], aux lois qui intérressent l'ordre public". Está em jogo a ordem pública, o *public policy* (figura linguística que não tem equivalente na língua alemã).

Ordem pública e direito público não podem ser confundidos. As regras sobre a forma dos atos privados são de ordem pública.

---

[1] Sobre a distinção: Kuntze (1889); Walz (1928); Forchielli (1940); Villar y Romero (1942); Savatier (1945); Pugliatti (1964); Allison (1996).

Alguns direitos subjetivos públicos estão livremente disponíveis: o rei pode abdicar; o acusado pode renunciar a um gravame. Direito privado e não privado são categorias estranhas aos problemas de aplicação do direito.

Resta o dado de fato de que direito privado e o não privado ocupam um lugar fundamental no conhecimento que temos do direito; ou melhor, dizem respeito ao cenário macro-histórico em que foi elaborado o mosaico dos filtros conceituais do jurista.

Quem quiser pode enunciar a justificativa lógica da categoria em exame e empenhar-se em indicar seu caráter constitutivo-conceitual. Examinemos, portanto, as tentativas que foram feitas nesse sentido.

Os antigos romanos já se defrontaram com essa tarefa sem exigir que sua definição fosse logicamente impecável. Para eles, o direito privado concerne ao interesse dos indivíduos ("spectat ad singulorum utilitatem; sunt enim quaedam [...] privatim utilia"); e sua explicação sempre agradou àqueles que estudaram o direito nos textos romanos. Porém, dado que o conceito de interesse privado e de pessoa privada não é mais claro do que o conceito de direito privado, os teóricos ligados ao formalismo jurídico e ao controle lógico das definições (caso-limite: a *reine Rechtslehre*, "teoria pura do direito") não são entusiastas disso (é fácil entendê-los).

Seja como for, na definição romana do direito público encontramos um elemento não destituído de importância: tal definição alude efetivamente ao estado da coisa romana ([...] *statum rei romanae* [...]) e essa coisa romana pode indicar um coletivo (aquilo que pertence a todos os romanos) e pode também indicar, de modo significativo, aquilo que pertence ao poder.

Mas essa distinção entre público e privado, inútil e indefinida, é realmente indispensável? É geral? Conhecemos sistemas em que todo o direito é público? Sistemas jurídicos inteiramente privados? Sistemas em que não há lugar para a contraposição?

Nos sistemas socialistas proclamava-se, com base em um dito de Lênin, que todo o direito era público. No manual de R. David lemos que a distinção entre direito público e direito privado não tem lugar na Inglaterra[2].

Mas a constatação da contraposição não pode basear-se nesses dois exemplos. Lênin queria apenas explicar que o cidadão não podia opor os seus direitos ao poder (mesmo sendo livre de invocá-los em relação aos próprios concidadãos). Quanto ao direito inglês, falaremos dele em seguida.

Os sistemas pertencentes à tradição ocidental conhecem – explicitando-a, ou subentendendo-a – a distinção. Utilizá-la não teria sido nem impossível nem difícil aos juristas socialistas, se tivessem se livrado da frase desajeitada de um cientista político.

2. Sociedades sem direito público

Para questionar o valor universal da distinção em exame, convém dirigir a pesquisa para fora do âmbito da nossa tradição e perguntar-nos se os habitantes do deserto do Kalahari, ou da bacia do Alto Orinoco, praticam um direito privado e um direito público. A resposta será negativa.

Nas regiões acima mencionadas, as regras jurídicas constituem um todo único, em que o direito privado não se distingue, de nenhum modo, nem de um direito público nem de um direito penal.

Vários quesitos podem então surgir.

Onde passa a linha de fronteira entre a área em que a distinção existe e a área em que ela não está implantada?

---

[2] David e Jauffret-Spinosi (2002, 11. ed., p. 247, n. 242).

O direito dos povos como os ianomâmi ou os san é privado ou público?

A resposta a ser dada é unívoca. As sociedades referidas por último são de poder difuso. Ali falta um poder centralizado. Não está presente um sistema fiscal, não existem juízes, não se conhece a distinção entre o armado profissional (soldado, policial) e o desarmado. Em seu interior, o poder do chefe não é estendido. Cada família defende (com as armas, se necessário) seja a vida e a integridade física dos seus membros, seja a propriedade do grupo. Se o aparelho de prevenção fracassa, a ordem é restabelecida pela vingança, por isso o direito que regula o sistema das penas é um capítulo do direito privado. O direito que versa sobre o poder de participar das decisões de interesse coletivo é também ele um setor do direito privado[3].

3. O nascimento do direito público

O direito público concernente ao poder político assume a fisionomia que nos é familiar à medida que a divisão do trabalho se instaura na sociedade e que, com ela, se consolida um poder político centralizado. A solução surge nas culturas urbanas, e a encontramos operante onde está em exercício o rei africano divinizado. Mas a encontramos ainda mais arraigada, em sua integridade, nos grandes impérios que se desenvolvem no Egito, na Mesopotâmia, na Índia, na China, no México, no Peru.

Se o antigo direito (privado) se formara de modo espontâneo, a formação do novo direito é obra de uma autoridade.

---

[3] Eis então que a antropologia jurídica, quando se dirige à sociedade sem escrita, encontra o direito privado. Se Miaille em *Rev. Science crim.*, 1990, pp. 867-70, observou que Rouland, em *Anthropologie juridique*, dá a impressão de que a antropologia jurídica diz respeito somente ao direito privado, e se Rouland, em *Droits* (1992, p. 147), concordou com o discurso de seu crítico, a análise leva, ao contrário, a concluir que a escolha de domicílio da antropologia na área do privado é bem natural.

O novo direito regula enfim a relação entre os personagens (imperador e sacerdotes) que se encontram no vértice da hierarquia do poder político, e as pessoas que cumprem as várias funções assumidas pelo poder. Nasce assim o direito administrativo, que, inicialmente, não conhece direitos subjetivos oponíveis ao imperador. Nasce o direito constitucional, que estabelece os procedimentos necessários para selecionar e empossar o novo imperador em caso de vacância e prevê as prerrogativas da casta sacerdotal e dos soldados. Como o poder político deve acionar um sistema de sanções capaz de lhe garantir o respeito e a obediência dos funcionários e do povo, nasce um direito penal público e são emanadas as regras processuais do caso.

Um direito público nasceu assim como nasceu o Estado. A sociedade de poder difuso conhecia um direito espontâneo, a sociedade de poder centralizado sobrepôs a esse direito espontâneo um direito autoritativo. Essa situação cristalizou-se sem outros desdobramentos?

Várias evoluções podem ser pensadas.

4. A China tradicional

Devemos recorrer ainda uma vez ao testemunho de R. David. As duas gerações de juristas que aprenderam no manual o abecê do direito comparado leram ali que na China tradicional o direito – o *fa* – regula apenas a sanção penal e o funcionamento da administração, ao passo que as relações interindividuais privadas se desenvolvem fora de qualquer sistema jurídico, bastando-lhes a regra do *li*, consolidada na vida chinesa pela autoridade da doutrina confuciana[4].

A reconstrução de R. David não deve ser tomada ao pé da letra. Nenhuma sociedade humana – nem sequer a chinesa – pode

---

[4] David e Jauffret-Spinosi (2002, 11. ed., n. 437, 438).

renunciar a uma arquitetura social coercitiva e sólida, que o *Homo habilis* herdou, na origem, dos primatas.

É preciso, por outro lado, lembrar que os chineses não reconheciam a unidade do *fa* e dos outros ramos do direito. Isso não deve nos causar espanto. O *fa* era redigido pelos órgãos do poder, era aprovado pelo poder, e o poder se ocupava, diligentemente, de sua aplicação. As regras aplicáveis às relações privadas desenvolveram-se e evoluíram sem que o poder se ocupasse delas, sem que os profissionais do poder ou do saber as estudassem; elas se reduziam a um direito espontâneo, que funcionava graças a mecanismos sociais ignorados pelo poder e ignorados pelos homens do saber[5].

O direito chinês tradicional constava de duas metades que tinham pouco em comum uma com a outra. O direito público era estabelecido, escrito e aplicado claramente pelos órgãos do Estado, ao passo que o direito privado não era de caráter estatal. O direito estatal legitimava a própria existência em virtude de considerações filosóficas, ou seja, motivando com a fidelidade a uma ordem cósmica bem conhecida dos sábios, cuja relevância estava fora de discussão porque aqueles sábios tinham o poder de dizer a verdade. O direito popular, ao contrário, não invocava nenhuma justificativa oficial, porque o direito espontâneo não usufrui de nenhuma legitimação fora do consenso geral dos interessados.

A ideia unificadora do direito subjetivo era estranha ao direito público e carecia de uma elaboração doutrinária na área do direito privado consuetudinário.

5. Os antigos romanos

A análise a ser feita é diferente para as sociedades que absorveram e reelaboraram os modelos mesopotâmico e egípcio. Detenhamo-nos no exemplo romano.

---

[5] Sacco (1988).

Os romanos usufruíram de um direito público simples – poderíamos dizer rudimentar –, mas o poder imperial dirigiu sua atenção para o direito privado e para os mecanismos institucionais e procedimentais que asseguravam sua aplicação.

A estrutura urbana, que precedera a construção do império, utilizava órgãos judiciários bem estruturados, capazes de assegurar a aplicação de um direito cujas regras estavam claramente estabelecidas. Homens de pensamento laicos conduziram a análise desse direito e construíram a língua técnica necessária para esse fim, e isso permitiu ao direito privado tornar-se objeto de um conhecimento crítico.

O Império, uma vez estabelecido, não renegou nem ignorou o direito privado preexistente. De início, vigiou-se e introduziu nele uma ou outra modificação. Em seguida, institucionalizou o próprio poder de intervenção, incluindo nele o poder de formular por escrito o conteúdo das antigas normas consuetudinárias. Ao mesmo tempo, começou a controlar a aplicação do direito, assumindo o poder de nomear os juízes, de estabelecer os procedimentos, de reexaminar os processos já julgados e inverter suas conclusões.

Nesse cenário, o direito privado começou a viver sob a tutela do direito público.

Em Roma, direito público e direito privado apresentam-se como as duas metades de um único sistema indivisível. Ali o direito privado, nascido consuetudinário, torna-se com o tempo um direito erudito, e ao término do ciclo apresenta-se como um direito verbalizado, promulgado e garantido pelos poderes públicos. A Antiga Roma deixa em legado ao Sacro Império Romano, às universidades, aos bizantinos e ao poder russo a ideia de que o direito privado está correlacionado (ou, pelo menos, pode ser correlacionado) a alguma tarefa do legislador, do Estado e do poder.

Nesse sentido, o direito privado une-se ao direito público, depende dele, é garantido por ele. Mas em outro sentido distancia-se dele, porque naquele âmbito o direito é privado quando domina a igualdade entre os cidadãos livres e adultos, e o direito é público quando o poder, garantido pelo sobrenatural, escapa, sistematicamente, por um motivo ou por outro, ao controle por parte dos cidadãos.

6. A Idade Média

A história conhece os modelos chinês e romano; e conhece também outras soluções.

A ideia do poder absoluto ou quase absoluto, exercido por um soberano laico legitimado pelos personagens do sobrenatural, criou raízes mais ou menos longas conforme os lugares, as épocas e as situações. Paralelamente, o caráter exclusivo do poder monárquico pode ter sido mais ou menos rígido: contrapoderes mais ou menos importantes podem limitar, desgastar ou contrabalançar as atribuições do rei; e o que constitui a riqueza da história do direito é precisamente (nos países ocidentais) a abundância, a vitalidade, a variedade desses contrapoderes (citados acima, pp. 172-6 e 194-8).

A Idade Média europeia conhecia bem as comunidades de aldeia, onde todos são iguais. E naquela mesma Idade Média o cavaleiro, que recebe um feudo como remuneração da promessa de serviço militar, não apenas tem uma parte do poder que compete coletivamente aos armados, mas adquire ainda um poder individual ligado ao feudo.

O feudalismo submetia a dura prova a dicotomia direito público/direito privado. As promessas trocadas entre o soberano e o vassalo desmembravam o poder político central e criavam direitos e poderes, patrimoniais e políticos ao mesmo tempo, em favor de indivíduos decididos a se valer disso para o próprio interesse: "Feudo e poder judiciário são uma coisa só", dizia-se na França.

A Idade Média conhece a distinção entre o privado e o público. Mas a anula. O poder político de um rei ou de um parlamento é regido pelo direito público. A relação de negócios entre dois comerciantes é regida pelo direito privado. Mas os direitos e poderes dos membros das classes admitidas aos serviços e aos privilégios feudais pertencem a uma área cujas características não são nem nitidamente privadas, nem nitidamente públicas.

Aquele equilíbrio de poderes e contrapoderes, de que falamos até aqui, é mais visível na Inglaterra do que no continente. Aldeias, cidades, barões, feudatários opõem à autoridade do soberano os próprios direitos e as próprias prerrogativas. As histórias desse país nos revelam os altos e baixos dessas reivindicações.

O direito público inglês nunca teve o peso do direito público continental. Nesse país, o homem livre conseguira a tempo garantias no plano do direito substantivo e dos procedimentos. A administração estava submetida desde sempre ao controle judiciário. O rei e os colaboradores que ele escolhia só podiam modificar o direito em limites restritos.

7. A sociedade liberal

A Revolução Francesa restabelece a nítida oposição direito público/direito privado com bases fáceis de compreender e por isso aparentemente claras. O Estado suprime os direitos feudais ou os herda.

Na Inglaterra, o Poder Legislativo exerce há dois séculos, de modo evidente, poderes públicos que no passado nunca reclamara e que o rei nunca reivindicara para si. E aquele direito (feudal) que não é de todo privado e não é de todo público desaparece na Inglaterra, assim como na França. Os direitos do nobre perdem aquelas atribuições que faziam dele um poder semipúblico e tornam-se direitos meramente patrimoniais privados. Regras especiais começam a ser criadas em relação à administração pública, sobre a qual recaem enfim novas tarefas, que ela pretende desenvolver atendo-se a uma normativa que não é mais, estritamente falando, *common law*.

Diferenças permanecem entre os sistemas francês e britânico, mas elas não impedem de falar, num ou noutro país, de uma contraposição entre direito público e direito privado.

E a história produz, incansavelmente, mais e mais mudanças. Eis alguns dados.

a) Na Inglaterra, os órgãos do poder político sempre estiveram submetidos ao controle dos tribunais, instaurado para a defesa dos cidadãos. Esse traço implica certo paralelismo entre as duas metades do direito. O cidadão, de fato, pode invocar um direito subjetivo tanto em relação a um indivíduo quanto em relação ao poder político. Regras novas, introduzidas nos países romanistas, conduzem a resultados análogos.

b) O direito público surgiu quando a divisão do trabalho e das funções tornou necessário o estabelecimento das prerrogativas das camadas sociais mais destacadas: ou seja, sacerdotes, militares, nobres, escribas etc. A Idade Média, por sua vez, conheceu o estatuto do eclesiástico, do nobre, do mercador, do servo. Mas o direito liberal, com a regra de igualdade que o acompanha, dissolveu o privilégio da casta.

c) O direito público atribui ao poder a autoridade necessária para legislar e estabelecer quais serão as receitas do Estado e os deveres do contribuinte. Mas o novo direito, que identifica o órgão chamado ao exercício dessa prerrogativa com o Parlamento, distribui entre os cidadãos adultos o poder de participar da escolha dos membros do Parlamento.

d) Convém agora mencionar a nova função da Constituição (seja ela formal ou material).

Enquanto preservou seus traços originários, o direito privado foi consuetudinário, e, uma vez que o costume é a tradução imediata da cultura de determinada comunidade, o que era jurídico parecia também justo, exceto quando as segmentações sociais (que nunca são produzidas somente pelo costume e trazem consigo uma conotação publicística) criavam disparidades odiosas de tratamento entre as castas ou entre as etnias.

Enquanto é consuetudinário, o direito privado não necessita de justificação, bastando para esse fim o consenso dos que o praticam.

O direito público, ao contrário, precisa de uma justificação convincente, porque onera o cidadão com serviços fiscais e militares, mas também com regras administrativas que entram em campo sem que o indivíduo interessado o permita. Essa justificação hoje se situa no âmbito sobrenatural apenas no mundo islâmico. Na tradição ocidental tende-se a encontrar a ideia legitimante em uma concepção política, em valores políticos semelhantes a regras éticas. E, geralmente, confia-se a um órgão do Estado, a Assembleia Constituinte, a tarefa de formular solenemente essa concepção, em que se gosta de ver a nova verdade. A presença de uma Constituição, enquanto justifica a força do poder político, delimita, por outro lado, com rigor, as modalidades de exercício desse poder.

Mencionamos muitas mudanças recentes. Em decorrência delas, passam a existir novas correlações entre o direito público e o privado. O direito privado, que existe desde sempre, é feito para os membros da sociedade, e no decorrer de sua história foi administrado pelo sábio ou pelo poder. O direito público, mais recente, foi instituído para criar um poder político centralizado e para atribuir a este último o domínio sobre a sociedade. Hoje, porém, esse poder e esse domínio estão submetidos a uma série de controles jurídicos.

Em decorrência disso, o direito público, enquanto constrói um poder político centralizado e lhe atribui o domínio sobre a sociedade, submete depois esse poder a controles jurídicos sistemáticos e severos. O direito privado cedeu-lhe as próprias características.

e) Quando o direito público pôs as mãos no direito privado, a legitimação própria do direito público estendeu-se ao direito privado. O sobrenatural garantiu uma e a outra metade do ordenamento. Com adicionais passagens alternativas viu-se a fonte de todo o direito em um sobrenatural laicizado, impessoal (a natureza humana, a razão humana) ou personificado (o rei absoluto); com uma nova passagem, à vontade do rei substituir-se-á a vontade do Estado. Jacobinos, helegianos, leninistas e outros teóricos do Estado-partido oferecerão materiais para dar à ideia raízes filosóficas.

Por último, em uma atmosfera mais favorável à centralidade das pessoas (ou seja, dos cidadãos, dos indivíduos) e de suas escolhas, tende-se a reavaliar a criação social espontânea do direito privado[6] (ao passo que o discurso não poderia ser estendido com igual amplitude para o direito público, mais autoritativo e mais ligado a uma vontade dominante, que o produz).

Essa criação social se expressa nos costumes e nos usos mercantis, manifesta-se nas fontes atípicas que inspiram a interpretação inovadora do estudioso ou do juiz, externaliza-se no jogo de criptotipos notáveis.

Os Princípios de Unidroit são o exemplo de um pensamento não autoritativo, que se propõe como critério jurídico para a solução dos conflitos.

---

[6] Pensadores e filósofos vêm em auxílio do jurista. De Von Hayek a Bruno Leoni.

Essa presença "natural" de elementos não autoritativos, prontos a anular a regra escrita, e difíceis de identificar, é responsável pelo fato de que o espectrograma do direito privado é particularmente rico de formantes contraditórios, acarretando maior complexidade e riqueza à investigação comparatista na área privatística.

CAPÍTULO XI

OS GRUPOS E AS PESSOAS

1. Os sujeitos

No direito, o sujeito óbvio, obviamente presente, é a pessoa física. A pessoa jurídica é o resultado de construções intelectuais, é o modo escolhido para classificar algumas relações e não é dotada de uma existência "natural".

Para o europeu dos nossos dias, o sujeito é a pessoa física *viva*. Poder-se-á discutir sobre o momento em que a vida do sujeito começa e termina, mas o dado incontestável é que existe um nexo entre a vida biológica e a subjetividade jurídica.

Isso não significa que em todos os ordenamentos as coisas sejam dessa maneira. Em muitos sistemas tradicionais, é difícil explicar determinadas soluções sem postular que o morto tenha razões e direitos próprios. Participa das relações de troca, possui, pretende a reparação das injustiças, transmite o nome aos recém-nascidos[1]. A aparição em sonho oferece um dado sensível, que torna evidente a construção teórica. Mesmo personagens sobrenaturais podem ser destinatários de obrigações de fazer e de dar, ou proprietários de bens (o templo presta-se muito bem a essas construções jurídicas).

---

[1] Pode-se notar com curiosidade que Post, em sua obra famosa, onde fala realmente de tudo, não toca no assunto. Referências bibliográficas em Roland (1992a, 202).

Animais podem ter direitos ou estar sujeitos a sanções por suas más ações. E a sanção será infligida após um procedimento judiciário prévio.

A própria Idade Média europeia ofereceu exemplos dessas práticas e dessas construções.

Os sujeitos não têm necessariamente estatutos jurídicos uniformes. O teratomorfismo jurídico deu realmente livre curso às suas fantasias, em sociedades laicas ou teocráticas, acéfalas ou estatais, tecnologicamente primitivas ou avançadas, destituídas de escrita ou de muita sabedoria, para criar disparidades de tratamento, quase sempre repugnantes. O tratamento a ser dado ao sujeito depende da situação do escravo (ou servo, cliente etc.) ou livre, do nobre ou do homem comum, bem como do grau alcançado na hierarquia sacerdotal ou xamânica, militar, política, da etnia de pertencimento (língua, cor da pele, outros elementos somáticos), da casta, do sexo, do grau de instrução, do censo, da religião, da profissão e assim por diante.

Estatutos especiais dizem respeito aos mais novos e, algumas vezes, aos mais velhos.

Algumas das disparidades de tratamento pressupõem sociedades articuladas, complexas e dotadas de uma cultura rica.

Mas não se deve pensar que, recuando no tempo, as diferenças se anulem completamente. Já mencionamos uma verossímil relação entre o início da agricultura e do pastoreio e o nascimento do escravismo, e uma possível relação entre o surgimento da arte, ou seja, das práticas voltadas para o sobrenatural, e o nascimento do estatuto xamânico.

Mas mesmo antes da escravidão e do xamanismo, junto ao homem do Paleolítico Inferior, devemos supor a presença de pessoas "dominantes" no grupo. Encontramos essas pessoas nos pequenos grupos de coletores-caçadores e encontramos seus homólogos nas sociedades animais mais parecidas com as humanas.

O dominante toma decisões que dizem respeito ao (pequeno) grupo, que está subordinado a ele. É obedecido. Goza de privilégios, em várias direções.

2. A pessoa no grupo

Nas sociedades sem Estado, a vida da pessoa está estritamente ligada ao seu pertencimento ao grupo. Aquilo que é necessário para a sobrevivência do sujeito lhe é assegurado no interior do grupo, e para ele seria complicado buscá-lo através da caça individual, da coleta e das trocas. Isso caminha paralelamente com o fato de que os vínculos no interior do grupo são muito fortes. O dado chama a atenção do estudioso, que contrapõe o comunitarismo dos países africanos – onde essas estruturas sobrevivem pelo menos em parte – ao aberrante individualismo da civilização industrial[2].

O indivíduo pertence a uma família, a um clã, a uma linhagem. Se não sabemos a qual grupo ele pertence, não sabemos como funcionam os seus direitos. E esses direitos estão relacionados à posição que lhe cabe no seu grupo de pertencimento, bem como à posição que cabe àquele grupo no contexto mais amplo da sociedade.

A terra, que pode pertencer ao indivíduo, pertence em um sentido mais amplo ao grupo. A responsabilidade pelo crime frequentemente recai sobre o grupo, e não sobre o indivíduo. A realeza pode pertencer a uma família, e poderá acontecer que a regra sucessória seja flexível e indeterminada, desde que o privilégio daquele grupo seja respeitado.

No interior do grupo, a posição dos indivíduos não é uniforme.

Em todos os lugares, a posição da mulher é diferente daquela do homem.

---

[2] Allot (1968, 147 ss.); David (2002, 11. ed, n. 466); Le Roy (1988).

Se olharmos para as culturas que conhecem a agricultura e o pastoreio, constataremos que a sociedade é normalmente estratificada. Distingue-se o livre e o escravo. O escravo do homem poderoso – do rei, por exemplo – pode ter uma posição social proeminente. Distinguem-se, de maneira embrionária ou mais definida, as castas. Podem ser subcastas os açougueiros, os pescadores (em relação a uma sociedade de pastores), os adivinhos (representantes de um sobrenatural lançado no desprezo por uma mais recente visão religiosa requintada), os ferreiros. Ferreiros e adivinhos podem também usufruir, em outras culturas, de estatutos privilegiados. Etnias diferentes podem ter prerrogativas diferentes.

Além disso, constituem segmentações sociais notáveis as classes de idade e as sociedades secretas.

Em alguns contextos, uma forte ligação une todos os pertencentes a determinada faixa etária. A distinção de idade está ligada, de algum modo, à divisão de tarefas no interior da sociedade. Uma ligação também mais forte estreita-se entre os membros da sociedade secreta. Estes últimos tratam-se como irmãos, falam uma língua secreta, são iniciados em verdades esotéricas, asseguram-se ajudas mútuas e estão sujeitos a uma disciplina muito rigorosa, que implica – em caso de desobediência – punições cruéis. As classes têm nomes especiais e usos particulares. Seus membros algumas vezes vivem em habitações comuns e algumas vezes constituem uma comunhão de bens e de mulheres[3].

A sociedade secreta algumas vezes exerce uma influência mais ou menos forte na vida da comunidade. De fato, ela pode organizar agressões e sanções que os membros da comunidade não sabem prever e contra as quais não são capazes de reagir[4].

---

[3] Informações e citações em Post (1906, § 39).
[4] Webster (1908).

Todos recordam a importância dos *Mau Mau* (sociedade secreta) na luta antibritânica pela independência do Quênia.

A entrada em uma sociedade secreta e a passagem de uma classe de idade à outra podem ser marcadas por mutilações ou escarificações de vários tipos, ostentadas ou pouco visíveis.

3. O parentesco

Na sociedade humana, tem-se a percepção do vínculo de parentesco[5]. A invenção do parentesco é um elemento importante do processo de humanização.

Os sistemas de parentesco variam de uma cultura para a outra. Contam-se oitocentos sistemas de parentesco.

Cada um dos modelos mais característicos recebe o nome de uma das culturas onde se encontra realizado. Fala-se, assim, de um sistema esquimó, havaiano, iroquês, sudanês, crow, omahe[6].

Os graus de parentesco são classificados de maneiras diversas nas diferentes culturas.

A investigação sobre sistemas de parentesco considera dados complexos, e para tanto utiliza um dicionário próprio e um sistema de símbolos e abreviações. Ali, *ego* indica o sujeito em relação ao qual o grau de parentesco é avaliado; *siblings* indica, sem distinção de sexo, os irmãos e as irmãs de *ego*; os primos são chamados paralelos se são filhos de dois irmãos ou de duas irmãs, e são chamados cruzados se filhos de um irmão e uma irmã. Pai abre-

---

[5] A bibliografia é ampla. Destacam-se: Morgan (1871); Lowie (1917); Radcliffe--Brown e Forde (orgs.) (1950); Fortes (1953, 17); Kirchhoff (1955); Washburn (1957); Sahlins (1959); Murphy e Kasdan (1959); Leach (1961); Befu e Plotnicov (1962); Aberle *et al.* (1963); Scheffler (1966); Murdock (1967); Lévi-Strauss (1969); Needham (1971); Dole (1972); Fox (1973); Kroeber (1974); Cresswell (org.) (1975); Auge (org.) (1975); Verdier (1983); Héritier (1984); Roland (1992a); Remotti (1992). O parentesco é uma primeira situação de relevantes características antropológicas, daí sua centralidade nos interesses do antropólogo: Motta (2006).

[6] Detalhes em Roland (1992a, 213), e Remotti (1992, c. 215).

via-se Pa. (em italiano), ou F. (em inglês); mãe = Ma. ou M.; irmão = Fr. ou B.; irmã =So. ou Z.; filho = Fo. ou S.; filha = Fa. ou D.; mulher = Mo. ou W.; marido = Mr. ou H. Avô será, conforme os casos, FF., ou FM. A repetição da letra pode ser substituída pelo número. Também a simbologia ajuda o antropólogo. A pessoa de sexo feminino é indicada por um círculo, a de sexo masculino é, ao contrário, indicada por um triângulo (base para baixo); se o sexo não for relevante, a pessoa é indicada por um quadrado ou por um triângulo circundado por um círculo; se o sujeito é falecido, seu símbolo é atravessado por uma diagonal que sai da direita para a esquerda; um segmento vertical indica a filiação, um segmento horizontal indica a relação entre irmãos; o casamento é representado por um sinal de igual, ou por um segmento horizontal a cujas extremidades se unem as extremidades inferiores de dois breves segmentos verticais.

Toda língua possui termos para indicar os diversos graus de parentesco. Mas nem sempre a terminologia é perfeita. Em italiano, o filho do irmão de *ego* – *nipote* [sobrinho-neto] – tem um nome diferente do seu próprio filho – *pronipote* [sobrinho-bisneto], mas tem o mesmo nome do filho do filho de *ego*. Nas várias línguas, a terminologia poderá realizar distinções em razão de novos marcadores: *a*) a geração (avô-pai); *b*) a colateralidade (mãe-irmã da mãe); *c*) o sexo (*neveu-nièce*; mas em italiano as duas palavras têm o mesmo nome, a saber, *nipote* [sobrinho]); *d*) o sexo do parente de união (o irmão do pai pode ter um nome diferente do irmão da mãe); *e*) a origem da relação, que deriva de uma série de filiações ou de um casamento mais uma série de filiações (filho-genro, mas note-se, ao contrário, o valor genérico de tio); *f*) a idade (primogênito-segundogênito; porém a palavra irmão abrange ambos); *g*) o sexo de *ego* (em que o filho e a filha chamam o pai com nomes distintos); *h*) a sobrevivência do parente de união (sogro e genro antes e depois da morte de quem era filha do sogro e mulher do genro); *i*) a polaridade (os dois parentes podem ser chamados de maneiras diferentes, pai-filho, ou, de maneira uniforme, irmão-irmão).

Entre as várias línguas, e no interior de cada língua, podem ocorrer descontinuidades surpreendentes. O vocativo tende a seguir uma terminologia própria. O filho, se fala italiano, dirige-se ao pai (conforme a educação recebida e o próprio temperamento) chamando-o de *padre* [pai], *babbo* ou *papà* [papai], ou por nome. O irmão dirige-se ao irmão pelo nome, mas em qualquer cultura (por exemplo: somali) chama-o "irmão" (*walal*). Dirige-se ao tio-avô chamando-o tio. O primo do pai é chamado de tio (em francês, e não em italiano, o filho do primo é, reciprocamente, sobrinho). No interior de uma mesma geração, ou dirigindo-se às gerações sucessivas (filho, neto), o nome de parentesco não se utiliza e é obrigatório o uso do nome.

O grau fundamental do parentesco é dado pela filiação. *Ego* é filho de um pai e de uma mãe. Para decidir a qual família ele pertence, levar-se-á em consideração unicamente o vínculo com a mãe (família matrilinear) ou com o pai (família patrilinear), ou ambas. De forma errônea, acreditou-se que na família matrilinear o poder familiar coubesse necessariamente à mãe. As coisas podem ser de outra maneira. A criança pode estar sob a dependência do adulto homem parente mais próximo: esse adulto é em geral o tio materno.

Erradamente, pôde-se pensar (há mais de um século) que a sociedade humana teria sido, a princípio, matriarcal e matrilinear. Na realidade, matrilinearidade e patrilinearidade sucedem-se uma à outra de várias maneiras. Na África subsaariana e em Madagascar, os sistemas alternam-se a cada instante.

O caráter pode dominar o sistema de maneira total ou com indulgência. Pode desaparecer, deixando algum traço. As culturas europeias são brandamente patrilineares, uma vez que favorecem a aquisição – por parte do recém-nascido – do sobrenome paterno.

O sistema de acumulação de linhas (como é, de forma tendencial, o sistema ocidental) é genericamente "cunhadício".

Ao lado dos sistemas patrilinear, matrilinear, cunhadício, a fantasia humana imaginou aquele bilinear, que confia às duas filiações funções distintas (por exemplo, no âmbito sucessório herdam-se os imóveis paternos e os móveis maternos)[7].

Na sociedade patrilinear convergem a linha de descendência e a da autoridade. Nas sociedades matrilineares isso não acontece.

Observe-se que o matrimônio pode comportar que o novo casal viva na esfera do grupo familiar do marido, onde o matrimônio é patrilinear, e na esfera de proveniência da mulher, onde o matrimônio é matrilinear.

O parentesco cria genealogias. Fala-se, a esse respeito, de uma linha para indicar todos os descendentes de um ancestral comum vivo, de uma linhagem para indicar os descendentes de um ancestral comum falecido, que existiu realmente, conhecido e lembrado; de um clã para indicar aqueles que acreditam ser descendentes de um ancestral comum desaparecido, legendário ou memorizado através de recordações nebulosas. Ainda mais amplo do que o clã é a fratria.

Até aqui me expressei como se os dados expostos fossem irrefutáveis e totalmente transparentes. Mas os últimos cinquenta anos semearam críticas e tornaram menos nítidas as definições (aqui compreendida a de parentesco)[8].

---

[7] Essa figura foi descoberta por Radcliffe-Brown em 1924 entre os yakö, da Nigéria.
[8] Ver o claro diagnóstico em Remotti (1992, c. 216). Ali são mencionadas as análises de Scheffler, Goodenough, Wallace e Arkins, Service, Dole, e sobretudo aquelas, críticas, de Kroeber, Lowie, Leach, Needham, que estão citadas acima na nota 5.

Intui-se que o dado jurídico da matrilinearidade ou patrilinearidade tenha sido veiculado por situações econômicas, ou por divisões de tarefas, e por outros dados socialmente relevantes[9]. Mas as tentativas conduzidas com a experiência e acuidade para identificar as conexões entre as causas e os efeitos não levaram a resultados aceitos por todos[10]. De qualquer maneira, a patrilinearidade é ligada novamente a um papel mais central desempenhado pelo pai na produção dos recursos.

O parentesco é juridicamente relevante. Mas, no interior de um ordenamento, os diversos graus de parentesco têm relevâncias diversas (por exemplo, nos sistemas ocidentais: para fins do incesto, da obrigação alimentar, da capacidade de dar testemunho, das razões sucessórias etc.)[11].

Falei, até aqui, do parentesco baseado na filiação sem adjetivos, ou seja, da filiação fundamentada na procriação (ou em uma presunção de procriação, que o direito liga novamente ao matrimônio).

Mas agora é preciso mencionar um parentesco eletivo, artificial, voluntário: a adoção[12].

A adoção do filho é muito difundida. É rara a adoção do pai, da mãe, do irmão.

Algumas vezes, a adoção de um filho pressupõe a esterilidade do casal, ou a ausência de sucessíveis, ou a morte de um filho biológico.

A adoção é normalmente cercada por muitas precauções: em algumas culturas, o adotando deve ser íntegro, para que a finali-

---

[9] Ver a resenha em Roland (1992a, 226 ss.).
[10] Godelier (1987).
[11] Dogliotti (1992).
[12] Em matéria de adoção é ainda atual, para uma informação, Post (1908, II, § 27, 90-101).

dade da adoção não falhe (se é doente ou louco não pode cumprir suas obrigações); em outras, a adoção não deve privar da filiação os pais biológicos; é preciso que entre a idade de uma e da outra parte passe uma geração; pode ocorrer que seja admitida apenas no interior da casta.

Conforme as culturas, a separação do adotado da família de origem é total ou apenas parcial.

A adoção terá, muitas vezes, necessidade de uma cerimônia: publicidade (diante da comunidade), parto simulado ou amamentação simulada, mistura de sangue, vestição do adotado com as vestes do adotante, exibição do adotado no colo do adotante[13].

4. O matrimônio

O matrimônio[14] é um ato jurídico do qual nasce o vínculo entre dois cônjuges. Nesse ato, muitos elementos podem variar: os sujeitos, os efeitos, o modo de escolha do cônjuge, as cláusulas, a estrutura do ato, os efeitos.

Os sujeitos do ato podem ser: os futuros cônjuges ou aqueles que têm autoridade sobre o grupo a que pertencerão os futuros cônjuges. No primeiro caso, os sujeitos do ato deverão ser adultos. No segundo, as famílias podem prometer em casamento também as crianças. O objetivo do ato é a criação da aliança entre os dois grupos, e a aliança não necessita da consumação do matrimônio.

Normalmente, o patrimônio implica a intimidade entre os cônjuges e a procriação por obra do casal.

Mas são possíveis exceções a essa regra.

---

[13] Post (1908, II, 100 e n. 7 e 8, 101 e n. 1-5); ali há referências pontuais e bibliografia.

[14] A bibliografia é, antes de tudo, a indicada no item anterior. Acrescente-se Mair (1974).

O matrimônio dos nayar (Costa do Malabar) não implica a intimidade. A mulher (casada quando não é ainda púbere) terá filhos de outra forma. Supõe-se que o marido esteja fora, para a atividade guerreira em que se concretiza a sua tarefa na família. Os filhos estão ligados por parentesco à mãe, segundo os padrões da matrilinearidade[15].

Em outro lugar (para os nuer do Sudão), uma viúva pode casar-se, simbolicamente, com um homem que leve o nome do marido falecido sem herdeiro[16]. Os kikuyu permitem à viúva comprar uma mulher para que ela tenha filhos, que serão atribuídos ao falecido[17]. Nesses casos, o "matrimônio" tem por finalidade dar descendência a um falecido.

Em outros casos, trata-se de assegurar o *status* de mulher casada a uma solteira. Ser-lhe-á permitido casar com plantas ou galhos de árvore, animais ou objetos inanimados. Encontra-se também a ideia do matrimônio com um deus[18].

Ao ter de decidir um matrimônio, a liberdade de escolha sofre, em todas ou em quase todas as culturas, uma primeira limitação bem conhecida. É proibido o incesto. A ciência esforça-se por estabelecer se a proibição está enraizada em fatores transmitidos geneticamente ou se deriva de uma marca cultural; e se a interdição está presente também entre os chimpanzés e os gorilas[19]. Pergunta-se se a proibição fundamenta-se em razões biológicas ou sociais[20].

---

[15] O caso está registrado por Roland (1992a, 236, n. 145), e por Remotti (1992, c. 212).

[16] Roland (1992a, 237, n. 145).

[17] Ibid.

[18] Ver a casuística e a bibliografia em Post (1908, II, § 22, 70, n. 1-6).

[19] Aberle (1963).

[20] Lévi-Strauss perguntou-se se a proibição é posta pela natureza ou pela cultura do homem, e colocou-a no ponto de passagem da primeira para a segunda.

A discussão sobre a natureza da proibição do incesto é um capítulo clássico da antropologia; os autores mais inspirados aventuraram-se nisso. Tem um seguimento importante a hipótese de Lévi-Strauss, segundo a qual a proibição do incesto nasce e subsiste para obrigar o pequeno grupo familiar a se abrir para outros grupos, criar relações de parentesco e, assim, estruturar um círculo humano mais amplo, evitando a subdivisão dos humanos em minigrupos familiares isolados, reciprocamente estranhos, pouco propensos a obras coletivas. É correto constatar que o grande problema não tem, no presente, uma resposta objetivamente certa[21].

Dá-se o nome de incesto, antes de tudo, ao matrimônio ou à união livre, entre o ascendente e descendente, ou entre irmão e irmã. Mas o estímulo para trocar as mulheres do grupo com grupos estranhos (para constituir redes de parentesco mais amplas) pode proibir o matrimônio entre pessoas ligadas por vínculos cada vez mais distantes. A unilinearidade do parentesco irá produzir, aqui, seus efeitos normais: no grupo patrilinear, a proximidade de sangue medida por via materna não impedirá o matrimônio.

A imposição da troca fora do grupo pode conduzir a sistemas sofisticados. Poderá ser estabelecido que o homem do grupo A deve casar com uma mulher do grupo B; os filhos farão parte do grupo D; ao passo que o grupo C será composto pelos filhos de uma mulher do grupo A, casada com um homem do grupo B[22].

No âmbito da etologia humana, sustenta-se – com acesso a informações mais recentes – a tese do fundamento biológico, transmitido geneticamente: Eibl-Eibesfeldt (1993, 173). Naturalmente, isso se choca com as visões de conjunto das tendências behavioristas, que reduzem qualquer instinto à fundamentação ambiental.

[21] O tema do incesto ocupa um lugar muito central na antropologia não apenas jurídica, e originou a uma bibliografia muito rica. Sobre o tema, o autor mais importante é Lévi-Strauss (1969, 5-29). Tratam disso Godelier (1987); Fox (1972, 66 ss.); Aberle (1963); além de Slater, Malinowski, Seligman, Mudorck, Tylor, Fortune, White.

[22] É o caso dos kariera da Austrália. Ver as explicações, e a ilustração de outros sistemas mais complexos, em Remotti (1992, c. 208).

A liberdade de escolha matrimonial está condicionada por prelações de vários tipos. Muitas culturas apoiam o matrimônio entre primos paralelos; outras, mais numerosas, entre primos cruzados.

Não é raro o levirato, em virtude do qual a morte prematura do marido impõe ao segundogênito do falecido tomar o seu lugar (os novos nascidos serão filhos do falecido). Ao levirato corresponde o sororato; ele comporta que, morta prematuramente a mulher, a filha mais nova da falecida a substitua na relação conjugal.

Com frequência encontra-se a proibição de casar pessoas totalmente estranhas ao grupo ampliado. Um regime de rigorosa exogamia coincide com um vínculo largamente endogâmico.

O matrimônio envolve, antes de tudo, um marido e uma esposa. Mas, conforme as culturas, qualquer pessoa pode contrair um único matrimônio na vida (isso implica proibições de núpcias para o viúvo), ou não pode estar ligada a mais cônjuges contemporaneamente, ou não pode, ao contrário, ter um número maior de ligações. As regras podem ser muito diversas para os dois sexos.

O vínculo matrimonial pode ser totalmente indissolúvel ou até a morte de um cônjuge, ou pode ser resolúvel na presença de determinadas circunstâncias, ou, enfim, pode estar à mercê do cônjuge. Também aqui o poder de dissolução pode ser atribuído com amplitude diferente às duas partes.

Nem sempre a morte elimina todos os efeitos do matrimônio. O levirato e o sororato oferecem um testemunho desse fato. Mas, a vigência do matrimônio para além da morte do marido é automática quando os filhos da viúva são imputados sem limites de tempo ao marido[23].

---

[23] Às vezes, através de curiosas suposições sobre a duração anormal da gestação. O subentendido da regra é que o preço pago para a aquisição da esposa é depositado para a aquisição dos filhos dela, e esse efeito é o parâmetro da atividade reprodutiva da mulher, e não da do marido.

O matrimônio pode implicar, ou não, que um dos cônjuges deixe o próprio grupo e comece a fazer parte do grupo do outro (não faz muito tempo, a europeia que se casava com um estrangeiro europeu adquiria a cidadania do marido e perdia a própria). Isso poderá trazer várias consequências.

Tomemos como exemplo uma sociedade patrilinear e patriarcal, em que a esposa ingresse no grupo do marido. Os frutos de seu trabalho e de seu ventre pertencerão ao marido ou a qualquer membro do grupo do marido; por outro lado, para se alimentar, se vestir e satisfazer as outras necessidades, ela usará os recursos do marido ou do grupo do marido. A primeira constatação sugerirá ao grupo da esposa a substituição da mulher por um preço ou por outra forma de pagamento[24]. A segunda sugerirá, ao contrário, ao grupo do marido a exigência que uma cota dos bens do grupo da mulher seja desincorporada do patrimônio e seja destinada, durante a vida da mulher, ao seu sustento (dote). A ideia de que a mulher produz, e de que aquilo que ela produz a mantém, não parece preceder a civilização industrial.

O matrimônio em geral necessita de uma cerimônia, da qual podem participar, ou também dominar, elementos visivelmente simbólicos (vínculos, tomadas de posse, uso comum de um objeto) ou outras ritualidade (banquete com participação unânime da comunidade)[25]. Às vezes, a festa nupcial é a ocasião para atos levianos de liberalidade.

---

[24] A palavra preço assusta muitos estudiosos, os quais sublinham que a indenização obtida pelo grupo da esposa é a medida da consideração em que a mulher é tida na família, é a compensação pela perda sofrida pelo grupo. Mas o preço é exatamente a medida da consideração em que o alienante tem o bem objeto do negócio, é a compensação pela perda sofrida por parte do vendedor. Preço não é um termo desrespeitoso.

[25] Casuística e bibliografia em Post (1908, II, 62-3, § 22). Reflexões em Rouland (1992a, 239).

Já antes do matrimônio podem ser relevantes ritualidades, mais, ou menos, cerimoniais, que exteriorizam a corte. A corte aceita pode desembocar em um acordo preliminar, com o qual se estabelece o futuro matrimônio.

O matrimônio cria a família, estrutura dominada por regras de que se falará no tópico seguinte.

O matrimônio determina o *status* dos filhos.

E a criança nascida fora do matrimônio?

Pode ocorrer que a gravidez seja interrompida ou o recém-nascido seja morto, pode ocorrer que se dê à criança um pai fictício, pode ser que a mãe indique o nome do pai. O que foi mencionado agora vale se a mulher é solteira. Se ela for casada, o filho é considerado, de qualquer maneira, uma vantagem, e essa vantagem pertence ao marido da mãe. Em algumas culturas, a heterofecundação é permitida e desejada pelo marido que pretende obter uma descendência[26].

5. A família

Do matrimônio e da filiação nasce a família nuclear, instituição universal, que satisfaz determinadas necessidades sexuais, econômicas, reprodutivas, educativas[27].

Onde existe a família existia, e em larga medida subsiste, a divisão das tarefas (tão acentuada, que a vida do solteiro é às vezes repleta de privações e de carências), e existe o cuidado do sujeito em tenra idade por parte dos adultos.

Entre as tarefas, que é necessário distribuir, figuram a defesa, a caça, a criação de animais grandes, a agricultura praticada submetendo animais grandes ao arado. Figuram a coleta, a criação dos animais pequenos, a horticultura, a confecção de roupas (com-

---

[26] Informações em Rouland (1992a, 242).
[27] O grande teórico da função da família é Murdock (1967).

preendida a fiação e a tecelagem), a preparação dos alimentos, o cuidado das crianças, o cuidado do fogo (que deve ser prestado sem interrupção). A primeira série de tarefas cabe ao homem, a segunda, à mulher.

A reciprocidade dos serviços que são prestados sugere a convivência do casal.

À regra da convivência fazem frente relevantes exceções: os axantes (de Gana) permanecem nos respectivos grupos de parentesco (os filhos levam a comida para o pai)[28]; falei dos nayar no tópico anterior; aqui e ali encontramos uma convivência limitada a algumas horas do dia[29].

A convivência implica a escolha de uma residência comum.

A esse respeito, distinguem-se várias soluções, de acordo com as várias culturas.

A residência pode ser patrilocal (o casal instala-se com os parentes patrilineares do marido), ou virilocal (o marido fixa uma residência reservada para o casal), ou matrilocal, ou uxorilocal, ou ainda avunculocal (o casal vive com os irmãos da esposa). Pode, depois, acontecer que o marido não vá morar com a mulher e os filhos (nuer, nayar, como foi dito), e se fala então de residência natolocal; em alguns sistemas o casal pode escolher entre duas ou mais opções.

Na família tradicional, o poder é tendencialmente masculino. A igualdade é praticada entre os tuaregues, os andamaneses, os pigmeus e em outras culturas; mas as culturas machistas são predominantemente mais numerosas. Na sociedade com base matrilinear, a mulher – subtraída, em vários setores, às decisões do marido – está sujeita, de maneira simétrica, às escolhas dos próprios irmãos.

---

[28] Informações em Remotti (1992, 212).
[29] A casuística encontra-se no inesgotável repertório de Post (1908, II, 75, § 23).

O machismo na família predominou desde sempre (o gorila e o chimpanzé praticam essa mesma solução). A paridade de direitos tende a se difundir há pouco tempo (e encontra resistências encarniçadas em culturas difusas e capazes de condicionar o direito de comunidades políticas muito importantes; basta pensar na regra islâmica).

Entre os cônjuges, normalmente está presente uma obrigação de fidelidade recíproca. Mas há vários tipos de exceções: eis o empréstimo do cônjuge, como complemento da hospitalidade ou como fonte de um laço social; eis os momentos de promiscuidade no interior de toda a comunidade, por ocasião de acontecimentos excepcionais (desgraças, doenças, festas especiais). A fidelidade não se entende violada quando a defloração da esposa é confiada a outras pessoas (de alta classe: chefes, sacerdotes), ou quando os membros da família do marido têm, por várias razões, direito de acesso à esposa.

A violação da obrigação de fidelidade pode ser vista com maior ou menor severidade, de acordo com as culturas. Frequentemente, é julgada muito mais grave se a culpada é a mulher.

6. A sucessão

Os pontos de vista do direito sobre a circulação dos bens em vista da morte ou do envelhecimento do sujeito[30] podem estar muito distantes um do outro, dependendo da maneira como se concebe a relação psicológica do proprietário com o bem, da extensão da categoria dos bens, da estrutura do pertencimento do bem, da importância que se atribui a cada um dos laços familiares ou sociais.

Esporadicamente, encontramos que o proprietário morto persegue quem se apropria das suas coisas; elas serão, portanto, des-

---

[30] A bibliografia é a mencionada no item 3. A ela se acrescenta, com relação aos modelos ocidentais atuais, Zoppini (2002), bem como a bibliografia pertinente.

truídas, ou enterradas com o morto, ou abandonadas para ser saqueadas, ou distribuídas a estranhos[31].

Se o subjacente à propriedade é a destinação dos proventos do bem ao grupo, a sucessão não terá como objeto as vantagens que derivam da coisa, mas uma propriedade concebida como poder de gestão, que será exercido (espera-se) em proveito de todos. Nesse caso, não se pode dizer que a sucessão será postergada até a morte do titular. Quando as idades comparadas do herdeiro ou do *de cujus* levam a pensar que a gestão do herdeiro será mais eficiente, providenciar-se-á a mudança. Se a propriedade é individualista, poderemos, de qualquer modo, encontrar que o patrimônio do pai se divide para atribuir uma cota ao filho tornado adulto e capaz de formar uma família (o filho pródigo da parábola, quando quis viver por conta própria, pediu ao pai a parte a que tinha direito).

Sucede-se nos bens materiais, em funções sociais (chefe da linhagem, chefe da terra, feiticeiro, curandeiro), às vezes herda-se uma fração da família (esposas, filhos)[32].

Falando da sucessão nos bens econômicos, notamos que não necessariamente está presente uma herança, formada por todo o patrimônio do morto. Os bens podem distinguir-se segundo a origem (por exemplo: procedência da família do pai, da família da mãe), e segundo a qualidade do bem (com frequência a terra tem um regime especial).

O mecanismo da transmissão pode ser influenciado por muitos dados.

Pode acontecer que o título da aquisição esteja no grau de parentesco com um pré-morto. Assim, pode acontecer que, uma vez morto A, e sendo-lhe sucedido B, filho primogênito, à morte de B não suceda C, filho de B, mas suceda D, segundo filho de A.

---

[31] Post (1908, II, § 39, 127).
[32] Rouland (1992a, 224, n. 139).

Pode, ao contrário, acontecer que suceda o parente próximo do último proprietário. Mas nem todos os parentes serão colocados no mesmo plano. Em um grupo patrilinear, evitar-se-á atribuir às mulheres direitos herdados que vão além do usufruto, por temor que elas, casadas fora do grupo, transmitam seu patrimônio a um filho, estranho à comunidade.

Com todas essas ressalvas, a sucessão se abre em favor do descendente próximo (às vezes, pede-se que seja adulto). Em concurso com eles ou na falta deles, não raro são admitidos à sucessão os colaterais, os ascendentes e os cônjuges.

Pode acontecer que o herdeiro seja escolhido, em vida, pelo titular do bem (testamento), ou seja indicado pelo adivinho, ou seja selecionado mediante um torneio.

Frequentemente, a sucessão por causa de morte é um fato jurídico ligado a um fenômeno muito amplo. O herdeiro é obrigado a serviços cultuais que asseguram ao falecido uma vida ultraterrena mais serena. A aquisição do patrimônio hereditário é apenas uma manifestação do *status* de quem pensará nas necessidades do *de cujus*, e a preocupação de quem pensa na própria morte está totalmente voltada para a necessidade de se garantir um herdeiro, ou um grande número de herdeiros, fiéis e confiáveis.

CAPÍTULO XII

OS BENS E OS SERVIÇOS

1. O pertencimento do bem

A relação que o humano institui com a coisa[1] garante ao homem – em todas as culturas – a solução dos seus problemas econômicos. Mas para reconstruir, fielmente, a natureza dessa relação não devem ser negligenciadas as relações extraeconômicas do grupo humano e do homem com as coisas.

Correlacionadas às relações com as coisas, e fundamentais pela sua importância, estão as relações com os espaços. No que se refere à propriedade imobiliária, a proibição de se intrometer no espaço sobrestante tem como ponto de referência direto mais um espaço, um lugar, do que uma coisa. Vemos como em um conjunto indistinto o poder sobre a coisa material (sobre o campo culti-

---

[1] Sobre o tema destacam-se os autores franceses. Ver, empenhados nas explicações: Verdier, Rochegude e Bachelet (orgs.) (1986); Verdier (1963); Le Roy (1982; 1983) (o mesmo autor escreveu outros volumes publicados ou reproduzidos de outra maneira, todos muito interessantes; eles se encontram reunidos no Laboratoire d'Anthr. jur. de Paris); Rouland (1992a, 244 s., 278 s.); Moruzzi (1983). Mais descritivos, Meek (1946); Le Bris, Le Roy e Leimdorfer (1982); Crousse, Le Bris e Le Roy (1986); Le Bris, Le Roy e Mathieu (1991). Sobre os sistemas ancestrais de propriedade fundiária, examinados detalhadamente, ver: Meek (1951, 9); Beattie (1954a, 18; 1954b, 178); Dobson (1954, 80); Guttman (1956, 48); Blanc-Jouvan (1964, 333); Hughes (1964, 3); Maquet (1967); Klausberger (1971, 129); Brown (1972, 355); Mac Cormack (1983, 1). Para evitar tantas confusões, ver Grossi (2006).

vado, sobre a pedra lascada) e o poder sobre a área e sobre o espaço (reserva de caça ou de pesca, direito de cobrar um pedágio de quem passa, direitos superficiários). Alguns peixes observam (e impõem aos coespecíficos) a proibição de se aproximar a menos de determinada distância do interessado. Cria-se, assim, uma reserva de exploração que tem como bem-objeto um espaço; o direito à coisa é apenas eventual, e é apenas um corolário do direito sobre o espaço.

A coisa pode servir para necessidades extraeconômicas e pode ser atingida por uma destinação extraeconômica que domina o homem e o condiciona. Quais poderes jurídicos tem o homem sobre a árvore, sobre cujos ramos sentam-se – invisíveis – os antepassados? Mesmo nas culturas ocidentais, o regime da sepultura é diferente daquele de um casaco.

A destinação extraeconômica pode levar mais longe.

No direito religioso, o aspecto econômico da propriedade sobre uma igreja em que se localize o culto de uma santa milagrosa, situada em um ponto que favoreça, a favor da comunidade do vilarejo, a proteção proveniente do sobrenatural, e utilizada (como se costumava fazer em séculos passados) para recolher os restos mortais, não está sujeita às mesmas regras adotadas para uma propriedade econômica. O poder de governo sobre o bem cabe a um personagem bem qualificado do ponto de vista religioso; esse personagem não pode mudar, repentinamente, a destinação do bem; a destinação do bem envolve os interesses de toda a comunidade, ou seja, de todos os vivos e (se por um momento abandonamos o tecnicismo jurídico a que estamos acostumados, e damos livre curso a reconstruções intuitivo-sentimentais) de todos os mortos. Aos direitos da coletividade, a que é devido o respeito da função realizada pela igreja, correspondem os direitos individuais dos fiéis; nenhum deles se apresentará como proprietário ou coproprietário da igreja, porém a cada um será garantido o direito de acesso (em dias e horários estabelecidos por imperiosos costumes, mas redefinidos, detalhadamente, pelo personagem que administra o bem), e, conforme o nível social (o preço concordado e pago), poderia ser concedido o direito a um lugar especial para sentar e a um genuflexório. Quanto ao poder do homem de Deus, ele tem em si algo de proprietário (no sentido de que um poder de administração pode ver a si mesmo como um poder proprietário); mas o seu domínio sobre o bem é amplamente superado pelo dever (jurídico, e não apenas religioso) de se colocar a serviço do bem, com precisas prestações de proteção, manutenção, disposição etc.[2]. A dogmática jurídica ocidental vê naquele sujeito humano um proprietário, ou alguém que atua a serviço do proprietário. Mas seria possível explicar melhor a relação dizendo que o santuário é uma pessoa sujeito de direitos, e que o responsável por sua guarda é um funcionário (um empregado de conceito ou de ordem, ou um trabalhador assalariado, um servo, ou um escravo) do santuário.

A visão de muitas culturas – culturas clássicas muito nobres, culturas atuais mais ou menos informais – sacraliza a terra, produtora de alimentos, lugar fundamental para a instalação e o sustento do homem, abrigo do cadáver. A terra sacralizada estará, então, com o homem em uma relação que desafia a dogmática europeia. Aqui, por simplicidade de sistema, essa enigmática relação será apresentada como uma propriedade do homem; isso significará que o homem defende, juridicamente, a terra (com a autodefesa ou com um remédio concedido por uma autoridade); imiscui-se na

---

[2] A propriedade que descrevemos não é, todavia, totalmente estática. Podemos imaginar a venda do edifício e do terreno, realizada com a preocupação de maximizar o preço, caso se tenha decidido construir um novo lugar de culto, mais majestoso e mais funcional, e o longo período de tempo tenha enfraquecido as preocupações ligadas à honra devida aos mortos.

terra, realiza atos de gestão, extrai frutos. Mas quem quiser poderá elaborar classificações inovadoras e mais fiéis, nas quais colocar a relação do lactente com o seio materno, a relação de tantos homens com tantas terras, os muitos espaços e os inúmeros bens.

Na África, encontramos os espetáculos mais significativos. A concepção da propriedade fundiária é influenciada por duas relevantes qualificações da terra, a qual é sacralizada, e pode depois ser aparentada à regalidade (divina) do chefe.

Eis, então, que para os talenses, de Gana, a terra cumula com sua graça o chefe (*na'am*), para tal fim abençoando-o, e sem isso o chefe não seria chefe, nem teria o poder de moderar a queda da chuva; ao passo que outro chefe (o *tendaana*) providencia, mediante o culto, uma espécie de proteção-manutenção da terra[3].

Eis que para os shilluk, do Sudão, o rei se identifica por um lado com o herói fundador (primeiro rei dessa etnia) e, por outro lado, com a terra. Sua morte se anuncia dizendo que "a terra não existe mais"[4] (para compreender, temos de reduzir à unidade a dupla aproximação entre terra e pátria, e entre pátria e rei).

Note-se que, nos exemplos agora mencionados, o chefe tem funções preponderantemente sagradas, e não se ocupa da tarefa – política e econômica – de distribuir a terra.

Depois do que dissemos, é fácil entender o sentido dos pactos de proteção realizados com a participação de personagens sobrenaturais (dedicação do bem ao sujeito místico, ou promessa de favores destinada aos humanos pelo sujeito místico) ou compreender a influência dos vivos no cumprimento das exigências dos mortos e assim por diante. A sacralidade pode influenciar poderosamente a destinação do bem.

---

[3] Ver Fortes (1945); Fortes e Evans-Pritchard (1940).
[4] Evans-Pritchard (1963).

A relação de domínio econômico do homem sobre a coisa pode assumir dois conteúdos muito diferentes. Pode acontecer que determinado grupo tenha assegurada a exclusividade para a caça (e para a coleta) sobre determinado território. Podemos falar de uma reserva de caça (e coleta). Pode ser que seja permitido ao estranho entrar, atravessar, parar, mas não caçar. O homem não se mostrou inventor quando instituiu as primeiras reservas de caça: elas eram praticadas por muitos mamíferos e por alguns pássaros[5]. Se a reserva de caça é a única forma de utilização juridicamente relevante daquele território, essa reserva é uma propriedade: mas é uma propriedade que não implica o exercício de um controle físico permanente sobre a coisa. O agricultor, ao contrário, controla o terreno de modo contínuo. A terra semeada da qual enfim sai uma pequena planta, a terra enriquecida com plantações ainda não colhidas, a terra arada precisa ser respeitada por todos. Tendencialmente, quem se intromete, estraga: pisa plantas destinadas à colheita, danifica[6], subtrai frutos.

Podemos, portanto, contemplar um pertencimento-reserva, e um pertencimento-controle. Mas o homem – especialmente se evoluído – prevê e programa: pratica a rotação de culturas, abandona a terra explorada e tornada estéril, ocupa outra, mas voltará à primeira a seu tempo. Realizando uma necessária revolução da maneira de raciocinar, os coespecíficos tornar-se-ão dispostos a reconhecer a permanência de um direito dele sobre a terra temporariamente posta em repouso.

---

[5] A etologia animal nos oferece os seus dados, seguros, bem estudados, e já muito conhecidos. A ideia segundo a qual o Paleolítico Superior viu nascer a reserva de caça – informações em Dauvillier (1959, 354-5) – foi formulada quando a cooperação entre os dois ramos do saber ainda não existia.

[6] Danificar as colheitas dos outros é uma atividade semi-institucionalizada, e grata ao coração do homem: *XII tabulae, Si malum carmen incantassit...*

Ao lado das coisas imóveis, o homem goza desde o início de coisas móveis. Elas lhe servem para satisfazer às necessidades de alimento e vestuário (caça, frutos, peles de animais), e instrumentos, geralmente por ele fabricados ou modificados (armas). Bens capazes de um uso prolongado no tempo, como as armas, criam problemas maiores, porque no momento do não uso suscitarão problemas de custódia. É preciso lembrar que o homem – desde o início – está armado de pedras; que as pedras adequadas para tal finalidade são o sílex, o quartzo e a obsidiana; que essas pedras estão distribuídas de maneira desigual no mundo; que por isso o homem que utiliza a pedra deve impor-se as pesadas corveias indispensáveis para encontrá-la na quantidade necessária até o próximo fornecimento; e será possível compreender a importância que deveria assumir, na Idade da Pedra, a reserva de rochas.

Quando o homem caçador e coletor começou a armazenar o excedente de alimento produzido (Paleolítico Tardio), surgiu o problema da guarda dos armazéns. E quando o homem dedicou-se ao pastoreio e à agricultura, a quantidade de coisas em perigo multiplicou-se enormemente, porque não apenas os frutos, mas também os bens fundamentais passaram a ser objeto de ciumentas apropriações.

Os grupos transumantes veem na guarda dos bens armazenados em sua sede principal um problema maior. Vejam-se os berberes masmudas do Atlântico dos tempos passados. E admirem-se as *kasbah*, construídas então para tornar eficaz uma defesa confiada a um número reduzido de guardas.

O pertencimento do bem traz consigo o problema da técnica para a defesa do direito. Sob esse ponto de vista, a diferença entre o imóvel e o móvel é evidente. Para quem deve restabelecer a ordem violada, o imóvel é um espaço, e a atuação do direito consiste em uma expulsão. A expulsão do espaço do sujeito de comportamento ilícito (eventualmente, a destruição das obras por ele construídas) restabelece a ordem. A subtração do móvel terá como sanção, ao contrário, uma nova subtração em sentido inverso (que pressupõe a identificação do ladrão), o encontro (ou seja, a localização) da coisa, a captura do bem.

2. Propriedade coletiva, propriedade individual

Para quem deve estudar a propriedade em geral, pensar na propriedade europeia do século XXI é inadequado. É ainda mais inadequado pensar na propriedade europeia esquecendo que ela é apenas uma fração do poder fundiário, visto que a outra fração do poder pertence às instituições políticas (Estado, Município) competentes para definir os planos diretores, os encargos tributários, os eventuais tributos de mão de obra, as eventuais proibições ou obrigações de cultivos. Em outras palavras, o domínio sobre o território (e não apenas sobre o território) subdivide-se, na Europa, em um poder coletivo, de caráter preponderantemente extraeconômico, e um poder individual, de caráter preponderantemente econômico. Quando o europeu discute com outro europeu sobre o valor da propriedade individual e da coletiva, ele pensa e fala de uma única fração do direito em questão!

A propriedade, então – mais do que qualquer outro direito –, divide-se em dois elementos: de um lado, o poder de gestão, de exercício da ação judiciária; de outro, o usufruto econômico, o uso e o consumo. Hoje, nas culturas ocidentais, os pais, titulares da propriedade, exercem os poderes, e os filhos, dependentes, desfrutam da casa, comem e consomem[7]; uma pessoa jurídica denominada município cuida dos bancos do parque e (se o discurso livresco pouco realista permitir) impõe sanções para quem suja o

---

[7] Gambaro (1995, 575).

chão e os aparelhos; os cidadãos utilizam os bancos, alegrando-se pela limpeza das avenidas.

Isso pode ser encontrado em qualquer cultura, em qualquer época, em qualquer propriedade. Há quem dispõe e há quem se beneficia. Temos de levar isso em conta quando nos perguntamos se naquela cultura a propriedade é coletiva ou é individual. É preciso perguntar-se quais elementos da propriedade são coletivos, quais elementos fazem parte do poder do proprietário individual. Muitas vezes, um dos dois grupos de cargos e de poderes se fundamenta, sim, no direito, mas não no direito de propriedade[8].

Isso posto, a propriedade aparece frequentemente desmembrada. Uma propriedade pertence, numa área muito ampla, a um chefe dotado de um poder hierárquico significativo. Mas naquela área, em virtude de um ato de disposição proveniente daquele chefe, propriedades de nível inferior pertencem a outros sujeitos. E essas propriedades, cada vez mais limitadas no espaço e nos conteúdos, podem reproduzir-se em vários níveis. A memória nos remete à propriedade feudal, ou seja, às porções do rei, do duque, seu vassalo, do marquês, do bailio, para chegar às porções dos simples cultivadores; e essas porções se subdividem entre o *dominium eminens*, o *dominium directum* e o *dominium utile*. A memória nos remete igualmente à propriedade gentílica, onde o tal território amplo pertence ao clã, para ser segmentado a favor das linhagens, e é loteado em benefício das linhagens para ser depois fragmentado para o usufruto das famílias e, daí, em prol dos indivíduos.

O desmembramento a que me refiro é típico da terra, mas a história assistiu a esse desmembramento também a propósito das manadas ou dos rebanhos (a palavra feudo assemelha-se ao nome

---

[8] O direito do filho, de comer alimentos que pertencem à sua mãe, deriva das obrigações da mãe, que deve manter o filho.

de animais, e não ao nome da terra; para quem sabe analisar, é visível a sua semelhança com o termo ovelha*).

O crescimento do grupo pode substituir uma propriedade mais amplamente comunitária por uma puramente familiar; o senso da autonomia da família pode substituir uma propriedade familiar por uma comunitária; a distribuição das tarefas na família pode substituir uma propriedade individual por uma familiar.

Um capítulo empolgante diz respeito à individualização da coisa. O tamanho das cavernas estavelmente ocupadas por nossos antepassados, bem como as primeiras habitações construídas pelo homem e que chegaram até nós, nos dizem que, na época, a casa reunia bandos, grupos de dezenas e centenas de pessoas. O que acontece no Alto Orinoco por obra dos ianomâmis confirma o resultado. O grupo, tornado numeroso pela convivência entre vários irmãos, gostava de dormir – e proteger eventuais bens de consumo prolongado – em um lugar comum, de maneira a multiplicar a eficiência da defesa[9].

Só recentemente o individualismo obteve uma revanche: a distribuição das famílias em igual número de cabanas substituiu o vilarejo pela casa comum. A proximidade das cabanas torna ainda possível, de alguma forma, a defesa comum. De qualquer modo, permaneceu alguma coisa da ideia comunitária. Em muitas culturas, a cabana destinada à nova família é construída por todo o vilarejo. A cooperação é garantida por uma convenção entre um número adequado de construtores potenciais. Aqui e ali, vemos que esse acordo é o único contrato conhecido naquele sistema[10].

---

* Em italiano *pecora*. A palavra *feudo* vem de *fehu*, termo de origem germânica que significa "posse de gado". [N. da R.]
[9] Sobre as grandes construções e sobre os grandes abrigos materiais do Paleolítico Superior europeu (Mas d'Azil, Timonowska), ver Dauvillier (1959, 353).
[10] É o caso do *soddom* dos somalis: Sacco (1999b).

A copresença do comunitário e do individual é particularmente sugestiva na África.

A intensidade da ligação entre o africano e o seu grupo (e a expansão das tarefas do grupo para aquelas funções que nas culturas europeias são cumpridas pelo Estado) fará com que o grupo tenha um controle sobre a gestão e sobre a destinação do bem. O controle tem sua expressão mais evidente e conhecida na proibição de alienar o bem fora do grupo, sem o consentimento do grupo (da assembleia ou de todos os indivíduos membros do grupo). Essa presença do grupo na gestão do bem induziu a erro alguns etnólogos da segunda metade do século XIX[11], aos quais é atribuída a fórmula do "comunismo primitivo" da humanidade, atestado pela sobrevivência – até hoje – das fases cultural-jurídicas mais arcaicas.

No interior da comunidade, são reconhecidos os direitos individuais, contornados e limitados pelo respeito do sagrado e das exigências do grupo. Esses direitos – assim como os nossos direitos reais ou pessoais de usufruto – podem ser mais ou menos extensos, referir-se a cada uma das faculdades ou formas de utilização, ou a toda exploração agrária ou pastoril. A qualidade do direito pode estar ligada aos privilégios sagrados, de casta e políticos do sujeito. A distribuição dos direitos em virtude das legitimações atribuídas ao grau da pessoa pode ter gerado, no momento do abandono das situações tradicionais (devido, por exemplo, à colonização e às mudanças que ela induziu), usurpações sistemáticas, porque os chefes fizeram reconhecer, frequentemente, como propriedade de tipo europeu o seu poder político-social sobre a terra.

Onde permaneceu, a propriedade tradicional africana, submetida a todas as restrições que impedem tanto sua livre circu-

---

[11] Morgan e, por sua influência, F. Engels.

lação quanto as mudanças de destinação, está hoje sob acusação, porque emperra seja a expropriação do bem efetuada para dar à terra uma destinação mais vantajosa para a comunidade (estrada, por exemplo), seja a constituição sobre o bem de uma garantia de tipo hipotecário, que implica um *ius vendendi* a favor do credor[12].

3. O acesso à propriedade

Se a coisa móvel não pertence a outros, e não está excluída da propriedade, quem a submete ao próprio poder físico adquire sua propriedade. O coletor e o caçador são proprietários dos frutos e da caça. Não encontramos regras em total contraste.

É necessário, porém, levar em consideração as relações jurídicas que remetem ao ocupante. Se o ocupante é escravo, a coisa pertence ao senhor. Se o ocupante faz parte de um grupo cujos bens são em comum, a coisa é comum. Se o ocupante realiza uma relação (de trabalho, por exemplo) por conta de um cliente, a coisa pertence ao cliente.

Pode acontecer que a caça pertença ao proprietário do cão ou da flecha que foram decisivos na aquisição.

As especificidades do direito tornam-se mais agudas no que diz respeito à aquisição da terra.

Inúmeras variedades de animais adquirem a terra (mamíferos) e o espaço (pássaros) demarcando-os. Percorrem o perímetro da área ou do poliedro demarcando-o com urina, suor, tufos de pelos ou outro marcador, ou cantando, e o sinal será reconhe-

---

[12] Quando a independência dos países africanos se enraizou, o problema da função da terra como objeto de direitos de garantia, e portanto como veículo do crédito, constituiu objeto de aprofundamentos. Ver, por exemplo, VV.AA. (1989); Pince, *Techniques de crédit, garanties foncières et développement*. In: Verdier, Rochegude e Bachelet (orgs.) (1986). A obra de Gasse (1971) é inteiramente dedicada ao problema – instrumental – das técnicas de registro fundiário.

cido pelos coespecíficos[13]. Há boas razões para julgar que, em um primeiro momento, as coisas tenham sido assim também entre os humanos. Naturalmente, aquilo que se demarcava era uma reserva de caça e de coleta.

A sacralização da terra pode envolver particulares requisitos de legitimação de quem quiser se apoderar do terreno. A complexificação da vida de grupo fará com que a legitimação se vincule às relações hierárquicas presentes na comunidade e com bastante frequência ligadas mais ou menos estritamente ao sagrado.

Se se adquire um terreno e se constrói uma casa, a casa é dos construtores. Mas a terra e a casa são bens duráveis, destinados a um uso permanente. A rotação das culturas, a transumância, podem criar problemas. A falta de uso faz decair o efeito da aquisição originária e, com ela, o efeito da construção? Muitas podem ser as respostas. Os inuítes negam, mais do que qualquer outro povo, o direito baseado na memória dos fatos: para eles, o terreno é abundante, suas casas podem ser facilmente construídas e por outro lado derretem rapidamente[14].

No quadro da propriedade africana tradicional, em particular, encontramos a figura, descoberta e ilustrada por Raymond Verdier, do "chefe da terra". Esse personagem herda do Antepassado, fundador do grupo, os direitos e as responsabilidades surgidas do pacto concluído entre o próprio Antepassado e a Terra. Seu poder é sagrado, e os homens não podem dispor de tal poder. Ele distingue-se assim e se contrapõe em relação ao chefe político, menos ligado ao sobrenatural. Pode acontecer que uma única pessoa reúna em si o poder cultual, como chefe da terra, e o poder político. Pode acontecer, ao contrário, que o chefe da terra

---

[13] Dauvillier (1959).
[14] Para todos, Tinbergen (1969, 87).

seja extraído da comunidade instalada primeiramente no território e que o chefe político seja extraído de uma comunidade que chegou (imigrada ou conquistadora), que por outro lado não quer se colocar em ruptura com a Terra e com as forças sobrenaturais que estão ligadas a ela[15]. Na vida comunitária voltada para a relação multilateral com a Terra, contrapõe-se ao chefe da Terra e ao chefe político o chefe da linhagem. Ele é o avalista da identificação, da integridade, da repartição da terra que, naquele momento, é pertinente àquela linhagem. Zela pelas prerrogativas da comunidade em relação a terceiros e em relação aos membros indisciplinados da comunidade. Opera guiado pela ideia de garantir a continuidade da linhagem[16].

À parte essas primeiras e preliminares coordenadas, o direito africano da terra oferece ao antropólogo elementos ricos, significativos e profundamente estudados[17]: eles nos mostram uma visão da propriedade como pluralidade complementar de direitos sobre espaços múltiplos, que refletem e reproduzem os diversos grupos sociais[18].

Naturalmente, assim como o usufruto da terra cria problemas jurídicos, o acesso à água suscita outros.

As várias realidades proprietárias convivem.

Por exemplo, para os pigmeus e os san (também chamados bosquímanos), a terra, ou seja, a área reservada à caça e à coleta daquele determinado grupo, pertence ao grupo, ao passo que a propriedade individual tem como objeto armas, mobília e habitação. A propriedade reserva da área é defendida, bem como respeitada, zelosamente (o caçador renuncia à perseguição da caça

---

[15] Verdier (1965, 333-59).
[16] Verdier (1965).
[17] Le Bris, Le Roy e Mathieu (1991, 359).
[18] Le Roy, Introdução a ibid.

atingida letalmente, se ela se deslocar para uma área alheia)[19]. A linearidade do direito fundiário desses povos não deve fazer acreditar na simplicidade de suas regras: os san sabem distinguir a propriedade do espelho d'água, pertencente a um grupo, e o direito de acesso pertencente a outro grupo.

4. Da posse à propriedade (uma digressão sobre o direito atual)

Os sistemas conhecem um único pertencimento, baseado na posse, ou seja, no controle físico da coisa. O possuidor defende a situação jurídica que a ele se refere com a autotutela. Se a autotutela falha, surgirá o problema da recuperação da coisa. Ocorrido o roubo, abre-se evidentemente um contencioso entre o possuidor roubado e o autor do roubo.

Quem sofreu a lesão não é mais um possuidor: o ladrão é o possuidor. Mas a vítima sofreu uma injustiça, é natural que possa fazer uma retaliação. Se retomar a coisa, objeto da controvérsia, temos uma vingança legítima. É preciso pensar que temos uma vingança legítima mesmo que se apodere de uma coisa do mesmo tipo, ou se busca alguma vantagem à custa do inimigo.

Mais precisamente, o direito tem diante de si duas possibilidades. Pode deter sua atenção sobre o delito. O ladrão roubou, o assaltante assaltou. É preciso puni-los. No quadro da pena figurará – como elemento não central, talvez supérfluo, da reação jurídica – um poder de reapropriação, posto a favor da vítima. O direito pode, ao contrário, deter sua atenção sobre a atribuição daquele bem àquele sujeito. A coisa é sua, seu domínio está de acordo com a ordem, se seu domínio foi perdido, agora quem está envolvido no caso deve dar sua contribuição para que a ordem seja restabelecida.

---

[19] Vinigi, Grottanelli e Cipriani, em Biasutti (1967, 4. ed., III).

Observe-se que o direito romano fundamenta a defesa proprietária sobre o direito *erga omnes* do *dominus* sobre a coisa (*et ego aio hanc rem meam esse*), e o direito inglês originário concebe a defesa do bem como reação à específica agressão[20].

Em um sistema simples, o terceiro é estranho à relação de vingança e à controvérsia, e – se por entrega consensual ou por roubo adquiriu a posse sobre a coisa – o possuidor originário não tem razão para reaver a coisa dele.

Mas a ideia de vingança pode ser ampliada por uma construção mais requintada. O homem conhece a obrigação de transferir a outrem a posse de uma coisa (cocaçador que, capturada a caça, deve dar uma parte dela aos companheiros de caça; ver adiante, pp. 368 ss.). Pode recorrer a ela para construir um dever propriamente dito, imposto ao ladrão, de proceder à restituição.

Se o sistema se torna mais complexo, estão abertos novos caminhos. Seria possível permitir que o sujeito vítima de roubo espoliasse o terceiro. Mas este, se em boa-fé, estaria então exposto a uma inesperada agressão por parte daquele que tem direito; e isso abriria a porta para uma guerra privada. Por outro lado, o saber jurídico, capaz de conceber um dever de devolver a outrem aquilo que lhe cabe, poderia oferecer uma distinta, mais sofisticada e também mais aceitável fundamentação da relação entre quem foi roubado e o terceiro adquirente. O terceiro recebeu uma posse viciada e ligada a eventos infelizes, não deve defendê-la. A comunidade sustentará o ex-possuidor, vítima do roubo. Apenas o sobrenatural poderá intervir para melhorar a posse viciada, purificando-a (por exemplo: pela passagem de tempo).

---

[20] Mas pode acontecer que o furto da coisa móvel, ocorrido sem violência, não seja punido. A coisa é tutelada quando é mantida na terra ou quando é trazida consigo. Nos costumes barbaricinos, não encontramos a repressão ao furto (o mesmo não ocorre com o abigeato). Ver Pigliaru (1970).

Dado que é fácil – em virtude do princípio geral de reciprocidade – conceber a obrigação de restituição, esta última pode muito bem recair sobre quem recebeu, provisoriamente, a posse do bem (comodatário, depositário, condutor). Quem possui sabe então que sua posse, em hipótese, poderia ser defendida mediante um dever de restituição:

– contra o ladrão, que o espoliou;
– contra o receptador, o incauto adquirente, o terceiro possuidor;
– contra quem recebeu provisoriamente a posse.

A *Gewere* dos germanos, em especial a *saisine* dos francos, não funcionava diversamente daquilo que foi agora descrito[21]: o sujeito do direito está protegido, ou seja, *erga omnes*, tão logo tenha sofrido uma espoliação (o estado subjetivo de ciência e má-fé do terceiro não é importante), e está protegido em relação ao fiduciário, a quem tenha confiado a coisa[22].

A regra não é obrigada a se deter nesse ponto. Aquele sujeito que se privou da posse para transmiti-la a um fiduciário desleal pode vir armado de um remédio contra o terceiro que recebeu o poder de fato sobre a coisa das mãos do fiduciário.

A essa altura, o possuidor que perdeu o controle da coisa contra a própria vontade, ou sem a vontade que a perda seja definitiva, está dotado de uma proteção de 360 graus, a ponto de fun-

---

[21] E a Itália? Ferreri (1994, 453) notou algo que escapara aos outros historiadores do direito. Os heróis do *Orlando Furioso* discutem sobre a propriedade das armas com argumentações fundadas no sistema da *Gewere*, e não no sistema do *dominium*. As ideias são as que Ariosto respirava na corte. Naquela época, os nobres italianos pensavam à maneira germânica (e de fato praticavam, mesmo que para fins não jurídicos, o duelo, ou seja, o ordálio).
[22] Sacco e Caterina (2002, 2. ed.).

cionar *erga omnes* diante de qualquer desconhecimento do seu direito de possuir.

O sistema em exame, se A foi roubado por B, B por C, C por D, D por E, visto que o remédio restituitório não pressupõe nada fora do roubo, permite não apenas a A, mas também a B, C, D, pretender de E a restituição. Aqueles que têm direito são quatro, cumulativamente.

O sistema pode agora sofrer uma reestruturação.

Pode ser tratado sem respeito aquele que, tendo possuído, e tendo depois perdido a posse, seria obrigado, quando readquirisse a posse, a restituir a coisa a quem tem um direito de prioridade. Ou seja, no exemplo anterior poder-se-ia permitir a E, perseguido por B pela restituição, de responder a B dizendo-lhe que não se pode fundamentar a pretensão à entrega da coisa numa posse anterior desqualificada pela própria viciosidade (*exceptio de iure tertii*).

Se esse retoque é realizado, um único sujeito tem direito a recuperar a posse: o único que tem um direito a uma posse desvinculada de qualquer obrigação restituitória em relação aos outros.

As situações jurídicas podem circular. Aquele que tem direito a uma restituição pode ceder o seu direito, ou, mediante uma promessa, pode criar no promissário o direito de obter do promitente a entrega da coisa.

Coloquemos essas premissas em um quadro sistemático.

Um regime do direito a possuir a coisa pode ser constituído trabalhando com as ideias, bem unidas em um único quadro, da posse, do direito à posse, da circulação do direito à posse. A ideia de propriedade torna-se, então, supérflua porque se reveste perfeitamente com a ideia de "direito à posse".

Os antigos romanos, não bem armados diante dos problemas de sistema menos simples, previam sanções contra as más ações que interferiam com o direito sobre os bens ou prejudicavam a regularidade dos atos, mas depois não conciliavam esse regime sancionatório com o regime dos bens e dos atos. Conturbaram o regime dos negócios com as *actiones doli* e *quod metus causa*, que mil anos depois os intérpretes, vantajosamente, sistematizaram como vícios da vontade. Conturbaram, sobretudo, o regime do direito à posse, introduzindo as interdições destinadas a reagir contra as lesões particularmente turbulentas da posse. Em vez de punir o delito em si, completando sua sanção com uma ação recuperatória pessoal concedida ao possuidor espoliado (dispensado, nesse único caso, da exceção baseada no direito do terceiro), implantaram um sistema de direitos à recuperação da posse dicotômico e não coordenado: construíram o direito do ex-possuidor espoliado e ao mesmo tempo construíram o direito daquele que tem direito *erga omnes* à posse; diversos os procedimentos, diversos os pressupostos, diversas as medidas operacionais.

Quanto às categorias, criou-se então aquela incurável incomunicação, que é filha das carências conceituais. Dos dois institutos – propriedade e posse – foi dito e repetido até hoje que são incomparáveis. A posse foi conceitualizada pensando no caso concreto do qual surge a proteção jurídica, a propriedade foi conceitualizada partindo da proteção jurídica. Depois, franzindo o cenho, confinou-se o instituto da posse entre os fatos e o instituto da propriedade entre os direitos. Em outras palavras: quando se fala da posse, chama-se com o nome do instituto o fato criador, e com o áulico nome "tutela possessória" a rede das relações jurídicas; quando se fala da propriedade dá-se o nome do instituto à rede das relações jurídicas, e o fato criador é chamado, com uma expressão doce e sedutora, "caso concreto aquisitivo".

A história foi depois polindo as duas figuras. A violência e a clandestinidade deixaram de denotar a lesão à posse, exceto nas inofensivas declamações da lei e da escola[23]. As duas situações (possessória e proprietária) são enfim cada vez mais semelhantes e constituem duas formas hierarquizadas de pertencimento; e não se explica por que não foram vistas em um quadro unitário[24].

Em questão de direitos sobre as coisas, os *common lawyers* não são mestres exemplares de límpida clareza. Mas evitaram pelo menos o obstáculo da dicotomia propriedade-posse.

A comparação jurídica padece desse estado de coisas. Não sabe como reduzir umas às outras as empíricas categorias inglesas e a desvairada dogmática pós-romanística. Uma base para a comparação será encontrada quando se trabalhará partindo da ideia do controle sobre a coisa, prosseguindo com a noção do direito à recuperação do controle sobre a coisa, e assim por diante.

Voltando o olhar para toda a experiência humana, e chamando de propriedade o direito de possuir (a expressão direito de possuir implica que a posse do sujeito não viole um direito de possuir que compete a outros), a propriedade pode fundamentar-se em uma posse atual ou precedente, ou em um ato proveniente de terceiros dotados de poderes *ad hoc*: por sujeitos bem introduzidos no sobrenatural, ou por sujeitos de um poder terreno (rei, chefe da tribo, *pater gentis*, instituto para as casas populares).

A distinção entre posse e detenção baseia-se na distinção entre propriedade e poder de fato sobre a coisa. Aquele sujeito do poder de fato que quer ser considerado proprietário, que se comporta como se exercesse uma propriedade, é seguramente um possuidor. Aquele sujeito de poder de fato que se comporta como um não proprietário (depositário) é – segundo alguns sistemas – um não possuidor; dir-se-á que é um detentor.

---

[23] Sacco e Caterina (2000, 2. ed., 295-310).
[24] Ibid.

5. Em busca da origem da obrigação

O dicionário do *doyen* Cornu nos reconfirma que, para os franceses, a obrigação[25] às vezes é a dívida, o vínculo jurídico, às vezes o ato, a declaração de vontade com a qual o sujeito assume o dever[26]. Mas aqui falaremos da obrigação apenas no significado alemão e italiano: ou seja, no sentido de *vínculo jurídico*.

A obrigação implica um dever e um direito, um devedor e um credor. Por outro lado, nem todo dever é uma obrigação. Eu tenho o dever de não entrar no terreno do meu vizinho, de não fabricar moedas falsas. Nem por isso se diz que sou devedor, que tenho uma obrigação. Esses deveres, que cabem a todos, de respeitar a pessoa e a propriedade dos outros, não são obrigações.

A obrigação comporta o dever de exercer uma prestação para satisfazer um interesse pessoal econômico do credor. Os deveres de prestar serviço militar ou de pagar um imposto permanecem fora do tema.

A presença da obrigação no sistema jurídico tem dois aspectos. O primeiro diz respeito à vida real: o aparelho social dá o seu apoio ao credor para obter a prestação que lhe é devida. O segundo diz respeito ao conhecimento que os pertencentes ao grupo têm dessa realidade: o membro da comunidade conhece a ideia, a categoria da obrigação, da dívida, e por sua vez o jurista analisa essa categoria, expressa sua opinião.

Aqui, a reflexão sobre a obrigação como objeto do conhecimento do jurista não interessa. Quer-se, ao contrário, estabelecer a partir de que momento um ser humano começou a acreditar que, diante de determinadas circunstâncias, um segundo sujeito deve exercer uma prestação, e que, portanto, está preparado para exer-

---

[25] Sacco (1999b).
[26] Cornu (org.) (2000), verbete *Obligation*.

cê-la, e esse segundo sujeito começou a crer estar obrigado a exercê-la e, por conseguinte, normalmente está propenso a fazê-lo.

No passado, os historiadores e os etnólogos colocavam-se o problema de saber se surgiu primeiro a obrigação contratual ou a delitual. As duas hipóteses tinham defensores. Hoje a questão não está mais na moda, porque o velho etnólogo foi substituído pelo antropólogo que tem pouco interesse pelas categorias das fontes da obrigação.

O surgimento da obrigação contratual e da obrigação delitual não são, contudo, temas destituídos de interesse.

O que se sabe a esse respeito?

O surgimento da obrigação por delito é relativamente recente.

Em uma sociedade de poder difuso, a sanção do delito é a vingança[27]. A vingança não implica nenhuma obrigação a cargo dos responsáveis; em particular, ela não implica nenhum dever de subordinar-se à sanção. Aquele que sofreu o dano é livre, se for capaz disso, para se vingar. É tudo.

Poder-se-ia observar, ao contrário, que a norma jurídica obriga os membros da comunidade que sofreu a injustiça a exercer a vingança[28]. Trata-se de um dever sagrado. Um profundo desprezo atinge quem se subtrai à tarefa. Mas não chamaremos esse dever de "obrigação". Trata-se de um dever moral, e também jurídico, de superar as dificuldades, de expor-se aos perigos que comporta a ação de vingar-se. A prestação em questão é uma prestação militar – e ao mesmo tempo cultual – que não tem muito em comum com a obrigação do direito civil.

---

[27] Sobre isso ainda, pp. 391 ss.
[28] Pode ocorrer que o filho que não observou o dever de vingança seja excluído da sucessão. O sobrenatural pode tornar o problema mais sério: pode-se pensar, por exemplo, que o morto não encontre a paz de espírito se o homicídio não for seguido da vingança.

O direito pode prever que a vingança, com o consentimento do grupo ou das pessoas que sofreram o dano, e do grupo ou das pessoas responsáveis, seja substituída por uma composição. A composição pode tornar-se a regra, e a vingança, a exceção. O acordo que substitui a vingança não implica, a princípio, uma obrigação. A transação, a partir do momento em que é exercida, livra o devedor. É tudo.

O surgimento de uma sociedade solidamente estruturada – em particular a constituição de um poder centralizado, superior aos grupos de clãs – poderá inverter a situação, impor ao grupo ou à pessoa responsável um talião ou uma prestação compensatória, e prever a vingança somente como sanção da falta de execução da obrigação primária. É nesse momento que surge a obrigação por delito. É preciso, porém, entender: a transição entre a fase da compensação como forma para prevenir a vingança e a fase da compensação como prestação devida em virtude de uma obrigação preexistente não é sancionada por um preciso ato de poder. Ela se desenvolve na vida social através da evolução do direito não escrito. Esse momento já implica a presença de uma organização social bem estruturada e é recente.

É menos simples situar o surgimento da obrigação contratual em um momento preciso da macro-história do direito.

O contrato e a obrigação correspondem à exigência de cooperação entre seres humanos. A unidade da cooperação é evidente. Mas essa cooperação não necessita do contrato quando a divisão do trabalho não é desenvolvida, e em particular quando a pessoa vive em uma comunidade que se encarrega não apenas da satisfação de todas as necessidades coletivas, mas também da satisfação das necessidades individuais a que o indivíduo não pode prover diretamente. É por essa razão que Henry Sumner Maine ensinou que a sociedade humana passou da fase do *status*, que regula a situação da pessoa no interior do grupo, à fase do contrato[29]. É por essa razão que Etienne Le Roy nos confirma que o contrato surge apenas quando a estrutura social se torna semicomplexa, ou seja, capaz de estabelecer, ao lado das relações internas ou interno-externas, relações externas[30].

Como veremos melhor, convém separar a ideia de troca, de remuneração, da ideia de convenção, de acordo[31].

A troca não contratual tem nas sociedades tradicionais uma extensão muito mais ampla do que é dado registrar pelo acordo, a convenção. Ao contrário, a autonomia das partes, ou seja, a liberdade dos atos de disposição, não teve, por muito tempo, o valor geral que o direito moderno lhes reconhece. Não houve lugar para uma regra geral de autonomia antes da Idade das Luzes, e é impossível imaginar uma ampla regra de autonomia antes da Idade do Bronze, ou, quando muito, antes da cultura urbana.

Mas antes da civilização urbana a obrigação era desconhecida?

Antes de prosseguir, devemos lembrar que, nos hábitos de inúmeros animais superiores, cerimônias estão na raiz de vínculos sociais de importância primordial (demarcação de um terreno, ritual de corte) e a situação é a mesma com os seres humanos pertencentes a sociedades sem poder centralizado.

Poderíamos nos perguntar se na macro-história do homem alguma cerimônia pode ter sido fonte de obrigação. O sobrenatural (muito presente e visível no Paleolítico Superior) pode dar sua contribuição para conceber e estruturar as cerimônias adequadas (promessa, juramento, consagração). É, portanto, possível que algumas solenidades tenham sido fontes de obrigação. Possível sim, mas nenhuma prova nesse sentido chegou até nós.

---

[29] Maine (1861). Sobre o assunto, ver Hoebel (1964); Rouland (1992a, 256 ss. e 279).
[30] Le Roy (1981, 84).
[31] Sobre isso, ver adiante, pp. 354 ss.

Procuremos, então, olhar em outras direções.

Um dado nos ajudará. Em todos os tempos, o *status* de uma pessoa lhe impõe algumas corveias de importância política: a guerra, as medidas a serem tomadas em vista das calamidades naturais, a vingança, a participação do culto dos deuses e dos antepassados em todas as suas formas. Tal organização dos deveres resistiu até hoje.

Entre essas corveias encontram-se os trabalhos coletivos, concebidos para construir uma obra ou para modificar a natureza (e encontram-se obras coletivas que remontam ao Paleolítico Superior).

Essas corveias tiveram, e a partir de quando, um significado econômico? O estudo da vida cotidiana das sociedades tradicionais nos põe em contato com formas de cooperação (ou seja, de trabalho coletivo), sem as quais o indivíduo não poderia satisfazer suas necessidades pessoais. Todos trabalham juntos para construir uma casa ou para caçar as feras. Os membros da comunidade produzem todos juntos para dividir o produto, ou produzem todos juntos em benefício de cada um dos interessados, segundo o turno de cada um.

Tudo isso não tem nada de surpreendente. Constroem-se casas para cada um dos membros da comunidade, lavra-se a terra para cada um dos proprietários; quem se beneficia do trabalho dos outros deve estar preparado para se sacrificar na vez seguinte. A prestação, nas situações lembradas, pode ser precedida por negociações e por acordos. O dever não depende, contudo, do acordo. Aqui, o membro da comunidade é realmente obrigado. Mas a fonte da obrigação é o seu *status* no interior da comunidade. Quanto ao conteúdo da obrigação, podemos dizer que o grupo força a pessoa a se empenhar para realizar um trabalho, ou dizer que o grupo força a pessoa a realizar o trabalho. O que importa é que aqui se desenvolveu uma autêntica obrigação, a qual implica uma dívida e um crédito.

A obrigação, aqui, não tem origem nem no delito nem no contrato consensual.

De onde provém essa obrigação? Qual evolução histórica a precedeu? Enfim, já podemos intuir a resposta. A obrigação civil, patrimonial, concebida no interesse individual do credor tem como ancestral o dever de exercer uma corveia coletiva, imposta (por uma necessidade do grupo) a todos os indivíduos.

Nos tempos mais recentes, a obrigação. Nos tempos mais arcaicos, a corveia a que o *status* vincula o indivíduo. Numa fase como na outra, o princípio que gera a regra é a reciprocidade.

Queremos nos pôr problemas de data? O homem que cultiva existe há 12 mil anos, o homem que dispõe de uma casa para si e para a sua família é mais antigo; mas não é – nem sequer ele – o homem da origem. É possível remontar ainda mais no tempo?

Diferente da obrigação é a sujeição. O escravo é uma pessoa sujeita, não é um obrigado. Mas lá, onde se institui a sujeição como situação total de pertencimento, poderiam derivar daí historicamente situações de dependência mais branda, ligadas a uma condição de livre ou de semilivre. E essas situações poderiam concretizar-se em obrigações de fazer (ou também de dar). A obrigação romana na origem se realiza propriamente submetendo ao poder do credor a pessoa do credor, ou alguém em sua substituição (seu filho, por exemplo). Da propriedade sobre a pessoa pode-se passar, normativa e conceitualmente, à obrigação.

Em modo paralelo, os *status* familiares podem dividir-se – com o tempo e com a obstinação analítica e definitória – em obrigações particulares (dever do adulto, cônjuge, de manter um cônjuge ou um filho).

Em todos os casos examinados por último a obrigação está ligada a um estado social ou familiar.

O direito babilônico (amorreu), o direito romano, o direito inglês e o direito chinês nos oferecem um ensinamento. O contrato real – que impõe a restituição daquilo que se recebeu – precede historicamente, como fonte de obrigação, o contrato consensual. O direito não poderia ignorar o contrato real sem pôr sua autoridade a serviço de um enriquecimento evidente e repugnante. A necessidade de remediar uma injustiça odiosa justifica a obrigação. Obriga-se a parte enriquecida a restabelecer a situação originária. Do contrato real pode-se passar depois ao contrato assistido por uma garantia real ou pessoal.

A entrega livremente consentida faz acionar um movimento em sentido inverso, ou seja, a obrigação de recolocar as coisas na sua posição originária, para evitar o enriquecimento injusto. A obrigação nasce sem acordo consensual e sem que esteja em jogo a ideia do delito. Encontramos operante esse mecanismo no *bailment* do direito inglês, no contrato *qui re perficitur* do direito romano, no *dianqi* e no *zhai* do direito chinês, nas figuras contratuais presentes no código de Hamurabi.

A prestação de uma parte faz surgir a obrigação, essa prestação é anterior à obrigação. Encontra-se o mesmo mecanismo nos contratos de fato. Tais e tais pessoas fazem uma operação econômica juntas; existe, portanto, uma sociedade de fato: a prestação exercida não as compromete para o futuro, mas a repartição das perdas e dos ganhos – e as obrigações derivantes – são reguladas pelo direito.

A prestação precede a obrigação. A obrigação não tem como fonte uma declaração de vontade, nem uma promessa. A fonte da relação é muda.

Usando a linguagem do jurista de hoje – romano, francês –, diríamos que essa obrigação sem promessa e sem delito é uma obrigação quase contratual. Ela pode ter prestado diversos serviços a uma humanidade que não utilizava ainda a linguagem para as necessidades do direito.

Falando a linguagem que convém à macro-história, voltaremos a evocar o sumo princípio da reciprocidade: um princípio a que se submete o homem, um princípio a que estão submetidos muitos animais, semelhantes ou menos semelhantes ao homem.

Voltemos à atividade comum, exercida no interesse individual de todos os participantes. Essa atividade consiste frequentemente na apropriação de coisas materiais. A apropriação coletiva será, portanto, seguida por uma reapropriação individual. O procedimento dessa segunda apropriação não será o mesmo para todas as hipóteses.

Nós podemos pensar, antes de tudo, numa apropriação que consiste em uma tomada de posse coletiva. Um terreno foi conquistado ou ocupado, os conquistadores ou os ocupantes são copossuidores. Com a divisão, a coposse dá lugar à posse individual de cada coparticipante. Aqui é posto em jogo somente o direito de possuir e o ato de divisão. Não se veem obrigações.

Devemos pensar, agora, numa apropriação assimétrica. Diversas pessoas lutam contra animais, uma só tem a tarefa de capturá-los tão logo os outros caçadores tenham empurrado os animais na direção desejada e os tenham ferido mortalmente. No momento em que terminam as operações, um único membro do grupo está na posse dos animais que todos, evidentemente, caçaram. É preciso – isso é óbvio – que a caça seja dividida, porque todos os caçadores têm direitos sobre ela[32].

Alguns animais semelhantes ao homem não ignoram o problema. O chimpanzé conhece a caça individual e a caça coletiva. Um chimpanzé caçador não opõe resistência se, depois de uma

---

[32] Sobre a caça coletiva, ver adiante pp. 368 ss.

caça coletiva, aqueles que caçaram com ele retiram partes do butim (sobre isso ver adiante, pp. 368 ss.)

Entre os seres humanos, a divisão do butim dos caçadores obedece a regras complicadas, eruditas, repletas de significado.

Podemos ver aquele que capturou o animal como alguém que possui a coisa, mas com a obrigação de entregar o animal ao grupo.

A situação do caçador que capturou o animal tão é antiga quanto o homem. É, na ordem de tempo, a primeira figura de obrigação. Ela remete à ideia do depositário e, mais genericamente, à ideia de quem é obrigado a uma restituição.

Ao término da reflexão emergem alguns dados.

No momento em que o homem começa a existir, ele tem em comum com os animais mais semelhantes a ele determinada bagagem de instituições jurídicas, entre as quais a posse-propriedade e, com ela, a obrigação de se abster de qualquer ingerência nas coisas que pertencem aos outros. Em uma época muito distante no tempo, determinadas prestações coletivas (construir uma casa, cultivar um campo) começam a se tornar prestações recíprocas, feitas no interesse ora de um, ora de outro membro do grupo, por turnos.

Desde uma época ainda mais antiga, o dever de respeitar a posse de outros tornou-se mais complexo quando o sujeito era detentor de um bem destinado a um círculo mais amplo de pessoas. O dever de se abster enriqueceu-se, aqui, com um elemento positivo, o dever de proteger para restituir. Podemos pensar no embrião de uma obrigação: em um primeiro momento, a obrigação de suportar que outros tomem algum pedaço da coisa que se encontra nas mãos do obrigado; mais tarde, a obrigação de colocar a coisa à disposição daqueles que têm direitos sobre ela.

Estamos em uma época macro-histórica, difícil de ser definida. Podemos, aliás, remontar aos primeiros homens; não é necessária uma linguagem articulada para dar vida e execução a essas relações.

A obrigação de proteger e colocar à disposição prenuncia a obrigação de restituir a coisa àquele que a confiou ao obrigado.

O nosso "capturador" tem a coisa em suas mãos porque ele a tomou. A obrigação é posta a seu cargo pelo direito. Ele não cometeu nenhum delito, não concluiu nenhum contrato.

Recentemente, o jurista começou a reconhecer às obrigações não contratuais e não delituais a importância que elas merecem. Nas faculdades de Direito inglesas e americanas, ao lado dos cursos dedicados aos *contracts* e aos *torts*, ministram-se atualmente cursos que se ocupam das *restitutions*. A macro-história assegura à obrigação quase contratual uma nobreza especial, devida à sua venerável idade.

6. A figura do credor

Conhecemos bem o sujeito dotado de um poder familiar (o dominante). Estamos familiarizados com o sujeito que exerce o direito exclusivo sobre o bem que possui. Sabemos analisar também o sujeito de um direito de crédito? Pode-se traçar uma macro-história da situação do credor?

Podemos dizer que a expectativa de um comportamento favorável aos outros, conforme a determinada regra, tem conexões com figuras a que nos introduz a etologia animal. Falamos disso anteriormente (à p. 280).

7. Obrigação de dar e propriedade dividida

Em 1983, Jane Goodall, etóloga, nos relatou um episódio a que havia assistido[33]. Um chimpanzé fêmea, de nome Passion,

---

[33] Goodall (1983).

deparara com um ninho de formigas, e, como todos os chimpanzés, era guloso. E encontrara uma varinha que introduzia no ninho para capturar as formigas e sugá-las. A operação durava um bom tempo, quando Passion, por razões próprias, afastou-se e depôs a varinha ao chão. A essa altura, um segundo chimpanzé, Pom, aproveitou-se para apanhar a varinha e pescar formigas por conta própria. Mas eis que Passion voltou, tocou a varinha; Pom depôs o objeto, e Passion readquiriu sua posse.

O ser humano não pode achar essa sequência surpreendente em si. Pode ficar surpreso pelo fato de os sujeitos desse caso serem macacos. Mas a sucessão das várias fases lhe é familiar.

A varinha pertence à esfera de Passion; Pom a pegou, deve agora devolvê-la ao seu legítimo dono.

O homem está aparelhado intelectualmente para poder dar uma explicação dos fatos. A esse ponto, dois erros devem ser evitados.

Antes de mais nada, é preciso precaver-se de considerar a regra social dos chimpanzés como não comparável com a dos humanos, como pertencente a um mundo destituído de comunicação com o mundo dos humanos.

Em segundo lugar, não é preciso, porém, acreditar que a regra dos macacos seja idêntica à dos humanos. Comparar significa medir as diferenças, sem inventar. Quem mede não deve ser atraído *a priori* nem por uma ideia preconcebida de uniformidade, nem por uma ideia preconcebida de diferenças, irredutíveis a ponto de não permitir nenhuma comparação.

Qual definição cabe a essa história, segundo o humano?

Duas explicações são possíveis.

Com uma primeira explicação, Passion é um indivíduo dominante, e por isso exerce uma autoridade sobre Pom. Trata-se do poder do chefe sobre o gregário.

Com uma segunda explicação, Pom não tem, em relação a Passion, nenhuma obrigação – exceto a de lhe devolver a varinha.

Os traços gerais das relações entre chimpanzés dominantes e subordinados não nos sugerem reconstruir a relação entre Passion e Pom como de mera subordinação. Parece que o chimpanzé dominante não pretende a posse exclusiva da caça, depois de uma caça coletiva, e não goza de favores na partilha da caça[34]; menos ainda, a esse ponto, poderá pretender a posse de qualquer coisa que se encontre nas mãos do subordinado.

Precisamos pensar em um direito mais específico de Passion: em um direito relativo à varinha.

Tentemos, então, dar um nome a esse direito (e ao dever correspondente).

Uma primeira resposta pode ser esta: que Pom tem uma obrigação de dar. Ele tomou a varinha nas mãos e com isso adquiriu algum poder sobre ela, mas ao mesmo tempo é obrigado a transferir novamente aquele poder, ou seja, aquela varinha, se o dono anterior a reclama.

Uma segunda resposta é, ao contrário, esta: que Passion é titular da varinha, que nunca perdeu a titularidade, que Pom adquiriu o poder sobre a varinha sem ter esse direito, e isso implica o seu dever de permitir que Passion recupere a coisa.

O fato permite dois esquemas jurídicos, alternativos e igualmente plausíveis.

O chimpanzé, animal territorial, com certeza conhece o domínio do território.

Nas regras sociais dos animais não tem igualmente destaque a relação obrigatória. O genitor deve alimentar o filhote, o macho não

---

[34] Caterina (2000, I, 449) analisou o caso e chegou à conclusão adotada acima.

velho deve defender o grupo, o subordinado deve estar submetido ao dominante; mas essas realidades representam o estatuto pessoal do macaco no seu grupo, não são obrigações no significado próprio do termo. Se uma obrigação existe, trata-se da do indivíduo que participou de uma caça coletiva, e nessa qualidade capturou a caça; ele deve permitir aos outros companheiros de caça retirar cada qual a cota da caça que lhe cabe.

As explicações são duas. Com a primeira, o capturador tem, sim, um domínio de fato exclusivo sobre a caça, mas todos os outros caçadores são, com ele, cotitulares, coproprietários, do bem. Com a segunda, falar-se-á de uma obrigação de dar.

A dogmática jurídica sabe ir mais longe.

Um jurista pode vestir Passion de proprietária e vestir Pom de possuidor sem título. Mas outro jurista pode adotar um esquema mais redutivo. O possuidor é Passion, e Pom é um simples detentor. Para entender melhor, recorreremos à definição da propriedade e da posse. Mas, estranhamente, essas definições não são úteis. A propriedade é definida com base nos poderes jurídicos concedidos ao titular (direito de usufruir, de dispor, de reivindicar), ao passo que a posse é definida com base nas circunstâncias de fato que dão lugar à tutela do possuidor (controle físico da coisa etc.). Quanto a Passion, nós a encontramos – no início do caso – no domínio de fato sobre a coisa, portanto, para nós, ela é uma possuidora. E constatamos, também, que lhe é reconhecido o direito de reaver o controle da coisa, momentaneamente nas mãos de Pom, e isso diz que ela é proprietária.

E não paramos aqui.

Em Pom poderia ser visto um proprietário temporário, e em Passion uma proprietária definitiva: em termos mais apropriados, poder-se-ia falar de um proprietário final e de uma proprietária inicial.

A menos que Pom não fosse visto como um usufrutuário e Passion como uma nua proprietária.

E não se pode excluir que Pom era verdadeiro proprietário e Passion era uma *remainder*.

Aliás, o sucesso obtido historicamente pelo *trust* poderia sugerir a ideia de que Pom era um *trustee* de Passion. Essa palavra – *trust* – parece convidar à discussão o *common lawyer*. Ele enriquecerá a lista das propostas conceituais até aqui apresentadas. Sobretudo, perguntar-se-á se a razão de Passion era um verdadeiro direito ou um *equitable interest*.

Proprietário, proprietário inicial, nu proprietário, *remainder*, credor de dar, possuidor: eis todos os nomes que podemos dar àquele que tem direito de obter o domínio de fato sobre a coisa, quando o tiver perdido. Posse, propriedade final, usufruto, *ownership*, *trust*, obrigação de dar, detenção: eis os nomes que podemos dar à situação de quem tem o poder de fato.

Entre o sujeito do domínio de fato e o sujeito que tem o direito de obter o domínio de fato opera um remédio. Chama-se reivindicação. Mas chama-se também reintegração. Ou chama-se ação para o cumprimento de uma obrigação de dar. Ou talvez seja uma ação de enriquecimento.

Uma regra de economia poderia nos sugerir não utilizar de forma alguma a ideia da obrigação de dar, quando falamos do chimpanzé. Se a construção de uma obrigação de dar determinada coisa pode ser substituída, sem inconvenientes, pela construção de um domínio sobre a coisa, então é conveniente simplificar as explicações, limitando o número dos conceitos. Ou seja, é conveniente renunciar à ideia de obrigação de dar, e explicar cada coisa por meio da ideia do domínio sobre a coisa. O art. 1.138 do C. Nap., segundo o qual a obrigação de devolver torna o credor proprietário, nos parece, então, um precursor valioso – sobretudo no que se refere ao direito dos macacos.

Se as explicações são excessivas, a culpa não é do macaco, que age com simplicidade, mas da mente humana, que cria complicações[35].

8. O contrato e a troca

Não se pode falar do contrato[36] no direito dos povos destituídos de um poder centralizado sem tomar como ponto de partida a célebre doutrina, formulada (de maneira, todavia, demasiado absoluta) por H. S. Maine: nas sociedades arcaicas, as relações humanas são reguladas pelo *status*, nas sociedades desenvolvidas são reguladas pelo contrato[37]. No que se refere às sociedades do primeiro tipo, o espaço reservado à convenção seria, portanto, escasso.

Evidentemente, o contrato é amplamente estimulado pelas conotações culturais do homem moderno e pelas estruturas sociais da cultura urbana. Se o contrato se conclui falando, ele pressupõe – para começar – a linguagem articulada[38]. Se o contrato é

---

[35] Nem todos os juristas são culpados disso em igual medida. O jurista francês poderia defender-se de qualquer acusação: para ele, a obrigação de entregar "torna o credor proprietário" (a solução é enunciada no art. 1.138 do Code Nap.), portanto a obrigação de dar se autoelimina a partir do momento em que poderia surgir. E nesse ponto domina o regime da propriedade, marginalizando o regime da obrigação. Mas o art. 1.138, se se aplica certamente às obrigações convencionais, talvez não possa ser instalado na área dos quase contratos.

[36] A bibliografia não é muito ampla. Sobre os problemas preliminares, ver Mauss (1947, 149-54; 1923); Elias (1972); Hoebel (1964); Rouland (1992a, 256 ss., e 279). Sobre o mérito, ver Schapera (1969); Ghai (1969); Mahoney (1977, 40); Lyall (1986, 91); Prinsloo (1988, 212); Goody (1988, 167 ss.) chama a atenção para as dificuldades que o contrato encontra nas sociedades sem escrita.

[37] A fórmula de Maine sofreu erosões de vários tipos. Especialistas muito respeitados da pré-história dizem que os resultados relativos às migrações sazonais dos caçadores do Paleolítico, e os compartimentos que as circunscrevem, deixam entrever irradiações de trocas naquelas culturas: Breuil e Lantier (1951, 105) (tratar-se-ia do Paleolítico Superior). De modo mais geral, ver Rouland (1992a, §§ 158 e 159).

[38] Várias fontes (entre as quais Heródoto, com base nos testemunhos púnicos; El Yacut, autor árabe do século XIII) dizem que em diversos lugares da África se recorria a "escambos mudos" ou a "trocas silenciosas". O proponente "mudo" exibe a

a troca entre bens, útil quando o primeiro contraente dispõe de uma quantidade excedente de determinado bem que falta à contraparte, e o segundo contraente dispõe de excedentes de um bem diverso, que falta ao primeiro, isso significa que a diversificação das atividades humanas produtivas (ou seja, a divisão do trabalho, típica da cultura urbana) exalta o contrato. Se o contrato visa à aquisição de bens mediante trocas, e assim satisfaz às necessidades do contraente, o caráter comunitário da sociedade arcaica assegura ao seu membro aquilo que lhe é necessário sem que seja preciso recorrer à troca nem ao contrato.

O que foi dito não impede que contratos e pactos vinculantes sejam concluídos também em sociedades onde a divisão do trabalho não é generalizada e onde as necessidades são satisfeitas, antes de tudo, com os meios de que o grupo dispõe.

Por outro lado, o discurso até aqui realizado peca por abstração. É útil iniciá-lo uma segunda vez averiguando melhor as classificações.

Falando do direito tradicional, é conveniente falar do contrato no sentido europeu-continental, abrangendo a doação, ou é conveniente falar disso no sentido do *contract* anglo-americano, o qual implica sempre uma troca? É conveniente falar disso no sentido romano, para o qual ele é fonte da obrigação, ou no sentido franco-italiano, para o qual também a alienação é um contrato? É conveniente falar disso em sentido amplo, que parece familiar aos franceses, de acordo com qualquer natureza, ou no

---

mercadoria que quer trocar e depois se afasta; a contraparte exibe, ao lado da mercadoria do proponente, as coisas que oferece em troca e se afasta. Depois disso, se ambos concordarem, cada um leva embora as mercadorias depostas pela contraparte. Em Fage (1978, 47, e depois capítulos 3 e 4), podem ser lidas as razões pelas quais é legítimo duvidar dos relatos relativos aos escambos mudos.
A copresença de um escambo mudo não vale para contradizer a importância da linguagem na contratação.

sentido italiano e inglês, para o qual o contrato implica um traço de patrimonialidade?

A nosso ver, o ambiente tradicional está pouco inclinado a ostentar uma distinção baseada na patrimonialidade. Bens patrimoniais são trocados por bens extrapatrimoniais. A prestação benévola e gratuita não raro desencadeará um fluxo benéfico do doador ao donatário e do donatário ao doador. O homem tradicional beneficiado demonstrará em relação ao doador uma disponibilidade que o europeu não preparado confundirá com um sinal de venalidade. Mesmo o europeu entenderá facilmente que o empréstimo de um campo põe o beneficiário em uma posição jurídica clientelar, que impõe deveres de tipo não econômico.

O ambiente tradicional compreende muito bem a troca e, de forma mais ampla, a reciprocidade, e compreende a ideia do pacto. Mas, no exame dos institutos, convém manter separadas a ideia da reciprocidade e a ideia do acordo entre duas declarações de vontade[39]. Existe reciprocidade nas prestações que os deuses e os homens, os vivos e os mortos, a terra e os agricultores trocam entre si. Quanto tratamos da variedade do sobrenatural (ver acima, p. 270), vimos que em uma difusa concepção do religioso, a prestação humana e aquelas que provêm do sobrenatural são sinalagmáticas.

Existe um sentimento de reciprocidade, muitas vezes, nas medidas dispostas para específicas redistribuições de recursos, por exemplo, quando se cruzam a prestação (tributária?) espontaneamente exercida pelo membro do grupo e a atribuição de terra efetuada pelo chefe, ou a nova subdivisão da arrecadação tributária entre cada um dos contribuintes. Existe troca entre a submissão ou a prestação (tributária?) realizada pelo estranho do

---

[39] São importantes – mesmo que em um plano um pouco diverso – as reflexões de Polanyi (1978, 297-331).

grupo ao grupo, e a proteção de que ele irá gozar no interior do grupo. Existe reciprocidade entre conceder a mão da mulher ao pretendente e a prestação (trabalho, bens reais) que ele efetuará a favor da família da mulher. O princípio de reciprocidade reduz a contraposição entre doação e troca, visto que em muitas situações e muitas culturas a doação cria a necessidade de um bem regulamentado contradoação e é bem percebida a condicionalidade recíproca da doação e da atribuição de um maior prestígio ao doador. É emblemática a conhecida figura do *potlatch* (privilégio da nobreza), muito estudada, presente na cultura *kwakiutl* da ilha de Vancouver (de 1885 a 1950 ele foi proibido pela lei canadense).

Às vezes, a reciprocidade é complexa e pouco interessada. Na Melanésia, o *kula* (ritual muito importante) implica que o grupo A aliene ao grupo B bens de valores destituídos de verdadeira utilidade prática (colares, ornamentos), o grupo B aliene a C, e assim por diante até quando o último alienará a A. A operação produz contrapesos no plano do prestígio.

Ocorrido um homicídio, existe reciprocidade entre o pagamento do preço do sangue e a imunidade dos responsáveis expostos à vingança. E a especulação antropológica vai além. Existe reciprocidade na vingança, existe reciprocidade até mesmo na guerra – pelo menos quando a guerra é endêmica[40].

A reciprocidade das atribuições confunde-se com o reconhecimento mútuo de uma não total estranheza entre as partes[41]. Entre dois sujeitos não estranhos tem-se colaboração (coletiva) comunitária (bélica, pastoral, mais amplamente econômica) ou o

---

[40] É essa a conclusão de Verdier, na grande obra por ele organizada, *La Vengeance* (1980-1984). De modo geral, ver, para todos, Remotti (1984, 115).
[41] Mas pode existir um limite oposto. Entre indivíduos unidos por uma ligação estreita não se criam vínculos contratuais. A área temática não conhece ainda um quadro definitivo orgânico de conclusões. Ler em Rouland (1992a) o § 160.

fluxo recíproco de bens ou de energias invisíveis benéficas. Uma ou o outro têm um lugar central quando se deve interpretar o vínculo que une aqueles que não são estranhos um ao outro.

Descrita nesses termos a importância da reciprocidade, devemos, ao contrário, ser reservados sobre a importância do acordo entre duas ou mais declarações de vontade.

O âmbito da autonomia contratual não tem (nas sociedades tradicionais) a amplitude que obtém nas sociedades urbanizadas.

É fácil intuir, antes de mais nada, que a tradição e suas regras impõem às pessoas e às coisas vínculos de qualquer gênero e natureza, a ponto de excluir a comerciabilidade de inúmeros bens, serviços e prestações. Muitos bens são sacralizados ou identificados com o grupo familiar (terra, altares etc.), outros são identificados com a comunidade (área das cabanas), outros estão ligados à pessoa (joias que são úteis para a identificação do sujeito etc.).

Mas não é só isso. Não apenas existem áreas subtraídas por um vínculo específico ao ato de disposição do indivíduo, mas, ao se aproximar de um sistema tradicional, é bom não esperar que o princípio da suficiência da declaração de vontade para a criação de um vínculo tenha aquele alcance geral que lhe é reconhecido no direito americano ou italiano.

É preciso lembrar, para entender, que o código de Hamurabi fala de continuação de contratos reais (depósito, empréstimo a longo prazo) e, algumas vezes, da venda, sufragada pela solenidade; que o direito romano conhecia apenas contratos reais, contratos solenes, e um pequeno número de contratos consensuais; que o direito chinês histórico conhecia o *zipiao* (contrato real), o *qiyue* (ato solene), e a venda e a locação[42]: que o direito inglês conhece

---

[42] Os chineses encontraram a categoria geral do contrato na dogmática europeia, e não na própria bagagem. Inicialmente, deram-lhe o nome de *qiyue* porque não tinham outro melhor, agora o chamam de *hetong*.

desde sempre os *bailments* (que correspondem aos contratos reais do direito romano) e as solenidades, mas generalizou o reconhecimento dos contratos consensuais apenas no início do século XVII.

A conclusão do contrato pode, na verdade, apoiar-se em dois elementos de fato diversos do consenso, os quais também nos direitos mais avançados costumam figurar (dentro de determinados âmbitos) como elementos constitutivos do caso concreto contratual.

Um primeiro elemento é a forma. Formalismo e sacralização poderão também coincidir.

Um segundo elemento, muito importante, é a entrega da coisa, ou em geral a entrega do bem pelo qual se concluiu o acordo, ou a execução de uma das duas prestações ou de ambas. Também hoje os contratos reais dos sistemas romanistas, os *bailments* ingleses, as relações de fato (que nenhum legislador regula e nenhum direito aplicado pode decentemente ignorar) perpetuam a relevância daquele elemento de fato, baseado na execução de uma prestação, que a regra de justiça não pode ignorar, se não quiser convalidar um enriquecimento absurdo.

Dando um passo adiante, pode equiparar-se ao contrato já executado *ex uno latere* aquele assistido por um penhor ou por um fiador. Daí o grande desenvolvimento das garantias nos sistemas em questão[43].

Em outras palavras: saindo de nosso padrão, forma e execução da prestação têm centralidade evidente. Também a venda pode ser um contrato real, que opera com a entrega.

O problema de saber se o contrato é apenas fonte de obrigação ou engloba também os atos de alienação (doação, escambo, venda) não é fundamental para o antropólogo. A alienação é o resultado de uma entrega (ou de uma cerimônia) em todos os direitos

---

[43] Sobre o tema, ver Dorsingfang-Smets (1974); Verdier (1974); Masucci (1941).

recentes. O direito romano e o germânico patrocinam essa conclusão. Não já um consenso, mas um ato real está no centro da cena. A análise do direito presente na cultura ocidental demonstra que lei e doutrina tendem a ignorar ou subestimar o peso da execução da prestação – mais amplamente, o peso da atuação da relação – na produção da relação jurídica e dos seus casos[44], para reservar a centralidade à vontade e à declaração. Pelo menos no âmbito antropológico, é preciso que, para iluminar o discurso sobre o contrato, tratemos de maneira mais geral o ato (como será feito no próximo tópico).

Até aqui, contrato e troca deitam raízes em um estímulo que opera no homem desde sempre (e opera de forma análoga em animais semelhantes ao homem): o princípio da reciprocidade, pelo qual quem recebeu socorro quando precisou está propenso a estender a mão, amanhã, a quem o socorreu hoje, quem teve seus piolhos retirados está disposto a retirá-los do outro. A reciprocidade exorta à restituição, e o vínculo surge no momento em que se recebe o benefício.

Ao lado da reciprocidade como fonte da troca entre dois indivíduos, a macro-história do homem conhece o critério da turnidade e da distribuição como regras que presidem a uma troca baseada em uma relação social mais ampla. A vida corrente das sociedades tradicionais nos põe em contato com contratos consensuais que dizem respeito às necessidades cotidianas da vida e que, talvez por serem pouco evidentes e não destinados a desencadear conflitos, não sugeriram que o antropólogo colocasse aí uma ordem conceitual definitiva. Vejamos do que se trata. Sem determinadas colaborações, o indivíduo não pode enfrentar certos problemas da vida. A regra comunitária implica, então, que se

---

[44] Exposição exaustiva em Sacco (2005a).

desenvolvam atividades comuns, isto é, um trabalho coletivo, seja para produzir juntos e depois repartir entre si o produto, seja para produzir em turnos a favor de todos os partícipes. Não se trata de trocar bens *diferentes* nem prestações *diferentes*. Trata-se, ao contrário, de fazer convergir, com uma cadência tendencialmente turnária, as prestações de muitos em favor de um único beneficiário: fabrica-se em comum a casa do novo casal, cultiva-se em comum o campo de um vizinho[45]. A prestação é precedida por um acordo, mas o acordo é um ato devido, e o beneficiário de hoje deverá estar disponível para o acordo de amanhã. Pode-se supor que, em fases anteriores, aquele trabalho substancialmente comunitário fosse desenvolvido de forma indivisa para a produção de um bem indiviso: construção de uma casa para o grupo, cultivo da terra cousufruído pelo grupo.

Está em jogo, ainda uma vez, uma forma de reciprocidade.

A vida comunitária implica atividades coletivas. O desenvolvimento de atividades produtivas coletivas implica regras certas e bem definidas para estabelecer se os instrumentos devem ser fornecidos pelo indivíduo ou pelo grupo e, sobretudo, para presidir à divisão dos bens produzidos. A caça (de animais de grande porte), em particular, é desde sempre, nas culturas do homem, atividade coletiva[46]. Participa-se da caça por dever que depende do pertencimento àquele do grupo, ou participa-se por decisão espontânea. Tanto num caso como no outro, as regras sobre a divisão implicarão as prerrogativas do chefe, a relevância das diversas prestações, o reagrupamento dos vários participantes conforme as famílias ou o grupo de pertencimento; também pessoas estranhas à caça podem ostentar pretensões e direitos dependentes

---

[45] Sobre esses contratos (*soddon* ou *goob*) no direito somali, ver Muddei (1979, 321).
[46] Ver a exposição completa adiante, pp. 368 ss.

das suas ligações com os caçadores. Em casos como esses, discutir a qualidade da obrigação para perguntar-se se ela surge do contrato ou do direito objetivo é ocioso. Todo o tecido comunitário é formado por ligações nascidas como coessenciais à própria estrutura da comunidade e que foram transmitidas depois de maneira menos coercitiva e, portanto, convencional.

9. O ato

Enquanto o grupo é coeso e a divisão do trabalho é desconhecida, a necessidade de autonomia negocial do indivíduo é limitada. Mas não é necessário pensar que ela esteja totalmente ausente. O matrimônio coloca em ação trocas e prestações. A vida familiar suscita, nesta ou naquela ocasião, o estímulo a doar. A prestação do especialista do sobrenatural, o transporte de pedras a serem polidas, a atividade do construtor de armas puderam propiciar remunerações e trocas por tempos muito remotos[47]. A ocupação – corroborada pela demarcação de novas terras –, a divisão que se segue à caça coletiva, colocam-se nos primórdios da humanidade.

O exercício da autonomia é central na vida do direito desde sempre. A autonomia tomada como figura geral ocupa um lugar central no pensamento do jurista, especialmente de três séculos para cá. Nessa época, o jurista inicialmente tornou geral a figura do contrato, troca de dois consensos, e em seguida construiu a noção do negócio, declaração de vontade. A declaração de vontade, a manifestação de vontade são temas prediletos na literatura de cunho alemão.

Nada a objetar sobre a importância que é atribuída à declaração, identificada com o consenso. Mas o jurista – legislador ou estudioso – encontra, sem verdadeiramente analisá-las, muitas

---

[47] Ver acima a nota 37.

figuras de exercício da autonomia, que se exteriorizam não já em declarar e permitir, mas em exercer o direito que se quer criar, em desenvolver aquela prestação que é objeto da troca, em fazer cessar de fato um ônus que pesava juridicamente sobre o vizinho e do qual se pretende que ele seja finalmente livre.

Eis o indivíduo que recolhe um fruto e torna-se proprietário dele. Eis aquele coletor que entrega um fruto aos outros e lhe transfere uma propriedade. Eis aqueles caçadores que desempenham em comum o ato venatório e adquirem um direito sobre uma cota do butim.

A literatura jurídica ocidental conhece esses fenômenos. Fala de posse e explica que a posse é um estado de fato, diferentemente da propriedade, que é uma situação de direito[48]. Fala da entrega e está incerta sobre sua natureza[49]. Fala da sociedade surgida das prestações dos sócios, e a chama – de maneira significativa – sociedade de fato.

O jurista não se dá conta do número, da importância, da centralidade desses atos jurídicos, distintos da declaração e do consenso, operantes em todos os ramos do direito. Podem ser atos instantâneos ou continuados. No direito italiano é fácil lembrar, entre os atos instantâneos, a ocupação, o abandono da coisa, a entrega, a atribuição de terras incultas, a aceitação tácita da herança, a validação do contrato inválido realizada mediante execução da prestação, a aceitação da proposta contratual conforme o art. 1.327 do Código Civil italiano, o contrato concluído mediante o aparelho automático. Entre os atos continuados destacam-se

---

[48] Ver acima, p. 338.
[49] Para alguns autores, a posse é um puro ato "material". É o que afirma, por exemplo, Trabucchi (2004, 41. ed., 83). Na Alemanha, onde a entrega é o modo de aquisição da propriedade mobiliária, discute-se se ela é um negócio ou não: Wolff e Raiser (1957).

a sociedade de fato, a relação de trabalho de fato, o *ménage* de fato, a posse, verdadeiro protótipo das relações de fato, o gozo de fato de bens imateriais etc.[50].

Esses atos de autonomia provêm de diversas épocas. Os mais significativos entre eles são de épocas arcaicas (eles não têm necessidade da linguagem articulada!).

O jurista de hoje não se empenha em explicar a natureza desses atos. Recorre a passagens lógicas artificiais. O ato mudo seria um negócio, seria uma manifestação da vontade de produzir uma relação jurídica. O coletor, desenterrando aquela raiz, manifestaria a vontade de se tornar proprietário. O caçador, perseguindo o bisão, manifestaria a vontade de fazer surgir uma relação societária com os outros caçadores.

A antropologia poderia também desinteressar-se por essas construções e contentar-se com descrições realistas daquilo que fazem o coletor e o caçador. Entretanto, a análise dos atos não declarativos é indispensável à dogmática do jurista, e por isso não podemos prescindir dela: e, para ser válida, lhe é útil e decisivo o exame do antropólogo.

Chegou o momento de fazer esse exame. Não poderão ser passados em revista todos os atos não declarativos listados anteriormente. Podem ser considerados, no máximo, os dois atos mais significativos, ou seja, a ocupação e a caça coletiva.

10. A ocupação

Quem ocupa[51] quer adquirir o controle físico do bem e adquire o controle físico do bem. A coincidência entre o desejado e o efeito é perfeita. O desejado e os efeitos movem-se na ordem da realidade física.

---

[50] Sobre todas essas figuras, amplamente, ver Sacco (2005a, 134-221).
[51] Sobre o tema, ver Sacco (1994).

Quem ocupa quer adquirir um poder *exclusivo* sobre o bem; com a exclusividade, o fato meramente físico (relação homem-coisa) eleva-se a uma realidade social; um mecanismo social acrescenta à relação homem-coisa a exclusividade do poder. O fenômeno é análogo ao encontrado em várias sociedades animais. O ato não dá um nome ao poder que o sujeito adquire, porque o ato é mudo, e quem é mudo não distribui nomes. Mas o ato atribui ao sujeito de forma imediata (ou seja: sem necessidade de uma mediação normativa heterônoma) o exercício de um poder de fato, socialmente estruturado como poder exclusivo. O risco que se abate sobre quem atenta à paz do sujeito gera o cumprimento dos terceiros.

O discurso, com as mudanças necessárias, vale também quando o sujeito que ocupa quer fazer adquirir o poder ao dominante, ao *pater familias,* ao *dominus,* ao dador de trabalho.

E o que quer dizer "socialmente estruturado"? Esse poder *social* é um poder jurídico, ou seja, contemplado por uma norma? O pensamento corre rapidamente em direção a uma análise conceitual do tipo "poder regulado por uma norma (consuetudinária) que impõe ao terceiro a proibição de interferência". Mas nos níveis factuais, que nos interessam aqui, a norma consuetudinária é um dado redundante. A coação, na forma da autotutela, é garantida por um mecanismo natural, e por isso direito e fato coincidem. O poder de fato existe na medida em que os consociados o respeitam; e, dentro dessa mesma medida, ele é um poder jurídico. O agente defende o poder de forma mais ou menos, e os terceiros estão factualmente propensos a se deixar condicionar por essa força do agente. O direito é uma redundância do fato. Até aqui, a norma do direito não desempenha tarefas específicas de proteção social.

Porém, em uma perspectiva moderna, podemos também enquadrar novamente o fenômeno examinado em uma relação entre fato-poder-norma. Vejamos de que maneira.

O poder a que se dirige a intenção do agente é a) um poder de fato b) socialmente operante e respeitado. O ato gera (no exercício da autonomia) o poder de fato. O respeito da posse alheia está, naturalística e socialmente, ligado ao poder de fato, de que é um constituinte, e não ao reconhecimento de uma norma proveniente de uma autoridade. O respeito por parte de terceiros faz com que aquele poder de fato seja *aquela* específica relação socialmente relevante. O poder de fato torna possível a autotutela. A previsão da autotutela faz do poder de fato um poder garantido.

É preciso agora dar um passo adiante.

Filtrado e reduzido ao espectrograma a que o reduz um ordenamento jurídico culto, o poder de fato do agente, ou seja, o controle físico da coisa, sobe um grau. Não é mais apenas a atuação de um poder de fato socialmente respeitado. As abstrações do jurista sábio permitem pensar em uma obrigação de respeitar: em outras palavras, em uma propriedade. Nesse quadro, a posse torna-se – por efeito de uma simples qualificação conceitual (sem necessidade de uma regra autoritativa nova que mude algo) – exercício da propriedade. Ou seja: o ordenamento jurídico culto, armado de categorias de relações jurídicas, qualifica novamente aquele poder de fato como o exercício da propriedade.

A norma, quando o sujeito está dotado do poder de fato exclusivo, correspondente ao exercício da propriedade, desencadeia uma série de proteções e efeitos jurídicos: garante imunidade à autotutela; protege o poder de fato com os remédios possessórios; e une ao exercício da propriedade – onde a coisa é *nullius* e capaz de propriedade – a aquisição da própria propriedade.

Já não é a vontade do agente que, quase por uma própria incapacidade de precisão jurídica, não chega a definir e qualificar a relação jurídica. O ato simples não define e não qualifica simplesmente por ser factual e inexpressivo. Ele realiza um poder de fato.

E a essa altura intervém a norma, verbalizante, qualificante e programante, e reage ao poder de fato e à sujeição de fato qualificando-a e criando o direito *correspondente*.

A chave da autonomia está naquela correspondência do direito com o poder de fato. O agente quer, e cria, o poder. A norma assegura ao poder uma proteção sofisticada. Tratar-se-ia de uma norma heterônoma? Heteronomia bem estranha!

O efeito primário da ocupação – a aquisição da posse – é seguramente o resultado de um mecanismo de autonomia. O efeito secundário – a aquisição da propriedade – é também o produto de um mecanismo de autonomia, por ser reconhecido por uma norma destinada a qualificar a aquisição primária.

Nos vários ordenamentos a norma está subentendida. Ela existe e opera porque está em função há centenas de milhares de anos, de sorte que o intérprete a conhece de antemão e não tem dúvidas a esse respeito. A norma escrita não é necessária porque é evidente.

A fonte é uma norma não escrita. E onde o direito não escrito encontra a solução do problema, se não a descobre na vontade do agente? Dir-se-á que o direito não escrito costuma encontrar a solução na história. Mas o discurso não flui, porque na origem da história do direito encontramos, mais uma vez, um direito não escrito, e temos de explicar por que, na origem, com base no direito não escrito, era óbvia uma ligação entre ocupação, poder de fato e propriedade.

As coisas eram óbvias porque os poderes de fato foram socialmente reconhecidos durante centenas de milhares de anos antes que o direito apoiado na palavra nascesse! O direito apoiado na palavra veio depois. Em um primeiro momento, ninguém falou ao intérprete. Mas não é preciso falar ao intérprete quando o intérprete "sabe".

11. A sociedade de fato[52]

Desde uma época muito antiga, o homem é caçador.

Se a caça tem por objeto animais de grande porte, a caça é coletiva e postula regras sobre a divisão do butim[53]. É compreensível, então, que se verifique, pelos estudiosos das competentes disciplinas, que "objetivamente nosso intelecto, nossos interesses, nossas emoções e nossa estrutura social básica são produtos evoluídos que derivam do sucesso de nossa adaptação a uma vida de caça"[54].

É verdade que recentes reconstruções diminuem o período do homem caçador. Em um primeiro momento, o homem teria caçado animais já mortos por diversas causas, ou capturado a caça de grande porte morta e posta de lado por animais mais aparelhados do que ele para a agressão. A estrutura dos seus instrumentos, a qualidade dos restos de suas refeições, o cálculo dos seus meios físicos, os vestígios de mordidas, cortes e outras lesões ainda visíveis nos ossos das caças corroboram essa conclusão. Dessa maneira, o homem caçaria há não mais do que 100 mil anos. Mas os teóricos do homem predador pensam que a captura do animal morto exigia uma ação não menos coletiva do que a caça que o *Homo sapiens* praticou depois em tempos recentes. E, de qualquer modo, 100 mil anos de pré-história humana, em que a caça coletiva educa a mente e forja as instituições do homem, serão suficientes para comprovar que a apropriação da parte mais significativa do alimento se deu, na tradição da nossa espécie, de maneira social, e que essa tradição tem um peso preponderante na forma da cultura humana[55].

---

[52] Sobre o tema, ver Sacco (1995b).
[53] Box (1974, 61). Não causa surpresa a presença dessas reflexões sobre os humanos em obras que tratam de animais em sentido amplo.
[54] Washburn e Lancaster (1968, 213); Box (1974, 61).
[55] Sobre o tema, Lee e De Vore (orgs.) (1968), mas também Speth (defensores da doutrina tradicional), Brain, Isaac, Bunn, Binford. Merecem destaque Blumenschi-

A caça desenvolvida em comum vale como modelo de uma atividade societária. Antropologicamente (e, mais, amplamente, na etologia), ela representa em determinado sentido o oposto da busca do usufruto, da produção e da exploração individuais que a antropologia e a etologia conhecem muito bem. A separação na exploração dos recursos – com sua incontestável racionalidade – está amplamente ilustrada nas análises e na literatura. Por sua vez, a produção coletiva é dotada de uma incontestável racionalidade, que brilhará no momento em que o trabalho coletivo permitir as grandes canalizações, as grandes obras arquitetônicas (a começar pelas muralhas defensivas) e assim por diante.

Para o desenvolvimento, a extensão e a importância econômica, a caça realizada em comum pode ser tomada como paradigma exemplar no âmbito das relações societárias macro-históricas.

Vejamos agora os termos jurídicos dessa relação.

Não é fácil conceber, na época de sociedades de poder difuso, um consenso contratual à constituição da obrigação de caçar. Ou a caça é um dever ligado ao *status* de membro do grupo; ou caça quem quer, e quem não caça não dividirá a caça. O fato que dá lugar à relação não é ter prometido caçar, mas ser membro do grupo ou, depois de tudo resolvido, ter caçado.

O indivíduo caçador deve utilizar os meios necessários para a caça. Se se trata de meios possuídos particularmente pelos indivíduos, o caçador dá, portanto, atividades e meios materiais para ser usados temporariamente (lança, redes), para ser usados com risco de perda (ponta de flecha) ou para ser consumidos (veneno).

---

ne e Cavallo (1992). Em todo o caso, o chimpanzé, cuja linhagem se destaca da do homem há 5 milhões de anos, pratica a caça coletiva, com distribuição de papéis (alternativos), e com uma divisão do butim não bem ritualizada, realizada com base em tomadas de posse não proibidas e entregas parciais mais ou menos solicitadas.

A caça coletiva implica um acesso regulamentado ao aproveitamento do animal capturado. O regulamento pode ser em várias medidas igualitário (tantos caçadores, tantas partes iguais) ou diversificante (as várias partes do animal não são iguais, e cada uma delas tem um destinatário).

O direito dos nossos tempos nos fornece hipóteses sobre o direito do passado. Nas práticas atuais de tipo tradicional encontramos a caça coletiva e as sociedades de caçadores.

A antropologia nos ensina que as sociedades que atualmente vivem de caça (pigmeus, san, habitantes do Alto Orinoco) se agrupam em pequenos grupos, caçam juntos, compartilham a caça e – diferentemente dos macacos – a consomem juntos. A ciência mais moderna cunhou um termo novo e expressivo para indicar essas comunidades e as chama de sociedades cinegéticas[56]. O grupo que caça pode ser ele mesmo uma estável sociedade de caçadores, como os wabonis somalis, dotada de uma língua e de estrutura jurídico-sociais próprias.

Nas mais complexas entre essas sociedades, a caça em comum deixa florescer regras sociais cada vez mais sábias e significativas, voltadas, entre outras coisas, para a divisão ritualizada da caça.

O exemplo a que nos dirigiremos é o dos *bété* da Costa do Marfim[57].

Entre essa etnia, a caça envolve as estruturas sociais fundamentais: o grupo gentílico (*grigbê*), os seus subgrupos, a etnia superior, que, de alguma forma, se refere ao fiador da terra (*dudubeño*),

---

[56] Ver Lancine Sylla, *Le droit: élément essentiel du changement social en Afrique*, em Conac (org.) (1980), e ali, nas pp. 321-6, o n. 2: *Nouvelle réglementation de la chasse et de la transformation sociale en Côte d'Ivoire (le cas de certaines sociétés cynégétiques: Bété, Gouru et Lobi)*.

[57] O principal estudioso da cultura *bété* é Dozon (1985, 154 e ss.) Encontram-se boas informações em uma tese defendida em Turim (jur.) em 1991-92: Gbadié, *Le droit ancestral de l'ethnie bété et sa survivance actuelle*. Ver também a nota 56.

os parentes por parte de mãe, os vizinhos ou habitantes do mesmo vilarejo.

Cada *grigbê* possui uma rede grande (*sokuli-ite*), conservada pelo mais velho do grupo (*grigbêgnoite*). A rede é dotada de características espirituais, em particular é dotada de força oculta, e pode manifestar, mediante a perda de sangue, um mal-estar do grupo. Quando se reparte o *grigbê*, também o *sukuli-ite* é subdividido. Todos os expoentes do *grigbê* possuem redes pequenas (*sakuli-takei*), destituídas de características espirituais e, por isso, livremente circulantes a título de empréstimo.

A caça (*nu*)[58] pode apresentar êxitos metanaturais (render homenagem aos antepassados, prevenir uma desgraça coletiva ou remediá-la), ou ter uma finalidade econômica (*akanume*). A característica da caça influi na divisão da caça.

Os operadores da caça têm papéis diversificados. Os oraculistas indicam os momentos favoráveis, o *dudubeño* abençoa e divide os tempos. Os homens do grupo desenvolvem a atividade, e (sem dar lugar a especializações permanentes) são distribuídas as tarefas de guia, batedor, reciário, lançador de guia. O guia e o batedor têm entre as tarefas a identificação do caçador que se distingue, avistando o animal ou matando-o.

À caça segue-se a divisão. Consideramos as regras aplicáveis se se trata de um *akanume*. Constituem eixos distintos os proventos que cada um dos *grigbê* obtém. No interior do *grigbê*, a caça é dividida levando em especial consideração os méritos individuais (o fato de ter visto ou matado o animal), a função desenvolvida na caça e o título de propriedade sobre a rede pequena. Destinações diferentes são dadas às diversas partes do corpo da caça. Depois

---

[58] Os termos *nu* e *akanume* não valem para toda a área *bété*, apenas para os *zabia* e *gbadì*.

ocorre uma redistribuição, em que o caçador retira a própria cota daquilo que é preciso para conceder um benefício às pessoas institucionalmente próximas – parentes maternos ou vizinhos de casa.

A divisão tem uma relevância fundamental. A briga na divisão justifica a cisão dos *grigbê*.

Esta análise prepara uma reflexão.

O que permite uma intervenção na divisão é, nas experiências mencionadas, ter desenvolvido a prestação coletiva. Quem caça divide. Suas razões são suficientemente evidentes para que possam ser garantidas por uma norma espontânea e não escrita. Acrescentamos que suas razões são definidas de maneira sofisticada, o que nos obriga a admitir que aquela norma espontânea é capaz de distinções cuidadosas e de avaliações sutis; tampouco prejudica a finura dos seus preceitos a ausência do suporte de uma escrita ou de qualquer verbalização prévia.

O direito intervém de forma branda, e apenas com normas muito genéricas, para regular a contribuição e o comportamento dos indivíduos. Intervém, ao contrário, com regras muito pontuais para regular a divisão, ou seja, a destinação das aquisições.

Há 10 mil anos, em muitas partes do planeta, a agricultura e o pastoreio, mas também as atividades artesanais e comerciais, reduzem a caça à atividade marginal. O mundo mudou. A estrutura societária, contudo, floresce, e nós a encontramos em Roma.

Em Roma, estão na frente do cenário os contratos consensuais, e ali a sociedade é apresentada como um deles.

Não mais regras apoiadas na divisão-prêmio final. Em vez disso, exalta-se o consenso, com o qual se prometem prestações e contribuições; a gestão é comum, e daqui nasce uma espécie de mandato recíproco; aquisições e alienações tornam-se os tijolos da construção social; por isso, ao lado ou em lugar dos ganhos, poderiam sobrevir as perdas; a divisão final torna-se um corolário da não perpetuidade do vínculo, contraído por tempo estabelecido ou por tempo indeterminado.

Mas esse consenso contratual, essa primazia da obrigação contraída com todo fraseado adequado pronunciado com a boca ou reforçado pela escrita, está muito mais vivo na descrição livresca feita pelos pandectistas do final do segundo milênio, condicionados por um *imprinting* conceitual e dogmático, do que nas fontes romanas.

Folheie-se o título II do livro XVII do Digesto (*Pro socio*). Encontramos, aqui, uma amostra de pelos menos 84 fragmentos. Quais são os temas? Dizem respeito à medida dos bens envolvidos na relação social, à eficácia da cláusula de temporária indivisão, à rescisão (*renuntiatio*), à responsabilidade por má prestação operacional ou administrativa, e, sobretudo, à divisão final preparada pela fixação das cotas individuais (não necessariamente contemporânea ou anterior à fixação das contribuições). Nunca se fala de um autor que peça o cumprimento da *obligatio* para efetuar a prestação social.

Assim, a convenção que institui a relação social não está no centro da cena. O fragmento-chave, referente à gênese da relação, explica, com uma passagem de Modestino que mereceria maior atenção, que podemos constituir uma sociedade *et re, et verbis* e a dissolvemos *renunciatione*, morte.

Em outros termos, os antigos romanos, mais do que os exegetas modernos, têm vivas três impressões: 1) que a sociedade se estipula ora com a atividade desenvolvida em comum (mencionada em primeiro lugar), ora com a declaração de vontade; 2) que o vínculo social não obriga para o futuro, porque, normalmente, perdura apenas até quando o sócio o quiser; 3) que o momento em que o jurista deve intervir mais com o prontuário das suas soluções é o da divisão.

Elementos adicionais integram o quadro. Os romanos geralmente não dizem *societatem contrahere*, mas *societatem coire* (e com isso dão mais ênfase à execução que ao compromisso assumido); e distinguem a sociedade da copropriedade com base na presença de uma *affectio*, ou seja, de um elemento psicológico que perdura, diferente da vontade, por sua natureza instantânea, de quem conclui um negócio jurídico importante, voltado para o futuro.

Sociedade *adita re* e sociedade *adita verbis* são vistas hoje pelo jurista como variações de um único tema, que é remetido à sociedade consensual.

> Por sociedades de fato em sentido estrito se entendem aquelas que se formam sem um acordo expresso pelos sócios [...] mas com o fato mesmo de tratar juntos negócios por determinado período de tempo, de modo a dar lugar a um *acordo tácito* sobre o exercício em comum de uma atividade econômica[59].
>
> Trata-se de mera contraposição entre duas *formas*. A *forma* expressa e a *forma* tácita, identificada com o exercício em comum[60].

A sociedade de fato não implica, em sua origem, nem uma declaração, nem um fato logicamente redutível a uma declaração.

Ela implica, aliás, um exercício da autonomia privada. A autonomia não se manifesta sempre em declarações. Ela pode manifestar-se em atos. Faz parte dessa gama geral de atos a execução de atividades economicamente úteis, desenvolvida de maneira coletiva.

Se o resultado não existe, o direito não é chamado a regular nada. Se o resultado existe (e esse é o caso normal), ou se existem responsabilidades ou outras externalidades negativas, o direito é chamado a regular sua destinação.

---

[59] Gorla (1942, 6).
[60] Ibid.

O problema do legislador não é *se regular a relação social entre sócios de fato*. O problema do legislador é *como destinar a riqueza produzida coletivamente* (e como dirimir os conflitos ocorridos durante o percurso). O direito pode regular aquela produção como quiser. Mas deve regulá-la de alguma maneira, com uma norma escrita ou com uma norma *natural*. E, de fato, ocupa-se disso com habilidade e sem demasiados contrastes há mais de 2 milhões de anos (o homem caçador e o homem predador de animais já mortos realizavam uma produção coletiva).

A norma sobre o acordo destinado a criar uma sociedade regula compromissos assumidos para o futuro, compromissos que o legislador pode reconhecer ou desconhecer. A norma sobre a sociedade de fato regula a destinação de positividades econômicas, e não há desconhecimento, proibição, cominatória de nulidade que torne possível eliminar da cena do direito essas positividades sem se preocupar em indicar sua destinação.

Para sorte do legislador, a norma que decide a esse respeito é uma norma "intuitiva", patrocinada por uma perene e ininterrupta prática jurídica. Já que o legislador encarregado da lei escrita esquece de intervir, o intérprete encontrará a norma necessária no inesgotável arsenal das obviedades, das analogias evidentes, das equiparações conceituais, dos criptotipos, sem os quais nenhum sistema jurídico poderia nem respirar nem sobreviver.

12. Para uma datação dos atos

O direito moderno conhece uma variedade impressionante de atos, declarativos ou executivos. Pode a antropologia permitir-nos datar o surgimento de cada um deles? É fácil fazê-lo para o testamento hológrafo e para o *leasing*. É menos fácil empenhar-se para o contrato de locação, a convalidação do ato nulo e o mandato.

Algumas propriedades podem ser estabelecidas em cada caso.

12.1. Declaração, ato mudo

A contraposição cujo significado parece mais evidente verifica-se entre a declaração negocial e o ato mudo.

No tempo, o ato antecedeu o negócio.

É opinião unânime que o escambo real tenha precedido a permuta consensual e a venda.

Um exemplo mais significativo – que nos fala através de milhões de anos – é o da sociedade de fato.

A gradual extensão da competência do negócio (= declaração) é visível ainda nos últimos 2 mil anos. Durante os últimos séculos, o consenso se livra gradualmente de uma presença completiva ou alternativa do ato (entrega) em matéria de passagem da propriedade mobiliar. No direito comum e germânico é necessária a entrega; o *Code Nap.*, ao contrário, abrange o consensualismo; o *Sale of Goods Act* faz o mesmo na Inglaterra.

O *bailment* e o contrato real dos códigos requerem a entrega prévia, mas o direito francês aplicado do século XX e os projetos de código do século XXI dão espaço, nessas áreas, ao consenso nu.

O ato mudo precede a declaração negocial, por ser o instrumento de autonomia do homem mudo: antes de mais nada, obviamente, do homem desprovido da linguagem articulada; e depois sobretudo do homem que fala, mas não utiliza ainda a linguagem para as necessidades do direito.

O ato não negocial é arcaico; o negócio é moderno. Assim como o costume (fonte muda do direito) é arcaico (mas sobrevive!) e a lei é moderna.

12.2. Efeito atual, efeito futuro

A promessa, ou seja, a declaração daquilo que acontecerá no futuro, não pode ser uma inovação recente. Para prever o futuro, é preciso ser adivinho, e o homem não é adivinho se não mantém determinadas relações especiais com o sobrenatural.

A perspectiva pode mudar, se consideramos aquela forma particular de adivinhação que é a programação. Mas o homem que programa é um homem recente. A promessa de um bem futuro implica uma previsão de produção ou de aquisição de bens localizados no futuro. O homem do Neolítico tem certamente essa previsão: não se cultiva um campo sem prever a colheita e não se criam ovelhas sem prever a reprodução. O homem do Paleolítico limitava-se a caçar e a coletar. Previa? A meu ver, quando o homem do Paleolítico se habituou a prever, operou a armazenagem dos produtos da caça e da coleta. E sabemos que, quando começou a praticar a armazenagem, não tardou, depois, em se tornar agricultor e pastor. Já que existe um paralelo entre armazenagem e programação da destinação dos bens e do consumo das energias, talvez o momento da armazenagem estivesse junto com o momento em que pela primeira vez alguém prometeu (algum tempo antes de 10.000 a.C.).

A alienação, que implica um caso instantâneo atual, precede, portanto, a promessa. *Ego aio hanc rem meam esse. Esse.* Verbo presente. Também o caso atual dita regra ao futuro, não há dúvida. As relações jurídicas perpétuas (a propriedade, a escravidão, a paternidade, o casamento) têm essa virtude. Constituídos em um instante, sobrevivem depois sem limite de tempo. Exceto algum fato novo. Aqui vemos refulgir a extraordinária função estratégica do caso aquisitivo (constitutivo ou translativo) da relação. Inicialmente, de fato, o vínculo futuro opera mediante a perpetuidade da relação; e somente mais tarde se começa a conceber uma relação que até agora existe, mas cuja execução é adiada.

A regra que agora é inoperante no fato e platônica, e tornar-se-á atual apenas no futuro (abreviado: uma regra dada ao futuro), necessita de uma promessa e por isso é posterior à entrada em campo da língua. O direito objetivo que ignora a promessa não pode criar um direito do trabalho, obrigação de prestação de fazer substituída por obrigação de sustento; pode criar um direito de escravidão ou de servidão, poder perpétuo de impor prestações de fazer, possibilitadas pela sustentação do escravo ou do servo. Não pode instituir a promessa feudal de obediência, mas pode conhecer o domínio, perpétuo.

O *nexum* romano entra em campo antes da promessa. Em todos os ordenamentos, de fato, a obrigação, na sua primeira fase de desenvolvimento (exceto as obrigações baseadas na reciprocidade ou na prevenção do enriquecimento), existe apenas como projeção de um poder de natureza real sobre um homem ou sobre uma coisa. A garantia é tangível. Aliás, o sobrenatural pode mediar e tornar operacional no mundo tangível uma realidade espiritual: a história da *sponsio* romana, que é a história da estipulação, nos ensina; a *sponsio* parece de fato ligada à esfera do sagrado[61].

12.3 Promessa, testemunho

Nenhuma testemunha nos diz se o testemunho (ou declaração de ciência comprometida) antecedeu ou sucedeu à promessa. A análise nos sugere que o testemunho é anterior.

O testemunho trata de uma coisa presente. Quem testemunha pode mentir, mas pode também dizer a verdade. Se conheço o meu vizinho como pessoa verdadeira, ele é crível e digno de crédito. Ao contrário, quem fala do futuro, ou inventa ou é um adivinho. Se inventa, não lhe dou crédito. Se é um adivinho (mas poucos humanos têm essa qualidade), pode ser que ele tenha atrás de si um sobrenatural que o garanta.

---

[61] Talamanca (1989, 62), e sobretudo obras (de Talamanca) ali citadas. De maneira muito mais geral, sobre a fragilidade da promessa não convalidada pelo sobrenatural, ver Burkert (2003, 12).

O testemunho, não menos do que a promessa, necessita da palavra. Mas pode intervir para determinar o efeito de um ato (ou de um negócio tornado crível pelo fato de dispor de casos atuais): com a entrega, aquele sujeito transfere um escravo e com a palavra atesta que não é nem ladrão nem fugitivo.

A formulação aceitável do que estou dizendo pode ser esta: o testemunho pode ser aceito como fonte de uma entrega de forma mais espontânea, natural e fácil (e, portanto, supostamente em data anterior) do que a promessa.

Essa prioridade continua a ser observada nos tempos recentes.

O *estoppel by representation* inglês surge para proteger quem é enganado por uma *representation* (e a *representation* é um testemunho, não uma promessa). E surge no século XII bem antes do *contract*, ou seja, do remédio generalizado, posto (desde 1602) como tutela de qualquer promessa assistida por uma *consideration*. Hoje, a *representation*/promessa é comparada à *representation*/testemunho. Temos, aqui, o exemplo de um testemunho que antecede no tempo uma correspondente promessa e prepara o caminho para a afirmação desta última[62].

Para concluir, não é possível – nas condições do saber atual – traçar uma cronologia dos fatos humanos relevantes, através da macro-história do homem. Podem ser dadas apenas algumas vagas informações. O ato mudo realizador, ato não relacional, antecede a hominização. A responsabilidade pelo engano, surgida no plano relacional, poderia também ter a mesma idade (mas não parece provável, e de qualquer forma não se sabe). O testemunho é a forma falada do fato que gera um dever de coerência. A declaração preceptiva é o homólogo evoluído, falado e relacional, do ato de realização. A promessa é a última a surgir; poderíamos

---

[62] De forma mais ampla, ver Sacco (2005a, 227-55).

colocá-la na última fase do Paleolítico, quando o homem começa a distinguir os meses e as estações e a conservar provisões de alimento para o amanhã não imediato.

13. A instituição ancestral

Neste ciclo de aventuras institucionais não se mencionou a figura mais antiga.

Antes que o homem pense em se comprometer, antes que ele pense em regular, juridicamente, o mundo que o circunda, antes que o homem apareça, o ancestral do homem parece já apto ao comprometimento e à expectativa, à revanche e à sujeição, com base na reciprocidade.

Reciprocidade significa dar comida hoje e receber comida amanhã; tirar os piolhos hoje e ter os piolhos tirados amanhã; dar ajuda militar hoje e ter um aliado amanhã.

A reciprocidade não é somente "nossa". Nós a herdamos dos nossos avôs macacos[63]. Mas ela foi praticada sem especializar nem perturbar suas aplicações à medida que pouco a pouco a cultura do filho do australopiteco percorria o itinerário que a transformaria na cultura de *sapiens sapiens*[64].

---

[63] Sobre o tema, ver Trivers (1971, 35); Axelrod e Hamilton (1981, 1390); De Waal (2001, 173).

[64] Sobre a reciprocidade como universal humano, ver Kluckhohn (1959, 245); Gouldner (1960, 161). Lévi-Strauss (1969) identifica três estruturas mentais, indicadas como estruturas fundamentais do espírito humano, das quais afirma a universalidade: a exigência da regra como Regra; a noção de reciprocidade; o caráter sintético da doação, ou seja, o fato de que a transferência voluntária de um valor de um indivíduo para outro transforma esses indivíduos em parceiros. Sobre a reciprocidade como base da estrutura social das comunidades melanesianas do arquipélago das Trobriand, cf. Malinowski (1972). Segundo Malinowski, o "princípio do dar e do receber" permeia a vida tribal, e a reciprocidade está no centro da sua "definição antropológica do direito": as normas jurídicas são sancionadas "por um mecanismo social definido de forças vinculantes, baseado (...) na dependência recíproca e realizado no correspondente ordenamento de serviços recíprocos" (ibid., 91).

A reciprocidade está na origem da vingança, da restituição, da troca, das prestações turnárias, das prestações colegiadas que serão seguidas pela divisão. A reciprocidade está visivelmente na origem da vingança.

A reciprocidade da atribuição espontânea caracteriza a doação nas culturas tradicionais, onde a doação é na realidade o primeiro segmento da troca[65].

A reciprocidade está na base dos quase contratos: a restituição do indébito e do enriquecimento são exemplos ao alcance da mão.

A reciprocidade está na base dos contratos reais.

A reciprocidade é encontrável em alguns remédios em *rem*. Se Fulano me rouba, eu remedio recuperando; ou seja, com a ajuda da instituição, eu o roubo (e o efeito prático será semelhante ao de um comodato).

A reciprocidade se encontra em remédios sancionatórios. Se Fulano me rouba mil euros, remedio ressarcindo-me do prejuízo, ou seja, tirando-lhe (com a ajuda da instituição) o *tantundem* (e o efeito prático será semelhante ao de um empréstimo a longo prazo).

Mais amplamente, a sanção gosta de conter em si a restituição do bem subtraído, em especial a restituição do enriquecimento.

---

[65] Sobre a doação e a reciprocidade, o estudo clássico é o de Mauss (2002). Ver Burkert (2003, 165 ss.).

CAPÍTULO XIII

OS CONFLITOS

1. O antidireito e o conflito

A regra social, mesmo a regra social arcaica, conta com a obediência espontânea, e a obediência é praticada também porque o indivíduo teme expor-se à sanção que atinge o autor da violação.

O etólogo nos ensina que o animal territorial ataca o rival se o encontra no próprio território; e que, em condições normais, nenhum animal ultrapassaria deliberadamente a zona dos outros. A ciência dotou-se de dados criando situações artificiais. Por exemplo, o operador colocou dois peixes coespecíficos em duas distintas provetas de vidro; depois introduziu as provetas na área de A, e então A tentava (inutilmente) agredir B, e B tentava, freneticamente, fugir; enfim, o operador introduziu as provetas na área de B, e as consequências se inverteram[1].

Com os homens as coisas são um pouco diferentes; é preciso lidar com a possível falta de obediência, ou seja, com a figura do antijurídico, do ilícito[2]. A partir de determinada data, o jogo dos hormônios e das adrenalinas não mais bastou para garantir o su-

---

[1] Tinbergen (1969, 98); Lorenz (1986).
[2] Sobre os ilícitos no direito tradicional, ver Epstein (1969); Ibik (1969); Nkambo Mugerwa (1969); Abel (1970, 20); Moore (1972).

cesso de quem tem direito e luta para se autotutelar. Desde então, a autotutela tem um defeito. Nada garante que a luta conduza à vitória de quem tem direito, em vez da vitória do mais forte.

A autotutela opera até que a violação do direito está em ato. Quando a violação cessa, a autotutela não tem mais espaço. E se a violação deixa um efeito lesivo (por exemplo, uma vítima foi morta ou ferida, ou um possuidor legítimo foi desapossado), o problema será aquele do remédio: sanção, reparação, reconciliação.

O direito tradicional conhece bem a ideia do fato contrário à regra, que merece uma sanção. Por outro lado, não conhece a distinção entre responsabilidade civil e penal, que pressupõe uma organização jurídica complexa e sofisticada.

O tratamento da infração deveria contemplar uma tipologia dos fatos considerados ilícitos. Não é fácil redigir listas dotadas de validade geral. Pode-se lembrar que alguns comportamentos nefastos atraem sobre toda a comunidade – tomada no sentido mais amplo – a reação punitiva proveniente do sobrenatural, outros comportamentos ferem a integridade de um grupo externo (caso típico: o assassinato ou a mutilação de um membro do grupo), outros atos deploráveis põem à prova a convivência no interior da comunidade. As reações sociais não poderão ser muito diferentes e só poderão derivar de círculos diferentes de operadores.

O ponto de partida do discurso sobre a infração será o conflito entre a vítima e o responsável pela infração[3].

Antes de prosseguir, observamos, porém, que nem todo conflito surgirá como corolário de uma infração, que deixa à vítima o desejo ou a necessidade de uma reação. O conflito existe toda

---

[3] Sobre o conflito, ver Roberts (1979); Bohannan (org.) (1967); Gluckman (1977); Remotti (1982).

vez que dois sujeitos aspiram a um mesmo bem, e falta um procedimento destinado a determinar quem deve obtê-lo. O conflito surge quando se deve escolher o dominante, ou o chefe da tribo, ou o príncipe herdeiro, e aquela cultura permite a explosão da rivalidade de forma visível. Os instrumentos que dirimem a competição entre rivais podem não ser diferentes dos que intervêm para definir a pendência que nasce da infração.

Voltemos à infração.

Ocorrida a infração, estão presentes os extremos para um litígio entre a vítima e o culpado. Mas pode também ocorrer que os operadores sociais intervenham com sucesso para prevenir a explosão do conflito. O remédio mais óbvio consistirá em evitar que as partes se encontrem. Nas populações nômades, o distanciamento recíproco poderá ser definitivo e provocar maior ou menor cisão dolorosa do grupo. Em casos diversos, o tempo poderá favorecer a reconciliação dos adversários[4]. Qualquer sociedade pode conhecer essas formas de prevenção. Algumas sociedades (de tipo tradicional) conhecem procedimentos bem característicos destinados a tal finalidade.

Se o conflito não é prevenido, ele se manifesta. Será necessário recorrer à força, ou negociar, ou submeter-se à decisão de um terceiro.

Onde foi criado um poder centralizado, esse poder, com o tempo, anulou aos poucos os caminhos precedentemente praticados para administrar o conflito e assegurou aos órgãos judiciários estatais o poder exclusivo de distribuir sanções punitivas ou restituitórias a cargo da pessoa do culpado e a favor da vítima.

Aqui, por enquanto, prescinde-se da hipótese da justiça estatal ou eclesiástica.

---

[4] Ver Koch *et al.* (1977, 269-83).

A sociedade sem Estado não é nem uma comunidade irenista, em que todas as piores ofensas são seguidas por poéticas reconciliações, nem um mundo selvagem em que opera apenas e sempre o recurso à brutalidade e à força. Faz parte da lógica das coisas que o direito recorra, de modo alternativo, à composição negociada ou à violência. A forma mais típica da violência será a vingança. Uma terceira solução consistirá no julgamento do terceiro.

Mas uma classificação dos modos de gestão do conflito necessita de esquemas mais sofisticados.

Entretanto, é preciso mencionar a distinção, delineada há pouco, entre as lesões operadas no interior do grupo e aquelas que se desenvolvem de um grupo a outro.

No interior do grupo – e sobretudo no interior do grupo pequeno – domina a exigência de salvaguardar a coesão da comunidade, e por isso a comunidade (pela boca do chefe de família ou das pessoas ouvidas) promove a conciliação[5]. Nem sempre ela será possível ou recomendável. Mas, nos limites em que a inserção do sujeito no grupo tem um caráter vital para o próprio grupo, este último pode infligir sanções não destrutivas, de caráter social ou psicológico, tais como a censura, o escárnio, a renegação do parentesco[6].

Formas de conciliação consistem na aceitação de uma mediação respeitável ou de uma arbitragem. A arbitragem prenuncia o julgamento do terceiro, o julgamento imposto por uma autoridade. Quanto mais a comunidade se amplia e se estrutura, mais se instalam autoridades capazes de fazer sentir o próprio peso no momento do conflito. Julgamento autoritário não significa necessariamente sanção aflitiva dissuasiva. A justiça da sociedade de

---

[5] A mediação é muito mais praticada entre próximos. Sobre ela, ver Evans-Pritchard, em Fortes e Evans-Pritchard (orgs.) (1940).
[6] Rouland (1992a, 294, n. 181; 1979, 96 ss.).

poder difuso visa consolidar a sociedade, reduzir os atritos, fortalecer a coesão[7], e, portanto, tende a reabsorver o ilícito.

A infração pode dar lugar a reações violentas. A reação violenta tem um lugar muito central no direito. Não poderia ser de outra forma.

A violência é de vários tipos.

Conhecemos uma violência que opera em limites que fazem dela um mal menor. Ela se desencadeia em competições não mortais: trata-se de pugilismo, de lutas mediante empurrões, para não falar das notórias competições harmoniosas dos inuítes, insultantes, mas estranhas à violência física[8].

Conhecemos outras violências, sujeitas também a qualquer tipo de regra, mas portadoras de lesões e danos mortais. Trata-se da vingança e da guerra. A vingança – e, com mais razão, a guerra – envolve relações entre grupos. Tanto uma como outra atuam no interior de uma mesma comunidade. Elas merecem uma análise à parte.

As análises feitas até aqui não identificam o aparelho normativo que preside às várias formas de responsabilidade. É útil agora lembrar que um mesmo episódio lesivo pode ser atingido por regras provenientes de ordenamentos muito diferentes, não coordenados entre si e algumas vezes potencialmente contraditórios. Isso não pode causar admiração. Até o grande Cuiacio, em tempos não tão distantes, teve de se sujeitar, pelo mesmo fato, ao julgamento de tribunal régio da França e a outro procedimento desenvolvido diante do tribunal eclesiástico.

---

[7] Sobre o tema, ver a literatura, principalmente anglo-americana, sobre a manutenção do equilíbrio social no interior do grupo e sobre a reabsorção dos ilícitos: Bohannan (1957); Gluckmann (1967; 1965; 1977). Ulteriores remissões bibliográficas amplas em Rouland (1992a, 95) e em Snyder (1993).

[8] Síntese em Rouland (1979; 1992a).

De acordo com a variação da regra, a família, o clã, o vilarejo, os homens do sobrenatural, o chefe da tribo, o príncipe herdeiro, todos podem ser chamados a dar a sua contribuição para a paz social exercendo poderes judiciários. Para os dogon, a sociedade das máscaras, composta de homens que representam os mortos, ostenta também uma competência primária[9].

2. A vingança

Desde uma data muito remota, que não conhecemos, a infração grave, cometida em prejuízo de um sujeito pertencente a uma comunidade estranha, dá lugar à vingança.

A vingança é um eixo do mecanismo sancionatório nas sociedades de poder difuso[10] e opera, de forma brilhante, nas sociedades de poder centralizado, até o momento em que o Estado reivindica para si o monopólio das sanções aflitivas; depois dessa data, ela regride gradativamente, mas sobrevive com vigor no antidireito[11].

A vingança não é obra de uma pessoa ofendida, nem dos seus herdeiros. A vingança é, *sempre*, confiada ao grupo. Reciprocamente, efetua-se contra um sujeito qualquer do grupo considerado responsável. A vingança está sempre sujeita a regras ritualizantes. O direito indica com precisão quem pode participar da atividade vingativa e as modalidades dessas atividades. A vingança normalmente inspira-se no talião (uma vida por uma vida), mas não faltam exemplos de vingança ampliada.

Geralmente a ideia de vingança implica a ideia de reciprocidade e de paridade, segundo a qual a qualidade da vítima da vingança deve ser igual à qualidade (classe, sexo) da vítima da lesão originária.

---

[9] Rouland (1992a, 193, § 124).
[10] A obra clássica, muito conhecida, é Verdier (org.) (1980-1984); no interior dela: *Le système vindicatoire. Esquisse théorique* (I, 13-4); sempre de Verdier (1984b, 181-93); 1986b, 181-90). Outras referências em Rouland (1992a, 318).
[11] Pigliaru (1970).

A vingança, se considerada injusta, pode comportar uma contravingança, e assim por diante.

Muitos institutos surgem para moderar a dureza do instituto. Pode ocorrer que o tempo preestabelecido para o exercício da vingança seja limitado e também breve; que o grupo responsável possa exonerar-se expulsando o autor do fato lesivo. Sobretudo, a negociação entre os dois grupos tem um amplo campo de aplicação, destinada a substituir a vingança com um equivalente; em muitos casos, a própria norma estabelece, com autoridade, o *quantum* do equivalente e subordina a vingança à falta de cumprimento do que é devido.

O equivalente, como a vingança, inspira-se numa ideia de equivalência. A antropologia traz a sua especulação sobre esse fato e, com a ajuda da análise linguística e jurídico-sistemática (o equivalente da esposa tem muito em comum com o preço do sangue), conclui que mediante a vingança o delito pode criar entre dois grupos o típico vínculo propiciado pela troca[12].

A vingança fundamenta-se em uma ideia de reciprocidade, de correspondência, de equivalência. Não é de admirar, portanto, que em algumas culturas o grupo responsável por um homicídio pode livrar-se desse crime oferecendo uma solteira a um membro da comunidade prejudicada para que seja engravidada. A criança será mantida pelo grupo obrigado e, quando chegar à idade adequada para portar as armas, vai para a comunidade paterna[13].

Com um procedimento mais simples, o autor do homicídio será entregue ao grupo prejudicado e ali substituirá de alguma forma o morto[14].

---

[12] Sobre o tema valem as fascinantes páginas de Verdier (1980-84).
[13] Sacco (1989, 360).
[14] Ibid.

Na Itália é fácil entender o mecanismo de justiça de que se trata. Na língua italiana temos a palavra *vendetta*. Pois bem: a vingança ritualizada, a vingança feita pelo grupo contra o grupo chama-se *vendetta* em várias línguas do mundo. Encontrou-se o termo na língua italiana porque em algumas regiões da Itália existe, ainda, a prática da represália ritualizada; ali, quando um clã ou uma família sofrem um homicídio, cabe aos homens adultos agnados da família repará-lo. À obrigação de vingança não estão sujeitas as mulheres, nem o parentesco por parte feminina; o rito estabelece com precisão em qual idade se é dispensado desse dever. Quem faz parte dessa cultura conhece bem as regras, que são transmitidas com precisão e sabedoria mesmo que não sejam patrocinadas nem pelo ensino universitário, nem pelo repertório de máximas do Supremo Tribunal de Justiça ou dos tribunais de apelação locais.

A vingança é uma forma regular e normal da sanção. Não se questiona se ela é uma sanção civilística ou penalística. A lógica baseada no poder difuso não conhece essa diferença.

O sistema da retaliação entre grupos apresenta uma lacuna quando o assassinato acontece no interior da família, porque então falta o grupo que possa fazer a vingança. O europeu pode ficar perplexo quando vê impune o pai que matou o filho e o filho parricida.

Se o pai que matou o filho permanece impune, isso pode ser a expressão de uma disciplina familiar semelhante à da antiga Roma. Mas esse mecanismo não vale para explicar a impunidade do filho parricida. Por outro lado, em uma lógica baseada na autotutela do grupo, essa consequência é inevitável. E, de fato, quem deveria executar a vingança? Deveriam ser os irmãos do parricida, e isso parece chocante. E sobretudo: o grupo examinado tinha uma força de luta quantificável em muitos guerreiros. Se se mata outro guerreiro, o grupo ficará mais fraco. De forma geral, a vingança praticada no interior do grupo poria o grupo em risco de dissolução[15].

3. A agressividade e a guerra[16]

O esforço classificatório do jurista é colocado à prova pelo tema da violência, pois encontramos a violência ora ligada ao antidireito (agressão), ora ligada à sanção que restaura o império do direito (vingança, cadeira elétrica).

O jurista, se quiser enfrentar o tema, pode receber uma ajuda do antropólogo, disponível para análises interdisciplinares.

O homem usa a arma, e um primeiro olhar poderia vincular a ideia da arma à da agressão, para depois concluir que o homem, que caça desde sempre, é biologicamente agressivo[17]. Mas se responde que a caça praticada pela necessidade de matar a fome não implica uma agressividade inata.

Há quem está propenso a construir o homem com a medida de suas ambições e de suas necessidades econômicas, fazendo com que sua agressividade dependa de razões econômicas. Mas a psicologia ensina que também outros impulsos podem conduzir o homem à agressão.

Na vida do homem, o contrato e a vingança são redutíveis a uma raiz comum que é dada pela reciprocidade e pela troca. Assim, a guerra poderia continuar, com meios diferentes, a troca; seria o resultado do fracasso da troca pacífica[18]. Mas a frequência da

---

[15] É o que afirma Verdier, *Le système vindicatoire. Esquisse théorique*, em Id. (org.) (1980-84, 20-2).

[16] Sobre a agressividade, é clássica a obra de um etólogo: Lorenz (1986) (suas conclusões não são aceitas por todos). Entre os antropólogos, destacam-se: Clastres (1980); Bazin e Terray (orgs.) (1982); Thoden van Velzen e van Wetering (1960, 169-220); Masumura (1977, 388-99); Szabo (1976, 383).

[17] Essa era a tese de Leroi Gourhan. Ver, a esse respeito, Rouland (1992a, 282, n. 176).

[18] Essa era a tese de Lévi-Strauss (1943; 1969, 78).

agressão desencoraja a julgar a violência como um elemento patológico e, portanto, inusual na esfera que se refere ao homem.

O desenvolvimento ocorrido pela violência e pela guerra na macro-história do homem explica a formulação de uma teoria – de uma famosa teoria – segundo a qual o homem é conaturalmente (e incuravelmente) agressivo[19].

Ao estudar a agressão, podemos enquadrá-la levando em conta determinados parâmetros fundamentais que explicam sua importância.

A agressividade caracteriza os vertebrados há 300 milhões de anos. Não é uma novidade humana. Em compensação, desde 100 milhões de anos, aves e mamíferos construíram uma capacidade de amizade e de amor.

A agressividade que o homem dirige contra seus coespecíficos (ou seja, aquela agressividade que por razões óbvias nos causa horror) cumpriu, na macro-história, muitas funções. Reduziu o número dos consumidores dos recursos distribuídos no planeta, quando esse número era excessivo. Defendeu a razão contra a injustiça operada pelo opressor (legítima defesa). Estruturou as bases da desigualdade social, permitindo a afirmação de dominantes ou de castas hegemônicas.

A agressividade, a violência, a guerra são – qualquer hesitação a esse respeito seria fora de lugar – naturais[20]. Mas o homem, que pode praticar a violência, também pode, contudo, viver sem ela, se as circunstâncias não o obrigarem a agir de outro modo. A cultura pode optar por meios pacíficos, contanto que invente e crie os pressupostos (concretamente: as instituições) que tornam supérflua a guerra.

---

[19] Clastres (1980, 180-203).
[20] A guerra é um fenômeno geral, comum às sociedades estatais e não estatais: Pestiaeu (1985).

Falando de violência e de agressão, é legítimo formular proposições amplas e gerais. Mas depois é também correto distinguir. Para a humanidade, é importante colocar em repouso as bombas atômicas; pode ser menos essencial prevenir um soco trocado por um rapaz violento para reagir à frase zombeteira de um colega de brincadeiras.

Voltando-nos para as sociedades tradicionais, vemos que a passagem da sociedade dos caçadores-coletores para a sociedade dos agricultores e pastores favoreceu a violência nas relações entre humanos, isso porque o caçador e coletor, nômade, não ligado à terra, pode estar propenso – em caso de conflito – a se distanciar do rival, e o distanciamento impede a luta.

Em outro plano, percebemos que a organização familiar caracterizada por uma residência masculina patriarcal favorece a vocação à vingança, porque cria grupos de irmãos (homens), solidários e potencialmente belicosos[21]. Os especialistas nos dizem que o fenômeno é mais marcado se a família baseia-se na poligamia[22].

4. O julgamento

O conflito pode não se esgotar na autotutela e na sanção imposta por autoridade própria pelo sujeito (grupo) ofendido ou pelos membros da comunidade cuja paz foi ameaçada. Ou seja, pode transferir-se para outro âmbito em que as partes se apresentam desarmadas e um terceiro decide.

Decide o árbitro, aceito pelas partes. Ou decide um juiz, emanação de um poder. A arbitragem e, muito mais, o julgamento são ritualizados[23]. O rito poderá implicar presenças do sobrenatural.

---

[21] K. F. Otterbein e C. S. Otterbein (1965, 1470 ss.). O resultado não está isento de críticas. Sobre o tema, ver, porém, Roberts (1979, 157 ss.).

[22] Ver a nota anterior.

[23] Sobre o julgamento, ver Gluckman (1972, 1 ss.; 1969); Nader e Todd Jr. (orgs.) (1978).

A obra do juiz será tanto mais incisiva quanto maior for a ingerência penetrante da autoridade na vida dos indivíduos. Em condições opostas, o juiz limita-se a dizer que a afirmação daquele que promoveu o procedimento tem fundamento, ou seja, está amparada na prova[24].

O termo prova, aqui, não deve ser entendido no sentido que o estudioso do direito europeu considera "técnico". Poderá pesar a situação social de quem dá testemunho. Também isso está ligado à concepção segundo a qual a solução dos conflitos não visa tanto fazer com que o fato concreto seja inserido no caso específico previsto pela norma, quanto restaurar uma dilaceração do tecido social (deixando intactas as prerrogativas de quem tem uma condição superior).

As provas podem ser de vários tipos.

Elas poderão invocar o transcendente. Se se dispõe de meios de adivinhação, eles serão adequados à finalidade. A parte poderá ser submetida a um risco (ordálio: beberá o veneno, enfrentará o fogo); o risco poderá ser recíproco (duelo).

Também o juramento[25] tem originariamente o caráter de uma aposta ligada ao sobrenatural. Quem jura aposta a própria salvação e a própria maldição. De fato, o cojurador não é informado dos fatos e jura pela fidedignidade de um membro do seu grupo, parte no litígio.

As provas podem ser materiais. Entre elas estão no centro o inquérito testemunhal e a flagrância.

---

[24] Ver os *Recueils de la Société Jean Bodin pour l'histoire comparative des istitutions*, XVIII, *La preuve*. Bruxelas: 1963, e ali ver H. Lévy-Bruhl, Poirier, Dorsingfang--Smets, Allot.
[25] Sobre o juramento, ver a revista *Droit et Cultures*, 1987, pp. 1-103, e ali ler Verdier, Dupré, Bekombo, Schott, bem como Verdier (org.) (1992); Colson (1953, 199); Lepointe (1959, 431); Roberts (1965, 186).

Os resultados relacionados à definição do julgamento são variados e dependem obviamente da natureza da dilaceração a que se quer pôr remédio.

Se se julga um acontecimento que pode ter perturbado a harmonia entre o grupo e o sobrenatural, também o remédio deverá operar no nível do sobrenatural, por meio de procedimentos apropriados (por exemplo, purificações).

Se se julga uma lesão que operou em nível puramente humano, a sanção poderá dirigir-se em duas direções.

De um lado, poderá dirigir-se para uma compensação ou uma reparação, que permita à vítima sentir-se reintegrada na sua condição originária, devido a um evento recíproco em relação à injustiça e ao sofrimento causados.

De outro, ela poderá dirigir-se à dor do responsável, para realizar um mecanismo de dissuasão que servirá de exemplo em relação a terceiros, e que, por isso, será útil também no futuro.

O responsável poderá ser ridicularizado (com cantos) ou submetido a outras formas de zombaria, com perda de estima social[26].

Pode ocorrer que o responsável seja mutilado, privado da liberdade, ou condenado à morte. Entre as sanções punitivas, tem um peso importante a exclusão do grupo, que em determinados contextos pode também implicar a impossibilidade prática de sobreviver.

O julgamento pronunciado em uma sociedade dotada de um poder não apenas centralizado, mas também completamente estruturado, põe em evidência a figura do juiz e a figura do julgado.

O juiz é um homem a quem compete distribuir penas também graves (prisão, morte) que recaem sobre outro homem, como co-

---

[26] O remédio pertence à sociedade de coletores e caçadores. Ver Turnbull (1965), a propósito dos pigmeus mbuti.

rolário do modo pelo qual o juiz avalia a conduta e os pensamentos da pessoa que lhe é sujeita. Poder-se-ia perguntar por quem e de que maneira foi conferido ao juiz um poder tão grande. Em uma sociedade em que a autoridade vem do sobrenatural, tudo se explica. Deus, senhor da vida do homem, pode delegar a um humano respeitoso dos Seus preceitos o juízo e o poder correspondente. Em uma sociedade em que a legitimação se reduz ao mandato confiado por outros homens, o poder de julgar parece menos óbvio. Com que motivo um homem atribui a um cossemelhante o poder de julgar e condenar outro homem? Talvez a visão laica da justiça deveria implicar uma renúncia à ideia de que um ser humano pode condenar outro quando o considera culpado. Talvez seria necessário reconhecer que a justiça penal se justifica não como legítima defesa da sociedade, que age de maneira moralista contra um culpado, mas como um estado de necessidade, em que a comunidade se encontra (um estado de necessidade dramático em que não há salvação), que obriga a criar uma dissuasão também para desestimular futuras agressões às pessoas e aos bens dos membros da comunidade. Concepções desse tipo reavaliariam a vingança e explicariam também a retaliação feita contra um grupo (e não contra a pessoa culpada), quando essa retaliação for a única medida capaz de alcançar o objetivo.

Aquilo que o juiz delibera é um julgado. A estratificação dos poderes no interior da sociedade criou – em muitas culturas – a ideia da apelação. Examinadas as diversas culturas, a apelação pode encontrar novamente a própria justificação em raízes diversas. Pode-se construir uma apelação produzida pela hierarquia social (a decisão do senhor feudal pode ser apelada diante do rei, a sentença do bispo pode ser apelada diante do papa), uma apelação que depende da competência técnica (o juiz mais experiente corrige o trabalho malfeito do juiz inexperiente), uma apelação fruto da hierarquia judiciária (a decisão do primeiro juiz deve ser removida, porque ele, indisciplinadamente, se afastou da atual jurisprudência do juiz de nível superior) etc. Esgotados os recursos, a decisão – segundo a versão ocidental – transita em julgado. Mas outras soluções podem ser concebidas. Se os gravames são propostos para dar curso a uma decisão mais justa, e como a busca da justiça deve ser inesgotável, qualquer sentença pode ser seguida de um novo gravame. É essa a solução islâmica cuja prática traz as moderações necessárias. Nas culturas em que sobrevive a mentalidade do poder difuso, a ideia do julgado não é fácil de entender. A controvérsia se define com a guerra ou com a negociação, a sentença não é nem uma coisa nem outra. Compreende-se a execução forçada, ato de força confiado à polícia (semelhante a um ato de guerra); compreende-se menos a platônica decisão do juiz de cognição, nem ato de paz negociada nem ato de guerra[27].

5. O antidireito e a Grande Sociedade de poder difuso

Como foi dito acima, pp. 126 ss., a comunidade internacional é uma sociedade de poder difuso.

Com essa premissa, como é tratado, na sua regra, o antidireito?

Nas páginas citadas, vimos que o direito internacional ritualiza a agressão. Ritualiza-a. Põe em ação também algum remédio para freá-la?

Já foi dito que o mundo como existe não é um clube de amigos. A cultura pode intervir e criar uma instituição que canalize as reações ao antidireito. Mas nesses primeiros milhões de anos a cultura humana limitou-se a ritualizar a guerra, tornando-a menos cruel, pondo regras ao processo que conduz à guerra e outras voltadas para o modo de condução do conflito.

---

[27] Sacco (1985, 32).

Na expectativa de que o poder capaz de prevenir o conflito bélico possa nascer, operam nas relações internacionais aqueles aparelhos de prevenção que encontramos em funcionamento em qualquer sociedade acéfala: eles tentam o caminho da dissuasão.

A prevenção contra a guerra conta, em qualquer contexto humano, com a dissuasão. As lutas tribais que afligiam e afligem a Somália viam e veem em ação os homens de Deus, que se lançam em meio aos litigantes (frequentemente com risco para a própria incolumidade) para invocar um *"ergo"*, ou seja, uma trégua, em vista de um *"guddi"*, ou seja, de uma negociação de paz.

Invocações respeitáveis foram formuladas a favor da paz quando estavam prestes a eclodir as duas guerras mundiais. Como é natural, distinguem-se nessa obra benemérita os homens do sobrenatural.

Também quando a ameaça de guerra parece distante, está viva a atitude voltada para a prevenção. Ela desenvolve uma pesquisa científica, uma obra de divulgação, uma propaganda dirigida ao público para difundir o amor pela paz e a vontade de operar a seu favor. Essa atitude se chama pacifismo.

A obra de convencimento a favor da paz dirige-se a princípio a todos, de forma geral e abstrata. Diante de ameaças concretas de guerra, ou de situações de guerra em curso, ela de fato se dirigirá a uma parte concreta em causa. Pode dirigir-se ao agressor (mas o agressor avaliou bem os prós e os contras antes de começar a sua operação, e sabe-se que ele é insensível ao apelo). Pode dirigir-se ao agredido, para desestimulá-lo e assim facilitar a agressão (e, com a esperada vitória da agressão, o retorno à paz). O esquema se esclarece com um exemplo. Em 1939, a Alemanha hitlerista não esconde a intenção de agredir a Polônia, desafiando desse modo a França e a União Soviética. O Partido Comunista francês, dirigido por M. Thorez, afirma abertamente a ideia da firmeza e da oposição armada contra o expansionismo alemão. De modo imprevisível, Hitler e Stálin fazem um "pacto de não agressão" que é, muito claramente, uma aliança militar antipolonesa. O Partido Comunista francês, sempre dirigido por M. Thorez, abomina agora o uso das armas e abraça a posição pacifista. M. Thorez, que foi convocado para o serviço militar, deserta e exorta seus companheiros de fé a imitá-lo. Eclode a guerra, após um ano a França é invadida pelos alemães, rende-se, surge a Resistência. Um ano depois, Hitler invade a União Soviética. A partir desse momento, os comunistas franceses, sob a direção de M. Thorez, dedicam-se à Resistência, e de agora em diante terão muito orgulho dessa atividade bélica desempenhada, patrioticamente, contra os inimigos da França; e serão os mais severos entre todos em julgar os colaboracionistas e os "oportunistas".

Na prevenção da guerra, desempenha um papel, como mencionamos, a "ritualização".

Em outros termos, a guerra não pode ser feita sem uma declaração prévia. Os soldados devem usar uniformes que os tornam reconhecíveis. Algumas armas – precisamente as mais letais – são proibidas. Alguns sujeitos estão imunes aos ataques. O combatente provê às necessidades do inimigo prisioneiro e cuida do inimigo ferido. Alguns ataques (lesões causadas aos civis) são lícitos somente se indispensáveis. E assim por diante.

Essas normas – percebidas como um mínimo ético por muitas pessoas – são normalmente observadas pelos Estados beligerantes. Todavia, a violação dos preceitos pode ser realizada por forças combatentes pelas quais nenhum Estado responde, que atuam em âmbito internacional. Isso cria um desequilíbrio, uma assimetria entre a eficácia da ação (bélica ou de forma geral dirigida à manutenção da ordem) do Estado e a eficácia da ação bélica da força bélica não estatal (que opera no antidireito). A paridade de eficiência pressuporia e reclamaria a desritualização da conduta do Estado – uma hipótese em que é difícil pensar sem ficar horrorizado.

Obtém-se uma redução das ocasiões de agressão internacional qualificando, nitidamente, como conformes ao direito ou como antijurídicas aquelas situações que com mais frequência desencadearam conflitos. Seria preciso dar passos adiante nessa direção. É conforme o direito ou é contrária ao direito a permanência da soberania do Estado em uma área territorial onde os cidadãos desejam a independência ou a inclusão em um Estado vizinho? É evidentemente hipócrita invocar, mais ou menos ruidosamente, princípios de democracia e liberdade, e depois ignorar aquela elementar e prioritária aplicação da democracia e da liberdade coletiva, que consiste na autodeterminação dos povos. O tratado internacional inspirado, ao término de uma guerra, nas exigências da nação vitoriosa não cancela o abuso cometido por tal Estado em prejuízo do povo subordinado.

Reciprocamente, se se pensa que a recusa da autodeterminação é um mal menor, e que se deve negar o exercício da autodeterminação quando contrário à situação jurídica existente, então seria preciso ter o cuidado de esclarecê-lo para complementar (ou, melhor, para repudiar, na expectativa de reformá-los de maneira menos mentirosa) os discursos e as regras que se formulam a respeito de democracia.

REFERÊNCIAS BIBLIOGRÁFICAS

VV.AA. *Coutumiers juridiques de l'Afrique occidentale française*, 3 vols. Paris: Larose, 1939.

VV.AA. *Études sur le pluralisme juridique*. Bruxelas: Éditions de l'Inst. de Sociologie, 1972.

VV.AA. *Tecnologia. Economia e Società nel mondo romano (Convegno di Como, 27-29 settembre 1979)*. Como: New Press, 1980.

VV.AA. *Strutture fondiarie e credito per lo sviluppo agricolo nell'Africa Nera, Primo convegno italo-africano di diritto agrario (Firenze, 17-18 maggio 1988)*. Milão: Giuffrè, 1989.

ABEL, R. Case Method Research in the Customary Law of Wrong in Kenya, *East African Law Journal*, 1970, 6, p. 20.

ABERLE, D. F. *et al.* The Incest Taboo and the Mating Patterns of Animals, *American Anthropologist*, LXV, 1963, p. 253.

AGO, R. *Scienza giuridica e diritto internazionale*. Milão: Giuffrè, 1950.

AITCHISON, J. Recent Developments in Language Origins, *European Review*, 2004, 12, pp. 227-34.

AJANI, G. *Le fonti non scritte nel diritto dei paesi socialisti*. Milão: Giuffrè, 1984.

_____ Il diritto dei paesi socialisti, *Digesto Disc. Priv., Sez. Civ.*, VI. Turim: Utet, 1990.

ALEXY, R. *Theorie der juristischen Argumentation*, Frankfurt, Suhrkamp,

1978. Trad. ital. de M. La Torre, *Teoria dell'argomentazione giuridica*. Milão: Giuffrè, 1998.

ALLER, W. C.; EMERSON, A. E.; PARK, O.; PARK, T.; SCHMIDT, KP. *Principles of Animal Ecology*. Filadélfia/Londres: WB Saunders, 1949.

ALLIOT, M. Les résistances traditionnelles au droit moderne dans les États de l'Afrique francophone et à Madagascar. In: POIRIER, J. L. F.; ALLIOT, M.; ALLOTT, A. N. (dir.). *Études de droit Africain et de droit malgache*. Paris: Cujas, 1965, p. 529.

_____. L'acculturation juridique. In: POIRIER, J. L. F. (dir.). *Ethnologie générale*. Paris: Gallimard, 1968, pp. 1.180-36.

_____. *Institutions privées africaines et malgaches*, 2 vols. Paris: Laboratoire d'Anthropologie Juridique (LAJP), 1971.

_____. *Recueil d'articles, contributions à des colloques*. Paris: LAJP, 1980a.

_____. Un droit nouveau est-il en train de naître en Afrique?. In: CONAC, G. *Dynamiques et finalités des droits africans*. Paris: Economica, 1980b, pp. 467-95.

_____. L'anthropologie juridique et le droit des manuels, *Rev. Jur. et Pol. Indépend. et Cooper.*, 1983, p. 537.

ALLISON, J. *A Continental Distinction in the Common Law: A Historical and Comparative Perspective on English Public Law*. Oxford: Clarendon Press, 1996.

ALLOT, A. N. African Law. In: DERRET, J. D. (org.). *An Introduction to Legal Systems*. Londres: Sweet & Maxwell, 1968, pp. 131-56.

_____. *Judicial and Legal Systems in Africa*. Londres: Butterworths, 1970.

AMBROSE, A. The Study of Human Social Organisation. In: *Social Organisation of Animal Communities*. Londres: Symp. Zoo. Soc., 1965.

AMMERMAN, A. J.; CAVALLI SFORZA, L. *The Neolithic Transition and the Genetics of Populations in Europe*. Princeton (NJ): Princeton

University Press, 1984. Trad. ital. de R. Bencivenga, *La transizione neolitica e la genetica di populazioni in Europa*. Turim: Bollati Boringhieri, 1986.

ANTOINE, G. (dir.). *Morale et langue française. Rapport de l'Académie des Sciences Morales et politiques*. Paris: PUF, 2004.

ARENDT, H. *The Origins of Totalitarianism*. Nova York: Harcourt Brace and World, 1951. Trad. ital. de A. Guadagnin, *Le origini del totalitarismo*. Milão: Edizione di Comunità, 1967.

ARSUAGA, J. L. *Luce si farà sull'origine dell'uomo*. Trad. ital. de L. Cortese. Milão: Feltrinelli, 2001.

ASSMANN, J. *Herrschaft und Heil. Politische Theologie in Altägypten, Israel und Europa*. Munique: Carl Hanser Verlag, 2000. Trad. ital. de U. Gandini, *Potere e salvezza*. Turim: Einaudi, 2002.

ASSOCIATION INTERNATIONALE DES SCIENCES JURIDIQUES. *Le colloque de Dakar (Résistance du droit african)*, número especial da *Revue Sénégalaise de Droit*, Dakar, 1977.

AUGÉ, M. (dir.). *Les domaines de la parenté: filiation, alliance, résidence*. Paris: Maspero, 1975.

AUSTIN, J. L. *How to do Things with Words*. Oxford: Clarendon, 1962. Trad. ital. de C. Penco e M. Sbisà, *Come fare cose con le parole*. Gênova: Marietti, 1987.

AXELROD, R.; HAMILTON, W. D. The Evolution of Cooperation, *Science*, 1981, 21, p. 1.390.

BACHOFEN, J. J. *Das Mutterrecht*. Stuttgart: Krais und Hoffmann, 1861. Trad. ital. de J. Evola, *Le madri e la virilità olimpica*. Milão: Bocca, 1949.

BARTOLI, M. *Saggi di Linguistica spaziale*. Turim: Bona, 1945.

BAZIN, J.; TERRAY, E. (dir.). *Guerres de lignage et guerres d'États en Afrique*. Paris: Edition des Archives Contemporaines, 1982.

BEATTIE, J. H. M. The Kibanja System of Land Tenure in Bunyoro, Uganda, *Journal African Adm.*, 1954a, 6, p. 18.

_____. A Further Note on the Kibanja System of Land Tenure, *Journal African Adm.*, 1945b, 6, p. 178.

BEFU, H.; PLOTNICOV, L. Types of Corporate Unilineal Descent Groups, *American Anthropologist*, LXV, 1962, p. 253.

BELLEY, J.-G. *Conflit social et pluralisme juridique en sociologie du droit*, Thèse, Paris II, 1977.

_____. (dir.). *Le droit soluble: contributions québécoises à l'étude de l'internormativité*. Paris: LGDJ, 1996. (Col. Droit et Société)

BELVEDERE, A.; JORI, M.; LANTELLA, L. *Definizioni giuridiche e ideologie*. Milão: Giuffrè, 1979.

BENDA-BECKMANN, F. von; STRIJBOSCH, F. (org.). *Anthropology of Law in the Netherlands*. Dordrecht: Foris, 1986.

BERGER, H. *Geschichte der wissenschaftlichen Erdkunde der Griechen*. 2. ed. Leipzig, Barth, 1903.

BERQUE, J. *Structures socials du Haut Atlas*. 2. ed. Paris: PUF, 1978.

BIASUTTI, R. *Le razze e i popoli della terra*, 4 vols. 4. ed. Turim: Utet, 1967.

BLANC JOUVAN, X. Les droits fonciers collectifs dans le coutumes malgaches, *Rev. Int.le de Droit Comparé*, 1964, p. 333.

BLUMENSCHINE, R. J.; CAVALLO, J. A. Comportamento alimentare ed evoluzione umana, *Le Scienze*, 1992, p. 292.

BOAS, F. *The Mind of Primitive Man*. Nova York: Macmillan, 1991 (nova ed. Westport (CT): Greenwood Press, 1983).

BOBBIO, N. Scienza del diritto e analisi del linguaggio, *Riv. Trim. Dir. Proc. Civ.*, 1950, p. 342.

_____. Sul ragionamento dei giuristi, *Riv. dir. civ.*, 1955, I, p. 3.

_____. Über den Begriff der Natur der Sache, *Arch. f. Rechts- und Sozialphil.*, 1958, p. 305.

BOGNETTI, G. *Il pensiero filosofico-giuridico nordamericano del XX secolo. I fondatori: Holmes, Pound, Cardozo*. Milão: Ist. ed. Cisalpino, 1958.

BOHANNAN, P. *Justice and Judgement among the Tiv*. Londres: Oxford University Press, 1957, reimpressão 1968.

_____. *Social Anthropology*. Nova York: Holt, Rinehart and Winston, 1963.

_____. (org.). *Law and Warfare: Studies in the Anthropology of Conflict*. Nova York: Natural History Press, 1967.

BONAMBELA, D. A. *La sphère du sacré en Afrique noire*, Thèse, Paris VII, 1972.

BONHÊME, M. A.; FORGEAU, A. *Pharaon. Les secrets du pouvoir*. Paris: Armand Colin, 1988.

BONNET, J. *La terre des femmes et ses magies*. Paris: Robert Laffont, 1988.

BOOTAAN, A. A. Somalia: Stato regionale o cantonizzazione clanica, *Scritti in onore di Rodolfo Sacco*, I. Milão: Giuffrè, 1994, p. 93.

BOX, H. O. *Organisation in Animal Communities: Experimental and Naturalistic Studies of the Social Behavior of Animals*. Nova York: Crane Russak & Co, 1973. Trad. ital. de D. Mainard e M. Mainardi, *L'organizzazione sociale degli animali: interazioni fra zoologia e psicologia*. Bolonha: Zanichelli, 1974.

BRECCIA, U. Note sul diritto privato tra tecnica legislativa e sistematica giuridica, *Scritti in onore di Luigi Mengoni*. Milão: Giuffrè, 1995.

BREUIL, H.; LANTIER, R. *Les hommes de la pierre ancienne (paléolithique et mésolithique)*. Paris: Payot, 1951.

BRIETZKE, P. H. Witchcraft and Law in Malawi, *East African Law Journals*, 1972, 8, p. 1.

BRILLON, Y. *Ethnocriminologie de l'Afrique noire*. Paris: Librairie philosophique J. Vrin, 1980.

BROWN, D. Native Title to Land in Colonised Countries, *Int. Comp. Law Quart*, 1972, p. 355.

BRUN, H. Les droits des Indiens sur le territoire du Québec. In: ID. (dir.). *Le territoire du Québec, six études juridiques*. Québec: Les Presses de l'Universitè Laval, 1974, pp. 33-95.

BURGERS, J. H. The Right to Cultural Identity. In: BERTING, J. et al. (org.). *Human Rights in a Pluralist World: Individuals and Collectivities*. Londres, 1990, p. 251.

BURKERT, W. *Creation of the Sacred: Tracks of Biology in Early Religions*. Harvard: Harvard UP, 1996. Trad. ital. de F. Salvatorelli, *La creazione del sacro: orme biologiche nell'esperienza religiosa*. Milão: Adelphi, 2003.

BUSSANI, M.; GRAZIADEI, M. (orgs.). *Human Diversity and the Law*. Berna/Bruxelas/Atenas: Stämpfli/Bruylant/Sakkoulas, 2005.

CAPPELLETTI, M. (dir.). *Nouvelles perspectives d'un droit commun de l'Europe*. Leyden/Bruxelas/Stuttgart/Florença: Sijthoff/Bruylant/Le Monnier, 1978.

CARNEIRO, R. The Four Faces of Evolution. In: HONIGSMAN, J. J. (org.). *Handbook of Social and Cultural Anthropology*. Chicago: Rand McNally, 1973, pp. 89-100.

CASTRO, F. Diritto musulmano, *Digesto Disc. Priv., Sez. Civ.*, VI. Turim: Utet, 1990.

CATERINA, R. Dominanza e possesso (e proprietà?) in alcune società non umane, *Riv. Dir. Civ.*, 2000, I, p. 449.

CAUSSIGNAC, A. Quelques réflexions sur une formulation des actes législatifs qui respecte le principe de l'égalité des sexes. In: SNOW, G.; VANDERLINDER, J. (dir.). *Français juridique et science du droit*. Bruxelas: Bruylant, 1995, pp. 93-104.

CAVALLI SFORZA, L. *L'evoluzione della cultura*. Turim: Codice, 2004.

CAVALLI SFORZA, L.; CAVALLI, F. *Perché la scienza. L'avventura di un ricercatore*. Milão: Mondadori, 2005.

CERULLI, E. *Somalia. Scritti vari ed inediti*. Roma: Istituto Poligrafico dello Stato, I vol. 1957, II vol. 1959, III vol. 1964.

CHARBONNIER, G. *Entretiens avec Claude Lévi-Strauss*. Paris: Plon, 1961. Trad. ital. de A. Rosso, *Primitivi e civilizzati*. 4. ed. Milão: Rusconi, 1997.

CHIBA, M. (org.). *Asian Indigenous Law in Interaction with Received Law*. Londres/Nova York: KPI Publishers, 1986.

CHILDE, V. G. *What Happened in History*. Harmondsworth: Penguin, 1942. Trad. ital. de A. Ruata, *Il progresso nel mondo antico*. Turim: Einaudi, 1963.

_____. *The Prehistory of European Society*. Harmondsworth: Penguin, 1958. Trad. ital. de J. P. Le Divelec, *Preistoria delle società europee*. Florença: Sansoni, 1958, reimpressão Turim: Einaudi, 1972.

CLASTRES, P. *La société contre l'État*. Paris: Éditions de Minuit, 1974. Trad. ital. de L. Derla, *La società contro lo Stato. Ricerche di antropologia politica*. Milão: Feltrinelli, 1977, reimpressão 1980, Verona: Ombre Corte, 2003.

CODEVILLA, G. *Le comunità religiose nell'URSS e la nuova legislazione sovietica*. Milão: Coop. Editoriale La Casa di Matriona, 1978.

_____. *Dalla rivoluzione bolscevica alla Federazione russa. Traduzione e commento dei primi atti normativi e dei testi costituzionali*. Milão: Franco Angeli, 1996.

_____. *Stato e Chiesa nella federazione russa*. Milão: Coop. Editoriale La Casa di Matriona, 1998.

COLSON, E. Social Control and Vengeance in Plateau Tonga Society, *Africa*, 1953, 23, p. 199.

COLUCCI, M. *Principi di Diritto Consuetudinario della Somalia Italiana Meridionale*. Florença: Società Editrice La Voce, 1924.

CONAC, G. (dir.). *Dynamiques et finalités des droits africains*. Paris: Economica, 1980.

CORNU, G. (dir.). *Vocabulaire juridique*. Paris: PUF, 1989. 7. ed., 2000.

CRACCO RUGGINI, L. Progresso tecnico e manodopera nell'età imperiale romana. In: VV.AA. *Tecnologia, Economia e Società nel mondo romano (Convegno di Como, 27-29 settembre 1979)*. Como: New Press, 1980, pp. 45-66.

CRÉPEAU, P. A. La transposition linguistique. In: SNOW, G.; VANDERLINDEN, J. (dir.). *Français juridique et science du droit*. Bruxelas: Bruylant, 1995, p. 115.

CRESSWELL, R. (dir.). *Eléments d'Ethonologie*. Paris: Colin, 1975, e Id. *La parenté*, Ibid. II, p. 170.

CROUSSE, B.; LE BRIS, É.; LE ROY, É. *Espaces disputés en Afrique noire. Pratiques foncières locales*. Paris: Karthala, 1986.

CURTO, S. *L'antico Egitto*. Turim: Utet, 1981.

DAHLBERG, F. (org.). *Woman the Gatherer*. New Haven/Londres: Yale University Press, 1981.

DAUVILLIER, J. Problèmes juridiques de l'epoque paléolithique, *Mélanges Henri Lévy-Bruhl*. Paris: Sirey, 1959, p. 352.

DAVID, R.; JAUFFRET SPINOSI, C. *Les grands systèmes de droit contemporains*. 11. ed. Paris: Dalloz, 2002.

DELL'AQUILA, E. *Introduzione allo studio del diritto cinese*. Milão: Cisalpino-Goliardica, 1959.

_____. *Il diritto cinese: introduzione e principi generali*. Pádua: Cedam, 1981.

DÉPREZ, J. Droit international privé et conflits de civilisations, *Recueil des cours de l'Académie de droit international de La Haye*, 1988, IV, p. 29.

DE SOLA CAÑIZARES, F. *Iniciación al derecho comparado*. Barcelona: Bosch, 1954.

DE VERGOTTINI, G. Verso una nuova definizione del concetto di minoranza, *Regione e governo locale*, 1995, p. 9.

DEVREUX, G. *Essais d'ethnopsychiatrie générale*. Paris: Gallimard, 1977.

DE WAAL, F. *Good Natured: The Origins of Right and Wrong in Humans and Otlher Animals*. Cambridge (MA): Harvard UP, 1996. Trad. ital. de L. Montixi Comoglio, *Naturalmente buoni. Il bene e il male nell'uomo e in altri animali*. Milão: Garzanti, 2001.

DIAMOND, A. S. *Primitive Law, Past and Present*. Londres: Longmans Green, 1935, nova edição Londres: Methuen, 1971.

DIAMOND, J. *Guns, Germs and Steel. The Fates of Human Societies.* Nova York/Londres: Norton & Company, 1977. Trad. ital. de L. Civalleri, *Armi, acciaio e malattie: breve storia del mondo negli ultimi tredicimila anni.* Turim: Einaudi, 1998, depois 2000.

DOBRIZHOFFER, M. *Historia de Abiponibus, equestri, bellicosaque Paraguariae natione.* Viena: Kurzbek, 1784. Trad. ingl. de S. Coleridge, *An Account of the Abipones.* Londres: J. Murray, 1822.

DOBSON, E. B. Comparative Land Tenure of Ten Tanganyka Tribes, *Journ. Afr. Adm.*, 6, 1954, p. 80.

DOGLIOTTI, M. Famiglia (Dimensione della -), *Digesto Disc. Priv., Sez. Civ.*, VIII. Turim: Utet, 1992.

DOLE, G. Developmental Sequences of Kinship Pattern. In: REINING, P. (org.). *Kinship Studies in the Morgan Centennial Year.* Washington DC: The Anthropol. Society of Washington, 1972, p. 134.

DORSINGFANG-SMETS, A. Les sûretés personnelles dans les sociétés dites archaïques, *Recueils Soc. Bodin*, XXVIII, *Les sûretés personnelles*, Bruxelas, 1974.

DOZON, J. P. *Une société de Côte d'Ivoire, les Bétés.* Paris: Karthala, 1985.

DURKHEIM, É. *De la division du travail social.* Paris: PUF, 1893.

EBERHARD, C.; VERNICOS, G. (org.). *La quête anthropologique du droit. Autour de la démarche d'Étienne Le Roy.* Paris: Karthala, 2006.

EHRLICH, E. *Grundlegung der Soziologie des Rechts.* Munique/Leipzig: Duncker & Humblot, 1929.

_____. *Gesetz und lebendes Recht* (ed. M. Rehbinder). Berlim: Duncker & Humblot, 1986.

EIBL-EIBESFELDT, I. *Die Biologie des menschlichen Verhaltens: Grundriss der Humanethologie.* Munique: Piper Verlag. Trad. ital. de R. Brizzi e F. Scapini, *Etologia umana.* Turim: Bollati Boringhieri, 1993, 2001.

ELIAS, T. O. *The Nature of African Customary Law.* 3. ed. Manchester: Manchester UP, 1956, 1962, 1972.

Engels, F. *Der Ursprung der Familie, des Privateigentums und des Staats*. Hottingen/Zurique, 1844, 4. ed. Stuttgart, 1892.

Epstein, A. L. Injury and Liability in African Customary Law in Zambia. In: Gluckman, M. (org.). *Ideas and Procedures in African Customary Law*. Londres: Oxford University Press for International African Institute, 1969, pp. 212-303.

Evans-Pritchard, E. *The Nuer: A Description of the Modes of Livelihood and Political Institutions of a Nilotic People*. Oxford: Oxford University Press, 1940.

_____. *Essays in Social Anthropology*. Londres: Faber and Faber, 1962.

_____. *Witchcraft, Oracles and Magic among the Azande*. Londres: Faber and Faber, 1937, reimpressão Oxford: Clarendon Press, 1971. Trad. ital. de V. Messana, *Stregoneria, oracoli e magia tra gli Azande*. Milão: Franco Angeli, 1976.

Fabietti, U. *Nomadismo e struttura sociale in Medio Oriente*. Turim: Loescher, 1984.

Facchini, F. *Origini dell'uomo ed evoluzione culturale. Profili scientifici, filosofici, religiosi*. Milão: Jaca Book, 1990.

Fadika, M. Le droit, les sorciers, les magiciens, guérisseurs, féticheurs et marabouts, *Penant*, 1975, p. 439.

Fage, J. D. *A History of Africa*. Londres: Hutchinson, 1978. Trad. ital. de A. Bono, E. Ochse e A. Nicholson, *Storia dell'Africa*. Turim: SEI, 1985.

Falzea, A. *La sapienza degli uomini*. In: Falzea, A.; Mainardi, D. *Il gene giuridico*. Milão: Giuffrè, 1983.

_____. *Introduzione alle scienze giuridiche*. I: *Il concetto di diritto*. Milão: Giuffrè, 1996.

Ferlito, S. *Le religioni, il giurista e l'antropologo*: Soveria Mannelli: Rubbettino, 2005.

Ferreri, S. La pretesa recuperatoria di beni mobili nell'Orlando Furioso, *Scritti in onore di Rodolfo Sacco*. Milão: Giuffrè, 1994, I, p. 453.

FISIY, C. F. Le monopole juridique de l'État et le réglement des affaires de sorcellerie au Cameroun, *Politique africaine*, 1990, n. 40, p. 60.

FORCHIELLI, G. Il concetto di "pubblico" e "privato" nel diritto canonico, *Studi in onore di Calisse*. Milão: Giuffrè, 1940, II, p. 485.

FORTES, M. *The Dynamics of Clanship Among the Tallensi*. Londres: Oxford UP, 1945.

_____. The Structure of Unilateral Descent Groups, *American Anthropologist*, LV, 1953, p. 17.

FORTES, M.; EVANS-PRITCHARD, E. (orgs.). *African Political Systems*. Oxford: Oxford UP, 1940.

FOX, R. *Anthropologie de la parenté*. Paris: Gallimard, 1972.

_____. *Kinship and Marriage*, Harmondsworth: Penguin. Trad. ital. de B. Bernardi, *La parentela e il matrimonio*. Roma: Officina Edizioni, 1973.

FREDLUND, M. C. Wolves, Chimps and Demsetz, *Economic Inquiry*, 1975, p. 279.

FUCHS, H. Der Friede als Gefahr, *Harvard Studies in Classical Philology*, LXIII, 1958, p. 363.

GABBA, E. Political and Cultural Aspects of the Classicistic Revival in the Augustan Age, *Classical Antiquity*, 1982, p. 43.

_____. Scienza e potere nel mondo ellenistico, GIANNANTONI, G.; VEGETTI, M. (orgs.). *La scienza ellenistica. Atti delle tre giornate di studio tenutesi a Pavia dal 14 al 16 aprile 1982*. Nápoles: Bibliopolis, 1984, pp. 13-37.

GRAGNON, A.; ROCHER, F. (orgs.). *The Conditions of Diversity in Multinational Democracies*. Montreal: IRPP-McGill University Press, 2003.

GAMBARO, A. Il successo del giurista, *Foro It.*, 1983, V, c. 85.

_____. *La proprietà*. Milão: Giuffrè, 1995.

GAMBARO, A.; SACCO, R. Sistemi giuridici comparati. In: SACCO, R. (dir.). *Trattato di diritto comparato*. 2. ed. Turim: Utet, 2002.

GASSE, V. *Les regimes fonciers africains et malgache*. Paris: LGDJ, 1971.

GAVAZZI, G. Effettività (principio di-), *Enc. Giur.*, XII. Roma: Ist. Treccani, 1989, p. 1.

GBADIÉ, M. *Culture et droit de la société Beté, Côte d'Ivoire*. Turim: Segnalibro, 1995.

GÉMAR, J. C. La langue du droit au risque de la traduction. In: SNOW, G.; VANDERLINCHEN, J. (dir.). *Français juridique et science du droit*. Bruxelas: Bruylant, 1995, p. 123.

GÉNY, F. *Méthodes d'interprétation et sources en droit privé positif*. 2. ed. Paris: LGDJ, 1919.

_____. *Science et techinique en droit privé positif*, vol. I. Paris: LGDJ, 1914; vol. II. Paris: Sirey, 1921.

GEORGESCO, V. La méthode du juriste ethnologue en Roumanie, *Revue Roum. des Sciences Soc.*, 1978, p. 191.

GHAI, P. Customary Contracts and Transactions in Kenya. In: GLUCKMAN, M. (org.). *Ideas and Procedures in African Customary Law*. Londres: Oxford University Press for International African Institute, 1969, pp. 333-44.

GHESTIN, J.; GOUBEAUX, G.; FABRE-MAGNAN, M. *Traité de droit civil. Introduction générale*. Paris: LGDJ, 1994.

GIANOLA, A. L'analisi etologica del diritto, *Riv. Dir. Civ.*, 1995, I, p. 805.

_____. Evoluzione e diritto, *Riv. Dir. Civ.*, 1997, II, p. 413.

GILISSENS, J. (dir.). *Le pluralisme juridique*. Bruxelas: Institut de sociologie, Éd. de l'Université de Bruxelles, 1972.

_____. Consuetudine, *Digesto Disc. Priv., Sez. Civ.*, III. Turim: Utet, 1988a.

_____. *La coutume*, 4 vols., 1988b. (Recueils de la société Jean Bodin)

GIUSTI, F. *La scimmia e il cacciatore*. Roma: Donzelli, 1994.

GIVÓN, T.; MALLE, B. F. (org.). *The Evolution of Language from Pre-Language*. Amsterdã: John Benjamins, 2002.

GLENN, P. H. *Legal Traditions of the World: Sustainable Diversity in Law*. Oxford: Oxford UP, 2004.

GLUCKMAN, M. *The Judicial Process Among the Barotse of Northern Rhodesia*. Manchester: Manchester UP, 1995, reimpressão 1967.

_____. Reasonableness and Responsibility in the Law of Segmentary Societies. In: KUPER, H.; KUPER, L. (orgs.). *African Law: Adaptation and Development*. Berkeley/Los Angeles, University of California Press, 1965, pp. 120-46.

_____. *Politics, Law and Ritual in Tribal Societes*. Nova York: Mentor, 1968. Trad. ital. *Potere, diritto e rituale nelle società tribali*. Turim: Bollati Boringhieri, 1977.

_____. Judicial Process: Comparative Aspects, *Intern. Enc. of Soc. Sciences*, 1972, p. 1.

_____. (org.). *Ideas and Procedures in African Customary Law*. Londres: Oxford University Press for International African Institute, 1969, reimpressão Renteln and Dundes, 1994.

GODELIER, M. Inceste: l'interdit original, *Propos recueillis par G. Plessis Pasternack, Le Monde*, 26 ago. 1987, p. 12.

GOLDBERG, E. *The Wisdom Paradox: How Your Mind Can Grow Stronger as Your Brain Grows Older*. Nova York: Gotham Books, 2005. Trad. ital. de R. Voi, *Il paradosso della saggezza*. Milão, 2005.

GOODALL, J. Order without Law. In: GRUTER, M.; BOHANNAN, P. (orgs.). *Law, Biology and Culture*. Santa Barbara (CA): Ross-Erikson Publ., 1983, p. 50.

GOODY, J. *The Logic of Writing and the Organisation of Society*. Londres: Cambridge UP, 1986. Trad. ital. de P. Arlorio, *La logica della scrittura e l'organizzazione della società*. Turim: Einaudi, 1988.

GORIA, F. Il giurista nell'impero romano d'Oriente. In: BURGMANN, L. (org.). *Fontes minores XI*. Frankfurt: Lowenklau, 2005.

GORLA, G. *Le società secondo il nuovo codice*. Milão: Giuffrè, 1942.

_____. Commento a Tocqueville. In: *L'idea dei diritti*. Milão: Giuffrè, 1948.

GOULDNER, A. The Norm of Reciprocity: A Preliminary Statement, *Amer. Sociol. Review*, 1960, 25(2), pp. 161-78.

GRAEBNER, F.; SCHMIDT, W.; TRIMBORN, H. Die Methode der ethnologischen Rechtsforschung, *Zeitschrift für vergleichende Rechtswissenschaft*, 1928, p. 416.

GRANDE, E. L'apporto dell'antropologia alla conoscenza del diritto, *Riv. Crit. Dir. Priv.*, 1996, p. 467.

_____. Alternative Dispute Resolution, Africa and the Structure of Law and Power: The Horn in Context, *Journal of African Law*, 1999, 43, pp. 63-70.

GRAZIADEI, M. La giustizia nei monoteismi. Convergenze e divergenze, *Daimon*, 2004, p. 185.

GREENBERG, J. H. *Universals of Language*. Cambridge (MA): The MIT Press, 1963.

GRIFFIN, D. R. *Animal Minds*. Chicago: University of Chicago Press, 1992.

GRIFFITHS, J. Anthropology of Law in the Netherlands in the 1970s, *Nieuwsbrief voor Nederlandstalige Rechtssociologen, Rechtsantropologen en Rechtspsychologen*, 1983, p. 132.

GROSSI, P. *La proprietà e le proprietà nell'officina dello storico*. Nápoles: Editoriale Scientifica, 2006.

GROSSO, G. *Premesse generali al corso di diritto romano*. 6. ed. Turim: Giappichelli. 1960.

GUASTINI, R. *Le fonti del diritto e l'interpretazione*. Milão: Giuffrè, 1993.

GURVITCH, G. *L'expérience juridique et la philosophie pluraliste du droit*. Paris: Pédone, 1935.

GUTTMAN, E. Land-Tenure among the Azande People, *Sudan Notes and Records*, 1956, p. 48.

HABERMAS, J. *Theorie und Praxis. Sozialphilosophische Studien*. Frankfurt a.M.: Suhrkamp Verlag, 1972.

HAGGENMACHER, P. Coutume, *Archives de philosophie du droit*, t. 35, *Vocabulaire fondamental du droit*. Paris: Sirey, 1990.

HAMZA, G. L'ouvre de sir Henry Maine e les systèmes juridiques traditionnels, *Acta Ant. Hung.*, 2005, p. 193.

HARE, R. M. *The Language of Morals*. Oxford: Clarendon Press, 1952. Trad. ital. de M. Borioni, *Il linguaggio della morale*. Roma: Ubaldini, 1968.

_____. Philosophical Discoveries, *Mind*, 1960, p. 154.

HAUSER, M. D. *The Evolution of Communication*. Cambridge (MA): Harvard UP, 1996.

HENRŸ, H. *Kulturfremdes Recht erkennen*. Helsinki: Hakapaino Oy, 2004.

HÉRITIER, F. *L'exercice de la parenté*. Paris: Éd. du Seuil, 1981. Trad. ital. de M. Arioti e A. Colajanni, *L'esercizio della parentela*. Roma/Bari: Laterza, 1984.

HIRSCH, Z. *Law and Economics: an Introductory Analysis*. San Diego: Academy Press, 1979.

HOEBEL, E. A. *The Law of Primitive Man. A Study in Comparative Legal Dynamics*. Cambridge (MA): Harvard UP, 1954. Trad. ital. de A. Colajanni, *Il diritto nelle società primitive*. Bolonha: Il Mulino, 1973.

_____. Status and Contract in Primitive Law. In: Northrop, F. S. C.; LIVINGSTONE, H. H. (orgs.). *Cross-cultural Understanding Epistemology in Anthropology*. Nova York: Harper and Row, 1964.

HUGHES, A. J. B. Reflections on Traditional and Individual Land Tenure in Swaziland, *J. Local Adm. Overseas*, 1964, 3, p. 3.

IBIK, J. O. The Customary Law of Wrongs and Injuries in Malawi. In: GLUCKMAN, M. (org.). *Ideas and Procedures in African Customary Law*. Londres: Oxford University Press for International African Institute, 1969, pp. 304-20.

JABLONSKI, N.; AIELLO, L. C. *The Origin and Diversification of Language*. San Francisco: University of California Press, 1998.

JAYME, E. Identité culturelle et integration: le droit international privé postmoderne, *Recueil des cours de l'Académie de La Haye*, 1997.

JORI, M.; PINTORE, A. (orgs.). *Law and Language. The Italian Analytical School*. Liverpool: Deborah Charles Publ., 1975.

KELSEN, H. *Hauptprobleme der Staatsrechtslehre*. Tübingen: Mohr, 1923.
KIRCHHOFF, P. The Principles of Clanship in Human Society, *Davidson Journ. of Anthropology*, 1995, depois In: FRIED, M. (org.). *Reading in Anthropology*. Nova York: Th. Y. Crowell, 1970, vol. II, p. 371.
KLAUSBERGER, F. Das Landbesitzrecht in Sidamo, *Zeitsch. Vergl. Rechtswiss.*, 1971, p. 129.
KLUCKHOHN, C. K. M. Common Humanity and Diverse Cultures. In: LERNER, D. (org.). *The Human Meaning of the Social Sciences*. Nova York: 1959, pp. 245-84.
KNIGHT, C.; STUDDERT-KENNEDY, M.; HURFORD, J. (orgs.). *The Evolutionary Emergence of Language: Social Function and the Origins of Linguistic Form*. Cambridge: Cambridge UP, 2000.
KOBO, C.; PROUZET, M. Le problème foncier em milieu péri-urbain. In: VERDIER, R.; ROCHEGUDE, A.; BACHELET, M. (dir.). *Système fonciers à la ville et au village: Afrique noire francophone*. Paris: L'Harmattan, 1986, pp. 281-96.
KOCH, K. F.; ALTORKI, S.; ARNO, A.; HICKSON, L. Ritual Reconciliation and the Obviation of Grievances, *Ethnology*, 1977, p. 269.
KÖTZ, H. The Common Core of European Private Law: Third General Meeting, Trento, 17-19 July 1997, *Eur. Rev. Priv. Law*, 1997, p. 349.
KROEBER, A. L. Classificatory Systems of Relationship. In: Id. *The Nature of Culture*. Chicago: University of Chicago Press, 1952. Trad. ital. de P. G. Donini, *La natura della cultura*. Bolonha: Il Mulino, 1974.
KUNTZE, J. E. *Das Parallelismus des jus publicum und privatum bei den Römern*. Leipzig: Hinrichs, 1889.
LAJOIE, A.; NORMAND, S.; BISSONETTE, A.; BRISSON, J.-M. *Le statut juridique des peuples autochtones au Québec et le pluralisme*. Cowansville: Editions Yvon Blais, 1995.
LAJOIE, A.; MACDONALD, R. A.; JANDA, R.; ROCHER, G. (orgs.). *Théories et emergence du droit: pluralisme, surdétermination, effectivité*.

Montreal/Bruxelas: Les Éditions Thémis-Établissements Émile Bruylant, 1998.

LAMPE, E. *Rechtsanthropologie. Eine Strukturanalyse des Menschen im Recht*. Berlim: Duncker & Humblot, 1970.

LANA, I. Scienza e politica in età imperiale romana (da Augusto ai Flavi). In: VV.AA. *Tecnologia, Economia e Società nel mondo romano (Convegno di Como, 27-29 settembre 1979)*. Como: New Press, 1980, pp. 21-43.

LAPIERRE, J. W. *Vivre sans État?*. Paris: Le Seuil, 1977.

LAPLANTINE, F. *L'Ethonopsychiatrie*. Paris: PUF, 1988.

LASS, R. *Historical Linguistics and Language Change*. Cambridge: Cambridge UP, 1997.

LEACH, E. *Rethinking Anthropology*. Londres: Athlone Press, 1961.

LE BRIS, E; LE ROY, E.; LEIMDORFER, F. *Enjeux fonciers en Afrique noire*. Paris: Karthala, 1982.

LE BRIS, E.; LE ROY, E.; MATHIEU, P. *L'appropriation de la terre en Afrique Noire. Manuel d'analyse, de décision et de gestion foncières*. Paris: Karthala, 1991.

LEE, R. B.; DE VORE, I. (orgs.). *Man the Hunter*. Chicago: Aldine, 1968.

LEPOINTE, G. Une ordalie privée en pays malgache, *Mélanges Henri Lévy-Bruhl*. Paris: Sirey, 1959, pp. 431-3.

LEROI-GOURHAN, A. *Les religion de la préhistoire. Paléolithique*. Paris: PUF, 1964. 4. ed. Quadrige, 1995.

LEROY, C.-G. *Lettres sur les animaux*. Paris: Poulet-Malassis, 1895.

LE ROY, E. Justice africaine et oralité juridique. Une reinterprétation de l'organisation judiciaire "traditionnelle" à la lumière d'une théorie générale du droit oral d'Afrique noire, *Bull. de l'Inst. Français d'Afrique Noire*, XXXVI, série B, 1974, pp. 559-81.

_____. Démarche systémique et analyse matricielle des rapports de l'hombre à la terre en Afrique Noire, *Bull. de liaison du Labor. d'Anthrop. jurid. de Paris*, 1981, p. 84.

_____. Les caractères des droits fonciers coutumiers, *Enc. Jur. de l'Afrique*, vol. V, Dakar, Nouvelles Éditions Africaines (NEA), 1982, p. 39.

_____. Matrices et espaces, *Bull. Production Pastorale et Société*, 1983.

_____. L'esprit de coutume et l'idéologie de la loi, *La connaissance du droit en Afrique*, Symposium, Acad. Roy. des sciences d'Outr., Bruxelas, 1985, pp. 210-40.

_____. *Espaces disputés em Afrique noire*. Paris: Karthala, 1986.

_____. Communautés d'Afrique noire et protection des droits de l'individu face au pouvoir. Problématiques, modalités et actualité, *Recueils de la Soc. Jean Bodin*, Bruxelas, 1988, t. 47, pp. 37-63.

_____. *L'appropriation de la terre en Afrique noire*. Paris: Karthala, 1991.

_____. Comparaison n'est pas raison: anthropologie et droit comparé face aux traditions non européennes, *Scritti in onore di Rodolfo Sacco*. Milão: Giuffrè, 1994, I, p. 684.

_____. *Le jeu des lois. Une anthropologie "dynamique" du droit*. Paris: LGDJ, 1999.

LE ROY, E.; WANE, M. La formation des droits non étatiques, *Enc. Jur. de l'Afrique*, Dakar, Nouvelles Éditions Africaines (NEA), 1982, p. 371.

LEVAGGI, A. (coord.). *El aborigen y el derecho en el pasado y el presente*. Buenos Aires: Univ. Museo Social Argentino, 1990.

LÉVI-STRAUSS, C. Guerre et commerce chez les Indiens de l'Amérique du Sud, *Renaissance*, I. Nova York, 1943.

_____. *Les structures élémentaires de la parenté*. Paris: PUF, 1949. Trad. ital. de A. M. Cirese e L. Serafini, *Le strutture elementari della parentela*. Milão: Feltrinelli, 1969.

LÉVY-BRUHL, H. Introduction à l'étude du droit coutumier africain, *Rev. Int.le de Droit Comp.*, 1956, p. 67.

LÉVY-BRUHL, L. *Les functions mentales dans le sociétés inférieures*. Paris: PUF, 1910. Trad. ital. de S. Lener, *Psiche e società primitive*. Roma: Newton Compton, 1970.

LLEWELLYN, K. N. *The Bramble Bush*. Nova York: Oceana, 1931, depois 1950.

LORENZ, K. *Vergleichende Verhaltensforschung: Grundlagen der Ethologie*. Viena/Nova York: Springer Verlag, 1978. Trad. ital. de F. Scapini, *L'etologia: fondamenti e metodi*. Turim: Bollati Boringhieri, 1980.

_____. *L'agression*. Paris: Flammarion, 1983. Trad. ital. de E. Bolla, *L'aggressività*. Milão: Mondadori, 1986.

_____. *So kam der Mensch auf den Hund*. Munique: D. Taschenbuch Verlag, 1983. Trad. ital. de A. Pandolfi, *E l'uomo incontrò il cane*. Milão: Adelphi, 2003.

LOWIE, R. *Culture and Ethology*. Nova York: Peter Smith, 1917, reimpressão Basic Books, 1966.

LYALL, A. Traditional Contracts in German East Africa: The Transition from Pre-capitalist Forms, *Journ. Afr. Law*, 1986, 30, pp. 91-129.

MAC CORMACK, G. Problems in the Description of African System of Landholding, *Journ. Legal Pluralism Unofficial Law*, 1983, 21, p. 1.

MACDONALD, R. Pour la reconnaissance d'une normativité implicite et inférentielle, *Sociologie et sociétés*, 1986, p. 45.

_____. On the Administration of Statutes, *Queen's Law Journal*, 12, 1987, p. 488.

_____. Normativité, pluralisme et sociétés démocratiques avancées, *Rev. de Droit de l'Univ. de Sherbrooke*, 2002, p. 133.

MACDONALD, R.; KLEINHANS, E. What is a Critical Legal Pluralism?, *Canad. Journ. of Law and Soc.*, 1997, p. 37.

MAHONEY, N. Contract and Neighbourly Exchange among the Birwa of Botswana, *Journ. Afr. Law*, 21, 1977, pp. 40-65.

MAINE, H. S. *Ancient Law: Its Connection with the Early History of Society and Its Relation to Modern Ideas*. Londres: Murray, 1891, reimpressão Tucson: University of Arizona Press, 1986. Trad. ital. de V. Ferrari, *Diritto antico*. Milão: Giuffrè, 1998.

MAIR, L. *Le mariage: étude anthropologique*. Paris: Payot, 1974.

MALINOWSKI, B. K. Argonauts of the Western Pacific: An Account of Native Enterprise and Adventure in the Archipelagoes of Melanesian New Guinea, *Studies in Economics and Political Science*, 65. Londres: Routledge & Kegan Paul, 1922.

_____. *Crime and Custom in Savage Society*. Londres: Routledge & Kegan Paul, 1926. Trad. ital. de A. Colajanni, *Delitto e costume nella società primitiva*. Roma: Newton Compton, 1972.

_____. Introdução a HOGBIN, I. P. *Law and Order in Polynesia: A Study of Primitive Legal Institutions*. Londres, 1934, reimpressão Hamden, 1961.

MAQUET, J. La tenure des terres dans l'État Rwanda traditionnel, *Cahiers d'études africains*, 28, 1967, pp. 624-36.

MARX, K. Debatten über das Holzdiesdiesbstahls-Gesetz, *Rheinische Zeitung*, 25 out. e 27 out. 1842.

MASUCCI, G. *Il garante nelle consuetudini etiopiche*. Roma: OIDA, 1941.

MASUMURA, W. T. Law and Violence, a Cross-Cultural Study, *Journal of Anthropological Research*, 1977, 33, pp. 388-99.

MATHE, M. La justice face à la sorcellerie, *Penant*, 1976, LXXXV, 753, pp. 311-26.

MATTEI, U. Common Law. In: SACCO, R. (dir.). *Trattato di diritto comparato*. Turim: Utet, 1992.

_____. Verso una tripartizione non eurocentrica dei sistemi giuridici, *Studi in onore di G. Gorla*. Milão: Giuffrè, 1994, I, pp. 775 ss.

MAUSS, M. Essai sur le don. Forme et raison de l'échange dans les sociétés archaïques, *L'Anné sociologique*, 1923-24, t. I, pp. 30-186. Trad. ital. de F. Zannino, *Saggio sul dono: forma e motivo dello scambio nelle società arcaiche*. Turim: Einaudi, 2002.

_____. *Manuel d'ethnographie*. Paris: Payot, 1947. Trad. ital. de G. Bertolini, *Manuale di etnografia*. Milão: Jaca Book, 1969.

MAYER, E. Privateigentum und Recht auf Naturgenuss, *Deutsches Verwaltungblatt*, 1964, p. 302.

MAYER, I.; MAYER, P. Land Law in the Making. In: KUPER, H.; KUPER, L. *African Law. Adaptation and Development*. Berkeley/Los Angeles: University of California Press, 1965, pp. 51-78.

MAZZARELLA, G. *Studi di etnologia giuridica*, 16 vols. Catânia: Tipografia Eugenio Coco, 1903-37.

MAZZARESE, T. *Logica deontica e linguaggio giuridico*. Pádua: Cedam, 1989.

MC NEIL, K. *Common Law Aborigenal Title*. Oxford: Clarendon Press, 1989.

MEEK, C. K. *Land Law and Custom in the Colonies*. Londres: Geoffrey Cumberlege/Oxford UP, 1885, reimpressão 1946.

_____. A Note on Primitive System of Land Holding and on Method of Investigation, *Journ. Afr. Adm.*, 1951, 3, p. 9.

MENEGHELLI, R. Il problema dell'effettività nella teoria della validità giuridica, *Riv. dir. civ.*, 1966, I, p. 21.

MENGONI, L. Diritto vivente, *Digesto Disc. Priv. Sez. Civ.*, VI. Turim: Utet, 1990.

MOORE, S. F. Legal Liability and Evolutionary Interpretation: Some Aspects of Strict Liability, Self-help and Collective Responsibility. In: GLUCKMAN, M. (org.). *The Allocation of Responsibility*. Manchester: Manchester University Press, 1972, pp. 51-107.

_____. *Law as Process, An Anthropological Approach*. Londres/ Boston: Routledge & Kegan Paul, 1978.

MORGAN, L. H. *Systems of Consanguinity and Affinity of the Human Family*. Washington, DC: Smithsonian Contributions to Knowledge, 1871.

_____. *Ancient Society*. Nova York: Henry Holt, 1878, reimpressão Tucson: University of Arizona Press, 1995.

MORUZZI, L. *La terra padre: ecologia e simbolismo nelle società di caccia-raccolta*. Turim: Loescher, 1983.

MOTTA, R. *Teorie del diritto primitivo: un'introduzione all'antropologia giuridica*. Milão: Unicopli, 1986.

_____. *Vecchie e nuove teorie del diritto primitivo. L'antropologia giuridica nelle società complesse, in corso di modernizzazione e nel Terzo Mondo. Verso lo studio dei "Fatti con caratteristiche giuridiche"*. Alessandria: Centrale, 1991.

_____. *L'addomesticamento degli etnodiritti: percorsi dell'antropologia giuridica applicata*. Milão: Unicopli, 1994.

_____. L'antropologia del diritto: tra storia comparativa delle culture e localizzazione delle strutture giuridiche, *Annali dell'Ist. Storico ítalo-german. di Trento*, 1996, p. 287.

_____. "Maîtres chez eux". Sovranità domestica e diritti ancestrali delle prime nazioni in Nuova Francia e Canada, *Materiali per una storia della cultura giuridica in Italia*, 2001, pp. 211-32.

_____. *Riflessioni e aggiornamenti su antropologia giuridica e discipline confinanti*. Turim: Trauben, 2006.

MUDEI, M. N. La proprietà agricola in Somalia, *Riv. Dir. Agr.*, 1979, p. 296.

MURDOCK, G. P. Ethnographic Atlas: A Summary, *Ethnology*, VI, 1967, p. 109.

MURPHY, R. F.; KASDAN, L. The Structure of Parallel Cousin Marriage, *American Anthropologist*, LXI, 1959, p. 17.

NADER, L. *Harmony Ideology: Justice and Control in a Zapotec Mountain Village*. Stanford (CA): Stanford UP, 1990.

_____. *Le forze vive del diritto: un'introduzione all'antropologia giuridica*. Trad. ital. de E. Grande, Napoli. Roma: Edizioni Scientifiche Italiane, 2003.

NADER, L.; TODD, H. F. (orgs.). *The Disputing Process-law in Ten Societies*. Nova York: Columbia University Press, 1978.

NEEDHAM, R. (org.). *Rethinking Kinship and Marriage*. Londres: Tavistock, 1971.

NEGRI, A. *Il giurista dell'area romanista di fronte all'etnologia giuridica*. Milão: Giuffrè, 1983.

NEWMEYER, F. J. Cognitive and Functional Factors in the Evolution of Grammar, *European Review*, 2004, p. 245.

NKAMBO MUGERWA, P. Status, Responsibility and Liability: A Comparative Study of Two Types of Society in Uganda. In: GLUCKMAN, M. (org.). *Ideas and Procedures in African Customary Law*. Londres: Oxford University Press for International African Institute, 1969.

NKOUENDJIN-YOTNDA, M. Du droit de boxer sa femme, *Penant*, 1977, p. 7.

NWOGUGU, E. I. Abolition of Costumary Courts. The Nigerian Experiment, *Journal of African Law*, 1976, 20, p.1.

OLIVER, J. M. *Law and Economics*. Londres: Allen and Unwin, 1979.

OLSON, D. R.; TORRENCE, N.; HILDYARD, A. (orgs.). *Literacy, Language and Learning: The Nature and Consequences of Reading and Writing*. Cambridge: Cambridge UP, 1985.

ORDE BROWN, G. St. J. Witchcraft and British Colonial Law, Africa, 1935, 8, pp. 481-7.

OTTERBEIN, K. T.; OTTERBEIN, C. S. An Eye for an Eye, a Tooth for a Tooth. A Cross-Cultural Study of Feuding, American Anthropologist, 1965, p. 1.470.

PACE, E. *Perché le religioni scendono in guerra?*. Roma/Bari: Laterza, 2004.

PALANDT, O. *Bürgerliches Gesetzbuch (BGB), Kommentar*. Munique: Beck, 1966, reimpressão 2006.

PARDONS, C. Élaboration d'une terminologie française de la common law. In: SNOW, G.; VANDERLINDEN, J. (dir.). *Français juridique et science du droit*. Bruxelas: Bruylant, 1995, pp. 279-94.

Pascon, P. Les Seksawa depuis l'indépendence. In: Berque, J. *Structures sociales du Haut Atlas*. Paris: PUF, 1978.

Pascuzzi, G. *Il diritto fra tomi e bit: generi letterari e ipertesti*. Pádua: Cedam, 1997.

Pedamon, M.; Bockel, A.; Ghai, Y. P.; Imbert, J. *Legal Education in Africa South of the Sahara – La formation juridique en Afrique noire*. Bruxelas: Bruylant-Association Internationale des Sciences Juridiques, 1979.

Pestiaeu, J. *Guerres et Paix sans État*. Montreal: L'Exagone, 1985.

Pigliaru, A. *Il banditismo in Sardegna: la vendetta barbaricina come ordinamento giuridico*. Milão: Giuffrè, 1970.

Pince, G. *Techniques de crédit, garanties foncières et développement*, Verdier, R.; Rochegude, A.; Bachelet, M. (dir.). *Systèmes fonciers à la ville et au village: Afrique noire francophone*. Paris: L'Harmattan, 1986, pp. 201-13.

Pino, A. *La ricerca giuridica*. Pádua: Cedam, 1996.

Piovani, P. *Il significato del principio dell'effettività*. Milão: Giuffrè, 1953.

Pizzorusso, A. Consuetudine, *Enc. Giur.*, VIII. Roma: Ist. Treccani, 1988.

Pizzorusso, A.; Ferreri, S. Le fonti scritte. In: Sacco, R. (dir.). *Trattato di diritto civile*. Turim: Utet, 1998.

Plauen, F. von. L'allemansrätt ou une conception particulière du droit de propriété en droit suédois, *Rev. Intern.le de Droit Comparé*, 2005, p. 921.

Poirier, J. L'originalité des droits coutumiers de l'Afrique noire, *Droits de l'antiquité et Sociologie juridique. Mélanges H. Lévy-Bruhl*. Paris: Sirey, 1959, p. 492.

_____. Questionnaire d'ethnologie juridique appliqué à l'enquête de droit coutumier, *Études d'histoire et d'ethnologie juridique*. Bruxelas: Université Libre de Bruxelles, 1963.

POIRIER, J. (dir.), *La rédaction des coutumes dans le passé et dans le présent*. Bruxelas: Éditions de l'Institut de Sociologie, 1962.

_____. *Ethnologie génerale*, I vol. *Ethnologie régionale*, II vol., *Histoire des moeurs*, III vol., *La Pléiade*. Paris: Gallimard, 1968-91.

POIRIER, J.; ALLIOT, M.; ALLOT, A. N. (dir.) *Études de droit Africain et de droit malgache*, Université de Madagascar, Faculté des lettres et des sciences humaines. Paris: Cujas, 1965.

POLANYI, K. The Economy as Instituted Process. In: POLANYI, K.; ARENSBERG, C. M.; PEARSON, H. W. (orgs.). *Trade and Market in the Early Empires*. Glencoe (IL): Free Press, 1975, pp. 243-70. Trad. ital. de E. Somaini, *L'economia come processo istituzionale*. In: POLANYI, K.; ARENSBERG, C. M.; PEARSON, H. W. (orgs.). *Traffici e mercati negli antichi imperi*. Turim: Einaudi, 1978, pp. 297-323.

POSNER, A. *Economic Analysis of Law*. 6. ed. Nova York: Aspen CO, 2003.

POSPISIL, L. The Nature of Law, *Transactions of the New York Academy of Sciences (Series II)*, 1956, 18, pp. 746-55.

_____. *Anthropology of Law: A Comparative Theory*. Nova York: Harper and Row, 1971.

_____. *Anthropologie des Rechts: Recht und Gesellschaft in archaischen und modernen Kulturen*. Munique: Beck, 1982.

_____. *The Ethnology of Law*. New Haven (CT): Yale University Press, 1985.

_____. Law, *Quaderni Fiorentini*, 1985, p. 23.

POST, A. H. *Grundiss der ethnologischen Jurisprudenz*. Oldenburg/Leipzig, 1891.

_____. *Ethnologische Iurisprudenz*. Leipzig: Schwartz, 1893. Trad. ital. de P. Bonfante e C. Longo, *Giurisprudenza etnologica*, 2 vols. Milão: Soc. ed Libraria, 1906 e 1908.

POUND, R. *The Spirit of the Common Law*. Boston: Little, Brown and Co., 1921.

_____. *An Introduction to the Philosophy of Law*. New Haven (CT): Yale University Press, 1922, 2. ed. 1924. Trad. ital. de G. Tarello, *Introduzione alla filosofia del diritto*. Florença: Sansoni, 1963.

_____. *Interpretation of Legal History*. Londres, 1923.

_____. *Justice According to Law*. New Haven (CT): Yale University Press, 1951.

_____. *Jurisprudence*, 5 vols. St. Paul: West Publishing, 1959.

Pozzo, B. (org.). *Ordinary Language and Legal Language*. Milão: Giuffrè, 2005.

Prinsloo, M.W. Indigenous Contract of Exchange in Bophuthatswana, *Comp. Int. Law Journ. of South Africa*, 1988, 21, p. 212.

Pugliatti, S. Diritto pubblico e privato, *Enc. Diritto*, XII. Milão: Giuffrè, 1964.

Pugliese, G. Diritto, *Enciclopédia delle scienze sociali*, III. Roma, 1993, p. 54.

Radbruch, G. La natura delle cose come forma giuridica di pensiero, *Riv. Ital. Filos.*, 1941, p. 145.

Radcliffe-Brown, A. R. Law: Primitive, Social Sanctions, *Encyclopaedia of the Social Sciences*. Nova York: Macmillan, 1933, vol. IX, pp. 202-6.

Radcliffe-Brown, A. R.; Forde, D. (orgs.). *African Systems of Kinship and Marriage*. Londres: Oxford University Press, 1950.

Randles, W. G. L. *L'Ancien royaume du Congo des origines à la fin du XIXe siècle*. Paris/Haia/Mouton: École Pratique des Hautes Études, Section VI, Sciences Économiques et Sociales. Trad. ital. de M. Giacometti, *L'antico regno del Congo*. Milão: Jaca Book, 1979.

Rau, E. Le juge et le sorcier, *Études africaines*, 1957, depois Paris: R. Laffont Series (col. "Vécu"), 1976.

Read, J. S. Family Law in Kenya. In: M'Baye, K. (dir.). *Le Droit de la famille en Afrique noire et à Madagascar: études préparées à la requête de l'Unesco*. Paris: Maisonneuve et Larose, 1968, p. 251.

REMOTTI, F. *Temi di antropologia giuridica*. Turim: Giappichelli, 1982, depois Trauben, 2006.

_____. *Centri, capitali, città*. Turim: Giappichelli, 1984.

_____. Famiglia, matrimonio e parentela in etnologia, *Digesto Disc. priv., Sez. Civ.*, VIII. Turim: Utet, 1992.

RETEL-LAURENTIN, A. *Sorcellerie et ordalies. L'épreuve du poison en Afrique noire, essai sur le concept de négritude*. Paris: Anthropos, 1974.

RINK, G. Ein Gemeingebrauch am Walde, *Monatsschrift für deutsches Recht*, 1961, III, p. 980.

ROBERTS, S. Oaths, Autonomic Ordeals, and Power, American Anthropologist, LXVII, 1965.

_____. The Survival of the Traditional Tswana Courts in the National Legal System of Botswana, *Journal of African Law*, 1972, 16, p. 103.

_____. *Order and Dispute. An Introduction to Legal Anthropology*, Harmondsworth: Penguin Books, 1979.

ROULAND, N. Les modes de solution des conflits chez les Inuits, *Etudes Inuit*, 1979, 3, p. 96.

_____. *Aux confins du droit. Anthropologie juridique de la modernité*. Paris: Odile Jacob, 1991.

_____. *Anthropologie juridique*. Paris: PUF, 1988. Trad. ital. de R. Aluffi Beck-Peccoz, *Antropologia giuridica*. Milão: Giuffrè, 1992a.

_____. Chronique d'anthropologie, Droits, 16, 1992b, p. 146.

_____. L'aube des syntheses, na seção "Chronique", *Droits*, 1993, p. 147.

ROULAND, N.; PIERRÉ-CAPS, S.; POUMARÈDE, J. *Droit des minorités et des peuples autochtones*. Paris: PUF, 1996.

ROUVIN, P. Le juge et le sorcier. La répression de l'invisible, *Penants*, 1975, p. 407.

RUDOLPH, K. *Die Bindungen des Eigentums. Eine rechtsvergleichende Studie*. Tübingen: Mohr, 1960.

SACCO, R. Définitions savantes et droit appliqué, *Rev. Intern. de Droit Comparé*, 1964, p. 827.

_____. Il sistema delle fonti e il diritto di proprietà, *Riv. Trim. Dir. Proc. Civ.*, 1970, p. 475, depois em *Studi in onore di F. Santoro-Passarelli*. Nápoles: Jovene, 1971.

_____. Les buts et les méthodes de la comparaison du droit, *Rapports nationaux italiens au IX Congrès int.al de droit comparé*. Milão: Giuffrè, 1974, pp. 113-31.

_____. *Le grandi linee del sistema giuridico somalo*. Milão: Giuffrè, 1985.

_____. Cina, *Digesto Disc. Priv., Sez. Civ*, II. Turim: Utet, 1988.

_____. Di alcune singolari convergenze fra il diritto ancestrale dei Berberi e quello dei Somali, *Africa*, 1989, p. 360.

_____. *La comparaison juridique au service de la connaissance du droit*. Paris: Economica, 1991.

_____. *Introduzione al diritto comparato*. 5. ed. Turim: Utet, 1992. (1. ed. 1980.)

_____. L'occupazione, atto di autonomia, *Riv. Dir. Civ.*, 1994, I, p. 343.

_____. *Il diritto africano*. Turim: Utet, 1995a.

_____. Sulla società di fatto, *Riv. Dir. Civ.*, 1995b, I, p. 59.

_____. La circolazione del modello giuridico francese, *Riv. Dir. Civ.*, 1995c, I, p. 515.

_____. Il diritto non scritto. In: ALPA, G.; GUARNERI, A.; MONATERI, P. G.; PASCUZZI, G.; SACCO, R. Le fonti non scritte e l'interpretazione. In: SACCO, R. (dir.). *Trattato di diritto civile*. Turim: Utet, 1999a.

_____. Alla ricerca dell'origine dell'obbligazione, *Riv. Dir. Civ.*, 1999b, I, p. 609.

_____. One Hundred Years of Comparative Law, *Tulane Law Review*, 75, 2001, p. 1.159.

_____. (dir.), *L'interprétation des textes juridiques rédigés dans plus d'une langue*. Turim: L'Harmattan Italia, 2002.

_____. Prospettive della scienza civilistica italiana all'inizio del nuovo secolo, *Riv. Dir. Civ.*, 2005a, I, p. 419.

_____. Il fatto, l'atto, il negozio. In: SACCO, R. (dir.). *Trattato di diritto civile*. Turim: Utet, 2005b.

SACCO, R.; CASTELLANI, L. (dir.). *Le multiples langues du droit européen uniforme*. Turim: L'Harmattan Italia, 1999.

SACCO, R.; CATERINA, R. Il possesso. In: CICU, MESSINEO, MENGONI, SCHLESINGER (dir.). *Trattato di diritto civile e commerciale*. 2. ed. Milão: Giuffrè, 2002.

SACCO, R.; DE NOVA, G. Il contratto. In: SACCO, R. (dir.). *Trattato di diritto civile*. 3. ed. Turim: Utet, 2004.

SAHLINS, M. D. The Social Life of Monkeys, Apes and Primitive Man. SPUHLER, J. N. (org.). *The Evolution of Man's Capacity for Culture*. Detroit: State University Press, 1959, p. 54.

SAVARD, R. *Le sol américain: propriété privée ou terre mère*. Montreal: Gallimard, 1981.

SAVATIER, R. Droit privé et droit public, *D. Chr.*, 1945, 25.

SCARPELLI, U. Scienza del diritto ed analisi del linguaggio, *Riv. Dir. Civ.*, 1948, I, p. 212.

_____. *Filosofia analitica e giurisprudenza*. Milão: Nuvoletti, 1953.

_____. Contributo alla semantica del linguaggio normativo, *Memorie dell'Accademia delle Scienze di Torino*, série III, t. 5, pt. II, n. 1, 1959, 2. ed. organizada por A. Pintore. Milão: Giuffrè, 1985.

_____. *Diritto e analisi del linguaggio*. Milão: Edizioni di Comunità, 1976.

SCARPELLI, U.; DI LUCIA, P. *Il linguaggio del diritto*. Milão: LED, 1994.

SCHAPERA, I. *A Handbook of Tswana Law and Customs*. Londres: 1938, nova ed. Oxford UP, 1955.

_____. Contract in Tswana Law. In: GLUCKMANN, M. (org.). *Ideas and Procedures in African Customary Law*. Londres: Oxford University Press for International African Institute, 1969, pp. 318-52.

SCHEFFLER, H. W. Ancestor Worship in Anthropology or Observations on Descent and Descent Groups, *Current Anthropology*, VII, 1966, p. 541.

_____. Systems of Kin Classification. A Structural Typology. In: REINING, P. (org.). *Kinship Studies in the Morgan Centennial Years.* Washington: The Anthr. Soc. of Washington, 1972, p. 113.

SCHIAVONE, A. *Ius. L'invenzione del diritto in Occidente.* Turim: Einaudi, 2005.

SCHLESINGER, R. B. (org.). *Formation of Contract. A Study into the Common Core of Legal Systems,* 2 vols. Nova York: Oceana, 1968.

SCHOTT, R. Le droit contre la loi: conceptions traditionnelles et juridiction actuelle chez les Bulsa au Ghana du Nord. In: CONAC, G. *Dynamiques et finalités des Droits africains.* Paris: Economica, 1980, pp. 236-56.

SEARLE, J. R. *Speech Acts.* Cambridge: Cambridge University Press, 1969. Trad. ital. de G. L. Cardona, *Atti linguistici. Saggio di filosofia del linguaggio.* Turim: Bollati Boringhieri, 1976, nova ed. 1992.

SEIDMAN, R. Witch Murder and Mens Rea, *Modern Law Review,* 28, 1965, p. 46.

SERTORIO, G. *Le applicazioni del diritto consuetudinario nella Nigeria occidentale con particolare riguardo alle customary courts.* Como: Cairoli, 1966.

SIMONI, A. (org.). *Stato di diritto e identità rom.* Turim: L'Harmattan Italia, 2005.

SNOW, G.; VANDERLINDEN, J. (dir.). *Français juridique et science du droit.* Bruxelas: Bruylant, 1995.

SNYDER, F. Droit non étatique et législation nationale au Sénégal. In: CONAC, G. *Dynamiques et finalités des Droits africains.* Paris: Economica, 1980, pp. 259-78.

_____. Law and Anthropology: A Review. In: THOMAS, P. (org.). *Law and the Social Sciences.* Darmouth: Aldershot, 1993.

STALIN (I.V. Džugašvili). *Marksizm I voprosij jazijkoznanija.* Trad. ital. de B. Meriggi. *Il marxismo e la linguistica.* Milão: Feltrinelli, 1968.

STAVENHAGEN, R. Cultural Rights: A Social Science Perspective. In: EIDE, A.; KRAUSE, C.; ROSAS, A. (orgs.). *Economist, Social and Cul-*

tural Rights. Dordrecht/Boston/Londres: Kluwer Law International, 2001, p. 85.
STEINMETZ, S. R. *Rechtsverhältnisse von eingeborenen Völkern in Afrika und Ozeanien*. Berlim: Springer, 1903.
STRÖMHOLM, S.; VOGEL, H. H. *Le réalisme scandinave dans la philosophie du droit*. Paris: LGDJ, 1975.
SZABO, D. Agression, violence et systèmes socio-culturels: essai de typologie, *Rev. de Sciences Crim.*, 1976, p. 383.
TALAMANCA, M. Contratto e patto nel diritto romano, *Digesto Disc. priv., Sez., Civ.*, IV. Turim: Utet, 1989, p. 58.
TARELLO, G. *Il realismo giuridico americano*. Milão: Giuffrè, 1962.
TELEKI, G. Come cacciano gli scimpanzé, *Le Scienze*, 1973, p. 56.
TESTARD, A. The Significance Food Storage among Hunter-Gatherer: Residence, Patterns, Population Densities, and Social Inequalities, *Current anthropology*, 1982, p. 523.
THODEN VAN VELZEN, H.; VAN WETERING, W. Residence, Power Groups and Intra Societal Aggression, *International Archives of Ethnography*, 1960, 49, pp. 169-200.
THOMASON, S.; KAUFMAN, T. *Language Contact, Creolization and Genetic Linguistics*. Berkeley: University of California Press, 1988.
THURNWALD, R. *Die menschliche Gesellschaft in ihren ethno-soziologischen Grundlagen*, 5 vols. Berlim: De Gruyter, 1931-35.
_____. *Werden, Wandel und Gestaltung des Rechts*. Berlim: De Gruyter, 1934.
TINBERGEN, N. *The Study of Instinct*. Londres: Oxford UP, 1951.
_____. *Social Behaviour in Animals*. Londres: Methuen, 1953. Trad. ital. de J. Cioli, *Il comportamento sociale degli animali*. Turim: Einaudi, 1969.
TOBIAS, P. (org.). *The Bushmen: San Hunters and Herders of Southern Africa*. Capetown: Human and Rousseau Publishers, 1978.
TODOROV, T. *La conquista dell'America. Il problema dell'"altro"*. Trad. ital. de A. Serafini. Turim: Einaudi, 1984.

TOULMIN, S. E. *The Uses of Argument*. Cambridge: Cambridge UP, 1958.

TRABUCCHI, A. *Istituzioni di diritto civile*. 41. ed. Pádua: Cedam, 2004.

TRIVERS, R. The Evolution of Reciprocal Altruism, *Quarterly Review of Biology*, 1971, 46, pp. 35-57.

TURNBULL, C. M. *Wayward Servants. The Two Worlds of the African Pygmies*. Londres: Eyre and Spottiswoode, 1965.

VALBELLE, D. *Historie de l'État pharaonique*. Paris: PUF, 1998.

VAN CAENEGEM, R. C. *Judges, Legislators and Professors: Chapters in European Legal History*. Cambridge: Cambridge UP, 1987. Trad. ital. de L. Ascheri Lazzari, *I signori del diritto: giudici, legislatori e professori nella storia europea*. Milão: Giuffrè, 1991.

VANDERLINDEN, J. *L'enseignement du droit en Afrique*. Addis Abeba: Centre pour le Développement Juridique Africain, 1969.

_____. Le pluralisme juridique. Essai de synthèse. VV.AA. *Études sur le pluralisme juridique*. Bruxelas: Édition de l'Inst. de Sociologie, 1972, pp. 19-56.

_____. *Comparer les droits*. Diegem: Kluwer, 1995.

_____. *Anthropologie juridique*. Paris: Dalloz, 1996.

VERDIER, R. Les problèmes de la propriété privée et collective chez les peuples primitifs, *Études de droit contemporain*. Paris: Cujas, 1963.

_____. Chef de terre et terre de lignage. In: POIRIER, J. L. F.; ALLIOT, M.; ALLOTT, A. N. (dir.). *Études de droit Africain et de droit malgache*. Université de Madagascar, Faculté des Lettres et des Sciences Humaines. Paris: Cujas, 1965, pp. 333-59.

_____. Les sûretés personnelles dans les droits africains traditionnels, *Recueils de la Société Jean Bodin*, XXVIII, *Le sûretés personnelles*, I partie, Bruxelas, 1974, p. 18.

_____. Coutume et loi dans le droit parental et foncier (Afrique de l'Ouest francophone). In: CONAC, G. (dir.). *Dynamiques et finalités des droits africains*. Paris: Economica, 1980, p. 310.

_____. Customary Family Law, *Intern. Encycl. Comp. Law*, IV, 1983, pp. 119-21.

_____. Le système vindicatoire. Esquisse théorique. In: Id. (dir.). *"La vengeance"*. Paris: Cujas, 1980-84, vol. I, pp. 65-97.

_____. (dir.), *La vengeance*, 4 vols. Paris: Cujas, 1980-84.

_____. Statique et dynamique des droits des civilisations de l'oralité, *Arch. Phil. Droit*, 1984a.

_____. Le désir, le devoir et l'interdit: masques et visages de la vengeance, *Déviance et Société*, 1984b.

_____. Une esquisse anthropologique des droits de tradition orale d'Afrique noire, *Revue de synthèse*, 1985, 118-9, pp. 301-11.

_____. Civilisations paysannes et traditions juridiques. In: VERDIER, R.; ROCHEGUDE, A.; BACHELET, M. (dir.). *Systèmes fonciers à la ville et au village: Afrique noire francophone*. Paris: L'Harmattan, 1986, pp. 5-26.

_____. (dir.), *Le serment*. Paris: Ed. CNRS, 1991.

VERDIER, R; ROCHEGUDE, A.; BACHELET, M. (dir.). *Système fonciers à la ville et au village: Afrique noire francophone*. Paris: L'Harmattan, 1986.

VERNUS, P.; YOYOTTE, J. *Les Pharaons*. Paris: MA Editions, 1988.

VILLAR Y ROMERO, J. M. La distinction entre Derecho público y Derecho privado, *Rev. Gen. De Legisl. et Jurispr.*, 1942.

VOLLENHOVEN, C. van. *Het adatrecht van Nederlandsch-Indië*, 3 vols. Leiden: Brill, 1931-33.

VULCANESCU, R. *Ethnologie Juridica*, Bucareste, 1990.

WALZ, G. A. *Vom Wesen des öffentlichen Rechts: akademische Antrittsvorlesung*, [1897]. Stuttgart: F. Enke, 1928.

WASHBURN, S. L. Australopithecines: the Hunters or the Hunted?, *American Anthropologist*, LIX, 1957, p. 612.

WASHBURN, S. L. (org.). *Social Life of Early Man*. Chicago: Aldine, 1961. Trad. ital. de F. Saba Sardi, *Vita sociale dell'uomo preistorico*. Milão: Rizzoli, 1971.

WASHBURN, S. L.; LANCASTER, C. S. The Evolution of Hunting, *Perspectives on Human Evolution*, Nova York, vol. I, 1968, p. 213.

WEBSTER, H. *Primitive Secret Societies. A Study in Early Politics and Religion.* Nova York: Macmillan, 1908.

WHORF, B. L. *Language, Thought and Reality.* Cambridge (MA): MIT Press, 1956. Trad. ital. de F. Ciafoloni, *Linguaggio pensiero e realtà.* Turim: Boringhieri, 1970, 2. ed. 1977.

WIEACKER, F. *Privatrechtsgeschichte der Neuzeit: unter besonderer Berücksichtigung der deutschen Entwicklung.* Göttingen: Vandenhoeck & Ruprecht, 1967. Trad. ital. de U. Santarelli e S. A. Fusco, *Storia del diritto privato moderno con particolare riguardo alla Germania.* Milão: Giuffrè, 1980.

WILSON, E. O. *Sociobiology: the New Synthesis.* Harvard: Belknap Press of Harvard University Press, 1975. Trad. ital. de A. Suvero, *Sociobiologia. La nuova sintesi.* Bolonha: Zanichelli, 1979.

WINFORD, D. *An Introduction to Contact Linguistics.* Oxford: Blackwell Publishers, 2003.

WOLFF, M.; RAISER, L. Sachenrecht. In: ENNECCERUS, L.; KIPP, T.; WOLFF, M.; RAISER, L. *Lehrbuch des bürgerlichen Rechts. Sachenrecht*, Bearbeitung von M. Wolff und L. Raiser. Tübingen: Mohr, 1957.

WRAY, A. (org.). *The Transition to Language.* Oxford: Oxford UP, 2002.

ZAGREBELSKY, G. *Sulla consuetudine costituzionale nella teoria delle fonti del diritto.* Turim: Einaudi, 1970.

_____. La dottrina del diritto vivente, *Giustizia costituzionale*, 1986, p. 1.159.